“十三五”职业教育国家规划教

广东省国际贸易实务精品资源共享课程配套教材

国际贸易实务

（第六版）

新世纪高等职业教育教材编审委员会 组编

主　编　马　莉　戴海珊

副主编　吴静旦　胡惠东

马　立　尹　姣

大连理工大学出版社

图书在版编目(CIP)数据

国际贸易实务 / 马莉，戴海珊主编. -- 6 版. -- 大连 : 大连理工大学出版社，2022.1(2025.7 重印)

ISBN 978-7-5685-3597-7

Ⅰ. ①国… Ⅱ. ①马… ②戴… Ⅲ. ①国际贸易—贸易实务—教材 Ⅳ. ①F740.4

中国版本图书馆 CIP 数据核字(2022)第 021361 号

大连理工大学出版社出版

地址:大连市软件园路 80 号　邮政编码:116023

营销中心:0411-84707410　84708842　邮购及零售:0411-84706041

E-mail:dutp@dutp.cn　URL:https://www.dutp.cn

北京虎彩文化传播有限公司印刷　大连理工大学出版社发行

幅面尺寸:185mm×260mm　印张:16.75　字数:385 千字

2006 年 1 月第 1 版　2022 年 1 月第 6 版

2025 年 7 月第 9 次印刷

责任编辑:夏圆圆　责任校对:刘丹丹

封面设计:对岸书影

ISBN 978-7-5685-3597-7　定　价:51.80 元

本书如有印装质量问题，请与我社营销中心联系更换。

前言

《国际贸易实务》(第六版)是"十三五"职业教育国家规划教材、"十二五"职业教育国家规划教材,也是新世纪高等职业教育教材编审委员会组编的国际经济与贸易类课程规划教材之一。

国际贸易实务属于国际贸易实务专业的核心课程,是一门具有涉外经济特点、实践性很强的综合性应用学科。随着高职高专教学改革的深入,传统教材的知识体系结构和知识阐述方式已经不能适应教学的需要。为此,我们联合了高等职业院校具有长期外贸实践经验和丰富教学经验的教师,根据高职高专教育的特点,采用"项目导入、任务驱动"的先进教学理念,结合近年来国际贸易发展的实际情况编写了本教材。与传统的《国际贸易实务》教材相比,本教材具有如下特色:

1.基于工作过程开发,优化整合课程内容

本教材是在分析了"与外商商订进出口合同"这个典型工作任务中"磋商准备—合同磋商—合同商订"工作过程后,重新选取和组织教学内容的。从实际工作要求出发,同时为了迎合学生"商订合同"的需要,本教材对传统《国际贸易实务》教材的内容进行了优化整合,明显区别在于:新增磋商准备、进口成本核算、单据条款介绍等内容;调整数量条款和包装条款的顺序、运输条款和价格条款的顺序,把交易磋商、进出口合同履行和国际贸易方式的内容调整到"概述"部分进行简要描述。

2.项目任务导入教学,突出培养职业能力

本教材积极引入项目教学法,根据教学内容设计了三个配套项目;一是课堂上学习的串行项目;二是课后学习的并行项目;三是期末综合项目。每个项目都有配套的项目资料,供教材使用者在职教数字化服务平台上下载使用。教材按照学生实施任务的需要来编写,便于学生在执行任务的过程中不断学习、理解和应用所学的专业理论知识。和传统教材相比,本教材的编写体例和设计更加突出了学生对专业知识的运用,重点培养了学生的职业能力。另外,课堂上所有的任务都需要由小组磋商完成,为培养学生的合作能力、交流能力、解决问题能力、自我学习能力、外语运用能力等职业素养,本教材提供了大量学习和锻炼的环节。

3.知识阐述方式灵活,强调教学互动效果

本教材以启发式教学为主导来编排知识点。相关知识的介绍中穿插了"即问即答""课堂讨论""案例分析"等互动环节,有利于教师在授课时增强教学互动效果,易于充分调动学生的兴

趣和积极性。另外，介绍知识点时充分考虑了高职学生学习和职业需求的特点，删除冗长的大段落，突出通俗易懂的实用性。为了满足不同层次学生的需要，部分学习情境设计了"能力提升"环节，便于愿意深入学习的学生进一步提高专业水平。

4. 同步训练形式多样，强化学生应用操作

本教材在每个学习情境的最后都配备了同步训练题，包括"知识测试""情景再现""职场体验"三个模块。"知识测试"的题型包括单选题、多选题、判断题、计算题；"情景再现"主要是通过再现案例情景以及对案例的解析，增强学生对理论知识的理解；"职场体验"部分主要是紧扣学习情境主题而设计的实务训练题，如专业术语翻译、合同条款翻译、合同条款分析和操作题。通过这个环节的设计，学生的理论知识再次得到应用和强化训练。

5. 配套数字平台，多元形式呈现教材

一本优质的教材早已不能满足于单纯的纸质表现形式。为了便于学生自主学习，实现课上课下双线并行教学，本教材目前已配备专门的精品课程网站、网络课程网站和专业共享型资源库、微课等数字化资源，并积累了一定的学习受众。随着学习受众的不断增加，本教材还将注重逐步提高数字化平台的建设成果、使用效率和学习效果，在更大范围内发挥教改示范作用。

本教材本着工学结合、校企合作、跨区域、跨学校进行教材开发与建设的原则，组建了一支由学科专家、行业专家、精品课程专家、一线骨干教师、教材编制与立体化资源建设技术人员等校内外专家结合的团队。团队结构合理，具有较丰富的教学经验和企业工作经验，潜心教研，学术素养好。修订队伍明确责任，按专业特长分工共同完成修订任务，行业企业专家提供真实的案例素材，在教材修订中发挥各自专长，充分保证教材的质量。其中，中山火炬职业技术学院马莉（广东省国际贸易实务精品资源共享课程建设主持人、广东省国际贸易省级实训基地负责人）及海南职业技术学院戴海珊任主编，江阴职业技术学院吴静旦、广州大学纺织服装学院胡惠东、汕尾职业技术学院马立、广州科技职业技术学院尹姣任副主编，中山火炬职业技术学院林园、汕尾职业技术学院林钰娜、温氏食品集团股份有限公司梅锦方任参编。具体编写分工如下：梅锦方协助马莉制定课程标准、内容大纲，把握教材内容的实用性，缩短教材和企业实际工作之间的距离；马莉编写学习情境1、2；戴海珊编写学习情境3、4；吴静旦编写学习情境5；胡惠东编写学习情境6；马立编写学习情境7；林园、林钰娜编写学习情境8；尹姣编写学习情境9。

在编写本教材的过程中，编者参考、引用和改编了国内外出版物中的相关资料以及网络资源，在此表示深深的谢意。相关著作权人看到本教材后，请与出版社联系，出版社将按照相关法律的规定支付稿酬。

由于编者水平有限，教材中仍可能有不当之处，真诚欢迎各界人士及时批评指正，以便再次修订时进一步完善。同时，为方便教学，本教材配有电子课件、课后习题答案等相关资料，欢迎登录职教数字化服务平台进行下载。

编 者

2022年1月

所有意见和建议请发往：dutpgz@163.com
欢迎访问职教数字化服务平台：https://www.dutp.cn/sve/
联系电话：0411-84706671 84707492

概　述

0.1　国际贸易概述

国际贸易是各国之间分工的表现形式，是当今世界经济不可或缺的组成部分，是各国经济发展的动力。相对于国内贸易而言，国际贸易中的货物买卖在不同国家或地区间进行，涉及多国法律法规，具有鲜明的特点，国际贸易的方式也更加复杂。

一、国际贸易的特点

（一）国际贸易的困难更大

首先，交易双方处于不同的国家，各国语言不同、文化不同、风俗习惯和宗教信仰不同，都对相互沟通造成不少困难。其次，缺乏国际贸易共同法规，贸易中出现问题不易解决。最后，贸易障碍多。各国为争夺市场，保护本国工业市场，往往采取关税壁垒和非关税壁垒来限制外国商品进口，使贸易受到很大限制。

（二）国际贸易的风险更大

国际贸易中交易数量和金额通常较大，一笔国际货物的交易从接洽起，经报价、还价、订约、交货、付款，要经过相当长的一段时间。在此期间，不仅交易双方的财务和运营情况可能发生巨大变化，影响交易的顺利进行，而且货价和汇率的频繁波动、经济危机的此起彼伏、各国政局的剧烈变动都可能使交易双方面临更大的风险。此外，国际货物买卖大都需要经历跨国长途运输，发生风险的概率也随之增加，但并不是所有的运输风险都在保险公司承保范围之内，买卖双方在国际贸易过程中承担的风险远比国内贸易大。

（三）国际贸易的竞争更为激烈

随着世界经济的发展，越来越多的国家、地区和跨国公司参与到国际贸易中，加剧了国际贸易的竞争程度。此外，国际贸易的方式由传统的单一型向复合型、多元化转化，国际贸易的经营由粗放型向集约型转化，以及信息技术的快速发展，极大地改变了传统国际贸易的手段和方式，使之发生根本性的改变，影响企业的行为和效率，使国际贸易的竞争更为激烈。

二、国际贸易适用的法律

（一）国内法

国内法是指由国家制定或认可并在本国主权管辖范围内生效的法律。国际货物的买卖必须符合国内法。但是，由于国际货物买卖合同的当事人所在的国家不同，他们各自又都要遵守所在国的国内法，当不同国家的国内法对同一问题的规定和解释不一致时，一旦发生争议，将会产生究竟适用哪一国法律的问题。国际通行的做法是，在国内法中规定处理冲突的方法。

（二）国际贸易惯例

国际贸易惯例简称国际惯例，通常是指在国际贸易长期实践中逐渐形成的一些习惯做法，它们被当事人认可并形成文字加以规范。

国际惯例不是各国的共同立法，也不是一个国家的法律，对双方均无强制性。如双方在合同中做出与国际惯例完全相反的约定，只要这些约定是合法的，将得到有关国家法律的承认与保护，并不因约定与国际惯例相抵触而失效。如双方在合同中明确表示采用某项国际惯例时，则其对双方都有约束力，应按国际惯例办理；如双方在合同中对某个问题没有做出明确规定，尽管合同中也未规定采用某项国际惯例，事后发生争议，各国仍会引用其作为裁决的依据。

（三）国际条约

国际条约是指两个或两个以上主权国家为确定彼此的政治、经济、贸易、文化、军事等方面的权利和义务而缔结的诸如公约、协定、议定书等各种协议的总称。国际货物买卖合同的订立和履行必须符合当事人所在国家缔结或参加的与合同有关的双边或多边国际条约。目前，与我国对外贸易有关的国际条约主要有：《联合国国际货物销售合同公约》《统一提单的若干法律规则的国际公约》《1978 年联合国海上货物运输公约》《国际铁路货物联运协定》《统一国际航空运输某些规则的公约》《联合运输单证统一规则》。

三、国际贸易方式

国际贸易方式(International Trade Way)是指营业地在不同国家或地区的当事人之间进行货物买卖所采取的具体做法和商品流通渠道。目前常见的国际贸易方式有逐笔售定、经销、代理、寄售、拍卖、招标投标、期货交易、对等贸易和加工贸易等。逐笔售定是指买卖双方通过洽商逐笔成交，它是国际贸易中最基本的贸易方式。以下介绍的是逐笔售定以外的其他国际贸易方式。

(1)经销。经销(Distribution)是指在商品销售中，卖方与国外经销商签订书面协议，就地推销某种商品的方式，是国际贸易中常见的一种推销方式，它又可分为一般经销和独家经销。

(2)代理。代理(Agency)是指代理人(Agent)根据委托人(Principal)的授权，代表委托人与第三人订立合同或实施其他法律行为。委托人与代理人之间是委托代理关系而不是买卖关系，委托人直接负责由此而产生的权利与义务，代理人没有取得商品所有权，只为了赚取佣金而不负责盈亏。双方在确立代理关系前必须签订代理协议。

(3)寄售。寄售(Consignment)是一种委托销售地的代销商代为销售的贸易方式，指出口人(寄售人，Consignor)与国外客户(代售人，Consignee)签订寄售协议，出口商先将准备销售的货物运往国外寄售地，由当地代售人按合同规定的条件和办法在当地销售，货物售出后，由代售人扣除佣金及其他费用后，将余款汇交寄售人。

(4)拍卖。拍卖(Auction)是指专门经营拍卖业务的拍卖行(Auction House)在规定的时间和地点,按一定的章程和规则,将货物向买主公开展示,由其相互出价竞购,最后由拍卖人把货物卖给出价最高的买主的一种贸易方式。这种历史悠久的交易方式在当今国际贸易中仍然被采用。

(5)招标投标。招标(Invitation to Tender;Call for Tender)是指招标人在一定时间、地点发出招标公告或招标邀请书,提出准备买进的商品品种数量和有关的买卖条件,邀请卖方投标的行为。投标(Submission of Tender)则是投标人应招标人邀请,根据招标公告或招标单规定的条件,在规定时间内向招标人递盘的行为。

(6)期货交易。期货交易(Future Trading,Speculative Trading)是一种在特定类型的固定市场,即期货市场或商品交易所按照严格的程序和规则,通过公开喊价的方式,买进或卖出某种商品期货合同的交易。双方交易的不是实际货物,而是代表商品所有权的期货合同。期货合同采用交易所为期货交易准备的标准期货合同,除价格、交易期和合同数目等需由双方协商确定外,其他条款(如商品品质、交货地点、交货办法、检验方法、支付方式和时间等)都统一拟订。买卖双方由各自的经纪人在交易所规定的时间和交易台,就商品价格和合同份数达成一致,即可成交。成交后,各自以商品交易所的清算所或独立的清算公司为对象,履行各自的权利和义务。

(7)对等贸易。对等贸易(Counter Trade)又称返销贸易、互抵贸易或反向贸易。它是在一种古老的易货贸易基础上发展起来的既买又卖,买卖互为条件的贸易方式。双方互为进口人或出口人,相互提供出口机会,一方以自己的出口来全部抵偿或部分抵偿从对方进口的商品。对等贸易不同于单边进出口贸易,交易中的一方既是买方又是卖方,双方都把买与卖结合起来。对等贸易买卖的标的,除有形货物之外,还包括劳务、专有技术和工业产权等无形商品。

(8)加工贸易。加工贸易(Processing Trade)指一国的企业利用自己的设备和生产能力,对来自国外的原材料、零部件或元器件进行加工、制造或装配,然后再将产品销往国外的一种贸易方式,其特点是“两头在外”:原料来自国外,产品销往国外。

0.2 工作过程概述

不管是进口贸易或出口贸易,其工作过程通常都包含了三个典型阶段:交易准备、合同商订和合同履行。

一、出口贸易的基本业务程序

(一)交易准备

微课:出口贸易的基本业务程序

出口贸易的交易准备主要包括选定目标市场、制订出口经营方案和建立业务关系等。

1.选定目标市场

在出口交易前,出口商首先应进行国际市场调研,进而通过细分市场选定最终目标市场。对国际市场的调研,一般从进口国地区的调研和商品市场的调研两个方面进行。出口商只有在充分调研之后,才能结合自身的实际情况和经营意图，综合内外可控与不可控因素，从短期和长远利益出发，对销售市场进行全面考虑，合理布局。

2. 制订出口经营方案

出口经营方案是出口商在对国外市场进行广泛深入调研的基础上，筛选、分类和归纳了市场信息，并结合企业的战略目标和自身特点后，对该出口商品在一定时期内所做出的全面业务安排。具体出口经营方案的内容通常包括国内货源情况、历史经营情况、计划安排和实现计划的措施，如开发客户、广告宣传、贸易方式、交易条件和成本核算等。一般大宗或重点商品都要逐个制订经营方案，而中小商品只需制订内容简单的价格方案，局限于成本核算和出口定价。

3. 建立业务关系

在制订出口经营方案之后，出口商还应通过互联网、新闻媒体、电话簿、行业组织和政府推荐等渠道在目标市场寻找客户，并对潜在交易客户展开深入调查，如组织情况、经营范围、经营能力、资信情况和政治态度等。在调研的基础上，选定资信情况良好，经营能力较强的客户，通过采取主动发函、发电和参观访问等方式进行初步联系，并与之建立业务关系。

（二）合同商订

出口商在与选定的客户建立业务关系之后，开始进入合同商订环节。这个环节的工作一般有三个步骤：磋商准备、合同磋商和合同签订。

1. 磋商准备

在正式磋商之前，出口商需要针对磋商对手和商品等展开调查，收集相应的磋商信息，以便在与进口商磋商时掌握主动权。需要收集的磋商信息通常包括市场信息、商品信息、磋商对手信息、政策法规信息和金融信息等内容。收集完磋商信息之后，出口商还应对这些信息进行处理，一般需要经过审核、筛选、分类、汇总和存储五个过程。

2. 合同磋商

合同磋商是合同商订这个环节的核心内容，要求出口商对国际货物买卖合同的所有条款逐一地与进口商进行磋商。合同磋商可以通过信函、电报、电传、传真、电子邮件等书面形式进行，也可以通过电话或当面谈判等口头形式进行。合同磋商一般要经过询盘、发盘、还盘和接受四个环节。

3. 合同签订

实际业务中，在进出口双方针对交易条件进行磋商，并达成一致意见之后，为了明确双方的权利和义务，使其便于履行或使口头约定正式生效，通常需要由一方当事人起草正式的书面合同后经双方签署。合同的形式和格式各有不同，常用的形式有销售确认书、销售合同和协议等。

（三）合同履行

1. 备货

备货是指出口人根据合同或信用证的规定，按时、按质、按量、按包装要求准备好出口货物。备货有两种情况：产品自产的，落实好生产计划；产品外购的，选择好生产厂商或加工供货单位，及时就交货的有关事宜与供货方签订合同，落实生产、加工或收购的有关事项。无论哪一种情况，都必须跟踪产品生产进度，检查、监督产品质量，落实包装要求，刷制唛头和标志，入仓查验待运。

2. 落实信用证

以信用证作为支付方式的合同的履行，应在备货的同时抓紧催证。如果是特殊商品，更应先落实信用证再进行备货。在我国的外贸实践中，备货和落实信用证通常同时进行。落实信用证主要包含催证、审证和改证三个工作。其中，催证是指出口方催促进口方按时开出信用证，以便出口方根据信用证及时落实货物的交付细节，如货物的采购、生产和租船订舱等。审证是指出口方以买卖合同为依据对信用证的所有条款和全部内容进行全面的审查，以确定是否接受或需要修改信用证。改证是对开来的信用证中的某些不当条款进行修改，它是审证工作的落脚点。审证中发现来证与合同条款不符的，卖方有权要求修改信用证，买方也有义务予以修改。

3. 租船订舱

租船订舱是指进口方或出口方根据合同和信用证的规定，办理出口货物的托运手续。当进出口双方在合同中约定了由出口方负责租船订舱时，出口方才办理出口货物的托运手续。出口货物的托运既可由出口方自己办理，也可委托国际货运代理公司办理。在实务中，以后者居多，绝大多数的船务公司并不接受出口方的直接订舱委托。

4. 报检

凡属国家法定检验范围内的出口商品和合同或信用证规定由商检机构检验并出具商检证书的出口商品，在货物齐备后、报关装运前必须向国家出入境检验检疫机构报检，海关凭出入境检验检疫机构签发的出境通关单验放。经检验不合格的货物，一律不得出口。

5. 报关

国家在对外开放的口岸和海关监管业务集中的地点，如外贸港口、边境及国际联运火车站、机场、邮局等地设立海关，其任务是监督管理、征收关税、查缉走私和海关统计。进出境运输工具、货物、物品都必须通过设立海关的地点才能进出境。进出口货物的收发货人或代理人在进出口货物时，以书面或电子数据交换的方式向海关报告其进出口货物的情况，并随附有关货运和商业单据，申请海关审查放行的行为，即为报关。

6. 投保

在以 CIF/CIP 贸易术语成交时，出口方应根据合同或信用证的规定，在备妥货物、订妥舱位、确定运输工具和装运日期后，在货物准备装船前，即应按规定的保险险别和保险金额向保险公司办理货物运输保险事宜，保险公司根据出口方的投保单出具保险单。

7. 装运

货物验关放行后，发货单位凭海关加盖放行章的装货单与港务部门理货人员联系，查看现场货物并做好装运准备。理货人员负责凭装货单核对验收货物，逐票装运。海运方式下货物装船完毕后，由大副签发收货单(大副收据)交原发货单位，发货人凭此到船务公司或其代理处换取正式已装船提单并办理运费结算。

8. 制单收汇

制单收汇包括制单、审单、交单收汇三个环节。其中，制单是指各种出口单证的缮制和签署，要求做到正确、完整、及时、简明和整洁；审单是指对各种出口单证的复核和全面审查；交单收汇是指出口货物装运出口后，出口方按信用证或合同的规定，备齐各种单据文件(证书)送交银行，银行收妥外汇后直接转入出口公司的账户。常见的收汇单据有发票、装箱单、保险单、商检证书、原产地证书、海运提单、受益人证明、装运通知、船公司证明和汇票等。

9. 收汇核销

出口收汇核销是指企业在货物出口后的一定期限内向当地外管部门办理收汇核销手续，证实该笔出口货款已经收回或按规定使用的一项外汇业务，是国家授权各级外管部门对境内出口企业出口贸易项下的一切收汇实行跟踪管理和监管的一项制度管理。它对于加强出口收汇管理,保证国家外汇收入,防止外汇流失具有重要的意义。

10. 出口退税

税务机关将已报关出口离境的产品在出口前的生产和流通环节中已征收的中间税款返还给出口企业,称为出口退税。出口退税是我国为鼓励出口而采用的产品以不含税价格进入国际市场,提高出口产品在国际市场上的竞争力的一项政策制度。我国出口退税的基本原则是:"征多少退多少、不征不退和彻底退税"。

二、进口贸易的基本业务程序

(一)交易准备

进口贸易的交易准备包括调查研究、进口成本核算和进口许可审批。

1. 调查研究

为了保证进口商品的质量和数量,进口商在交易前需要对国内外市场展开调查,包括有关商品的产、供、销和客户情况,尤其要弄清楚主要生产国和主要生产商的供应情况、商品的市场情况及供应商的资信情况等。

2. 进口成本核算

进口商进口货物,不论是用于国内销售,还是自身使用或加工,都必须核算进口成本,以便最大限度地降低进口成本,节约外汇支出,或在一定的外汇数量下,增加实际进口量,从而提高企业的经济效益。对于大宗货物的进口,不仅要核算进口成本,还要制订较为详细的进口定价方案,包括作价原则、作价方法、价格核算和价格调整措施等。

3. 进口许可审批

为了规范货物进口管理,维护货物进口秩序,国家进行管理的进口货物有三类,包括限制进口货物、自由进口货物和禁止进口货物。限制进口货物又分为许可证件管理货物和关税配额管理货物。自由进口货物是指国家为了统计和监督的需要而要求企业在进口前进行自由登记的货物。属于禁止进口的货物,任何企业不得进口。对于其他类型的进口货物,进口商应按规定向主管部门办理进口许可审批手续。

(二)合同商订

与出口交易相似,进口商在交易准备阶段完成调查研究、进口成本核算和进口许可审批等工作后,即可根据调研结果选定交易对象,并进行业务磋商,争取签订进口合同。进口贸易的合同商订环节同样包括磋商准备、合同磋商和合同签订三个工作内容。各环节与出口合同商订基本相同。

(三)合同履行

1. 申请开立信用证

进出口双方如在合同中约定以信用证结算货款,进口方(开证申请人)则应严格按合同规定的时间和要求,向其所在地的银行(开证行)提出开立信用证的要求,并根据贸易合同的内容填制开证申请书,连同所需附件(如买卖合同等)交开证银行。信用证开出后,如发现内容与开证申请不符,或因情况发生变化等其他原因,需对信用证进行修改时,应立即向开证银行申请办理修改信用证的手续。

2. 租船订舱

进口业务中，凡以 EXW、FOB、FCA、FAS 等贸易术语订立的合同，由进口方安排运输，订立运输合同。在我国，进口方一般委托国际货运代理公司或船务公司办理货物的托运手续。合同签订后，出口方应在交货前一定时间内将货物预计备妥时间、毛重和体积等详细信息通知进口方，进口方在接到货物信息后，及时办理货物的租船或订舱手续，并在办妥手续后按合同规定的期限将船名、船期等事项全部通知出口方，以便其备货装船。

3. 投保

除了以 CIF、CIP 和 D 组贸易术语成交的合同外，通常由进口方办理保险。进口商（或收货人）投保时，有两种方法可供选择：其一，预约保险。即由进口商与保险公司签订预约保险合同，凡是属于预约保单规定范围内的进口货物，一经装船，保险公司即负有自动承保的责任；其二，逐笔投保。即收货人在接到外商发来的装运通知后，直接到保险公司办理投保手续，保险公司接受承保后出具正式保单。对进口货物保险无论是采取预约保险方式还是逐笔投保方式，进口方都应及时办理投保手续。否则货物在投保之前在运输途中发生损失，保险公司不负赔偿责任。

4. 审单付款

审核进口货物的单据是履行进口合同的一个重要环节。货物单据是进口商凭以付款的依据，也是核对进口货物是否与合同或信用证相符的凭证。在进口业务中，如采用托收和汇付方式，则由进口方负责对货物单据进行全面审核；如采用信用证方式，则由开证行和进口方共同审核单据，审核无误，确认单据符合信用证规定的条件后予以付款。

5. 报检

法定检验的进口货物到货后，收货人必须向卸货口岸或到达站的商检机构办理登记。在规定的检验地点和期限内，持合同、发票、装箱单、提单等单证向商检机构报检。法定检验以外的进口商品，外贸合同约定由商检机构检验的，同样必须报检。进口商品未经检验的，不准销售及使用。法定检验以外的进口商品，外贸合同没有约定由商检机构检验的，收货人应按合同规定进行验收，商检机构可以督促收货人验收并进行抽查检验。验收不合格需要凭商检机构检验证书索赔的，收货人应及时向所在地商检机构申请检验出证。

6. 报关提货

进口货物的收货人应自运输工具申报进境之日起 14 日内在货物的进境地海关办理申报进口手续。进口报关一般包括进口申报、查验货物、估价征税、签章放行四个主要步骤。货物经海关验放后，收货人即可凭加盖了放行章的提单到海关监管仓库或场所提货。

7. 进口索赔

在进口业务中，有时会发生卖方不履行或不完全履行合同规定的义务的情况，例如，不交货或虽交货但所交货物的品质、数量、包装或交货时间不完全符合合同规定，使买方遭受损失而引起索赔。如货物的品质、数量、包装在装卸、搬运和运输过程中受到损害，或由于自然灾害、意外事故以及其他外来原因致使货物受损，进口方需向有关责任方提出索赔。

0.3 磋商过程概述

交易磋商(Business Negotiation)又称为贸易谈判,指贸易双方就商品交易的有关条件进行协商以达成交易的过程和行为。在国际货物买卖合同商订过程中,一般包括询盘、发盘、还盘和接受四个环节,其中发盘和接受是达成交易、合同成立不可缺少的两个基本环节和必经的法律步骤。

一、询盘(Inquiry)

(一)询盘的含义

询盘是指买方或卖方拟购买或销售某项商品而向对方询问有关交易条件的行为。询盘的内容可以涉及某种商品的品质、规格、数量、包装、价格和装运等成交条件,也可以索取样品,其中多数是询问成交价格,因此在实际业务中,也有人把询盘称作询价。

(二)询盘需注意的问题

(1)询盘虽无法律约束力,但当事人仍需考虑询盘的必要性,尽量避免只是询价而不购买或不售货,以免失掉商业信誉。

(2)询盘可向几个交易对象发出,以便择优成交,但不宜过多;不要同期集中发出,以免暴露我方销售或购买意图。

(3)询盘要简洁、具体,用词得体,不必使用过分客气的词句,并且尊重对方询价,无论是否出售或购买均应及时处理和答复。

(4)询盘时,不应只考虑询问货物价格,也应注意询问其他交易条件,争取获得比较全面的交易信息。

二、发盘(Offer)

(一)发盘的含义

发盘又称发价或报价,在法律上称为"要约",是指买方或卖方(发盘人)向对方(受盘人)提出买卖某项货物的各项交易条件,并愿意按照这些交易条件达成交易、订立合同的行为。根据《联合国国际货物销售合同公约》(以下简称《公约》)的规定,凡向一个或一个以上特定的人提出订立合同的建议,如果其内容十分确定,并且表明发盘人在其发盘一旦被受盘人接受即受其约束的意思,即构成发盘。发盘既可由卖方提出,也可由买方提出,分别称为售货发盘(Selling Offer)和购货发盘(Buying Offer)。后者习惯上又称为递盘(Bid)。在实际业务中,发盘通常是一方在收到对方的询盘后提出的,也可以在没有对方询盘的情况下直接发出。

(二)构成法律上有效发盘的必备条件

(1)发盘应向一个或一个以上特定的人提出。向特定的人提出,指在发盘中指明个人姓名或企业名称作为受盘人。提出此项要求的目的在于把发盘同普通商业广告及向广大公众散发的商品价目单等行为区别开来。

(2)发盘内容必须十分确定。根据《公约》的规定,在提出的订约建议中如果写明货物,并且明示或默示地确定数量和价格或如何确定数量和价格，即为十分确定。凡包含上述三项基本因素的订约建议，即可构成一项发盘。如该发盘被对方接受，买卖合同即告成立。至于其他内容，如货物的包装、交货和支付条件等，可在合同成立后，按双方之间已确立的习惯做法或按《公约》中的有关规定予以补充。

(3)表明订约意旨。发盘必须表明发盘人对其发盘一旦被受盘人接受即受约束的意思。如发盘人只是就某些订约建议同对方进行磋商，而根本没有受其约束的意思，则此项建议不能构成一项发盘。例如，发盘人在其提出的订约建议中加注诸如“仅供参考”“须以发盘人的最后确认为准”“以领到进口许可证为准”或其他保留条件，这样的订约建议就不是发盘，而只是邀请对方发盘。

(4)送达受盘人。发盘必须被送达受盘人。根据《公约》的规定，发盘于送达受盘人时生效。我国及世界各国法律普遍有此要求。发盘如在传递中遗失以至受盘人未能收到，则该发盘无效。例如，发盘人通过电话向受盘人发盘，中途电话发生故障，传送声音模糊，必须待电话修复后，让受盘人听清全部发盘内容，该发盘方为有效。又如，发盘人用信件或电报发盘，如该信件或电报因邮局误递或遗失，以致受盘人没有收到，则该发盘无效。

(三)发盘的有效期

发盘的有效期是指可供受盘人对发盘做出接受的期限。发盘通常都规定有效期，但有效期并非构成发盘的必要条件，如发盘未规定有效期，根据《公约》的规定，在合理时间内有效。而“合理时间”在国际上并无统一的明确解释。因此，在实际业务中，对外发盘时，应明确规定发盘的有效期。而对口头发盘，除双方另有约定外，受盘人必须立即接受，发盘的效力于谈话结束时终止。如受盘人不在谈判结束前表示接受，则发盘在谈判结束时失效。在我国出口业务中，常见的规定发盘有效期的方法主要有以下三种：

1. 规定最迟接受的期限

(1)笼统规定某日答复或几日内答复，受盘人在规定期间内答复，以受盘人表示接受的时间(发出信、电日)为准，如“发盘有效至5日”。

(2)规定以答复到达发盘人所在地时间为准，从而避免因地理位置存在时差而引起争执，如“限五日复到我方”。

2. 规定一段接受的期间

根据《公约》的规定，发盘人在传真、邮件中订立的“一个接受时期”，从交发时刻或信上载明的发行日期起算，如无发信日期，则以邮戳日期起算。发盘以电话、传真、电子邮件或其他快速方法传达到对方的接受时期，从发盘到达受盘人时起算，如“有效期四天”。

3. 不明确规定有效期或做笼统规定

如发盘对有效期和答复的传达方式都未规定，可在合理时间内答复。一般是函来函复，电来电复，亦可函来电复，国际惯例并无统一标准。

(四)发盘的撤回与撤销

1. 发盘的撤回(Withdrawal)

发盘的撤回是指发盘人将尚未被受盘人收到的发盘予以取消的行为。《公约》规定，一项发盘(包括注明不可撤销的发盘)，只要在其尚未生效以前，如果撤回的通知于发盘送达受盘人之前或同时到达受盘人，都是可以修改或撤回的。因此，如果发盘人因工作失误导致发盘内容有误或因市场行情变化等其他原因想改变主意，可以用更迅速的通信方法，将发盘的撤回或修改通知赶在受盘人收到该发盘之前或同时送达受盘人，则发盘即可撤回或修改。撤回的实质是阻止发盘生效。

即问即答：采用快速通信方法，如电话、邮件等方式进行发盘还能否撤回？

2. 发盘的撤销(Revocation)

发盘的撤销是指将已经被受盘人收到的发盘予以取消的行为。《公约》规定，已为受盘人收到的发盘，如果撤销通知在受盘人发出接受前送达受盘人，可予撤销。但是，在下列两种情况下，发盘不得撤销：

(1)在发盘中规定了有效期或以其他方式表明该发盘是不可能撤销的。

(2)如受盘人有理由信赖该项发盘是不可撤销的，并已本着对该发盘的信赖采取了行动。

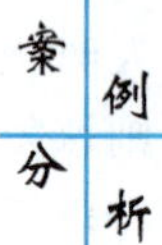

我某公司于8月1日上午以电报向一伦敦商人就某项商品发出实盘，限8月3日复到有效。电报刚一发出，收到总公司紧急通知：该商品自8月1日起提高价格20%。我公司当即以电传通知对方撤回我原发盘。2日上午公司收到对方发来的电传通知，表示无条件接受我方8月1日发盘。试分析根据国际惯例，我方是否只得以原发盘条件与对方达成交易。

(五)发盘的终止(Termination)

发盘的终止，即发盘的失效(Lapse of Offer)，指发盘的法律效力消失，即发盘人不再受发盘的约束，而受盘人则失去接受该发盘的权利。发盘在下列情况下失效：

(1)发盘有效期届满，虽未规定有效期，但在合理时间内未被接受。

(2)发盘人依法撤销发盘的效力。

(3)受盘人拒绝了发盘。

(4)受盘人还盘，对发盘的内容做了实质性的变更。

(5)发盘人做出发盘后，发生了不可抗力事件，如所在国政府对发盘中的商品或所需外汇发布禁令等。

(6)在发盘被接受前，当事人丧失行为能力，如死亡、破产等。

(六)发盘应注意的有关事项

1. 对外发盘时，发盘内容要尽量翔实

一项发盘应包括的内容，各国的法律规定不尽相同。《公约》关于发盘内容的规定，只是对构成发盘的起码要求。在实际业务中，如发盘的交易条件太少或过于简单，会给合同的履行带来困难，甚至容易引起争议。因此，为避免引起争议，在对外发盘时，最好将品名、品质、数量、包装、价格、交货时间、地点和支付办法等主要交易条件一一列明。

2. 发盘时要慎重考虑、合理规定有效期

有效期既不能太短，使对方没有考虑的余地，也不能太长，使自己承担不必要的义务和风险。一般而言，发盘有效期的长短取决于商品的种类、市场情况和交易额等诸多因素。对于大宗商品、初级产品、敏感性商品，如粮谷、油脂、有色金属、橡胶、棉花等的发盘，通常是1天，长的也不过2至3天，有时甚至规定对方必须在发盘的当天或当天几点以前复到。对一些劳动密集型产品、轻工产品和日用消费品的发盘，有效期以7天、10天或半月均可。对工艺美术品等没有国际市场价格的商品，发盘有效期可达1至2个月。

3. 发盘要慎重，不能盲目对外报价

对外洽商时，究竟用询盘还是发盘，要根据交易的实际情况、市场变化情况等灵活应用。发盘具有法律约束力，易于引起受盘人的注意，利于达成交易，但缺乏灵活性，一旦对市场情况估计有误，造成发盘不当，容易陷入被动局面。发盘人为了解市场真实情况，可以先对外询盘，摸清市场后再对外发盘，以争取有利条件成交。

三、还盘(Counter Offer)

还盘又称还价，在法律上称为反要约，是指受盘人不同意或不完全同意发盘提出的各项条件，并提出了修改意见，建议原发盘人考虑。可见，还盘是对发盘条件进行添加、限制或其他更改的答复。受盘人的答复如果在实质上变更了发盘条件，就构成对发盘的拒绝，其法律后果否定了原发盘，原发盘即告失效，原发盘人就不再受其约束。

此外，对发盘表示有条件的接受，也是还盘的一种形式。例如，受盘人在答复发盘人时，附加有“待最后确认为准”“未售有效”等规定或类似的附加条件，这种答复只能视作还盘或邀请发盘。还盘的内容，凡不具备发盘条件，即为“邀请发盘”。如还盘的内容具备发盘条件，就构成一个新的发盘。因此，一项发盘经受盘人的还盘后即失去效力，除非得到原发盘人的同意，受盘人不得在还盘后反悔，再接受原发盘。

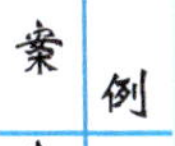

案例分析

我出口企业于3月5日用电传向英商发盘销售商品，限3月9日复到。3月6日收到英商发来电传称：如价格减10%可接受。我尚未对英商做出答复，由于该商品国际市价大涨，英商又于3月7日来电传表示：无条件接受你3月5日发盘，请告合同号码。试问：在此情况下，我方应如何处理？

四、接受(Acceptance)

(一)接受的含义

接受在法律上称为承诺，是指受盘人在发盘的有效期内，以声明(Statement)或行为(Activity)表示同意发盘提出的各项交易条件，并愿意按这些条件和对方达成交易、订立合同的一种表示。接受的实质是对发盘表示同意。接受和发盘一样，既属于商业行为，也属于法律行为。接受产生的重要法律后果是交易达成，合同成立。

表示接受，一般用接受(Accept)、同意(Agree)和确认(Confirm)等术语，而不重复列出双方达成一致的有关交易条件，这是业务中的通常做法。但有时因交易金额较大或往返磋商函电较多，为避免差错和误解，受盘人在表示接受时，可以将最后商定的各项交易条件复述一遍。

范例

你17日电接受美加净牙膏货号101纸箱装每箱6打每罗31英镑CIF伦敦11月装即期信用证请告合同号。

Yours 17th accept MAXAM toothpaste Art No. 101 Packed cartons of 6 doz. each sterling 31/gross CIF London Nov. shipment sight credit please advise contract number.

(二)构成法律上有效接受的必备条件

1. 接受必须由特定的受盘人做出

如前所述，一项有效的发盘是向一个或一个以上特定的人提出的，因此，只有特定的人才能对发盘做出接受。由第三者通过某种途径获悉不是向其做出的发盘，而向发盘人表示接受，该接受不能视为有效，发盘人不受约束，只能视为第三者向原发盘人做出的一项新的发盘，原发盘人表示同意接受，否则合同不能成立。

2. 接受必须明确表示出来

受盘人的接受必须以某种方式向发盘人明确表示出来。根据《公约》的规定，受盘人对发盘表示接受，既可以通过口头或书面形式向发盘人发表声明的方式接受，也可以通过其他实际行动来表示接受。

(1)用“声明”做出表示，即以口头或书面形式向发盘人表示同意发盘。这是国际贸易中最常用的表示方法。

(2)以“行为”做出表示，如进口商向出口商发盘，由于发盘内容明确，所列条件又符合出口商的要求，出口商在收到发盘后马上装运货物，构成事实上的接受。

如果受盘人收到发盘后，没有采取任何行动对发盘做出反应，而只是保持缄默，则不能认为是对发盘表示接受。但是，如果缄默或不行为与其他因素结合在一起，足以使对方确信缄默或不行为是同意的一种表示，即可构成接受。例如，交易双方有协议或按业已确认的惯例与习惯做法，受盘人的缄默也可以构成接受。

课堂讨论

受盘人表示接受时，是否不能对发盘内容做丝毫的变更？

3. 接受必须与发盘条件相符

按照传统法律规则，受盘人对一项发盘必须无保留的同意，即接受的内容必须同对方发盘的各项交易条件严格一致。任何添加、更改或限制，这在法律上称为有条件的接受，不能成为有效的接受，而是拒绝该项发盘，并构成还盘。

但是，在国际贸易的实际业务中，受盘人表示接受时，往往对发盘做出某些添加、更改或限制。为此，《公约》将接受中对发盘条件的变更分为实质性变更和非实质性变更。

凡对货物的价格、付款、质量和数量、交货地点和时间、赔偿责任范围或解决争端等添加或更改交易条件，均视为实质性变更发盘条件。受盘人在表示接受的同时，如对发盘的条件做了实质性变更，此变更便是对发盘的拒绝，构成还盘，合同便不能成立；如属非实质性变更，例如，要求提供装箱单、产地证书等单据，或要求增加某些单据的份数，或要求在包装上刷制指定的标志等，除非发盘人在不过分迟延的期间内以口头或书面形式及时反对其差异外，仍可构成有效的接受，使合同得以成立。

案例分析

A国商人将从别国进口的初级产品转卖，向B国商人发盘，B国商人复电接受发盘，同时要求提供产地证。两周后，A国商人收到B国商人开来的信用证，正准备按信用证规定发运货物，获商检机构通知，因该货物非本国产品，不能签发产地证。经电请B国商人取消信用证中要求提供产地证的条款，遭到拒绝，于是引起争议。A国商人提出，其对提供产地证的要求从未表示同意，依法无此义务，而B国商人坚持A国商人有此义务。请根据《公约》的规定，对此案做出裁决。

4. 必须在发盘的有效期内接受

发盘一般都规定有效期限，受盘人只有在有效期内表示接受才有效。对于接受的生效问题，《公约》采用“到达生效”原则：接受于到达发盘人时生效，这是对采用书面形式接受时的规定。当发盘规定了接受的时限时，受盘人必须在发盘规定的时限内做出接受，方为有效。如发盘没有规定接受的时限，则受盘人应在合理时间内表示接受。

（三）逾期接受（Late Acceptance）

逾期接受又称迟到的接受，即接受通知未在发盘规定的有效期内送达发盘人，或发盘没有规定时限而在合理时间内未送达发盘人。

各国法律一般认为逾期接受无效，它只能被视作一个新的发盘，需在原发盘人确认后，交易方能成立。《公约》规定，只要发盘人毫不迟延地用口头或书面形式通知受盘人，认为该项逾期的接受可以有效，合同仍可于接受通知送达发盘人时订立。如果发盘人对逾期的接受表示拒绝或不立即向受盘人发出上述通知，则该项逾期的接受无效，合同不能成立。另外，《公约》

还规定，如果载有逾期接受的信件或其他书面文件显示，依照当时寄发情况，只要传递正常并能够及时送达发盘人的，则此项逾期的接受应当有效，合同于接受通知送达发盘人时订立。除非发盘人毫不迟延地用口头或书面形式通知受盘人，认为其发盘因逾期接受而失效。

（四）接受的撤回

按照一般惯例和法律规定，接受在传达到发盘人时生效。因此，在接受通知送达发盘人之前，受盘人可以随时撤回接受，即阻止接受生效，但以撤回通知先于接受或与接受通知同时到达发盘人为限。

接受通知一经到达发盘人即不能撤销，因为，接受一经生效，合同即告成立，如要撤销，在实质上已属毁约行为。

课堂讨论

我某公司于周一上午九时向美商以电报发盘。公司原定价为每吨500美元CIF旧金山，但我方工作人员由于工作疏忽而误报每吨500元人民币。请分析下述三种情况下应当如何处理较为妥当？

①在当天下午发现问题。

②在第二天上午九时发现，客户尚未接受。

③在第二天上午九时发现，但客户已经接受。

（五）接受应注意的问题

1. 我方表示接受应注意的问题

（1）在接受前应详细分析对方报盘的真实意思，准确识别是发盘还是询盘，以免陷于被动。

（2）应对洽商的函电或谈判记录进行认真核对，经核对认为对方提出的各项交易条件已明确、完整、无保留条件时，才予以接受。

（3）接受应在对方发盘或还盘的有效期内进行，并应严格遵守有关时间的计算规定。

2. 国外客户表示接受应注意的问题

（1）认真分析客户接受是有效的接受还是有条件的接受。如是前者，交易即告达成；如是后者，若是构成实质性变更，则属还盘，应根据我方的经营意图决定是否继续交易磋商。

（2）坚守“重合同、守信用”原则，只要对方接受有效，即便出现对我方不利的变化，如货价涨跌、汇率变动等，仍应订立合同，维护我方信誉。

学习情境 1
碰商准备

学习目标

【能力目标】

1. 能利用各种方法收集磋商信息
2. 能选择适当收集磋商信息的方法
3. 能按照审核、筛选、分类分组、汇总和存储的程序处理所收集的磋商信息
4. 能撰写简单的磋商信息分析报告

【知识目标】

1. 熟悉进出口合同磋商信息的内容
2. 理解处理磋商信息的程序和方法
3. 熟悉进出口合同磋商方案的内容
4. 掌握制订进出口合同磋商方案的要求

1.1 收集磋商信息

任务描述

收集磋商信息

1. 按照要求分组(见教学建议)、选择商品、选择身份、选择磋商对手。
2. 各小组成立公司,商定公司的基本资料(中英文):公司名称、公司地址、公司联系方

式(电话、传真、邮箱)、法人代表、公司经营范围、公司简介(包括:成立时间、注册资本、主打产品或主营项目介绍)、公司规模(用员工人数、工厂面积、营业收入、产量或销量等数字说明)、市场分布(产品的主要产区或产品主要销售地区)等。

3. 根据小组贸易背景选择适当的方式收集磋商信息,备选的信息收集方式:案头调研、实地调研、网络搜索。

4. 小组商定收集磋商信息的大纲并进行分工。

5. 小组组长展示公司的基本资料。

6. 时间:75 分钟。

【任务分析】

常言道:商场如战场,知己知彼,方能百战不殆。为确保在交易磋商中取得成功,进出口商必须做好磋商前的信息收集工作。掌握大量的、准确的国内外商业信息有助于企业运筹帷幄,成功地制订与实施磋商方案。

收集、整理磋商信息是进出口交易前准备工作的重中之重。企业在磋商前收集与交易商品相关的市场、商品、磋商对手、政策法规和金融等方面的信息,将信息收集工作做得越充分越细致,在磋商过程中就越能占据主动地位,越能确保磋商顺利进行。

信息的收集可以通过国际市场调研、资料分析、网络搜索等方式获得。在本次任务中,进出口商要考虑的问题是:在交易磋商前,要收集哪些信息?信息收集过程中要注意些什么?采用什么方式收集信息为宜?收集来的信息该如何处理?

相关知识

一、磋商信息的主要内容

(一)市场信息

磋商前收集市场信息主要是为了了解市场经济活动的特征及其发展变化,为磋商方案的最终确定提供依据。其内容见表 1-1。

表 1-1　　市场信息的主要内容

市场信息	具体内容
国内外市场分布的信息	与磋商相关的商品在什么市场上销售;市场的地理位置在哪里;运输条件好不好;政治经济环境好不好;市场的潜力大不大;市场的辐射范围广不广;某一市场与其他市场的经济联系密不密切等
市场需求方面的信息	与磋商相关商品的市场容量大不大;市场上的消费者的数量有多少,其结构如何;消费者的层次和地区分布如何;消费者的购买频率是多少;消费者购买力强不强;潜在需求量大不大,将会呈现什么样的消费趋势;消费者对磋商商品的态度如何,对其售后服务有没有特殊要求,对企业市场活动的反应热不热烈;以及出口企业商品的市场覆盖率和市场占有率有多大
市场销售、供给方面的信息	与磋商相关商品的市场发展趋势如何,其市场生命周期变化情况如何;市场销售量或供给量是多少,商品的销售或供给受不受季节影响;市场上商品的生产成本是多少,销售价格是多少,有哪些影响价格波动的因素;市场上是否有垄断价格、国际协定价格、交易所价格、拍卖价格等
市场上有关竞争对手方面的信息	有多少竞争对手生产或购进与磋商相关的商品,他们的经济实力强不强,生产规模大不大,市场占有率是多少,未来的变动趋势如何;竞争对手的商品数量有多少,价格如何,生产质量如何;竞争对手的知名度高不高,信誉度好不好;竞争产品的性能优不优,设计好不好;竞争对手提供了哪些售前、售后服务方式,消费者对他们的服务满不满意;竞争对手采取什么样的宣传手段和促销手段,投入的费用有多少等

（二）商品信息

收集商品信息对于卖方而言是为了更好地组织生产和落实出口货源，对于买方而言则主要是为了满足国内消费者的需要，决定选择哪类商品进口。其内容见表 1-2。

表 1-2　　商品信息的主要内容

商品信息	主要内容
商品的性能、质量、标准和规格等信息	与磋商相关的商品是什么；商品的质量、规格、标准、等级是什么；与其他同类商品相比有什么优缺点；有无替代、互补品，替代、互补品的销售状况如何等
商品的技术、设计等信息	国际市场上有关磋商商品的技术、新工艺和新品种的要求是什么，其发展趋势如何；国际市场对商品质量、等级规格、商标、包装设计和外观有什么样的要求；与磋商有关的国家对于商品在技术专利转让或应用方面有什么规定；商品研发的前景如何，投入的研发费用是多少；如果商品需要有配套设备和零部件，那么配套设备和零部件的生产需要什么条件，或者可以向谁购买；有没有导致该商品发生技术问题的各种潜在因素存在等
商品的促销方式等信息	分析国际市场各种促销方式的成本、优势、障碍及利弊；分析代理商、中间商、零售商在促销上能起什么样的作用，促销人员的素质、促销水平及培训费用；调查国际市场上可利用的广告宣传媒体有哪些，费用标准是多少，相关市场国家对促销的法律法规和惯例的要求；企业对商品采取了什么样的促销策略等
商品分销渠道的信息	与磋商相关的商品在市场上采取什么销售渠道，是厂家直接销售，还是找中间商代销，或是其他销售途径；如果是直接销售，推销的成本是多少；如果是找中间商代销，那么中间商有没有仓储设备，中间环节的费用有多少，费用如何分配负担；各主要销售市场的批发商与零售商的数量有多少等

能力提升：直接出口 or 间接出口

课堂讨论　你认为哪项商品信息内容最为重要？如果国内有与进口商品相同或相似的商品，还需要进口吗？如果需要，信息收集的重点应该放在哪方面？

（三）磋商对手资料

收集磋商对手资料是为了摸清交易对手的实际情况，以便在磋商过程中对症下药，制定相应的对策，把贸易风险降至最低，减少或避免损失，同时也可以选择潜在客户，建立并发展客户关系。其内容见表 1-3。

表 1-3　　磋商对手资料的主要内容

磋商对手资料	主要内容
磋商对手合法资格的审查	通过要求对方提供相关证明文件确认磋商对手是否具有法人资格；确认磋商对手的法定名称、管理中心地址、主要的营业场所；确认磋商对手的国籍，受哪个国家法律的管辖；确认磋商对手派来的磋商代表的身份，在磋商中的权限范围等
磋商对手公司性质和营运状况的审查	了解磋商对手的公司性质（包括个人独资企业、合伙企业、有限合伙企业、股份有限合伙企业、有限责任公司和股份有限责任公司等），以便根据该公司的类型确定其经营管理方式和在法律上承担的责任；了解磋商对手生产或经营的范围，在生产流通环节的身份，是中间商，生产商，还是最终消费者；了解磋商对手的销售状况、购销渠道、经营手法；了解磋商对手的服务能力、服务态度、公共关系的水平等
磋商对手公司财务状况的审查	了解磋商对手的注册资本、实付资本、固定资产、流动资产；了解磋商对手的营业额、赢利水平、负债情况、固定资产折旧情况；了解磋商对手的银行信用等级、借贷能力；了解磋商对手的习惯支付方式和支付条件等
磋商对手商业信誉情况的审查	了解磋商对手的经营作风、履约信誉；了解磋商对手在以往的贸易中得到的最高信用额度，公司付款是否按时，有无发生违背商业道德的行为；了解磋商对手在市场上的知名度、美誉度等
磋商对手意图的调查	了解磋商对手的磋商目标和磋商意图；了解磋商对手对实现磋商目标的迫切程度和诚意；了解磋商对手对我方的特殊需求和最低条件；了解磋商对手对我方的信任度等

续表

磋商对手资料	主要内容
磋商对手磋商实力的判定	了解交易磋商的标的对交易双方而言是对买方重要还是对卖方重要，重要的一方在磋商实力上就显弱势；了解双方在市场交易中是处于买方市场还是卖方市场，如果是买方市场，则卖方的磋商实力强，反之为弱；了解磋商双方对市场商业行情的掌握程度，对市场商业行情掌握得越多，越细致，在磋商中越处于有利地位，磋商实力越强；了解交易双方的信誉度孰高孰低，信誉度高者磋商实力强，低者为弱；了解交易双方在市场上的影响力孰大孰小，影响力大者磋商实力强，低者为弱；了解磋商对手对磋商时间长短的要求，如果对方磋商时间有限，在磋商实力上显弱；了解磋商对手的磋商风格和磋商技巧，有针对性地做出相应对策

即问即答：你认为什么样的磋商对手能成为国际贸易中最好的合作伙伴？在磋商对手的信息收集中最难了解的内容是什么？你会怎么做？

（四）政策法规信息

收集政策法规信息主要是为了在磋商过程中避免因不熟悉与磋商相关的政策法规而出现失误。其内容见表 1-4。

表 1-4　　政策法规信息的主要内容

政策法规信息	主要内容
磋商对手所在国或地区的政治状况	磋商对手所在国政府的权力结构是怎样的，政局稳不稳定；执政党的体系、政党的纲领、政府现行政策的稳定性和持续性如何；政府的某些经济政策和经济发展计划的实施受政治的影响大不大；政府行政办事效率高不高；国家对企业的管理程度高不高，对磋商所涉及的产业或项目是支持还是限制等
磋商双方有关磋商对象的法律规定	本国对磋商内容和磋商条件有哪些法律法规；磋商对手所在国又有哪些相关的法律法规；磋商对手所在国法律的执行情况如何，法院受理案件的时间长不长，对于执行国外的法律仲裁判决的态度如何，是否认可国外的裁决；国际上又有哪些相关的国际惯例等
相关国家或地区的贸易管制政策	相关国家或地区政府对进出口商品有哪些鼓励出口的政策，有哪些限制进口的政策；实现这些政策的措施有哪些，规定了什么样的配额制度和许可证制度，配额和许可证的取得是容易还是困难等
相关国家或地区的各种关税政策	相关国家或地区对磋商商品适用的税法是什么，征收什么关税，是否征收差价税或进口附加税；海关的关税税则是怎样规定的，如何征税的；有没有与我国签订有关贸易协定，有没有互惠的关税，税率是多少等
相关国家或地区的外汇管制政策	交易双方的国家政府怎样利用许可证管理制度来防范外汇收入的流失；对各种外汇票据的发行和流通有什么要求，对外汇、贵重金属的进出境有什么样的规定，外汇的管制政策有哪些内容等

（五）金融信息

收集金融信息主要是为了确保资金在交易过程中的安全，确保买方能按时收到货，卖方能按时收到货款。其内容见表 1-5。

表 1-5　　金融信息的主要内容

金融信息	主要内容
国际金融市场相关信息	与磋商商品相关国家的金融市场的状况如何，外汇储备多不多；对方政府对金融机构的管理政策是怎样的；货币能否自由兑换，货币的汇率是多少，币值未来的走势是上扬还是下降；对方国家的国际支付信誉好不好等
进出口地主要银行方面的信息	进出口地银行的运营状况如何，在金融机构评级中属于哪一级别，银行的信用如何；交易的当事人与进出口地银行的关系密不密切；进出口地的银行对开立信用证有什么样的条件要求，收取的开证费用是多少；怎样办理议付手续；交易的当事人可不可以要求银行承兑赎单；银行对托收方式付款有哪些要求；银行方面在支付过程中会承担什么样的义务等

二、进出口贸易磋商信息收集的方法

随着通信技术和电子网络技术的普及，人们收集进出口信息的方法越来越多样化。针对不同的贸易主体、贸易商品、贸易市场，信息收集有以下几种不同的方法：

（一）案头调研

案头调研又称第二手资料调研，即利用他人收集和整理的资料进行的调研。

（二）实地调研

实地调研即由调研人员亲赴现场收集第一手资料，包括团体出访、外商来访和洽谈的有关资料等。

（三）网络搜索

网络搜索即利用互联网获得信息。随着互联网的迅速发展，越来越多的进出口商通过互联网免费或低成本获取进出口商业信息，互联网上有诸多政府、行会和商会的网站；也有诸多商业信息网站和国际贸易平台，还有诸多企业名录和企业网站等。

知识拓展：二手资料都包括什么

知识拓展：实地调研的方式

知识拓展：常用的网站

三、收集磋商信息应注意的事项

（一）注意信息的时效性

信息的时效性，首先体现在它的时间价值上，对信息的加工、检索和传递一定要及时快速，只有这样才能使决策者不失时机地对磋商活动做出反应和决策。如果信息不能及时提供，就会失去信息支持决策的作用，甚至有可能给磋商带来巨大损失。其次，信息中涉及的事实本身是渐进的，要在事实变动中找到一个最新、最近的时间点，要分清信息是否已经过期，对进行市场行情分析是否有帮助。同时要把过去的、现在的和预期的信息进行比较分析。

（二）注意信息的准确性

信息的准确性即信息必须真实、客观地反映实际情况。虚假的信息往往对磋商决策者产生误导，使其做出错误的判断和决策，从而给磋商造成损害。含糊不清、模棱两可的信息也会影响分析和判断，导致决策错误，在未落实信息的可靠性之前最好不用。

（三）注意信息的全面性

信息的全面性指的是收集到的信息要广泛、全面、完整。只有广泛、全面地收集信息，才能完整地反映事实发展的全貌，为磋商决策的科学性提供保障，才有可能做出正确的决策。有些信息可能是针对国际市场某一方面的，在收集、使用时千万不要以偏概全，要把信息综合起来进行分析。

（四）注意信息的区域性

信息的区域性即信息的适用性，由于不同的管理职能部门，其工作业务性质和范围不同，对信息的种类、范围、内容等方面的要求也各不相同。因此，信息的收集和加工处理应有一定的目的性和针对性，应当是有计划地收集和加工。有些信息的区域性较强，在某些地方适应，而在另一些地方就不适应。

（五）注意信息的可比性

为了更好地分析各信息资料之间的关系，在收集信息的时候要注意收集到的信息资料是否有一致的口径，能否直接进行比较，如商品在不同年份的价格不能进行直接比较，需剔除通胀、外汇变动等因素后，用价格指数来进行比较。

课后任务

1. 完善小组商定的公司基本资料，填入"合同磋商备忘录"里。
2. 根据相关知识中介绍的收集信息的渠道和方法进一步收集磋商信息。
3. 各小组成员收集磋商信息后汇总发送给小组组长，以便在下一个任务时使用。
4. 上网查询最新的中国对外贸易管制政策。
5. 预习下一个任务：磋商信息的处理。

1.2　处理磋商信息

任务描述

处理磋商信息并撰写磋商信息分析报告

1. 对小组收集到的磋商信息进行审核、筛选、分类和汇总，制作磋商信息目录。
2. 根据汇总的磋商信息，写一个简单的磋商信息分析报告。
3. 小组组长展示磋商信息目录及磋商信息分析报告。
4. 时间：40 分钟。

【任务分析】

进出口双方初次收集到的磋商信息，并不能直接反映和说明问题。所以，交易双方收集到信息后，首先应对信息进行科学加工处理，提取精华，以便对市场做出正确判断，进而拟订合理的磋商方案。

磋商信息的处理对交易双方来说，是一个认识和深化理解市场现象的过程，双方可从中发现市场运作的变化规律。这个工作一般分为审核鉴定、筛选、分类分组、汇总和存储等五个步骤。在正式磋商前，交易双方还要根据磋商信息拟订一个周全的磋商方案，才能在磋商中把握进退的分寸，最终实现磋商目标。

本次任务中，进出口商需要考虑的问题是：如何对收集到的磋商信息去伪存真？哪些磋商信息需要进一步加工完善？该如何对磋商信息进行分类？磋商方案应包含哪些内容？

相关知识

一、磋商信息的处理程序

第一步：审核磋商信息

通过各种渠道、途径收集到的原始磋商信息大多比较零散和粗糙，甚至有虚假、差错、短缺、冗余现象，不能真实反映商品、市场和对手等的情况。因此，在利用这些信息之前必须进行严格的审核鉴定，以确保信息的正确性、可靠性和完整性。审核的内容主要包括以下两个方面：

（1）信息资料的完整性审核。对信息资料的完整性审核主要是指收集到的信息是否有遗漏，所收集的项目、数据、指标是否齐全。例如，信息对象的收集是否齐全；信息项目的收集是否完整；收集的信息的详细程度是否符合要求等。

（2）信息资料的准确性审核。对信息资料的准确性审核主要是指收集到的信息有无差错、有无重复、有无相互矛盾、异常等情况。例如，收集的信息是否在规定范围内；收集的信息是否存在明显的错误或是否真实可信；收集的信息特别是数据信息的计算方法、计量单位等是否统一等。

知识拓展：审核磋商信息的方法

第二步：筛选磋商信息

经过审核后的磋商信息资料虽然可以保证它的准确性和完整性，但并不一定都能运用于交易磋商中。因此，还需要对审核后的磋商信息根据需要、信息价值的高低进行筛选，去粗取精，以供后续工作进一步加工处理。有价值的磋商信息应具备的条件是：能够及时地为磋商提供谈判所需要的依据；信息符合磋商的需要；信息的可信赖程度高；信息具有综合性；信息容易获取（不是用特殊的手段或极少数人才能获取）；获取信息所花的费用与事前预算目标相吻合。

知识拓展：筛选磋商信息的方式与方法

第三步：对磋商信息进行分类分组

信息的审核和筛选是对信息的粗加工，信息的分类分组则是对信息的细加工。对于文字信息而言，是根据信息资料的性质、内容及研究要求进行归类；对于数据信息而言，则是按照一定的标志划分为不同的组别。只有对信息分类分组排序后，才有助于科学地研究信息。

1. 信息分类

（1）确定分类分组的方法。信息分类分组的方法有很多，到底采用哪一种方法分类分组，直接决定着信息资料的分拣。例如，是按市场还是按时间来分类，是按品质标志还是按数量标志分类。

（2）实施信息分拣。把信息资料按分类方式的要求进行分门别类地放置，以便下一环节工作的开展。如决定按市场来分类，则把收集到的欧洲市场、亚洲市场、美洲市场的信息分开摆放。

（3）进行信息排序。信息分类后，同一类目的信息资料的放置也有前后顺序的安排问题。重要的信息放在前面，不重要的次之，通过信息的排序能使信息成为井然有序的信息体系。

信息分类排序后，还需要进行信息描述，形成一条条反映原信息内容特征和外在特征的记录，方便存储查询。

对于收集到的某个关于微波炉的信息可以这样描述：
题目：微波炉的市场调查
创建者：李四
创建时间：2019 年 9 月 15 日

知识拓展：信息分类的方法

2. 信息分组

(1)品质标志分组。指按被研究市场对象的属性差异分组，如企业按所有制性质、企业规模分组。

(2)数量标志分组。指按被研究市场对象的数量差异分组，如企业按注册资本、职工人数、销售收入分组。

(3)简单分组。指在一定分组中，对研究总体按一个标志进行的分组，如企业可以按产品的类别分组，也可以按产品的销售收入分组。

(4)复合分组。指对被研究市场对象按两个或两个以上有联系的标志进行的重叠分组，如企业可以先按企业规模大小分组，再按企业的信誉分组。

即问即答：你认为下列数据的分组合理吗？为什么？

现有一些销售额资料，最小值为 12000 元，最大值为 54000 元，按销售额多少分组如下：

第一组为 10001 元～20000 元；
第二组为 20001 元～30000 元；
第三组为 30001 元～40000 元；
第四组为 40001 元～50000 元；
第五组为 50001 元～60000 元。

第四步：信息的汇编和汇总

信息汇编是针对文字信息而言的，主要指根据调查研究的实际要求，对分类完成之后的信息进行汇总、编辑，使之成为能反映调查对象客观情况的系统的、完整的材料。信息的汇编可以按收集信息的时间顺序或者按信息的背景以及分析的要求进行。

小案例：玩具信息汇总

信息汇总是针对数据信息而言的，主要指根据调查研究目的，把分组后的数据汇集到有关表格中，并进行计算加总，以集中、系统地反映调查对象总体的数量特征。经过汇总后的数据信息，通常会以表格或图形直观地表现出来。

第五步：存储磋商信息

汇总或汇编好的磋商信息要登记储存，形成信息资源库，方便企业内部人员共享资源，充分利用信息资源，为下一步撰写进出口经营方案做好准备。

信息存储的方式有：纸张存储、缩微存储、声像存储、光盘存储和计算机存储。不管以哪种形式存储信息，都要尽量做到统一、便利、有序和先进。

二、磋商方案的拟订

磋商信息处理完毕，在正式磋商之前，交易双方还需通过评估对手的可能目标，结合自身的优势和弱点，拟订磋商方案，确定磋商策略。磋商方案是将所有磋商计划内容具体化、条理化，使磋商人员的行动有明确的方向，能够控制磋商进度，灵活自如地应付和驾驭多变的磋商局势。

(一)磋商方案的拟订程序

第一步：确定磋商目标

磋商目标体现磋商的基本目的。整个磋商过程都必须紧紧围绕这个具体目标进行，都要为实现这个目标服务。确定磋商目标时必须考虑：己方利益是什么？己方需要什么？本次磋商的限期对目标的实现是否会造成障碍？当磋商陷入僵局时，己方将付出什么代价，这个代价是否会远离既定目标？对方最想要得到什么？可以做出何种让步？

磋商目标不宜定得过死，要有弹性。磋商目标通常有以下三个层次：

(1)上限目标。也称最高目标，是指磋商者乐于达成的目标，是一种理想的目标，同时也是对方所能承受的最高程度，它是一个临界点，如果超过这个目标，往往要承担磋商破裂的危险。

(2)中限目标。也称可接受目标，这是磋商者立意达成的目标，是一种比较实际可行的目标，又是磋商双方努力争取或愿意做出让步的目标。除非万不得已，磋商者不应考虑放弃这种目标，并要尽量争取接近上限目标。

(3)下限目标。也称最低目标，是指磋商者必须达成的目标，是一种临界目标。当对方提出的条件低于己方所能实现的目标临界点时，就要重新考虑磋商的基本形势或者终止谈判。

某公司在一次磋商中以出售价格为磋商目标，则以上三个目标可以这样表述：

①上限目标是每台售价1500元。

②下限目标是每台售价900元。

③中限目标是每台售价900元～1500元。

在国际贸易买卖合同里，除价格目标外，通常还有多个磋商目标。这就必须考虑磋商目标的优先顺序，根据其重要性加以排序，划分各目标的主次关系，对各个目标进行综合平衡和相互协调，通过删除、合并等手段减少目标数量，使其在内容上保持一致性。磋商目标并非一成不变的，磋商者可以根据磋商形势的变化及时进行调整和修订。

某公司欲采购某种商品进行销售，可以做以下考虑：

①从价格角度考虑，可以选择牺牲质量以低价进货。

②从质量角度考虑，以高价购入高质量商品，希望以高价销售保证利润。

③将质量与价格结合起来考虑。

④从能否得到免费的售后服务、促销宣传角度考虑。

⑤将价格、质量、免费的售后服务和促销宣传结合起来考虑。

在这五个目标中，如果价格和质量两方面是基本目标的话，那么这两方面的问题不加以解决，磋商就不可能取得成果。

第二步：拟订磋商议程

磋商议程即磋商程序，是对磋商内容的清单、磋商的各种事项进行的时间安排。议程订得合理与否决定磋商的效率。一份典型的磋商议程包括以下内容：

(1)磋商时间。包括总的期限，开始时间、各轮次时间、每次时间的长短以及休会时间等。

(2)磋商地点。包括具体的磋商场所及对场所的具体要求等。

(3)磋商主题。包括磋商的中心议题、解决中心议题的大原则,围绕中心议题内容的细节要求等。

(4)磋商日程。包括磋商事项的先后顺序,系列磋商各个轮次的划分,各方磋商人员在每一轮次中的大致分工等。

(5)磋商的其他事项。包括成交签约的要求与准备,仲裁人的确定与邀请,磋商人员食宿、交通、游览、休息、赠礼等事项的安排。

课堂讨论 谈判议程包括通则议程和细则议程。通则议程是磋商双方共同拟订正式议程的依据,由磋商双方共同确定。细则议程是一方拟订的磋商议程,是通则议程的补充,由一方自用,通常拟订了磋商事项的内容、磋商顺序和方法等细节,议程的内容因不同的磋商而有所不同。请问:上面所说的典型议程内容里哪些可以写进通则议程?哪些应写入细则议程?你认为还有没有需要补充的内容?

第三步:确定磋商议程的安排方式

磋商议程的安排应根据具体情况来定,通常有三种:

(1)先易后难。先磋商容易解决的议题,为讨论困难的问题打好基础,创造出良好的气氛。

(2)先难后易。先集中精力和时间磋商重要的、困难的议题,把问题谈透,以主带次,推动其他问题的解决。

即问即答:你认为对双方有争议的问题在议程安排上应放在哪个时间段商议比较好?

(3)混合型。把所有要磋商的问题都提出来,各方面把所有要讨论的问题归纳起来,对取得统一意见的问题明确下来,对尚未解决的议题再进一步商洽,最后取得一致性意见。

总的来说,一套完整的磋商方案应该包括:磋商目标、磋商时机及进度、磋商地点选择、磋商人员组成及其分工、磋商要解决的主要问题及其关键点、磋商的基本程序、磋商所使用的策略及其技巧、磋商所要使用的文献资料、解决争议的方法和仲裁机构。

(二)拟订磋商方案的要求

由于磋商方案是磋商人员在磋商前预先对磋商具体内容和步骤所做的安排,是磋商人员行动的指南,因此,磋商方案的拟订需注意以下几点要求:

(1)磋商方案要高度概括主题,用最简洁的文字表述达成目标和要求。

(2)磋商方案要将议程安排分成几个步骤,在每一个步骤的后面注明需注意的事项,如时间长短、所需资料等,这样就不会给人抽象空洞的感觉,真正起到提示的作用。

(3)磋商方案要灵活,对可控因素做好周密安排,对不可控的随机因素做好机动安排,以便磋商人员灵活发挥主观能动性,更好地进行磋商。

课后任务

1.根据所学知识,完善小组磋商信息目录。

2.根据整理好的信息资料完善磋商信息分析报告,把分析报告填入"合同磋商目录"里。

3.预习下一个任务:品名和品质条款。

知识测试

一、单选题

1. 在磋商中，比较实用和方便的信息获取方法是（　　）。

A. 案头调查法　　B. 直接调查法

C. 购买法　　D. 由专门机构提供的付费调查法

2. 下列哪项不是磋商信息收集应遵循的原则（　　）。

A. 保密性　　B. 经济性　　C. 时效性　　D. 合理性

3. 下列（　　）不是市场信息的内容。

A. 产品销售　　B. 市场竞争　　C. 消费者需求　　D. 社会保险

4. 下列调查方法中能够实现即时反馈的是（　　）。

A. 邮寄调查法　　B. 入户访谈法　　C. 留置调查法　　D. 网络调查法

5. 可以提出许多不同的问题和很复杂的问题的访问调查是（　　）。

A. 电话调查　　B. 邮寄调查　　C. 面谈调查　　D. 网络调查

6. 对于超过调查规定时间收回的问卷、不属于调查范围的人员填写的问卷、前后答案没有变化的问卷等问题较多的资料应予以（　　）。

A. 补救　　B. 作废　　C. 重新调查　　D. 同等对待

7.（　　）是市场调查报告正文中最主要的部分，也是占用篇幅最长的部分。

A. 结论及建议　　B. 数据分析　　C. 调查方案设计　　D. 调查结果及其评价

8. 在对调查问题了解甚少的情况下，最好的做法是从（　　）调查开始。

A. 描述性　　B. 因果性　　C. 探索性　　D. 一般性

9.（　　）公司主要是收集一般资料，他们一般不专门为某个客户服务，任何人都可以购买他们的资料。

A. 定制服务公司　　B. 辛迪加信息服务公司

C. 市场调查公司　　D. 广告研究公司

10. 资料的（　　）是对收集到的信息进行细致的检查，发现资料中是否出现具体的错误或疏漏，以保证资料的正确性和完整性的过程。

A. 分组与编码　　B. 验收　　C. 整理　　D. 编辑

二、多项选择题

1. 市场信息主要包括（　　）。

A. 市场的供求信息　　B. 市场的分布信息

C. 市场的商品信息　　D. 市场的竞争对手信息

2. 以下（　　）形式是直接出口。

A. 委托国内专业外贸公司出口　　B. 利用国外代理商出口

C. 利用国外经销商出口　　D. 利用驻外机构出口

3. 信息审核的内容包括（　　）。

A. 信息的完整性　　B. 信息的准确性

C. 信息的时效性　　D. 信息的适用性

4. 以下(　　)是商品促销的形式。

A. 送赠品　　B. 公关　　C. 抽奖　　D. 现场示范

5. 调查磋商对手商业信誉的内容主要包括(　　)。

A. 诚信度　　B. 美誉度　　C. 知名度　　D. 诚意度

6. 以下(　　)是 B2B 网站。

A. 百度　　B. 淘宝　　C. 阿里巴巴　　D. 慧聪

7. 对磋商信息进行分类的方法有(　　)。

A. 地区市场分类法　　B. 时间分类法

C. 项目内容分类法　　D. 综合分类法

8. 磋商信息汇编的主要工作有(　　)。

A. 计算　　B. 加总　　C. 汇总　　D. 编辑

9. 以下(　　)属于磋商目标。

A. 最高目标　　B. 最低目标　　C. 低级目标　　D. 高级目标

10. 谈判议程包括(　　)。

A. 正式议程　　B. 备份议程　　C. 通则议程　　D. 细则议程

三、判断题

1. 为了保证全面收集、分析问题,调查时应该进行企业营销问题的背景调查,目的是替代正式调查过程中的某些环节。(　　)

2. 在现实生活中,许多消费者认为年龄、收入、受教育程度等都属于个人隐私,不愿意真实回答,所以在信息收集时可以把这些问题省略,以免影响消费者的情绪。(　　)

3. 完成市场调查报告就表示磋商信息收集工作全部结束。(　　)

4. 磋商方案是否体现了磋商的目的和要求,这是最基本的评价标准。(　　)

5. 二手资料调查法不受调查人员和调查对象主观因素的干扰,反映的信息内容较为真实客观。(　　)

6. 电话询问不适宜调查复杂问题。(　　)

7. 资料的整理是指将经过编码的资料输入并储存在计算机中,以便于计算机分析的过程。(　　)

8. 如果无法把问卷返回调查现场,编辑人员不可填补不合格问卷中的缺失值。(　　)

9. 磋商方案的题目可以由一个正标题组成,也可以既有正标题也有副标题。(　　)

10. 对于磋商信息收集者或决策者而言,操作简单、操作成本低的信息收集方法是最有效的方法。(　　)

情景再现

1. 某制鞋厂生产了一种海蓝色的涤纶坡跟鞋,在本地很受欢迎。鞋厂根据市场反馈给外地的一家大型鞋帽商场发货 5000 双。时隔不久,商场来电要求退货。厂家很快派人赶赴这一城市,经初步调查,生产地与这一消费地风俗习惯不同,该城市市民认为这种鞋的颜色不太吉祥,因此,鞋上市后几乎无人问津。制鞋厂于是决定召回海蓝色的鞋,并委托调查机构对该城市的鞋类消费市场进行调查。

假如你是调查机构的一员,你将如何进行调查?调查内容大致包括哪些?

2. 强生公司是一家国际知名的婴儿用品生产公司，公司想利用强生公司在婴儿用品市场的高知名度开发婴儿用的阿司匹林产品，但不知市场的接受程度如何。强生公司有一些关系较好的市场调查样本群体，且调查的问题比较简单，但需由被调查者做出解释，故决定采用费用较低的邮寄方法进行市场调查。通过邮寄调查问卷的方式进行调查后，强生公司得出了这样一个结论：该公司的产品被消费者一致认为是温和的（这种反应和强生公司所做广告的宣传效果相一致），但温和并不符合人们对于婴儿用阿司匹林的期望；此外，消费者认为婴儿用阿司匹林可能不具有很好的疗效。因此，强生公司认为开发这样一个产品，并做出适合产品的宣传后，可能造成损坏整个公司的形象和多年努力的结果。如果按以往的形象做宣传又无法打开市场。因此，强生公司最终决定放弃这个产品的开发。

这个案例给你什么启示？

职场体验

1. 某贸易公司长期在国内销售玩具，深受消费者的好评，为尽快打开国际市场，该公司欲在美国、加拿大销售，请你分别帮该公司在美国和加拿大寻找三个潜在客户，把这些潜在客户的信息资料整理成文档，并说明把他们列为潜在客户的原因。

2. 某公司拟出口一批虾与罗非鱼到美国，但不了解中国出口和美国进口虾与罗非鱼的相关规定，请你帮其查找这方面的资料，并整理成文档。

学习情境2
合同标的物条款的磋商

学习目标

【能力目标】

1. 能为不同的商品正确命名，并选择适当的方式表示品质，合适的材料和方式进行包装，以及恰当的计量单位用以计算数量
2. 能为商品的包装物设计合理的尺寸和运输标志
3. 能正确计算商品的重量
4. 能正确使用品质机动幅度和数量机动幅度
5. 能订立正确的品名、品质、包装和数量条款
6. 能对给定的商品品名、品质、包装和数量条款进行分析，并提出修订意见

【知识目标】

1. 理解品名、品质、包装和中性包装的含义
2. 熟悉包装和包装标志的种类
3. 熟悉计量单位和度量衡制度
4. 掌握品质的表示方法，以及计算重量的方法
5. 掌握运输标志的内容
6. 掌握完整品名、品质、包装和数量条款的内容

2.1 品名和品质条款

任务描述

磋商品名和品质条款

1. 为小组选定的商品命名，并选择适当的品质表示方法。
2. 用中英文为选定的商品订立正确、完整的品名和品质条款。
3. 磋商结果由记录员记录在磋商记录表里，观察员如实填写观察汇报表。
4. 展示员做好准备，展示小组磋商成果。
5. 时间：15分钟。

【任务分析】

合同标的物的品名和品质条款又称为货物描述，是国际货物买卖合同中的主要交易条件之一，是买卖双方交接货物的重要依据。《公约》规定，卖方的交货必须符合合同约定的质量和规格，否则即构成根本违反合同，买方有权要求损害赔偿，也可以要求对方承担修理、更换、重做、退货、减少价款或报酬的违约责任，甚至拒收货物和撤销合同。

商品品名和品质条款的表示方法很多，不同的商品适用不同的表示方法。例如，有些商品适合用文字说明，有些商品适合用实物表示，有些商品则适合同时用文字和实物描述。用文字说明商品品质时，多以规格、等级、标准、商标牌号、说明书和产地等来表示，如电视机、大米等。以实物表示商品品质时，多以样品来表示，如手提包、服装等。

在本次磋商任务中，进口方需要考虑如何才能把拟购买的标的物描述清楚；出口方需要考虑是否能按照这个描述交货；表示品质的方法有很多，是否需要全部写进合同里，如果全写进去，会不会给出口方履约带来困难。

相关知识

一、品名条款

(一)品名的含义

品名(Name of Commodity；Name of Goods)，即商品的名称，指某种商品区别于其他商品的称呼或概念。它是贸易合同中构成商品说明的一个重要组成部分。

(二)品名的表示方法

品名一般按自然属性(包括商品的成分、结构、形态和化学性质、物理性质、生物学性质、生态学性质等)和加工深度(原料、半成品、制成品)进行命名和分类。命名方法主要有以下几种：

(1)以其主要用途命名，便于消费者按需购买，如织布机、洗衣粉、旅游鞋、按摩椅等。

(2)以其所使用的主要原材料命名，便于突出材料，显示质量，如羊毛衫、玻璃杯等。

(3)以其主要成分命名，便于消费者了解其内涵而提高身价，如西洋参皇浆、花生油、奶糖、白金钻戒等。

(4)以其外观造型命名，便于消费者从字义上了解商品特征，如喇叭裤、蝙蝠衫、高脚杯等。

(5)以其褒义词命名，便于突出商品的使用效能，促进消费者购买，如青春宝、美媛春等。

(6)以人物名字命名，便于产生名人效应推销商品，如孔府家酒、杜康酒、拿破仑酒等。

(7)以制作工艺命名，突出商品的独特性，增加消费者的信任感，如精制油、速冻饺、冷鲜肉等。

(8)以产地命名，便于借产地特有的气候彰显质量，如涪陵榨菜、金华火腿等。

(三)订立品名条款应注意的事项

(1)商品的品名必须准确、具体，切忌做空泛、笼统的规定，以免给履约造成麻烦。商品种类复杂多样的，品名栏可写总称，具体名称则另制附表，如钢笔、床、花瓶、衬衫等。

(2)商品的品名要统一，一种商品不能用几个名称，应尽可能使用国际上通用的名称。新商品的定名必须确切易懂，符合国际上的习惯、称呼，尽可能使用国际上通用的名称。

(3)注意选择合适的品名，有利于降低关税，节省运费。选用的商品名称最好能在海关税目中找到对应项，在不影响国家有关政策的前提下，从中选择有利于降低关税的名称作为合同的品名。另外，运输收费通常按货物等级规定标准，由于商品名称不统一，同一商品有可能因名称不同而收取不同的费用。可见，选择合适的品名是降低运费的办法之一。

(4)约定品名要实事求是，如实反映商品的实际情况，凡做不到或不必要的描述性词句都不应列入条款，以免影响履约。

某公司与日本某会社签订一单“土纸”合同，商品名为手工制造书写纸。货抵横滨港后，日方经开箱检验，发现其中部分工序为机械操作，即以货品不符合同品质约定为由，向我方提出异议索赔，我方是否应赔偿？

(5)品名应既能高度概括出商品的特征，又符合消费者的心理，诱发其购买欲望。若使用地方性名称，则需要双方就其含义取得共识。

二、品质条款

(一)品质的含义

商品的品质(Quality of Goods)又称质量，是商品内在素质和外在形态的综合。内在素质主要指商品的物理性质、机械性能、化学成分、生物特征、技术指标或要求等，外在形态是人们通过感官可以直接获得的商品的外形特征。

(二)品质的表示方法

概括地说，商品品质的表示方法有以实物表示和以文字说明两大类。

1. 以实物(Material Object)表示品质

(1)看货买卖(Sale by Actual Quality)

看货买卖又称看货成交，指的是卖方向买方展示拟交易的商品，经买方检验同意，达成交易。只要卖方交的是买方验看过的商品，买方就不得对商品品质提出异议。由于国际贸易的交易双方远隔两地,看货成交的方式有一定的局限性,通常用于一些有独特性质的商品,既没有相同的样品又无法用文字说明来表示,如珠宝首饰、古玩、字画、工艺品等。一般用于现货交易,主要在寄售、拍卖、展览等业务中采用。

(2)凭样品买卖(Sale by Samples)

知识拓展:何为样品

凭样品买卖,即卖方以样品的商品品质作为交货依据,所交货物必须与样品一致,不得含有对样品进行合格检验所不易发现和不适合商销的缺陷,买方也应有合理的机会对货物和样品进行比较。卖方所交的正货(Bulk)品质只要与其提供的样品一致,买方便不得提出品质方面的异议。凭样品买卖适用于因其自身特点难以用文字和科学方法来表示其品质,或在色香味和造型上有特殊要求的商品,如某些工艺品、服装、轻工业品(如纸张)、某些土特产品(如茶叶)及某些矿产品等。在国际贸易实务中,单纯凭样品成交的情况不多,多用于规定商品的某个或某几个质量指标,如为了表示商品的颜色,会采用"色样"(Colour Sample);为表示商品的造型,会采用"款式样"(Pattern Sample)。

即问即答:如果要从1000个同类商品中选择样品寄给客户,是否应选择最好的?为什么?

根据样品提供人的不同,凭样品买卖又可分为以下两种,见表2-1。

表2-1　凭样品买卖的分类及注意事项

类别	内容	注意事项
凭卖方样品买卖 Sale by Seller's Sample	由卖方提供样品后经买方确认达成交易。在此情况下,合同中应标明:"品质以卖方样品为准(Quality as per Seller's Sample)"	①寄样时,应选择有代表性的样品,即样品能代表整批货物的平均品质; ②寄样时,应保留一份或数份同样的样品,即"留样"或"复样",以备日后交货或处理争议时核对之用。寄发的标准样品和留存样品都应编上相同的号码与注明寄送的日期,以便日后联系时引用并便于核查; ③要严格区分参考样品和标准样品
凭买方样品买卖 Sale by Buyer's Sample	由买方提供样品后经卖方确认达成交易。在我国出口业务中,亦称来样成交或来样制作。凭买方样品成交时,有利于提高卖方产品在国外市场上的适销性,有利于扩大出口	①要考虑我国的原料、生产和加工能力等各方面的条件是否可以做到; ②因样品由国外买方提供,卖方要防止被卷入侵犯第三方工业知识产权的纠纷,应在合同中注明:因买方样品引起的任何第三者权利(商标、专利等)问题概由买方负责,与卖方无关; ③卖方应变被动为主动,争取以"对等样品成交",即卖方根据买方样品进行复制或提出与之相似的样品,也称"回样"或"确认样品",寄交对方作为交货时的品质依据,以防买方日后在交货品质上挑剔,卖方交货的品质只需与对等样品或回样相符即可

总之,样品无论是由卖方提供还是买方提供,一经双方确认便成为履行合同时交接货物的品质依据,卖方应承担交付的货物品质与已达成交易的样品完全一致的责任(Strictly Same as Sample),否则,买方有权提出索赔甚至拒收货物。所以,在订立合同时,为了留有余地,可在合同中规定:"卖方交货与所提供的样品的品质大致相符或基本相符(Quality to be considered as being about equal to the sample)",以防买方因卖方所交货物与样品有微小差异而拒收或索赔。另外,为避免买卖双方在履约过程中产生质量争议,必要时还可使用封样(Sealed Sample),即由第三方或公证机关在一批产品中抽取同样质量的样品若干份,每份样品采用铅丸、钢卡、封条、封识章、不干胶印纸以及火漆等各种方式加封识别,由第三方或公证机关留存一份备案,其余供当事人使用。

课堂讨论

看货买卖与凭样买卖的区别在哪里？

2. 以文字说明表示品质

国际贸易中除了凭实物表示品质成交外，大部分商品的成交都是“凭文字说明买卖（Sale by Description）”来表示商品品质的。其具体方法如下：

（1）凭规格买卖（Sale by Specification）

商品的规格指的是反映商品品质的一些主要指标，如成分、含量、容量、纯度、尺寸、大小、粗细、重量、强度、拉力、长短、色泽、不合格率等。商品的规格依商品的性质、特点和用途的不同而不同，如猪鬃按长短表示；冻虾以每磅若干只表示。由于凭规格买卖比较方便、准确、简单易行、明确具体、运用灵活，所以在国际贸易中广为应用。如中国花生仁，水分不超过 13%，不完善粒最高 5%，含油量最低 44%。Chinese Ground-nut, Moisture (max.) 13%, Broken Grains (max.) 5%, Oil Content (min.) 44%.

（2）凭等级买卖（Sale by Grade）

等级是指同一类商品根据长期生产与贸易实践，按其品质、规格上的差异或重量、成分、外观、效能等的不同，用文字、数码或符号所做的分类。不同的等级代表着不同的品质，而每一种等级都规定有相对固定的规格，不同等级的商品具有不同的规格。

鲜鸡蛋，蛋壳浅棕色，清洁，大小均匀。Fresh hen eggs, shell light brown and clean, even in size

AA 级	每个蛋 60 克～65 克	Grade AA	60gm～65 gm. per egg
A 级	每个蛋 55 克～60 克	Grade A	55gm～60 gm. per egg
B 级	每个蛋 50 克～55 克	Grade B	50gm～55 gm. per egg

（3）凭标准买卖（Sale by Standard）

商品的标准是指将商品的规格和等级予以标准化。世界各国政府和工商团体都针对许多商品制定和公布了统一化的等级以及具体的规格要求和检验方法，在一定范围内实施，作为评定同一商品品质的依据。

在我国，商品标准由国家或有关政府部门规定，有国家标准、行业标准（又称部门标准）、企业标准、地方标准及参考国际标准化组织五类标准。

在国外，商品品质标准一般可分为五类：一是企业标准；二是团体、行业标准，即由商业团体或学会制定的标准，如美国保险商实验室安全标准（UL）；三是国家标准，即由国家自己制定的标准，如美国材料与试验协会（ASTM）制定的标准；四是区域标准，即由区域标准化组织制定的标准，如欧洲标准化委员会（CEN）等制定的标准；五是国际标准，即由国际性机构制定的标准，如国际标准化组织（ISO）1987 年所颁布的 ISO 9000《质量管理和质量保证》以及国际电工委员会（IEC）等。

日本大豆进口质量标准。

水分：15%以下；杂质：1%以下；不完善粒：9%以下；含油量：无要求；本年度产新大豆。

Moisture (max.) 15%, Admixture (max.) 1%, Broken Grains (max.) 9%, Oil Content: No Request, new crop.

知识拓展

国际贸易中除部分商品能以科学方法确定其品质标准外，还有一些产品因其品质变化较大而难以规定统一的标准，如农副产品。对于农副产品常有下列两种标准：

(1)"良好平均品质(Fair Average Quality,F. A. Q.)"标准，俗称大路货或统货，包含两种意思：其一，指一定时期内某地出口商品的平均品质水平；其二，指某一季度或某一装船月份在装运地发运的同一种商品的平均品质水平。我国出口某些农副产品也采用 F. A. Q. 标准，在采用这种标准时，除在合同中注明 F. A. Q. 字样外，通常还应订明具体规格指标，以防引起纠纷。如巴西大豆，2019 年新产，良好平均品质。Brazilian Soybean,2019 new crop,F. A. Q..

(2)"上好可销品质(Good Merchantable Quality,G. M. Q.)"标准(精品货)。指卖方只需保证其成交的货物品质良好，适合商销，而无须在成交时以其他方式去说明商品的具体品质。这种交易条件多用于无法利用样品或无国际公认标准可循的货物买卖，如木材、冷冻鱼虾等商品交易。采用上好可销品质作为品质标准，易发生争议，除非双方在长期的业务往来中已取得一致理解，否则不宜采用此种方法表示商品的品质。

在凭标准买卖时应注意：凭标准买卖时，在合同中应注意列明所引用的标准的名称和标准的检验年份。因为各国的标准常随着生产技术的发展和情况的变化而进行修改和变动，因而同一国家颁布的某类商品的标准往往就有不同年份的版本。如英国药典就有不同年份的版本，版本不同，品质标准的内容也不尽相同。

(4)凭品牌或商标买卖(Sale by Brand or Trade Mark)

品牌(Brand Name)又称牌号、牌名，是指厂商或销售商所生产或销售的牌号，是工商企业为了与其他企业的同类产品或商品相区别而冠以其产品的名称。它是一个名字、术语、符号或设计，或四种的结合。商标是法律名词，是工商企业依据法律规定注册的、用来识别其产品或商品的标志。有文字商标、图形商标、符号商标、立体商标和文字、图形、符号两种以上结合的商标。品牌是商品的名称，商标是品牌的标志，两者密不可分。

用品牌或商标来表示品质的，通常是国际市场上行销已久，品质稳定，规格统一，信誉良好，顾客熟知的商品。所以，品牌或商标就代表了某种商品的一定品质，成为一种品质的象征，所以无须对其品质再提出详细的要求。一般适用于一些品质稳定的工业制成品或经过加工的初级产品，如双鱼牌乒乓球、凤凰牌自行车、戴尔电脑等。如金星牌彩色电视，型号 SC374，制式 PAL/BG，200 伏，50 赫兹，双圆头插座带遥控器。Golden Star Brand Color Television Set, Model: SC374, PAL/BG System, 220V, 50Hz, 2-round-pin plug, with Remote Control.

在凭品牌或商标买卖时应注意：

①订约时，如果同一种品牌反映不同型号或规格的商品，除了明确牌名或商标外，还必须明确规定具体型号或规格。

②在凭品牌商标买卖时，由于品牌、商标属于工业产权，各国都制定了相关的商标法加以保护，所以要做好在国内外登记注册的工作，以防被人抢注或假冒，以维护商标专用权。

③品牌产品的商标或品牌本身就是品质的代称，但必须考虑到任何产业、任何产品的品质都不是绝对的，在实际使用中可能也会存在品质方面的问题。

(5)凭产地名称买卖(Sale by Name of Origin)

有些出口商品，特别是一些农副产品，由于历史的原因或产地的自然条件和传统生产技术以及加工工艺所致，在品质上具有其他地区产品所不具备的独特风格或特色。产地名称就成为代表该产品的质量标志。如法国香水(French Perfume)、中国东北大米(China Northeastern Rice)、绍兴花雕酒(Shaoxing HuaDiao Chiew)。

在凭产地名称买卖时应注意:凭产地名称买卖时,一定要按照传统的质量交货,而不能拿其他地方的产品滥竽充数。凡条件不够或品质不稳定的商品,则不宜以产地名称买卖。否则有名无实,会自毁品牌,影响出口商品的声誉。

(6)凭说明书和图样买卖(Sale by Description and Illustration)

在国际贸易中,机械、仪表、电子电器、大型设备,特别是成套设备及交通工具等技术含量较高的产品,因其功能与结构复杂,型号繁多,难以用简单的几项指标来说明商品品质的全貌。因此,除规定其商标、牌名和型号等外,还必须以说明书并附以图样,甚至附上照片、设计图纸、性能分析表以及各种数据来详细说明其具有的质量特性。如品质和技术数据必须与卖方所提供的产品说明书严格相符。Quality and technical data to be strictly in conformity with the description submitted by the seller.

有些凭说明书买卖的机电仪器产品,除在合同中订有品质检验条款外,还订有品质保证条款和技术服务条款,明确规定卖方须在一定期限内保证其所出售的商品质量符合说明书上所规定的指标。另外,凭说明书和图样表示商品品质时应在合同中列明图样、说明书的名称及份数等内容。

(三)品质机动幅度和品质公差

卖方交付的货物必须符合合同的规定,这是卖方所做出的品质保证的一项基本内容,但在实际业务中,由于商品特性、生产加工和运输条件的限制以及气候的影响,有时卖方却很难做到。某些农副产品的实际交货品质与合同规定难免会出现一些差异。为了避免交货品质与买卖合同稍有出入而造成违约,因而影响交易的顺利进行,在实际业务中可以在合同的品质条款中做些变通规定,其常用的做法是规定品质机动幅度和品质公差。

1. 品质机动幅度(Quality Latitude)

品质机动幅度是指买方允许卖方所交商品的品质指标可在一定幅度内机动掌握。其方法有三种:

(1)规定范围,即规定某项品质指标允许有差异的范围。如棉布幅阔 47/48 英寸。Cotton cloth, Width:47/48 inches.

即问即答:在增减价条款中,多交或少交的货物应如何计价?

(2)对商品的品质规格规定上下极限,即使用上下极限的字样,如最小、最低、最少(minimum,min.);最大、最高、最多(maximum,max.)。如鱼粉,蛋白质 55%以上,脂肪最高 9%,水分最高 11%,盐分最高 4%,砂分最高 4%。Fish Meal,Protein 55%(min.),Fat 9%(max.), Moisture 11% (max.),Salt 4% (max.) ,Sand 4% (max.).

在品质机动幅度内,交货品质如有上下,一般不另行计算增减价。但为照顾买卖双方的利益,允许卖方交货的品质可以在一定幅度内高于或低于合同规定的品质要求,并根据实交货物的品质状况,按规定比例增减价格,在合同中加以明确规定,这就是品质增减价条约。如出口大豆合同,除明确规定具体的品质规格外,还规定含油率不低于 20%,以 20%为基础,含油率每增加 1%,价格增加 2%。增减价格条款一般只适用于对价格有重要影响,但允许有一定机动幅度的主要指标,对于次要指标或不允许有机动幅度的重要指标,则不能适用。

(3)规定上下差异。如 C708 中国灰鸭毛,含绒量 90%,上下 1%。C708 Chinese Grey Duck Feather,Down Content 90%,1% more or less.

2. 品质公差(Quality Tolerance)

品质公差是指有些工业制成品,在生产过程中不能做到精确,可根据国际惯例或经买卖双方同意，对合同的品质指标订立合理的公差。例如，允许手表每48小时误差1秒。品质上的误差，即品质公差，有的是为国际所公认的，有的是由买卖双方商定的。如果国际上无公认的公差，或公差不明确，或由于生产原因需要扩大允许差异幅度，就需要经过买卖双方磋商，同意后在合同中加以明确规定。卖方交货的品质只要在公差范围内，即使在合同中未做规定，也可认为符合合同而免负品质责任。

商品的品质公差是不计算增减价的，不论品质指标的机动幅度，还是合同中规定品质公差，一般都只对商品品质的主要指标做出规定。

课堂讨论

试比较以下品质条款，哪一条比较好，为什么？

①货物必须具有适销性。

②货物性能达到英国的法律要求和技术标准。

③货物仅用做某一特定用途。

（四）订立品质条款应注意的事项

（1）品质的表示方法既可以单独使用，也可以几种方式结合使用。但若规格与样品同时使用，则必须明确表明以何者为准。若不表明，有些国家的法律解释为："卖方所交货物既与样品一致又要符合规格要求，否则，买方有权拒收货物并提出索赔"。可见，凡能用一种方法表示品质的，一般就不宜用两种或两种以上的方法来表示。

（2）品质条款的内容和文字，要做到简单、具体、明确，避免笼统含糊，不宜用诸如大约、左右、合理误差等用语。

课堂讨论

我方出口白砂糖一批，以旋光度96度作为标准，每低1度折让1.5%，不足1度按比例计算，所装货物低于93度以下买方有权拒收。问：订立这样的品质条款合理吗？为什么？

（3）根据商品特性订立合理的品质机动幅度或品质公差条款。由于某些商品在生产过程中存在自然损耗及受生产能力、商品本身特点等方面原因的影响，难以保证在交货时质量完全与合同规定的内容一致，因此，对于这些商品，在订立合同品名品质条款时可以规定一些灵活条款，卖方所交商品品质只要在规定的灵活范围内，即可以认为交货质量与合同相符，买方无权拒收。

（4）订立品质条款时还要注意各质量指标之间的内在联系和相互关系，防止由于某一质量指标规定不科学或不合理而造成不应有的经济损失。例如，荞麦品质条件的规定："水分不超过17%，不完善粒不超过6%，杂质不超过3%，矿物质不超过0.15%"。显然，此项规定中对矿物质的规定不合理，与其他指标是不相称的，为了使矿物质符合约定的指标，则需反复加工。其结果，虽然会大大减少矿物质但同时会增加不完善粒的含量，从而造成不应有的损失。

课后任务

1.磋商小组根据所学专业知识对初步磋商的商品品名、品质条款进行修订，把修订后的品名和品质条款填在"合同磋商备忘录"里。

2.上网查看我国的《强制性产品认证管理规定》的相关内容。

3.预习下一个任务：包装条款。

2.2　包装条款

任务描述

磋商包装条款

1. 用中、英文为小组选定商品订立正确、完整的包装条款。
2. 根据国际标准化组织的要求为选定商品的包装(如有包装)设计运输标志。
3. 为商品的包装物设计合理的尺寸。
4. 磋商结果由记录员记录在“磋商记录表”里,观察员如实填写“观察汇报表”。
5. 展示员做好准备展示小组磋商成果。
6. 时间:15 分钟。

【任务分析】

在国际贸易中,包装条款是进出口合同的主要交易条件之一,《公约》中规定,卖方交付的货物需按合同规定的方式装箱或包装,如果合同中没有相关规定,则货物按照同类货物通用的方式装箱或包装,如果没有此种通用方式,则按照足以保全和保护货物的方式装箱或包装,否则,货物即为与合同不符,卖方要根据实际情况承担相应的违约责任。

商品的包装根据在流通过程中所起的作用不同,分为运输包装和销售包装。运输包装的作用侧重于保护商品的品质和数量,销售包装的作用侧重于美化、宣传商品。在运输包装上,通常刷制不同的标志,如运输标志、指示标志和警告标志等。不同的标志作用不同。另外,运输包装的材料、规格和方法都会不同程度地影响货物的运输,运输包装的尺寸应与运输工具相适应。

本次磋商任务中,进出口双方需要考虑的问题是:如何为交易商品设计合理的包装?完整的包装条款应包含什么内容?为什么要设计运输标志?怎样设计包装尺寸以配合运输?

相关知识

一、包装的含义和种类

(一)包装的含义

商品的包装指为了有效保护商品的品质完好和数量完整,根据商品的特性,使用适当的材料或容器,将商品加以包封并进行装潢和印刷一定标志的一种措施。

(二)包装的种类

商品的包装根据其在流通过程中所起的作用不同,分为运输包装和销售包装两大类。

1. 运输包装

运输包装又称外包装、大包装,是用于包装一定数量的销售包装商品或散装商品的大型包装,其主要作用是保护商品,防止发生货损、货差,便于储存、运输、检验、计数和分拨,利于节约运输成本。通常又分为单件运输包装和集合运输包装。

(1)单件运输包装

单件运输包装是指货物在运输过程中作为一个计件单位的包装,可以依据包装容器的形状分为包(Bale)、箱(Case)、桶(Drum)、袋(Bag)、筐(Basket)、卷(Rolls,Bundle)、罐(Jar)、瓶(Bottle)等;也可以依据包装材料分为铁桶(Iron Drum)、木箱(Wooden Case)、纸箱(Carton)、木桶(Wooden Cask)、塑料桶(Plastic Cask)、纸袋(Paper Bag)、麻袋(Gunny Bag)、塑料袋(Plastic Bag)等。

(2)集合运输包装

集合运输包装是指将一定数量的单件运输包装,组合成一件大包装或装入一个大的包装容器内的包装方式,以适应港口机械化作业的要求,能更有效地保护商品,提高装卸效率,节省运输费用。集合运输包装又包括集装箱、集装袋和托盘。

①集装箱(Container)。指具有一定强度、刚度和规格专供周转使用的大型装货容器。根据用途不同,有干货集装箱、台架式集装箱、开顶集装箱、通风集装箱、冷藏集装箱、散货集装箱、罐式集装箱等。目前国际上通用的集装箱规格是 20 英尺和 40 英尺两种。一般计算集装箱的数量时,都以 20 英尺集装箱作为计算衡量单位,通常用“TEU”(Twenty-foot Equivalent Unit)表示。一个 40 英尺集装箱相当于 2 个“TEU”。

②集装袋(Flexible Container)。指一种由合成纤维或复合材料编织成的圆形大口袋或方形大包,一般为 1 吨～4 吨,最多可达 13 吨,适用于装运大宗散状、粉粒状物料。

③托盘(Pallet)。指按一定规格制成的单层或双层平板载货工具,在平板上集装一定数量的单件货物,并按要求捆扎加固,组成一个运输单位。

2. 销售包装

销售包装(Sale Packing)又称内包装(Inner Packing)、小包装(Small Packing)、直接包装(Immediate Packing),是直接接触商品并和消费者直接见面的包装,实际上就是零售包装。它除了保护商品外,还拥有便于消费者识别、选购、携带和使用的功能,更具有美化宣传和促销的作用。因此,在国际贸易中,对销售包装的用料、造型结构、装潢画面和文字说明都有较高的要求。基于以上要求,销售包装可分为以下几种:

(1)陈列展销类包装。可用于商店货架陈列、展示商品,一般有挂式包装、堆叠式包装、展开式包装等。

(2)识别商品类包装。可让消费者从外观上识别商品,一般有透明式包装、开窗式包装、习惯式包装等。

(3)使用类包装。可便于消费者携带和使用,一般有携带式包装、易开式包装、喷雾式包装、配套包装、礼品包装等。

案例分析

在荷兰某一超级市场上有黄色竹制罐装的茶叶一批,罐的一面刻有中文“中国茶叶”四字,另一面刻有我国“古装仕女图”,看上去精致美观,颇具民族特点,但国外消费者少有问津。问:其故何在?

销售包装的装潢画面的图案和色彩应适应有关国家的民族习惯和爱好,如大象在泰国和印度被看作吉祥的动物,但在英国则被视为蠢笨的象征;阿拉伯国家规定进口商品的包装禁用六角星图案;利比亚等信奉伊斯兰教的国家禁用猪形图案;德国、瑞典不喜欢红色;法国、比利时对墨绿色反感等。

销售包装的文字说明要简明扼要,要符合相关国家的规定,例如,美国食品药品监督管理局(FDA)要求大部分食品必须标明至少 14 种营养成分的含量;中国香港要求进口的食品标签用中文，但食品名称及成分须同时用中、英文注明；加拿大政府规定进口商品标签必须英、法文对照等。

销售包装上的商品条码(Product Code)是由一组带有数字的黑白色粗细间隔不等的垂直平等条纹所组成的标志，以表达一定的商品信息，如图 2-1 所示。国际上通用的条形码主要有两类：一类是美国统一代码委员会编制的 UPC 码(Universal Product Code)，主要用于美国和加拿大；另一类是由国际物品编码协会编制的 EAN 码(European Article Number 已广泛遍布全球 90 多个国家和地区)。目前，使用 EAN 码的国家比较多，EAN 码已成为国际公认的物品编码标志系统。我国于 1988 年 12 月建立了"中国物品编码中心"，负责推广条形码技术，并对其进行统一管理。1991 年 4 月我国正式加入国际物品编码协会，被分配的国别号为 690-695(不包括港、澳、台地区)。

图 2-1　商品条码

即问即答：我国商品出口美国，出口商品的销售包装上应印制 UPC 码还是 EAN 码？

二、包装标志

(一)包装标志的含义

包装标志(Packing Mark)是指在商品包装上刷制的简单图形和文字。刷制这些简单图形和文字的目的是方便识别货物，让运输、装卸、仓储、检验、报关和货物交接等工作能安全顺利进行，避免错发错运、发生损坏货物或伤害人身的事故，保证货物安全迅速地运交收货人。

制作包装标志要求简明清晰，易于辨认；着色牢固，防止海水或雨水冲湿；在每件相反的部位上刷制相同的标志，以便工作人员在货物调换位置时也能看到该标志；防止印刷错误，以免影响货物报关和装卸工作。

(二)包装标志的种类

包装标志按其用途不同分为运输标志、指示性标志、警告性标志和识别标志。

1. 运输标志(Shipping Mark)

运输标志俗称"唛头"，是运输包装标志的基本部分，由一个简单的几何图形和一些字母、数字及简单的文字组成，是区别一批货物和其他同类货物的依据。其作用主要是在装卸、运输过程中让有关人员识别，以防错发错运，同时也便于收货人收货及办理通关手续。通常由收发货人代号、目的地名称或代号和批件号三部分组成。运输标志在国际贸易中还有特殊的作用。按《公约》规定，在商品特定化以前，风险不转移到买方承担。而商品特定化最常见的方式就是在商品外包装上标明运输标志。

联合国欧洲经济委员会简化出口贸易程序工作组，在国际标准化组织和国际货物装卸协调会的支持下制定了标准化的运输标志，并向各国推荐使用，如图 2-2 所示，该标志为 4 行，每行的文字和数码不得超过 17 个字码，取消任何图形，因为图形不能用打字机一次做成，在采用电脑制单时尤为不便。

运输标志	
A. B. C.	(收货人的缩写)
07/S/C No. 2345	(参考号：合同编号)
HAMBURG	(目的港名称)
NOS 1-80	(箱号和总件数)

图 2-2　运输标志

2. 指示性标志(Indicative Mark)

指示性标志又称安全标志(操作标志)，是根据商品的性能和特性(如怕热、怕湿、怕雾、怕倾斜、易破碎、残损、变质等)，以简单醒目的图形和文字在运输标志上提示人们在保管、装卸、运输过程中需要注意的事项和要求，如图 2-3 所示。如小心轻放(Handle With Care)、此端向上(This Side Up)、请勿用钩(Use No Hooks)、保持干燥(Keep Dry)等。使用文字时，最好是使用进口国和出口国的文字，但一般是使用英文，国际标准化组织核准了统一的指示性标志。

图 2-3 指示性标志

3. 警告性标志(Warning Mark)

警告性标志又称危险货物包装标志或危险品标志(Dangerous Cargo Mark)，是为了保障货物和人员的安全，在装有易燃、易爆、有毒、易腐蚀等危险货物和氧化剂及放射性物质等危险货物的运输包装上用图形和文字表示和说明各种危险品的标志，以示警告，如图 2-4 所示。如有毒物(Poison)、爆炸物(Explosive)、腐蚀性物品(Corrosives)等，提醒装卸、搬运、储存人员注意商品的危险属性并提高警惕。

我国对于危险品标志已颁布了《包装储运指示标志》和《危险货物包装标志》。联合国海事协商组织也公布了《国际海运危险品标志》。我国出口商品一般既要刷上我国规定的标志，也要刷上国际海运危险品标志，以免到国外后不准进入。

图 2-4 警告性标志

4. 识别标志(Identification Mark)

识别标志是关于包装物内所装货物情况的说明，目的是通知买方集装箱的内容，同时也便于海关查验。识别标志通常刷制在包装的侧面，一般包括货物的货号、颜色、毛重、净重、实际体积(长×宽×高)和生产国别等内容，如图 2-5 所示。

ART. NO. (货号)：2058A-3
COLOUR (颜色)：NAVY/GREY

SIZE(尺码)：	36	37	38	39	40	41
	1	1	2	3	3	2

N. W. (净重)：11.3kg
G. W. (毛重)：16.4kg
MEAS. (体积)：45.5cm×52cm×55.5cm
MADE IN CHINA(生产国别)

图 2-5 识别标志

三、中性包装

(一)中性包装的含义

中性包装是指在出口商品及其内外包装上都不注明原产地和出口厂商标记的包装，常为了打破某些进口国家或地区的关税和非关税壁垒等歧视性措施，以适应交易的特殊需要。例如，在我国海关对原产于韩国、加拿大和美国的进口新闻纸开始征收反倾销税后，一些进口商将原产于被诉倾销国家或地区的产品改换为中性包装或其他国家的包装，以逃避交纳反倾销税或现金保证金。

（二）中性包装的种类

国际上常见的中性包装有定牌中性包装和无牌中性包装两种。

1. 定牌中性包装

定牌中性包装是指在商品或包装上只有买方指定的商标或牌名，但无生产国别、生产地名和出口商名称。定牌主要用于国外长期、大量、稳定的订货，其目的是利用买方的经营能力、企业信誉或品牌声誉，提高商品售价和扩大销量。实务中，有时卖方在采用买方所指定的商标或牌名的同时，也在其商标或牌名下标明"卖方国制造"的字样。

如果要使用定牌中性包装，应特别注意买方指定的商标是否存在侵权的行为。因此，应在合同中规定："卖方对货物不论发生在买方国家或其他任何国家或地区之有关专利、实用新型、商标、设计等侵权行为概不负责。"

2. 无牌中性包装

无牌中性包装是指商品出口时在货物或包装上均不使用任何商标或牌号，也不注明生产国别和厂商名称的一种方法，有利于节省费用，降低成本，主要适用于需要进一步加工的半成品和在制品。

能力提升：OEM 产品和 ODM 产品

四、合同中的包装条款

（一）包装条款的基本内容

完整的包装条款一般包括包装材料、包装方式、运输标志和包装费用等内容。

（1）包装材料。指包装所用的材料，如木箱、纸箱、木桶等。

（2）包装方式。指大包装和小包装的具体包装情况、包装规格、包装数量或重量、填充物和加固条件等。

（3）运输标志。按国际贸易习惯，运输标志一般由卖方决定，不在合同中做具体规定。如果买方要求使用由其指定的唛头，则应在合同中具体规定唛头的具体式样和内容。

（4）包装费用。指包装的费用由买卖双方中哪一方负担的问题。一般来说，包装费包括在货价之中，不另计收。但如果买方对包装提出特殊要求，则额外的包装费用原则上应由买方负担，并应在合同中具体规定费用的负担方和支付办法。

包装：6 套装一出口纸箱，420 箱装一个 20 英尺集装箱，每个纸箱上刷唛如下：

Packing: 6 sets packed in one export carton, 420 cartons transported in one 20ft container. Each carton should be stenciled with shipping mark as follow:

SLT

WE-8768

Hamburg

C/NOS. 1-UP

(二)订立包装条款应注意的事项

1. 包装条款的内容要明确具体

在国际贸易中,不宜笼统规定包装材料和方式,如使用“海运包装”和“习惯包装”之类的术语,因其含义不够明确,各国理解不同,容易引起争议。

2. 选择包装材料、包装方式要考虑商品特点和不同运输方式的要求

不同的商品有不同的特性,如水泥怕潮湿、玻璃制品怕破碎、液体货物怕渗漏等,运输包装要具有防潮、防震、防漏等性能。

不同运输方式对运输包装的要求也不同,如海运包装要求牢固,并具有防挤、防碰撞的功能;铁路运输包装要求具有防震功能;航空运输包装要求轻便小巧等。

3. 要根据物流系统情况考虑商品包装的设计,节约包装材料,降低物流成本

为提高物流效率,降低物流成本,包装货物的尺寸要注意在装运时避免空间上的浪费,因此,我们在设计外包装的时候一要考虑包装物的外廓尺寸,以节省包装材料费用;二要考虑包装物的外廓尺寸能否与承运工具尺寸匹配,让装载工具的容积得到最充分的利用,以降低物流成本。

即问即答:合同规定:数量 1000 千克;包装:纸箱包装;每箱净重 30 千克。这一规定合理吗?试说明理由。

(1)设计包装物的外廓尺寸

在确定包装箱的结构尺寸前,首先要考虑内装商品的最大外径、性质和商品本身缩胀的公差系数,以及内装商品是整体还是组合套装;同时,还要考虑为保护内装商品所加设的各种附件,这就要求在设计安排和结构布局上要考虑多种因素对包装箱结构尺寸的影响。而包装箱的尺寸设计包括内径尺寸和外径尺寸的设计,内径尺寸为包装箱成箱后内部空间尺寸;外径尺寸为包装箱成箱后外部轮廓尺寸。

通常三层瓦楞纸箱内径长宽尺寸要伸放 10 毫米左右,五层瓦楞纸箱内径长宽尺寸要伸放 15 毫米~20 毫米,不论是三层或是五层瓦楞纸箱内径高都相应比长宽多放出一倍,即得出大致的纸箱外径尺寸(业务中可根据具体商品由技术人员详细测算)。纸箱体积通常用毫米来表示。

【例 2-1】 有一中东客商询购皮鞋,要求五层瓦楞纸箱包装,每箱装 12 双,每双装一纸盒,纸盒尺寸按 380mm×240mm×103mm,试计算纸箱外径尺寸。

按 12 双/箱的要求对货物进行排列,以确定箱型。

根据件数排列规则,2 排×2 行×3 层=12 双较为合理,由此得出纸箱内径=(380mm×2)×(240mm×2)×(103mm×3)=760mm×480mm×309mm,长、宽和高分别伸放 20 毫米和 40 毫米得出大致的纸箱外径尺寸,即 780mm×500mm×349mm。

(2)包装物的设计与运输载体匹配

由于在国际贸易中,多采用集装箱运输,且各国通常都是按集装箱使用个数来收取运费的,因此,在设计制作纸箱时,还要将集装箱的运载重量和规定的容积考虑进去,以便合理计算内装件数,尽可能占有集装箱空间,减少运费损失。计算整柜集装箱的装载数量有精确计算法和简单计算法两种。

①精确计算法

在实际业务中,集装箱装载数量与包装容器的长、宽、高之组合及多边是否受固定装放限制有极大关系。一般来说,对包装规格都是有限制的,但对竖立与否不做规定的包装,可先决定堆柜的高度,再来改变宽与长的组合,因为装货柜时高对容积影响最大。

依上例外箱尺寸,计算 20 英尺货柜可装箱数,由于箱内有鞋盒支撑,横竖摆放均可,故在

设计包装箱合理排满货柜时，可采取以下步骤：

第一，根据集装箱尺寸确定哪一边为高：

78 厘米为高时，2.38÷0.78=3 层，装载空隙为 0.04 米

50 厘米为高时，2.38÷0.5=4 层，装载空隙为 0.38 米

35 厘米为高时，2.38÷0.35=6 层，装载空隙为 0.28 米

故以装载空隙最小的 78 厘米作为高，可叠 3 层纸箱。

第二，决定哪一边为长：

35 厘米为长时，5.90÷0.35=16 排，装载空隙为 0.30 米

50 厘米为长时，5.90÷0.50=11 排，装载空隙为 0.40 米

故以装载空隙最小的 35 厘米作为长，可摆 16 排纸箱。

第三，只能将剩下的 50 厘米作为宽：

2.35÷0.50=4 行，装载空隙为 0.35 米，可放 4 行纸箱。

按这样的选择来摆放纸箱，总共可装：

3 层(H)×16 排(L)×4 行(W)=192(箱)

但是，按这样的计算来摆放，还要考虑剩余的空间是否还可以继续利用来装货。以此题为例，因为所装货柜总宽度为 0.5×4=2 米，而货柜自身总宽度为 2.35 米，因此，货柜空间还有的剩余宽度为 2.35−2=0.35 米，刚好可以纸箱高度 35 厘米为宽摆放一行，排列如下：

以 35 厘米为宽(1 行)，78 厘米为高(3 层)，50 厘米为长(11 排)，即 1×3×11=33

这样，20 英尺货柜装箱总数=192 箱+33 箱=225 箱，共 2700 双，并以此作为对外报价的基础。

即问即答：用简单计算法计算 20 英尺的货柜能装 780mm×500mm×349mm 的纸箱箱数，并与精确计算法计算结果进行比较。

②简单计算法

简单计算集装箱的装载数量时，一般是按照货物的总重量或体积除以集装箱的有效载货量或有效容积取整得出。

【例 2-2】 商品 08003(儿童踏板车)，销售单位 UNIT(辆)，包装单位 CARTON(纸箱)，单位换算为每箱装 6 辆，每箱体积为 0.0576CBM，毛重为 21KGS，试分别计算该商品用 20 英尺、40 英尺集装箱运输时的最大可装箱及相应报价数量。

每 20 英尺集装箱

按体积算，可装箱数为 25÷0.0576≈434.028

按重量算，可装箱数为 17÷21×1000≈809.52

为保证货物能完全装进集装箱内，取两者较小的值，因此最大可装箱数可取 434 箱，相应销售数量=434×6=2604 辆。

每 40 英尺集装箱

按体积算，可装箱数为 55÷0.0576≈954.861

按重量算，可装箱数为 25÷21×1000≈1190.476

为保证货物能完全装进集装箱内，取两者较小的值，因此最大可装箱数可取 954 箱，相应销售数量=954×6=5724 辆。

4. 由买方提供包装材料或由买方指定唛头时，应在合同中规定买方提供包装材料或指定唛头的最后期限

包装一般由卖方供应，连同商品一并交付买方，不再收回，有时在某些情况下卖方交货后将原包装收回。当包装或包装材料(全部或部分)由买方负责供应时，合同中应同时规定包装或包装材料最迟到达卖方的时限(应与合同中交货期限相适应)和逾期到达情况下买方应负的

责任。同样，当由买方指定唛头时，为了防止延误，也应明确买方指定的最后时限，并订明如果未能按时收到有关唛头的通知，卖方可自行决定。

即问即答：你知道我国对于包装标签有哪些规定吗？请上网搜索后回答。

5. 要考虑进出口国家政府对包装的有关法律法规

知识拓展：不同国家在拟订包装条款时的法律法规

世界各国对包装的要求越来越严格，除了在包装的装潢设计上要考虑各国的风俗习惯（如对色彩、图案的喜恶）外，还要注意在包装材料的选用上不能违反有关国家的法律法规。有的国家不允许使用玻璃和陶瓷做包装材料，有的国家对食品、药品、服装等进口商品都制定了标签管理条例，如欧盟对纺织品等进口产品要求加贴生态标签；日本、美国规定，凡是销往该国的药品，都应在标签上说明药物成分、功能和服用方法；瑞士规定，凡是销往该国的衬衣，衣领上必须要有关于洗涤、烫熨的图示。

课后任务

1. 磋商小组根据所学专业知识对初步磋商的包装条款进行修订，把修订后的包装条款填在“合同磋商备忘录”里。

2. 上网查找不同国家对于进出口商品包装的相关要求。

3. 预习下一个任务：数量条款。

2.3 数量条款

任务描述

磋商数量条款

1. 根据小组贸易背景选择集装箱的规格（如需要）。

2. 根据小组设计的包装物尺寸计算整柜集装箱的装载数量（如有包装），按整柜装载数量的倍数成交。

3. 用中英文为小组选定商品订立正确、完整的数量条款。

4. 散装货物的小组须订立数量机动幅度条款。

5. 磋商结果由记录员记录在“磋商记录表”里，观察员如实填写“观察汇报表”。

6. 展示员做好准备展示小组磋商成果。

7. 时间：15 分钟。

【任务分析】

合同中的数量不仅是买卖交货的依据，还反映了交易规模的大小，影响着交易商品的单价，是国际买卖合同中不可缺少的主要条件之一。《公约》规定，卖方所交货物的数量必须与合同规定相符。如果卖方所交货物的数量小于合同规定的数量，卖方应在规定的交货期届满前补齐，但不得使买方遭受不合理的不便或承担不合理的开支。即便如此，买方也有权保留要求损害赔偿的权利。反之，卖方所交货物的数量如大于合同规定的数量，买方除了可以拒收超出部分外，也可以收取多交部分中的一部分或全部，但应按合同价格付款。

在国际贸易中，由于进出口双方身处不同国家，不同的国家采用的度量衡制度不同，不同的度量衡有不同的计量单位。当交易商品以重量计价时，不同的商品计算重量的方法不同。对于不容易准确把握交货数量的散装或裸装货物，还应在合同里订立合适的数量机动幅度条款。可见，国际货物买卖合同中的数量条款较国内贸易而言，要复杂一些。

本次磋商任务中，进出口双方需要考虑的问题是：卖方如何确保按合同的数量交货？在签订合同时有哪些条件可以利用？数量的确定要不要考虑运输装载问题？

相关知识

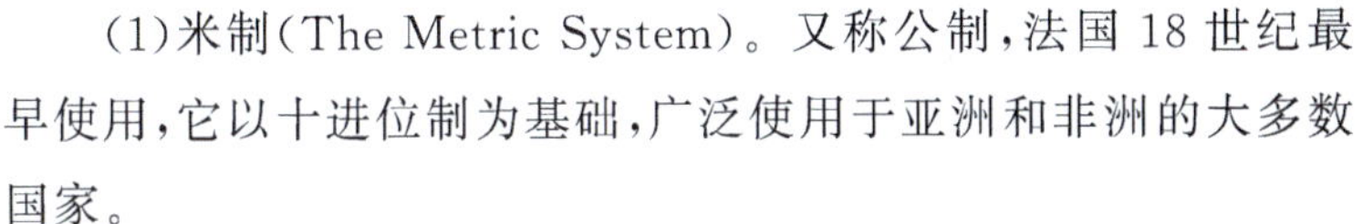

一、数量的计量和计算

（一）度量衡制度

微课：合同中的数量条款

数量是指以一定度量衡表示商品的重量、个数、长度、面积、体积和容积的量。确定商品数量时，必须明确采用什么计量单位。计算数量的单位因商品的种类、特性的不同和各国度量衡制度的不同而不同。当前国际常用的度量衡制度有四种：

(1)米制(The Metric System)。又称公制，法国 18 世纪最早使用，它以十进位制为基础，广泛使用于亚洲和非洲的大多数国家。

(2)英制(The British System)。在纺织品等交易中使用，但不采用十进位制，主要在英联邦国家使用。

(3)美制(The U. S. System)。以英制为基础，多数计量单位的名称与英制相同，但含义有差别，主要体现在重量单位和容量单位中，在北美洲国家和地区使用。

(4)国际单位制(The International System of Units, SI)。在米制基础上发展起来的，被越来越多的国家采用。我国自 1991 年 1 月 1 日起采用国际单位制。在出口货物时，除合同规定外，均应使用法定计量单位。一般不进口以非法定计量单位计量的仪器设备，如有特殊需要，须经有关标准计量管理机构批准，才能使用非法定计量单位。

（二）计量单位

各计量单位见表 2-2。

表 2-2　　计量单位

单位类别	常用计量单位	适用产品	换算方式
重量单位	吨(Ton) 公制的公吨(Metric Ton,M/T) 英制的长吨(Long Ton,L/T) 美制的短吨(Short Ton,S/T) 磅(Pound,LB) 盎司(Ounce,OZ) 千克(Kilogram,Kg) 克(Gram,g) 公担(Quintal,Q)	农矿等初级产品及部分工业制成品,如粮食、棉花、谷物、煤炭、矿产、钢材、水泥、化肥等; 铂金、黄金、白银等贵重金属用克或盎司计量; 钻石之类的商品用克拉来计量	1千克=2.2046磅=35.2736盎司 1公吨=0.9842长吨=1.1023短吨
个数单位	件、只、支(Piece,PC) 双、付(Pair) 套、台、架(Set) 打(Dozen,Doz) 大罗(Great Gross) 罗(Gross, gr) 令(Ream, rm) 箱(Case) 包(Bale,Bag) 捆(Bundle) 袋(Bag) 卷(Roll,Coil) 桶(Drum,Barrel,Pail,Cask) 包、件(Package, Pkg) 筐、篮(Basket) 瓶(Bottle) 辆(Unit) 头(Head) 块(Piece,Cake,Slab,Loaf) 片(Tablet,Slice) 听(Tin) 张(Sheet) 刀(Quire)	日用工业制品、消费品及杂货类商品,如文具、纸张、玩具、饮料、成衣、车辆、活牲畜等	1罗=12打=144件 1令=500张
长度单位	米(Meter, m) 英尺(Foot, ft) 码(Yard, yd)	布匹、绸缎类的纺织品、绳索、电线、电缆等	1米=1.904码=3.2808英尺=39.37英寸 1英尺=12英寸=1/3码=30.48厘米
面积单位	平方米(Square Meter, Sq. M) 平方英尺(Square Foot, Sq. ft) 平方码(Square Yard, Sq. yd)	皮制品、塑料制品等,如塑料篷布、塑料地板、木板、玻璃板、地砖、皮革与铁丝网	1平方米=1.19599平方码=10.7639平方英尺=1550平方英寸
体积单位	立方米(Cubic Meter,CBM/m^3) 立方英尺(Cubic Foot, Cu. ft) 立方码(Cubic Yard,Cu. Yd/yd^3) 立方英寸(Cubic Inch,CU. IN/in^3)	化学气体、砂石、木材	1立方米=1.308立方码=35.3147立方英尺
容积单位	升(Liter, L) 加仑(Gallon, gal) 夸脱(Quart) 蒲式耳(Bushel, bu)	谷物类及液体、气体等商品,如小麦、玉米、煤油、汽油、酒精、啤酒和天然瓦斯	1升=0.22英制加仑=0.264美制加仑 1英制蒲式耳=1.032057美制蒲式耳

(三)重量的计算方法

在国际贸易中,有许多商品是按重量计算的,有固定包装的以件计重的商品则较易计重。大宗散装货物、无包装或简单包装的货物则采用衡器计重。计重的方法通常有以下几种:

1. 毛重(Gross Weight)

毛重指商品自身重量加上包装物的重量,包装物的重量又称皮重。

在国际贸易中,少数价值较低的商品,如粮谷、饲料等农副产品和卷筒新闻纸等,其包装价与商品价相差无几,或因包装本身不便分别计量,常采用按毛重计量的方法,即按毛重作为计算价格和交付货物的基础。国际贸易中称这种以毛重计算重量和计价的方法为“以毛作净”(Gross for Net),俗称“连皮滚”。如大米,100公吨,单层麻袋包装,每袋100千克,以毛作净。100 M/T rice in single gunny bags of 100kg each ,gross for net.

2. 净重(Net Weight)

净重指商品自身的重量,即毛重扣除皮重的重量。

大部分按重量成交的商品是以净重计价,这是国际贸易中最常见的一种计量方法。如在合同中未明确规定用毛重还是净重计量、计价的,按惯例应以净重计量。

知识拓展:国际贸易中去除皮重的方法

在国际贸易中,净重有时还包括销售包装的重量,例如,糖果常常包括糖纸的重量。但是,有些贵重金属、化工原料等,往往以“净净重”(或纯净重)(net net weight 缩写 nett)计算重量。所谓纯净重,是指货物本身的重量。从毛重中减去外包装的重量为净重,再从净重中减去内包装的重量即为“净净重”。

课堂讨论 出口羊毛10公吨,实际回潮率从货物中抽取小样进行测算,假设抽取10千克,用科学方法去掉水分后,净剩8千克羊毛。问该出口羊毛的公量是多少?

3. 公量(Conditioned Weight)

公量指用科学方法除去商品中的实际水分,得出商品的干量后,加上以国际公认的标准回潮率所求得的水分重量。这种方法较复杂,适用于经济价值较高但含水量又极不稳定的羊毛、棉纱、生丝等商品。

公量的计算公式为

$$\begin{aligned}\text{公量}&=\text{干量}+\text{标准含水量}=\text{干量}\times(1+\text{标准回潮率})\\&=[\text{实际重量}\times(1+\text{标准回潮率})]/(1+\text{实际回潮率})\end{aligned}$$

其中,标准回潮率是买卖双方事先约定的商品含水量与实际干量之比,实际回潮率是商品中实际水分含量与实际干量之比。国际上公认的生丝和羊毛的标准回潮率为11%。

4. 理论重量(Theoretical Weight)

理论重量指根据每件商品的重量推算出整批商品的总重量,这种计算方法是建立在每件商品重量相同的基础上的,主要适用于那些按固定规格生产,有固定尺寸的商品,如马口铁、钢板等。但因各种原因,商品实际重量也会发生变化,所以,理论重量只能作为计算实际重量时的参考质量。

5. 法定重量(Legal Weight)

法定重量指商品重量加上直接接触商品的包装物的重量,如销售包装(内包装)等的重量。在法定重量中,按一些国家海关的规定,在征收从量税时,商品的重量是以法定重量计算的。

6. 装运重量(Shipping Weight)

装运重量又称装船重量(Weight Shipped),指以货物发运时的重量作为实际交货重量的方法。此种方法适用于有些在运输途中会有干缩、损耗等减少重量的商品,卖方对此所减少的重量不负责任。采用装运重量的交易应说明以装运时的净重还是毛重为准,如每公吨按装运净重计算(Per M/T net shipping weight)。

即问即答：东北大米，散装，1000 吨。此数量条款是否合理？为什么？

二、数量机动幅度

在国际贸易中，有些商品的数量是可以精确计量的，但有些商品如粮食（如玉米、大豆、小麦）、油类、煤炭、矿砂、化肥、糖等农副产品和工矿产品，由于成交数量大而计量不易精确，或因商品本身特性，或因自然条件的影响，或受包装方式、装卸和运输条件（船舱容量等）等的限制，卖方实际交货数量往往不易符合原定的交货数量。对于这些商品，为便于履行合同，避免争议，往往在合同中规定一个合理的交货数量的机动幅度。只要卖方交货数量在约定的增减幅度范围内，就视为按合同规定的数量交货，买方就不得以交货数量不符为由拒收货物或提出索赔。

数量机动幅度的规定有两种方法：

（一）溢短装条款

溢短装条款即在贸易合同的数量条款中明确规定，卖方在合同规定的货物数量上增加或减少交付的百分比，即规定允许多装或少装若干，但以不超过成交数量的百分之几为限。

完整的溢短装条款包含三个内容：可溢装或短装的百分比，溢短装的选择权，溢短装部分的作价。如不列明溢短装部分如何作价时，则表示增减部分的价格与合同规定的价格相同。

溢短装（More or Less）也可用"增加或减少"（Plus or Minus）或用"±"符号代替。如允许溢短交 5%，由买方选择，增减部分按合同价计算。5% more or less at Buyer's option, such excess or deficiency to be settled of contracted price.

（二）约量条款

约量条款是指在合同中对数量的规定为约数，即在某一具体数字前加上一个"约"（about）"近似"（approximate）等字眼，以使装货数量可以有所机动。根据《跟单信用证统一惯例》（国际商会第 600 号出版物，以下简称《UCP600》）的规定，"约"（about ）或"大约"（approximately）用于信用证内货物的金额、数量和单价时，货物的金额、数量和单价均允许有不超过 10%的增减幅度。但"约"字笼统含糊，各国对此解释不一，有的为 2%，有的为 5%，也有的解释为 10%。为明确责任，便于履约，避免纠纷，在非信用证结算时，买卖双方不宜用"约"表示货物的机动幅度，而应在合同中明确允许增减的百分比，除非双方对"约"的理解已经达成共识。

三、合同中的数量条款

（一）数量条款的内容

在国际货物买卖合同中，完整的数量条款至少包含量值和计量单位两个内容。对于不容易准确把握实际交货数量的货物，例如，散装货一般还要订立数量机动幅度条款。对于以重量计量的商品，还要订明计算重量的方法。

范例

数量：2000 公吨，允许由卖方选择 5%的增减幅度，以满足货物装载空间的要求，增减部分按照合同价格计算。

Quantity: 2000M/T, 5% more or less at seller's option if it is necessary for the purpose to meet the shipping space and each difference shall be settled of contracted price.

(二)订立数量条款应注意的事项

1. 正确掌握成交数量

对于出口商品,应根据国外市场的供求情况,国内货源的供应情况,国际市场价格动态,市场趋势和季节因素,以及国外客户的资信和经营能力确定适当的成交量。既要能按时供应,巩固和扩大销售市场,使出口商品卖个好价,又要考虑国内货源情况和生产能力,以免造成交货困难。同时还要根据国外客户的资信状况、经营能力等因素,确定出口成交的数量,切不可盲目成交,以防发生货款落空的风险。对于进口商品,应考虑国内市场实际行情和国内的实际需要,以及国内的支付能力以确定进口数量,避免盲目进口。

2. 合理规定数量机动幅度条款

(1)数量机动幅度的大小要适当,应根据商品特性、行业或贸易习惯和运输方式等因素而定。在合同里订立数量机动幅度是为了便于卖方交货,解决实际交货数量与合同约定数量不相符的问题。这个幅度一般不宜过大,以不超过 10%为宜。如果该幅度订立过大,容易被有选择权的一方根据交易货物的市场价格的变动情况而大幅增加或减少交货或装货数量。

课堂讨论

某出口合同规定:Black bean, 500M/T, 5% more or less at seller's option, such excess or deficiency to be settled of contracted price.

卖家应该怎么确定装货数量呢?

(2)机动幅度选择权的规定要合理。如采用海运,机动幅度应由负责安排船舶运输的一方来选择,或由船长根据舱容量和装载情况来选择。对某些价格波动剧烈的大宗商品,为防止贸易商利用数量的机动幅度条款为己谋利而故意增加或减少装船数量,可加订“此项机动幅度,只是为了适应船舶实际装载量的需要时才能适用”的条款内容。

(3)溢短装数量的计价方法要公平合理。通常机动幅度范围内多装或少装的部分一般都按合同价格计算。但数量上的溢短装在一定条件下,直接关系到交易双方的利益,往往为交易双方所利用。如果合同价格采用固定价格,交货时若市价下跌,多装对卖方有利;若市价上涨,多装则对买方有利。因此,为防止有权选择机动幅度的一方利用行市变化有意多装或少装来获取额外好处,则可在合同中规定:多装或少装的部分按装船时或货到时的市价计算,以体现公平合理的原则。

(4)溢短装数量的增减幅度要与金额的增减幅度同时使用。根据《UCP600》的规定:在信用证未以包装单位件数或货物自身件数的方式规定货物数量时,货物数量允许有 5%的增减幅度,只要总支取金额不超过信用证金额。可见,如果信用证仅规定了溢短装的数量幅度,而金额并没有相应的增减时,卖方所支取金额不能超过信用证金额,这意味着如果卖方溢装货物时,多装部分的货物可能不能顺利结汇。因此,信用证结算时,应在合同和信用证里同时规定,允许数量和金额同时增减。

允许数量和金额同时有 10%的增减。

10% more or less in quantity and amount is allowed.

广州某出口公司收到汉堡开来的信用证两份：

①棉布10万码，每码USD0.40CIF汉堡，信用证总金额USD42000。

②服装1000套，每套USD20CIF汉堡，信用证总金额USD21000。

据此，两证出运的最高、最低的数量和金额应分别如何掌握？

3. 数量条款的各项内容应订立得明确具体

签订数量条款时用词应明确具体，避免使用笼统含糊的字眼，如对计量单位的规定，以“吨”计量时，要订明是长吨、短吨还是公吨；如采用约量条款时，就应明确“约”或“近似”允许增减的百分比，而不要仅仅写“约”或“近似”。

另外，在签订数量条款时要考虑到数量的可计量性。例如，以“件数”为计量单位时，就不应有“半件”，同时还要考虑到包装规格，以免“余数”无法达到统一的包装规格。

课后任务

1. 磋商小组根据所学专业知识对初步磋商的数量条款进行修订，把修订后的数量条款填在“合同磋商备忘录”里。

2. 上网查找不同国家对于进口商品数量的限制规定。

3. 预习下一个任务：贸易术语及有关贸易术语的国际惯例。

知识测试

一、单选题

1. 凡货样难以达到完全一致的，不宜采用(　　)。

A. 凭说明买卖　　B. 凭样品买卖　　C. 凭等级买卖　　D. 凭规格买卖

2. 凭样品买卖时，如果合同中无其他规定，那么卖方所交货物(　　)。

A. 可以与样品大致相同　　B. 必须与样品完全一致

C. 允许有合理公差　　D. 允许在包装规格上有一定幅度的差异

3. 在品质条款的规定上，对某些比较难掌握其品质的工业制成品或农副产品，我们多在合同中规定(　　)。

A. 溢短装条款　　B. 增减价条款

C. 品质公差或品质机动幅度　　D. 商品的净重

4. 条码标志主要用于商品的(　　)上。

A. 销售包装　　B. 运输包装

C. 销售包装和运输包装　　D. 任何包装

5. 采用中性包装的目的是(　　)。

A. 保护商品

B. 美化商品

C. 宣传商品

D. 打破某些进口国家与地区的关税与非关税壁垒

6. 下列包装标志中,要在货运单据上表示的是(　　)。

A. 运输标志　　B. 指示性标志　　C. 警告性标志　　D. 条形码标志

7. 若合同规定有品质公差条款,则在公差范围内,买方(　　)。

A. 不得拒收货物　　B. 可以拒收货物

C. 可以要求调整价格　　D. 可以拒收货物,也可以要求调整价格

8. 根据《UCP600》的规定,合同中使用“大约”“近似”等约量字眼,可解释为交货数量的增减幅度为(　　)。

A. 不超过 5%　　B. 不超过 10%　　C. 不超过 15%　　D. 由卖方自行决定

9. 某公司与外商签订了一份出口某商品的合同,合同中规定的出口数量为 500 吨。在溢短装条款中规定,允许卖方交货的数量可增减 5%,但未对多交部分货物如何作价给予规定。卖方依合约规定多交了 20 吨,根据《公约》的规定,此 20 吨应按(　　)作价。

A. 到岸价　　B. 合同价　　C. 离岸价　　D. 议定价

10. 按照国际惯例,买卖商品按重量计价时,如果合同中未明确规定计量方法,应按(　　)计价。

A. 毛重　　B. 净重　　C. 以毛作净　　D. 公量

二、多选题

1. 卖方根据买方来样复制样品,寄送买方并经其确认的样品,被称为(　　)。

A. 复样　　B. 回样　　C. 确认样　　D. 对等样品

2. 凭商标或牌号买卖,一般只适用于(　　)。

A. 一些品质稳定的工业制成品　　B. 经过科学加工的初级产品

C. 机器、电器和仪表等技术密集产品　　D. 造型上有特殊要求的商品

3. 卖方同意以每吨 300 美元的价格向美客商出售 1200 吨一级大米,合同和信用证金额都为 36 万美元。但卖方实际交付货物时,大米的价格已发生了波动。因价格波动,一级大米的价格是 350 美元/吨,而三级大米的价格为 300 美元/吨,则(　　)。

A. 卖方可交三级大米

B. 卖方应按合同规定交货

C. 因价格波动卖方可按比例少交一些货物

D. 只要卖方的交货符合合同和信用证的规定,卖方就能收回 36 万美元的货款

4. 下列用语中属于警告性标志的有(　　)

A. 禁止翻滚　　B. 温度极限　　C. 远离放射源及热源

D. 有害品　　E. 腐蚀品

5. 国际上通用的包装上条形码有(　　)。

A. UPC 码　　B. EAN 码　　C. EPC 码　　D. UCC 码

6. 表示品质的方法有(　　)。

A. 凭样品表示商品的品质　　B. 凭实物表示商品的品质

C. 凭说明表示商品的品质　　D. 凭商标表示商品的品质

7. 按照《公约》的规定,若卖方交付的货物不符合约定的品质,买方拥有的权利是(　　)。

A. 有权要求赔偿　　B. 可以要求修理或交付替代物

C. 拒收货物　　D. 撤销合同

8. 国际标准化组织制定的简化后的标准运输标志包括(　　)。

A. 收货人或买方名称的英文缩写字母或简称

B. 参考号

C. 目的地

D. 件数代号

9. 中性包装包括(　　)。

A. 运输中性包装　　B. 销售中性包装　　C. 定牌中性包装　　D. 无牌中性包装

10. 在国际货物买卖合同中,数量机动幅度的选择权可由(　　)行使。

A. 船方　　B. 卖方　　C. 买方　　D. 保险公司

三、判断题

1. 在出口贸易中,表达品质的方法多种多样,为了明确责任,最好采用既凭样品又凭规格买卖的方法。(　　)

2. 在出口凭样品成交的业务中,为了争取国外客户,便于达成交易,出口企业应尽量选择质量最好的样品请对方确认并签订合同。(　　)

3. 在约定的品质机动幅度或品质公差范围内的品质差异,除非另有规定,一般不另行增减价格。(　　)

4. 某外商来电要我方提供大豆,按含油量 18%,含水量 14%,不完善粒 7%,杂质 1% 的规格订立合同。对此,在一般条件下,我方可以接受。(　　)

5. 中国 A 公司向《公约》缔约国 B 公司出口大米,合同规定数量为 50000 吨,允许卖方可溢短装 10%。A 公司在装船时共装了 58000 吨,遭到买方拒收。按《公约》的规定,买方有权这样做。(　　)

6. 运输包装上的标志就是指运输标志,也就是通常所说的唛头。(　　)

7. 对于警告性标志,各国一般都有统一规定。但我国出口危险品货物除印刷我国的危险品标志外,还应标明国际上规定的危险品标志。(　　)

8. "大路货"货物的品质低于该类货物的平均质量标准。(　　)

9. 双方签订的贸易合同中,规定成交货物为不需包装的散装货,而卖方在交货时采用麻袋包装,但净重与合同规定完全相符,且不要求另外加收麻袋包装费。货到后,买方索赔,该索赔不合理。(　　)

10. 根据《公约》的规定，如卖方所交货物多于约定数量，买方可以全部收下合同规定的货物和卖方多交的货物，也可以全部拒收合同规定的货物和卖方多交的货物。　(　　)

四、计算题

1. 一位美国商人前来购买婴儿车，他看中 A 公司货号为 156 款式的婴儿车，约定纸箱包装，每箱装两辆，纸箱尺码 90 厘米×60 厘米×45 厘米，请计算一个 40 英尺货柜可装多少箱？

2. 显示器一批，货号为 110380，销售单位：台，纸箱包装，每箱装 1 台，纸箱尺寸为：465 毫米×230 毫米×530 毫米，毛重 3 千克，试分别计算该商品用 20′、40′集装箱运输时的最大可装箱数。(每个 20′集装箱可装体积通常为 25 立方米，限重17.5 号，每个 40′集装箱可装体积通常为 55 立方米，限重 26 号。)

3. 本溪钢铁进出口公司出口的钢板因其厚度不同，每平方米的理论重量见表 2-3：

表 2-3　　钢板厚度与重量

厚度(毫米)	重量(千克)	厚度(毫米)	重量(千克)
0.2	1.57	0.3	2.355
0.25	1.963		

现有出口钢板 5000 张，每张长度为 5000 毫米，宽度为 500 毫米，厚度为 0.2 毫米的有 1000 张，厚度为 0.25 毫米的有 2600 张，厚度为 0.3 毫米的有 1400 张，请计算本批出口货物的重量。

情景再现

1. A 公司按凭样品成交的方式，从国外 B 公司进口当饲料用的谷物，由于 B 公司交货品质太好，使 A 公司的国家海关误以为是供人食用的谷物而课以重税，使 A 商增加了税收负担。因此，A 公司要求 B 公司赔偿因交货品质与样品不同而造成的关税差额损失。

请问，如上诉到法院，将如何判决，为什么？

2. 我方出口风扇 1000 台，国外来证规定不许分批装运。装船时发现有 40 台包装破裂，风罩变形或开关脱落。为保证质量，发货方认为，《UCP600》有规定：即使不许分批装运，数量上可以有 10%的溢短装。于是少装 40 台，但却遭到议付行的拒付。

请问：议付行的拒付是否有理，为什么？

3. 在出口贸易中，有些非洲国家经常很轻易下订单，但要求我国出口企业提供卖方样品，并表示在收到样品后订立正式合同，对此你如何理解？

4. 国外某商人拟购买我方“菊花”牌扳手，但要求改为“鲨鱼”牌，并不得注明“Made in China”。

请问：我方可否接受？应注意什么问题？

5. 我方向西欧某国出口布匹一批，货到目的港后，买方因购销旺季，未对货物进行检验就将布匹投入批量生产。数月后，买方寄来几套不同款式的服装，声称用我方出口的布匹制成的服装缩水严重，难以投入市场销售，因而向我方提出索赔。

问：我方是否应该同意对方的要求？为什么？

职场体验

1. 专业术语翻译

(1)商品的品质　(2)良好平均品质　(3)运输标志　(4)皮重

(5)sales by specification　(6)sales by description and illustration

(7)more or less　(8)about or approximately clause

2. 试翻译以下合同的标的物条款

(1)20000 metric tons, 5% more or less at seller's option.

(2)36 pairs packed in a carton size assorted.

(3)品质和技术数据应与所附技术协议相符,该技术协议是本合同不可分割的一部分。

(4)大米 50 千克,麻袋装"以毛作净"。

(5)每只套一塑料袋,每一打装一坚固新木箱,防湿,防潮,防震,防锈。

3. 试翻译下列条款,并推测进行交易的大致是什么样的货物

(1)In iron drums of 185kg～190kg, net each.

(2)In cartons each containing 4 boxes about 9lbs. Each piece waxed and wrapped with paper.

(3)Goods are in neutral packing and buyer's labels must reach the seller 45 days before the month of shipment.

4. 请为下列出口货物设计包装标志

(1)设计纸箱箱号并计算包装件数。

Commodity: 100% cotton men's shirt.

Packing: each piece in a polybag, 60pcs to a carton.

表 2-4　纸箱箱号及包装件数

STYLE NO. 款式	QUANTITY 数量	CARTON NO. 件号/箱号	NOS. OF PKGS. 包装件数
93-13	1260PCS		
93-14	1260PCS		
93-15	1200PCS		
93-16	1680PCS		
总　计			

(2)根据以下内容设计英文识别标志。

JL608TS,安全靴,40# ～45#,12 双,混码包装,毛重 27kg,净重 21.6kg,50cm×35cm×78cm,中国制造。

(3)按照 ISO9000 的要求,根据以下内容设计唛头。

S/C No.:52SSG-016

Date: Aug. 8th,2019

Seller: Beijing Qimingxing Textiles I/E Corp.

Buyer: Crystal Bobe LTD.

Commodity：Men's cotton shirt

Quantity：800dozens

Packing：1 dozen in a carton

Port of Loading：Tianjin

Port of Destination：New York

5. 试判断以下合同标的物条款有无不妥之处，如有，请更改并说明理由

(1)羽绒服，鸭绒含量≤90%。

(2)运动鞋，中性包装，中国制造，东升鞋厂生产，兰花牌。

(3)每件装一塑料袋，半打为一盒，十打装一箱。

(4)小麦，2000 立方米，袋装。

(5)Northeast Rice，Moisture 14.5%，Broken Grains 2%，3000tons，in bulk.

(6)S836 White Rabbit，Quality strictly as per samples submitted by the seller.

学习情境3
贸易术语的磋商

学习目标

【能力目标】

1. 能说出买卖双方在交付国际货物过程中应承担的主要责任、发生的主要费用和主要风险转移点
2. 能根据小组贸易背景磋商买卖双方交货时各自承担的责任义务、费用和风险
3. 能正确解释《2020年通则》中的11个贸易术语
4. 能根据不同的贸易背景选用适当的贸易术语
5. 能在货物买卖合同中正确使用贸易术语及与贸易术语有关的国际惯例

【知识目标】

1. 掌握贸易术语的含义和作用
2. 熟悉有关贸易术语的主要国际惯例
3. 了解《2020年通则》的特点
4. 掌握11个贸易术语的含义和解释
5. 掌握选用贸易术语和使用国际惯例时应注意的问题

3.1 贸易术语及有关贸易术语的国际惯例

任务描述

磋商买卖双方分别承担的责任、费用和风险

1. 根据小组贸易背景磋商买卖双方交货时各自承担的责任、费用和风险，如：
(1)责任：出口清关、装货、安排运输、安排保险、卸货、进口清关。
(2)费用：出口清关费、装货费、运输费、保险费、卸货费、进口清关费。
(3)风险转移点：卖方仓库、起运地(港)、运输工具、目的地(港)、买方仓库等。
2. 磋商结果由记录员记录在“磋商记录表”里，观察员如实填写“观察汇报表”。
3. 展示员准备好展示小组磋商成果。
4. 时间：15分钟

【任务分析】

买卖合同中，交易货物的成交价格和买卖双方在履行合同中各自承担的责任义务、费用和风险密切相关。因此，在磋商交易货物的价格前，通常先就这些细节逐一进行磋商。例如，卖方还是买方负责出口清关？哪一方负责订立运输合同？哪一方负责投保货物运输险？卖方承担到何处为止的费用？

通常情况下，货物的成交价格与卖方承担的责任义务、费用和风险呈正比。即当卖方承担的责任义务越多，负担的费用越高，当风险转移得越慢时，成交价格就越高。反之，则越低。在本次磋商任务中，谈判双方首先应列出在履行合同过程中，与交货有关的主要责任义务有哪些，费用划分点和风险转移点通常有哪些选择，然后才能逐一进行磋商。磋商的过程中需要考虑的是：这些责任义务由哪一方承担才更有效率，更加合理？

相关知识

国际贸易比国内贸易复杂，从一国出口到另一国往往要经过诸多环节。任何一个环节出差错都将影响整笔交易的顺利进行。因此，买卖双方在交易磋商过程中，通常要对责任义务、费用和风险等每一环节进行反复磋商，并为此耗费大量时间和费用，影响交易的顺利达成。贸易术语的出现解决了这一难题，它能用几个简短的字母来概括买卖双方的有关责任、费用和风险的划分，从而简化了交易磋商的内容，缩短了成交时间，节省了业务费用。

一、贸易术语的含义

贸易术语(Trade Terms)又称价格条件(Price Terms)，是指用一个简短的概念或三个英文字母缩写来说明商品的价格构成，说明货物在交易过程中的有关费用、风险和责任的划分，主要表现在确定交货地点、风险转移点、费用划分点，明确进出口通关手续及费用的负担和明确提供有关单据的责任，它是国际贸易中商品单价的一个重要组成部分。

贸易术语在国际贸易中的使用除了有利于买卖双方磋商交易和订立合同外，还有利于买卖双方核算价格和成本。此外，在解决双方的争议时，还可以通过援引有关贸易术语的一般解释来处理，有利于解决贸易争端。

二、有关贸易术语的国际惯例

贸易术语的出现给国际贸易带来了极大的便利，但是由于各国法律制度、贸易惯例和习惯做法不同，国际上对各种贸易术语的理解往往有差异，因而容易引起贸易纠纷。为了避免各国在对贸易术语的解释上出现分歧或引起争议，一些国际组织和商业团体分别就某些贸易术语做出统一的解释与规定。这些规定在国际上被广泛采用，因而成为一般的国际惯例。目前，国际上影响较大的有关贸易术语的惯例有以下三种。

（一）《1932 年华沙-牛津规则》

《1932 年华沙-牛津规则》(Warsaw-Oxford Rules 1932 ，W. O. Rules 1932)，该规则是国际法协会于 1928 年在华沙举行会议，专门为解释 CIF 合同而制定的，后又经过了 1930 年纽约会议、1931 年巴黎会议和 1932 年牛津会议修订。本规则主要说明 CIF 买卖合同的性质和特点，并且具体规定了 CIF 合同中买卖双方所承担的费用、责任与风险。目前国际上已很少采用。

（二）《1990 年美国对外贸易定义修订本》

《1990 年美国对外贸易定义修订本》(Revised American Foreign Trade Definitions 1990)，该规则是由美国九个商业团体于 1919 年在纽约制定的，原名《出口报价定义》。1941 年，美国商会、美国进口商全国委员会及对外贸易委员会三大机构组成的联合委员会对该规则做了修订，改称为《1941 年美国对外贸易定义修订本》。后又于 1990 年对其再次修订，称为《1990 年美国对外贸易定义修订本》，它在美洲国家有较大影响。该惯例共包括六种贸易术语，它们是：

1. EXW

工厂交货，EXW(Ex Works)，又称原产地交货、现场交货或产地交货。根据货物存放地点(Point of Origin)的不同，有工厂交货(Ex Factory)、工场交货(Ex Mill)、矿场交货(Ex Mine)、农场交货(Ex Plantation)和仓库交货(Ex Warehouse)等。使用此贸易术语时，卖方必须在规定日期或期限内在双方约定的地点将货物交由买方处置，并承担货物的一切费用及风险直至买方有义务提货时为止。

2. FOB

在运输工具上交货，FOB(Free on Board)，此术语又分为六种解释：

(1)在国内指定起运地点的指定国内运输工具上交货，FOB(named inland carrier at named inland point of departure)。

(2)在国内指定起运地点的指定国内运输工具上交货，运费付到指定的出口地点，FOB(named inland carrier at named inland point of departure) freight prepaid to(named point of exportation)。

(3)在国内指定起运地点的指定国内运输工具上交货,运费扣除至指定的出口地点,FOB(named inland carrier at named inland point of departure)freight allowed to(named point)。

(4)在指定出口地点的指定国内运输工具上交货,FOB(named inland carrier at named point of exportation)。

(5)指定装运港船上交货,FOB vessel(named port of shipment)。

(6)进口国指定国内地点(运输工具上)交货,FOB(named inland point in country of importation)。

以上六种关于 FOB 的解释中,其中第五种 FOB vessel(装运港船上交货)与国际商会制定的《国际贸易术语解释通则》中 FOB 的含义相似。

3. FAS

在运输工具边交货,FAS(Free Along Side),是指卖方所报价格包括将货物交到各种运输工具旁边。但是实际应用时,只有"指定装运港船边交货(FAS Vessel)"这一种,即卖方必须在约定的时间或期限内,将货物运至买方指定装运港、指定装运船的船边或码头上,并承担至此为止的风险与费用。

4. CFR

成本加运费,CFR(Cost and Freight),卖方必须负责安排船运输并支付至目的地的运费,承担货物直至装上船舶(在要求出具装船提单时)或交付海上承运人(在要求出具备运海运提单时)收管时为止的一切风险和费用。

5. CIF

成本加保险费、运费,CIF(Cost,Insurance and Freight),卖方不仅要负责安排船运并支付运费,购买海上运输保险并支付保险费,还要承担货物直至装上船舶(在要求出具装船提单时)或交付海上承运人(在要求出具备运海运提单时)收管时为止的一切风险和费用。

6. DEQ

目的港码头交货,DEQ(Delivered Ex Quay),按此术语,卖方必须承担一切风险和费用,将货物运至指定进口港码头上,在付讫进口税款后交付买方。

本定义主要适用于美洲国家,其使用范围和术语都较为有限,在很多解释上与其他惯例不同,除个别术语外,绝大多数与《国际贸易术语解释通则》中的解释有很大出入。因此,与该地区商人交易时要慎重,不要轻易使用,如果使用则应注意区别有关术语。

(三)《国际贸易术语解释通则》

《国际贸易术语解释通则》(International Rules for the Interpretation of Trade Terms,缩写为 INCOTERMS,以下简称《通则》)是目前国际贸易中使用最为广泛和普遍的贸易术语惯例。它是国际商会(International Chamber of Commerce,ICC)于 1936 年制定的,主要描述了货物由卖方交付给买方过程中所涉及的责任、费用和风险。为了满足国际贸易发展的需要,国际商会先后于 1953 年、1967 年、1976 年、1980 年、1990 年、1999 年、2010 年、2019 年对该通则做出修订和补充。其中,国际商会在 1999 年修订并公布的《2000 年国际贸易术语解释通则》(以下简称《2000 年通则》)于 2000 年 1 月 1 日正式生效;在 2010 年修订并公布的《2010 年国际贸易术语解释通则》(以下简称《2010 年通则》),于 2011 年 1 月 1 日起生效;在 2019 年修订并公布的《2020 年国际贸易术语解释通则》(以下简称《2020 年通则》)于 2020 年 1 月 1 日正式生效。

1.《2000 年通则》

《2000 年通则》中共有 13 个贸易术语，可归纳为 E、F、C、D 四个组，见表 3-1。

表 3-1 《2000 年通则》对贸易术语的分类

组 别	术语缩写	术语英文名称	术语中文名称
E 组：起运	EXW	EX WORKS	工厂交货
F 组：主运费未付	FCA	FREE CARRIER	货交承运人
	FAS	FREE ALONGSIDE SHIP	装运港船边交货
	FOB	FREE ON BOARD	装运港船上交货
C 组：主运费已付	CFR	COST AND FREIGHT	成本加运费
	CIF	COST, INSURANCE AND FREIGHT	成本、保险费加运费
	CPT	CARRIAGE PAID TO	运费付至
	CIP	CARRIAGE AND INSURANCE PAID TO	运费、保险费付至
D 组：到达	DAF	DELIVERED AT FRONTIER	边境交货
	DES	DELIVERED EX SHIP	目的港船边交货
	DEQ	DELIVERED EX QUAY	目的港码头交货
	DDU	DELIVERED DUTY UNPAID	未完税交货
	DDP	DELIVERED DUTY PAID	完税后交货

2.《2010 年通则》

《2010 年通则》与《2000 年通则》相比，贸易术语的数量由原来的 13 个变为 11 个，删除了《2000 年通则》中的四个 D 组贸易术语，即 DDU、DAF、DES、DEQ，只保留了 D 组中的 DDP，新增加两个 D 组贸易术语，即 DAT（运输终端交货）与 DAP（目的地交货）；同时，《2010 年通则》不再按 E、F、C、D 分组，而是根据它们适用的运输方式分为两组，见表 3-2。

表 3-2 《2010 年通则》对贸易术语的分类

组 别	术语缩写	术语英文名称	术语中文名称
第一组：适用于任何运输方式或多种运输方式组	EXW	EX WORKS	工厂交货
	FCA	FREE CARRIER	货交承运人
	CPT	CARRIAGE PAID TO	运费付至
	CIP	CARRIAGE AND INSURANCE PAID TO	运费、保险费付至
	DAT	DELIVERED AT TERMINAL	运输终端交货
	DAP	DELIVERED AT PLACE	目的地交货
	DDP	DELIVERED DUTY PAID	完税后交货
第二组：适用于海运及内河水运组	FAS	FREE ALONGSIDE SHIP	装运港船边交货
	FOB	FREE ON BOARD	装运港船上交货
	CFR	COST AND FREIGHT	成本加运费
	CIF	COST, INSURANCE AND FREIGHT	成本、保险费加运费

3.《2020 年通则》

《2020 年通则》与《2010 年通则》相比，贸易术语的数量没有发生改变，仍为 11 个，只是将 D 组的 DAT 改为 DPU（目的地卸货后交货）。《2020 年通则》仍沿用《2010 年通则》中按运输方式进行分组的分类方式，但并不排斥按 E、F、C、D 分组来理解交货地点、风险、责任和费用的划分。E 组为启运组，卖方在货物的产地或所在地交货，风险、责任和费用在交货时转移给买方；F 组为主运费未付组，卖方在装运港或装运地交货，风险、责任和费用在交货时转移给买方;C 组为主运费已付组,卖方在装运港或装运地交货,风险在交货时转移给买方,但卖方还要承担将货物运至目的地的运费;D 组为到达组,交货地点在目的港或目的国的内地,卖方的风险、责任和费用都是在目的国交货后转移给买方。因此,从 E 组到 D 组,卖方的责任越来越大,买方的责任则越来越小。

《2020 年通则》对贸易术语的分类见表 3-3。

表 3-3　《2020 年通则》对贸易术语的分类

组　别	术语缩写	术语英文名称	术语中文名称
第一组:适用于任何运输方式或多种运输方式组	EXW	EX WORKS	工厂交货
	FCA	FREE CARRIER	货交承运人
	CPT	CARRIAGE PAID TO	运费付至
	CIP	CARRIAGE AND INSURANCE PAID TO	运费、保险费付至
	DAP	DELIVERED AT PLACE	目的地交货
	DPU	DELIVERED AT PLACE UNLOADED	目的地卸货后交货
	DDP	DELIVERED DUTY PAID	完税后交货
第二组:适用于海运及内河水运组	FAS	FREE ALONGSIDE SHIP	装运港船边交货
	FOB	FREE ON BOARD	装运港船上交货
	CFR	COST AND FREIGHT	成本加运费
	CIF	COST, INSURANCE AND FREIGHT	成本、保险费加运费

三、《2020 年通则》的主要特点

(一)买卖双方义务的划分

《2020 年通则》与《2010 年通则》都是用 A、B 栏分别规定卖方和买方的义务,但内容与顺序均有调整。《2020 年通则》中费用划分条款列在各术语的 A9、B9 栏,《2010 年通则》中费用划分条款则列在各术语的 A6、B6 栏。除了序号的改变,在《2020 年通则》中,A9、B9 栏统一罗列了《2010 年通则》中分散在不同条款中的费用项目。对费用划分条款的修订目的在于提供给用户一站式费用列表,使买方或卖方得以在一个条款中找到其选择的贸易术语所对应的所有费用。这使得卖方和买方之间费用的分摊得到了改进和明确。同时,分散在不同条款中的费用项目仍然保留,方便用户在想了解某一特定事项的费用划分时可直接翻阅相关特定条款而非总括条款。《2010 年通则》和《2020 年通则》中买卖双方的义务分别见表 3-4、表 3-5。

表 3-4　《2010 年通则》中买卖双方的义务

A 卖方的义务	B 买方的义务
A1 一般义务	B1 一般义务
A2 许可证、授权、安检通关和其他手续	B2 许可证、授权、安检通关和其他手续
A3 运输合同与保险合同	B3 运输合同与保险合同
A4 交货	B4 收货
A5 风险转移	B5 风险转移
A6 费用划分	B6 费用划分
A7 通知买方	B7 通知卖方
A8 交货凭证	B8 交货凭证
A9 查对、包装及标记	B9 货物检验
A10 协助提供信息及相关费用	B10 协助提供信息及相关费用

表 3-5 《2020 年通则》中买卖双方的义务

A 卖方的义务	B 买方的义务
A1 一般义务	B1 一般义务
A2 交货	B2 收货
A3 风险转移	B3 风险转移
A4 运输	B4 运输
A5 保险	B5 保险
A6 交货、运输凭证	B6 交货凭证
A7 出口、进口清关	B7 出口、进口清关
A8 查对、包装及标记	B8 货物检验
A9 费用划分	B9 费用划分
A10 通知	B10 通知

(二)在 FCA、DAP、DPU 及 DDP 允许卖方或买方使用自己的运输工具

在《2010 年通则》及以前的版本中都默认买卖双方货物运输由第三方承运,未考虑卖方或买方自行运输。但近年来这种情况有所变化,卖方或买方自行运输货物的情况变得越来越常见。《2020 年通则》中充分考虑到了这种情况:卖方和买方之间的货物运输可能不涉及第三方承运人,而由卖方或买方自行运输。因此,在 FCA(货交承运人)中,买方可以使用自己的运输工具收货并运输至目的地。同样的,DAP(目的地交货)、DPU(目的地卸货后交货)及 DDP(完税后交货)中,也允许卖方使用自己的运输工具将货物运至指定的目的地完成交货。

(三)以更加详细的“用户解释说明”替代“使用说明”

《2020 年通则》将《2010 年通则》中的“使用说明”升级为“用户注释”,在用户注释中阐明了《2020 年通则》各个术语的基本原则、注意事项、实际业务中可能出现的问题及处理措施等内容,有利于交易双方更精准、快速地选择贸易术语并为执行合同提供具体解决方案。如《2020 年通则》中 CFR 和 CIF 贸易术语用户注释的第 7 条,解释了海运不同航段由不同的承运人负责时风险转移点的确定。比如,若一批货物从香港运到上海,再由远洋船舶从上海运至南安普顿,不同航段由不同承运人负责运输,如果双方在合同中未约定交货地点,则默认货物在交给第一承运人后,在香港风险转移,若双方希望风险晚点转移,如在上海转移,则需要在合同中予以明确。海运中涉及多个承运人,风险转移点的确定直接关系到买卖双方承担风险的大小,这对交易双方非常重要,然而《2010 年通则》中 CFR 和 CIF 贸易术语的“使用说明”中并未提及这一点。同时,为了让用户更好地理解和使用每一个贸易术语,《2020 年通则》增加了贸易术语示意图,使每一个贸易术语的买卖双方责任、费用和风险的划分一目了然。

四、使用国际惯例应注意的问题

有关贸易术语的国际惯例是国际组织或权威机构把在国际贸易长期实践中形成的习惯做法加以总结、编撰、解释而形成的,它本身并不是法律。但在下列情况下,国际惯例具有法律约束力:

(1)当贸易双方都同意采用某种惯例来约束该项交易,并在合同中做出明确规定时,它便具有强制性。交易双方可以自主决定是否采用某种惯例,并有权在合同中做出与某种惯例不符的规定。当合同中的规定与国际惯例相冲突时,以合同的规定为准。

课堂讨论

中国某公司出口一批货物到德国，途中货物遭遇暴风雨而全部损失，买卖双方因买方是否该支付货款而发生争执。

卖方：我方已按规定交货，你方应付款。

买方：船已沉，我方没有收到货物，如何付款？

卖方：合同规定适用《2020 年通则》，我方不承担运输途中的风险。

买方：可是合同规定"货物到达目的港时付款"。

卖方：按照惯例，你方应该付款。

买方：按照合同，我方无须付款。

请问哪一方更有理？

(2)当国家法律有明确规定时，对当事人有约束力。国际惯例虽不是法律，但对法律有重要的补充作用。我国法律规定，中华人民共和国法律未做规定的，可以使用国际惯例。

(3)《公约》规定，合同没有排除的惯例、已经知道或应当知道的惯例、经常使用或反复遵守的惯例适用于合同。

由于国际惯例经常会修订，因此买卖双方在合同中约定采用某种国际惯例时，应在合同中明确注明所采用的国际惯例的版本年份。

课后任务

1. 磋商小组根据所学专业知识对初步磋商的结果进行修订，把修订后的磋商结果填写在"合同磋商备忘录"里。

2. 上网查《2020 年通则》，阅读相关内容。

3. 预习下一个任务：贸易术语解释及贸易术语的选用。

3.2　《2020 年通则》中贸易术语的解释与选用

任务描述

选用适当的贸易术语

1. 备选贸易术语：《2020 年通则》中的 11 个贸易术语。
2. 根据小组贸易背景以及上一个任务的磋商结果选用适当的贸易术语。
3. 磋商结果由记录员记录在"磋商记录表"里，观察员如实填写"观察汇报表"。
4. 展示员准备好展示小组磋商成果。
5. 时间：15 分钟。

【任务分析】

由于贸易术语的使用可以简化磋商内容，便于核算成本，提高磋商效率，自出现以来，尤其是被国际惯例加以规范之后，贸易术语被广泛地运用在国际贸易合同中，并逐渐在各国的国内贸易中推广。特定的贸易术语都有其特定的含义，不同的贸易术语中买卖双方各自承担的责任、费用和风险均不同。

在本次磋商任务中，进出口双方要想在国际贸易买卖合同中选用适当的贸易术语，首先应能正确解释不同贸易术语的含义，其次才能从成本、运输风险、运输方式和货权控制等方面综合分析不同贸易术语的利弊，并据此做出正确选择。

相关知识

一、适用于海运和内河水运的贸易术语

《2020年通则》的11个贸易术语中有4个贸易术语仅适用于海运和内河水运，分别是FAS、FOB、CFR以及CIF，后三个被称为常用的国际贸易术语。

(一) FAS

FAS的全称是Free alongside Ship (insert named port of shipment)，即船边交货(指定装运港)，是指卖方在合同约定的日期内，将货物交到装运港买方指定的船边(例如，置于码头或驳船上)，或通过取得已交付至船边货物的方式交货。此处使用的“取得”一词适用于商品贸易中常见的交易链中的多层销售(链式销售)。货物灭失或损坏的风险在货物交到船边时发生转移，同时，买方承担自那时起的一切费用。另外，卖方要提交商业发票以及合同要求的其他单证。FAS的责任、费用和风险划分界线如图3-1所示。

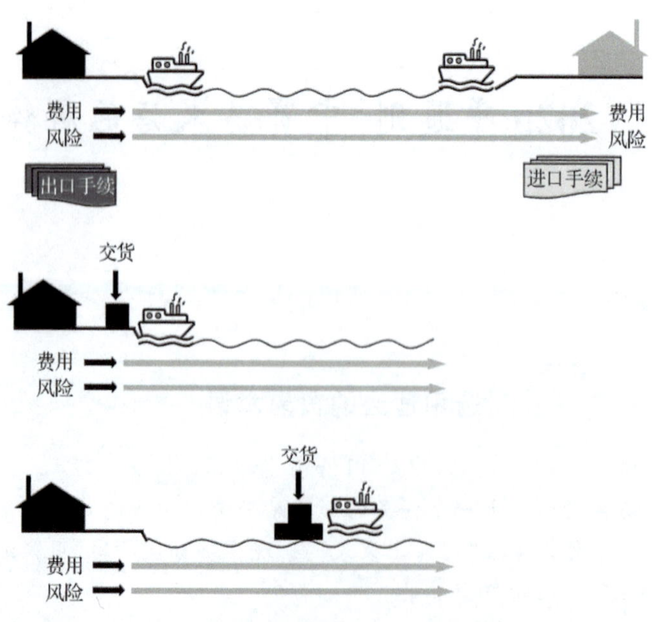

图3-1 FAS的责任、费用和风险划分界线

1. 买卖双方承担的主要责任、费用与风险

FAS 术语下买卖双方承担的主要责任、费用与风险见表 3-4。

表 3-4　　FAS 术语下买卖双方承担的主要责任、费用与风险

项目	卖方	买方
责任	● 提供符合买卖合同约定的货物、商业发票及其他相符证明 ● 自负费用和风险，取得出口国要求的所有出口清关手续 ● 在约定的交货时间将货物交到指定装运港买方指定的船边，并提供证明交货的通常单据 ● 向买方发出充分通知	● 自负风险和费用，取得过境国和进口国要求的所有清关手续 ● 自负费用订立自指定装运港起运货物的运输合同 ● 当卖方将货物交到指定装运港买方指定的船边时，买方应收取货物，支付货款，接受交货证明 ● 买方必须就有关船名、装货点以及交货时间给予卖方充分通知
费用	● 支付货物交至指定装运港买方指定的船边之前的费用 ● 支付货物出口需要办理的海关手续费用及出口时应交纳的一切税款和其他费用	● 支付自交货之时起与货物有关的一切费用 ● 支付进口清关费用、进口关税及经他国过境时所需交纳的一切税款
风险	● 货物交至指定装运港买方指定的船边之前的风险	● 自货物按照规定交付之时起的风险

2. 使用 FAS 术语应注意的问题

(1)FAS 仅适用于海运或内河水运

FAS 不适用于货物在交到船边之前已经移交给承运人的情形。如果货物采用的是集装箱运输方式，通常是由卖方将货物运到集装箱货运站，交给买方指定的承运人，而不是交到装运港船边。所以，在采用集装箱运输的情况下，双方应当考虑使用 FCA，而非 FAS。

(2)应了解不同惯例对 FAS 的不同解释

根据《2020 年通则》的解释，FAS 的交货地点是在装运港船边。但是，根据《美国对外贸易定义修订本》的解释，FAS 是 Free along Side 的缩写，即交货地点在运输工具旁边。因此，在北美国家使用 FAS 术语交易时，应在 FAS 后面加上 Vessel 字样，以明确表示在船边交货。

(3)要注意船货衔接问题

由于 FAS 是由买方负责安排货物的运输，买方要及时将船名和要求装货的具体时间、地点通知卖方，使卖方能按时做好交货准备。卖方也应将货物交至船边的情况及时通知买方，以利于买方办理装船事项。根据有关法律和惯例，如买方指派的船只未按时到港接受货物，或者比规定的时间提前停止装货，或者买方未能及时发出派船通知，只要货物已被清楚地划出，或以其他方式确定为该合同项下的货物，由此产生的风险和费用均由买方承担。另外，如果买方所派的船只不能靠岸，卖方则要负责用驳船把货物运至船边，仍在船边交货，装船的责任和费用由买方负担。

(4)关于进出口清关问题

FAS 仅要求卖方办理货物出口清关。进口清关或经由第三国过境的清关、进口关税或进口海关手续均由买方办理。

(5)关于运输问题

卖方对买方没有订立运输合同的义务。但是，应买方要求并在买方承担风险和费用的前提下，卖方必须向买方提供卖方所拥有的买方安排运输所需的任何信息，包括与运输有关的安全要求。如双方已达成约定，则卖方必须按照通常条款订立运输合同，由买方承担风险和费用。同时，卖方必须在完成交货之前遵守任何与运输有关的安全要求。

(6)关于保险问题

卖方对买方没有订立保险合同的义务。但是,应买方要求并在买方承担风险和费用的前提下,卖方必须向买方提供买方获取保险所需的信息。

即问即答:国内某公司按照FAS条件进口一批钢材,在装运完成后,国外卖方来电要求买方支付货款,并要求支付装船时的驳船费,对于卖方的要求买方应如何处理?

(二)FOB

微课:FOB贸易术语

FOB的全称是Free on Board (insert named port of shipment),即船上交货(指定装运港),是指卖方在合同约定的日期内,将货物装上买方指定的船舶或通过取得已交付至船上货物的方式交货。此处使用的"取得"一词适用于商品贸易中常见的交易链中的多层销售(链式销售)。货物灭失或损坏的风险在货物交到船上时转移,同时买方承担自那时起的一切费用。另外,卖方要提交商业发票以及合同要求的其他单证。FOB的责任、费用和风险划分界线如图3-2所示。

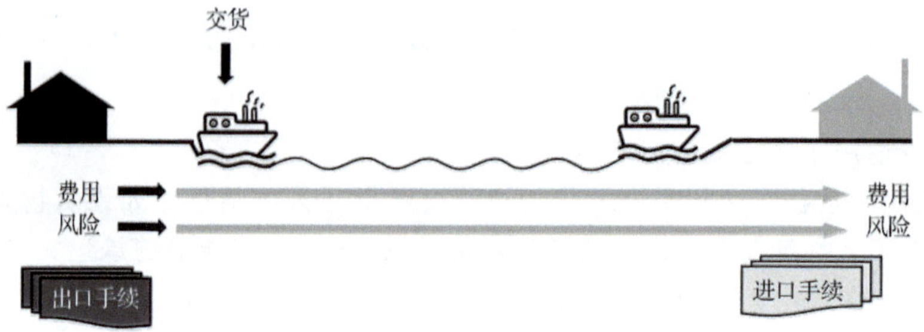

图3-2 FOB的责任、费用和风险划分界线

1. 买卖双方承担的主要责任、费用与风险

FOB术语下买卖双方承担的主要责任、费用与风险见表3-5。

表3-5 FOB术语下买卖双方承担的主要责任、费用与风险

项目	卖方	买方
责任	● 提供符合买卖合同约定的货物、商业发票及其他相符证明 ● 自负费用和风险,取得出口国要求的所有出口清关手续 ● 在约定的交货时间将货物交到指定装运港买方指定的船上,并提供证明交货的通常单据 ● 向买方发出充分通知	● 买方自负风险和费用,取得过境国和进口国要求的所有清关手续 ● 自负费用订立自指定装运港起运货物的运输合同 ● 当卖方将货物交到指定装运港买方指定的船上时,买方应收取货物,支付货款并接受交货证明 ● 买方必须就有关船名、装货点、以及交货时间给予卖方充分通知
费用	● 支付货物交至指定装运港买方指定的船上之前的费用; ● 支付货物出口需要办理的海关手续费用及出口时应交纳的一切税款和其他费用	● 支付自交货之时起与货物有关的一切费用; ● 支付进口清关费用、进口关税及经他国过境时所需交纳的一切税款
风险	● 货物交至指定装运港买方指定的船上之前的风险	● 自货物按照规定交付之时起的风险

2. 使用FOB术语应注意的几个问题

(1)FOB术语仅用于海运或内河水运

FOB 不适合于货物在上船前已经交给承运人的情况，例如用集装箱运输的货物通常是在集装箱码头交货。在此类情况下，应当使用 FCA 术语。

(2)关于风险划分界线的变化

《2000 年通则》及以前版本的《通则》中规定：以 FOB 贸易术语成交时，买卖双方的风险划分界限是以货物在装运港越过指定船只的船舷为界限，特别强调了"船舷"这一概念。由于货物装船是一个连续过程，若货物在装船过程中出现风险和损失，风险的归属是很难进行准确划分的，因而实际业务中，双方除了确定采用 FOB 术语外，还需要通过其他条款进一步明确风险划分界限，才能避免由此产生的纠纷。《2010 年通则》取消了"船舷"的概念，对于 FOB 术语，规定风险自货物装上船时转移。这样一来，就避免了 FOB 术语在装船过程中出现风险及损失的界定难题。在《2020 年通则》中延用了《2010 年通则》中风险自货物装上船时转移这一规定。

某出口公司向外商出售一级大米 300 吨，FOB 上海。装船时货物经检验符合合同要求，货物出运后，卖方及时向买方发出装船通知。但是航运途中，因海浪过大，大米大半被海水浸泡，品质受到影响。货物到达目的港后，只能按三级大米价格出售，于是买方要求卖方赔偿差价损失。你认为应如何处理这一纠纷？

(3)关于船货衔接问题

FOB 条件下是由买方负责安排运输工具，卖方应在合同规定的装船期和装运港，将货物装上船。这就存在船货衔接的问题，如果处理不好这一问题，发生货等船或船等货的情况，势必影响合同的正常履行。根据有关法律和惯例，如果买方未能按时派船(包括未经对方同意提前将船派到和延迟派到装运港)，卖方都有权拒绝交货，而且由此产生的各种损失，如空舱费(Dead Freight)、滞期费(Demurrage)及卖方增加的仓储费等，均由买方负担。如果买方指派的船只按时到达装运港，而卖方却未能备妥货物，那么，由此产生的上述费用则由卖方承担。

卖方与买方达成的合同中采用的术语为 FOB 上海，合同规定的交货时间为 3～4 月，可是到了 4 月 30 日，买方指派的船只还未到达上海港，问：

1. 如果货物在 5 月 2 日因仓库失火而全部灭失。发生灭失的风险应由谁承担？

2. 如果船于 5 月 2 日到达并装运，由此为保存货物而产生的额外费用由谁承担？

有时双方按 FOB 价格成交，而买方又委托卖方办理租船定舱，这时卖方也可接受。但这属于代办性质，其风险和费用仍由买方承担。也就是说不仅运费和手续费由买方支付，而且如果卖方租不到船，卖方也不承担责任，且买方无权撤销合同或索赔。总之，按 FOB 术语成交，对于装运期和装运港要慎重规定，签约之后，有关备货和派船事宜，也要加强联系，密切配合，保证船货衔接。

FOB 条件下出口一批食品，合同签定后买方委托我方租船，买方负担相关费用，我方接受委托。时至装运期我方在规定装运港无法租到合适的船，且买方不同意改变装运港。因此，到装运期满时货仍未装船。买方因销售季节即将结束，便来函以我方未按期租船履行交货义务为由撤销合同。请问，我方应如何处理？

(4)《美国对外贸易定义修订本》中对 FOB 的不同解释

①《美国对外贸易定义修订本》中的"FOB Vessel"是指"装运港船上交货"，要注意在装运港前加上"Vessel"。

②关于出口清关问题。《2020 年通则》规定由卖方办理出口清关手续，《美国对外贸易定

义修订本》规定由买方负责出口清关，并支付一切出口税款及各种费用。

可见，我国在与美国、加拿大或其他拉美国家洽谈业务时，如果以FOB成交，须在FOB和装运港名称之间加上“Vessel”字样，还应明确由卖方负责办理出口清关手续并支付相关税捐。

某进口公司从美国进口特种异型钢材200公吨，每公吨按900美元FOB Vessel New York成交。按合同约定的支付方式和付款时间，我方通过中国银行向对方开出了一张金额为18万美元的信用证，对方接到信用证后称“信用证已收到，但金额不足，应增加1万美元备用。否则，有关出口税款及各种签证费，由你方另行电汇”。我方认为这是美方的无理要求，回电指出“按FOB Vessel条件成交，卖方应负责有关的出口税款和签证费用，这在《通则》中有规定”。美方又回电“成交时并未明确规定按《通则》办，根据我们的商业习惯及《美国对外贸易定义修订本》，出口费用应由买方负担。”

(5)关于进出口清关问题

FOB仅要求卖方办理货物出口清关。进口清关或经由第三国过境的清关、进口关税或进口海关手续均由买方办理。

(6)关于运输问题

卖方对买方没有订立运输合同的义务。但是，应买方要求并在买方承担风险和费用的前提下，卖方必须向买方提供卖方所拥有的买方安排运输所需的任何信息，包括与运输有关的安全要求。如双方已达成约定，则卖方必须按照通常条款订立运输合同，由买方承担风险和费用。同时，卖方必须在完成交货之前遵守任何与运输有关的安全要求。

(7)关于保险问题

卖方对买方没有订立保险合同的义务。但是，应买方要求并在买方承担风险和费用的前提下，卖方必须向买方提供买方获取保险所需的信息。

3. FOB的变形

FOB的变形是指在FOB贸易术语后添加词句，用来说明承租船运输时装船费用由谁承担的问题。

(1)FOB Liner Terms(FOB班轮条件)。FOB班轮条件是指装船费用按照班轮的做法处理，即由船方或买方承担。所以，采用这一变形，卖方不承担装船的有关费用。

(2)FOB Under Tackle(FOB吊钩下交货)。FOB吊钩下交货是指卖方仅承担将货物交到买方所派船只的吊钩所及之处的费用，而吊装入舱以及其他各项费用，概由买方承担。

(3)FOB Stowed(FOB理舱费在内)。理舱是指货物入舱后进行安置和整理。FOB理舱费在内是指卖方负责将货物装入船舱并承担包括理舱费在内的装船费用。

(4)FOB Trimmed(FOB平舱费在内)。平舱是指对装入船舱的散装货物进行平整。FOB平舱费在内是指卖方负责将货物装入船舱并承担包括平舱费在内的装船费用。

(5)FOBST或FOB Stowed and Trimmed(FOB理平舱费在内)。FOB理平舱费在内是指卖方承担包括理舱费和平舱费在内的各项装船费用。

传统观点认为，FOB的上述变形，只是为了表明装船费用由谁承担而产生的，并不影响交货地点和风险划分界限。但《2020年通则》对此并没有规定，因此在实践中，为了避免因理解上的偏差引起争执，应在销售合同中明确规定这种变形是仅限于费用的划分，还是包括风险在内。

(三)CFR

CFR的全称是Cost and Freight (insert named port of destination)，即成本加运费(指定

目的港)，是指卖方在合同约定的日期内，将货物装上买方指定的船舶或通过取得已交付至船上货物的方式交货。此处使用的"取得"一词适用于商品贸易中常见的交易链中的多层销售(链式销售)。货物灭失或损坏的风险在货物交到船上时转移。卖方必须签订合同，并支付必要的成本和运费，将货物运至指定的目的港。另外，卖方要提交商业发票以及合同要求的其他单证。CFR 的责任、费用和风险划分界线如图 3-3 所示。

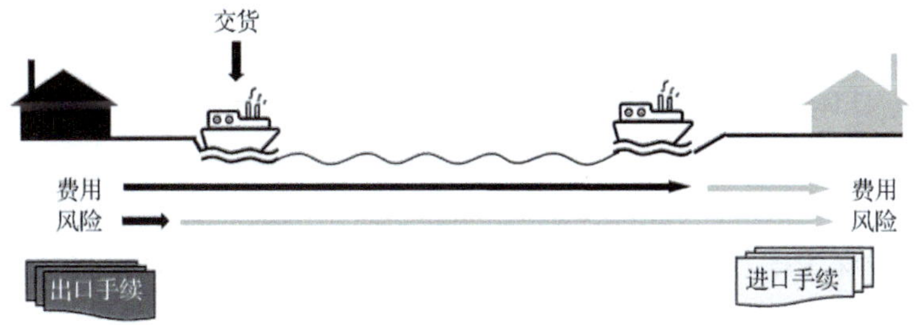

图 3-3　CFR 的责任、费用和风险划分界线

微课：CFR 贸易术语

1. 买卖双方承担的主要责任、费用与风险

CFR 术语下买卖双方承担的主要责任、费用与风险见表 3-6。

表 3-6　　CFR 术语下买卖双方承担的主要责任、费用与风险

项目	卖方	买方
责任	● 提供符合买卖合同约定的货物、商业发票及其他相符证明 ● 自负费用和风险，取得出口国要求的所有出口清关手续 ● 在约定的交货时间将货物交至船上，并提供证明交货的通常单据 ● 依通常航线订立运输合同，将货物运送至指定目的港，并提供证明交货的通常单据 ● 向买方发出充分通知	● 买方自负风险和费用，取得过境国和进口国要求的所有清关手续 ● 当卖方按规定交货时，买方应收取货物、支付货款，并接受交货证明 ● 向卖方发出充分通知
费用	● 支付货物交至指定装运港买方指定的船上之前的费用 ● 支付货物至目的港的运费 ● 支付货物出口需要办理的海关手续费用及出口时应交纳的一切税款和其他费用	● 支付自交货之时起与货物有关的一切费用，运费除外 ● 支付进口清关费用、进口关税及经他国过境时所需交纳的一切税款
风险	● 货物交至指定装运港买方指定的船上之前的风险	● 自货物按照规定交付之时起的风险

2. 使用 CFR 术语应注意的问题

(1)CFR 仅用于海运或内河水运

如果使用多种运输方式，例如用集装箱运输的货物通常是在集装箱码头交货，则应当使用 CPT 术语。

(2)关于租船订舱的问题

如果没有相反的约定，卖方只负责按通常的条件和习惯航线，租用适当船舶将货物运往目的港。如果买方要求指定某些船只，或限定对船只的特殊要求，比如提出限制船舶的国籍、船型、船龄、船级以及指定装载某班轮公司的船只等，卖方可以根据具体情况予以接受或拒绝。

(3)关于装运港、目的港和装运期的规定

在 CFR 术语条件下，当货物在装运港船上或者以取得已经如此交付的货物的方式交付给买方时，风险即从卖方转移到买方。但是卖方必须签订将货物从交货地运往约定目的港的运输合同。因此，CFR 术语下，装运港和目的港都很重要，在合同中应尽可能精确指定。另外，为了保证能按时完成在装运港交货的义务，卖方应根据货源和船源的实际情况合理规定装运期。装运期一经确定，卖方就应及时租船订舱和备货，并按规定的期限发运货物。按照《联合国国际货物销售合同公约》的规定，卖方延迟装运或者提前装运都是违反合同的行为，并要承担违约责任。买方有权根据具体情况拒收货物或提出索赔。

(4)卖方应及时发出装船通知

按照 CFR 条件达成的交易，卖方需要特别注意的问题是，货物装船后必须及时向买方发出装船通知，以便买方办理投保手续。因为一般的国际贸易惯例以及有些国家的法律，如英国《货物买卖法》中规定："如果卖方未向买方发出装船通知，致使买方未能办理货物保险，那么货物在海运途中的风险被视为由卖方承担。"这就是说，如果货物在运输途中遭受损失或灭失，由于卖方未发出通知而使买方漏保，那么卖方就不能以风险在船上转移为由免除责任。由此可见，尽管在 FOB 和 CIF 条件下，卖方装船后也应向买方发出通知，但 CFR 条件下的装船通知，具有更为重要的意义。

某进出口公司按 CFR 条件与法国一进口商签订一批抽纱台布出口合同，价值 8 万美元。货物于 1 月 8 日上午装船完毕，业务员因当天工作较忙忘记向买方发装船通知(Shipping Advice)，次日上班时才想起并发出装船通知。法商收到装船通知后立即向当地保险公司投保，不料该保险公司获悉装载该货的轮船已于 9 日凌晨在海上遇难而拒绝承保。法方即来电称"由于你方晚发装船通知，以致我方无法投保，因货轮已罹难，货物损失应由你方负担并应赔偿我方利润及费用损失 8000 美元。"不久我方通过银行寄去的全套货运单证被退回。

3. CFR 的变形

CFR 的变形是指在 CFR 贸易术语后添加词句，用来说明卸货费用由谁承担的问题。

(1) CFR Liner Terms(CFR 班轮条件)。CFR 班轮条件是指卸货费用按照班轮的做法处理，由支付运费的一方承担，即卖方承担卸货费。

(2)CFR Landed(CFR 卸到岸上)。CFR 卸到岸上是指由卖方承担卸货费，包括因船不能靠岸，需将货物用驳船运至岸上而支出的驳运费在内。

(3)CFR Ex Tackle(CFR 吊钩下交接)。CFR 吊钩下交接是指卖方负责将货物从船舱吊起卸到船舶吊钩所及之处(码头上或驳船上)的费用。在船舶不能靠岸的情况下，租用驳船的费用和货物从驳船卸到岸上的费用，概由买方承担。

(4)CFR Ex Ship's Hold(CFR 舱底交货)。CFR 舱底交货是指货物运到目的港后，由买方自行启舱，并承担货物从舱底卸到码头的费用。

(四)CIF

CIF 的全称是 Cost Insurance and Freight (insert named port of destination)，即成本、保险费加运费(指定目的港)，是指卖方在合同约定的日期内，将货物装上买方指定的船舶或通过取得已交付至船上货物的方式交货。此处使用的"取得"一词适用于商品贸易中常见的交易链中的多层销售(链式销售)。货物灭失或损坏的风险在货物交到船上时转移，这样卖方即被视为已完成交货义务，而无论货物是否实际以良好的状态、约定的数量或是否确实到达目的地。

卖方必须签订合同，并交付必要的成本和运费，以将货物运至指定的目的港。卖方还要为买方在运输途中货物的灭失或损坏风险办理保险。另外，卖方要提交商业发票以及合同要求的其他单证。CIF 的责任、费用和风险划分界线如图 3-4 所示。

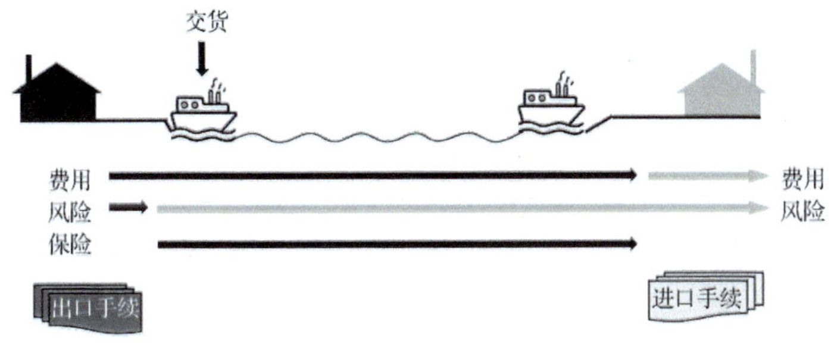

图 3-4　CIF 的责任、费用和风险划分界线

微课：CIF 贸易术语

1. 买卖双方承担的主要责任、费用与风险

CIF 术语下买卖双方承担的主要责任、费用与风险见表 3-7。

表 3-7　CIF 术语下买卖双方承担的主要责任、费用与风险

项目	卖方	买方
责任	● 提供符合买卖合同约定的货物、商业发票及其他相符证明 ● 自负费用和风险，取得出口国要求的所有出口清关手续 ● 在约定的交货时间将货物交至船上，并提供证明交货的通常单据 ● 依通常航线订立运输合同，将货物运送至指定目的港，并提供证明交货的通常单据 ● 与保险公司签订货物运输保险合同 ● 向买方发出充分通知	● 买方自负风险和费用，取得过境国和进口国要求的所有清关手续 ● 当卖方按规定交货时，买方应收取货物、支付货款，并接受交货证明 ● 向卖方发出充分通知
费用	● 支付货物交至指定装运港买方指定的船上之前的费用 ● 支付货物至目的港的运费、保险费 ● 支付货物出口需要办理的海关手续费用及出口时应交纳的一切税款和其他费用	● 支付自交货之时起与货物有关的一切费用，运费、保险费除外 ● 支付进口清关费用、进口关税及经他国过境时所需交纳的一切税款
风险	货物交至指定装运港买方指定的船上之前的风险	自货物按照规定交付之时起的风险

2. 使用 CIF 术语应注意的问题

（1）CIF 术语仅用于海运或内河水运

如果使用多种运输方式，例如用集装箱运输的货物通常是在集装箱码头交货，则应当使用 CIP 术语。

（2）关于租船订舱的问题

如果没有相反的约定，卖方只负责按通常的条件和习惯航线，租用适当船舶将货物运往目的港。如果买方要求指定某些船只，或限定对船只的特殊要求，比如提出限制船舶的国籍、船型、船龄、船级以及指定装载某班轮公司的船只等，卖方可以根据具体情况予以接受或拒绝。

(3)关于保险险别的问题

CIF 术语中的"I"表示 Insurance,即保险费,就是说货价中包括了保险费。从卖方的责任讲,他要负责办理货运保险。办理保险须明确险别,不同险别,保险人承担的责任范围不同,收取的保险费也不同。按 CIF 术语成交,一般在签订买卖合同时,在合同的保险条款中明确规定保险险别、保险金额等内容,这样,卖方就应按照合同的规定投保。但如果合同中未能就保险险别等问题做出具体规定,就要根据有关惯例来处理。《2020 年通则》中规定,在 CIF 下卖方仅需投保符合《伦敦保险协会货物保险条款》(C)款或其他类似条款下的有限的险别即可。如买方需要更高的险别,则需与卖方明确达成协议,或者自行做出额外的保险安排。

(4)象征性交货

象征性交货(Symbolic Delivery)是针对实际交货(Physical Delivery)而言的。前者指卖方只要按期在约定地点完成装运,并向买方提交合同规定的包括物权凭证在内的有关单证,就算完成了交货义务,而无须保证到货。后者则是指卖方要在规定的时间和地点,将符合合同规定的货物提交给买方或其指定人,而不能以交单代替交货。

象征性交货的主要特点有:

①交货与收货并不同时发生。卖方交货在前,买方收货在后,而且卖方交货的时候,买方并没有收到货物,甚至连货物的所有权都没有得到。

②货交承运人或者承运人的代理,卖方并不是直接把货物交给买方。

③交单代替交货。卖方把货物交给承运人、取得货运单据以后,卖方就算完成了交货义务。

④只规定装运期限,不规定到货期限。即规定卖方必须在什么时间段或者必须在什么时间之前完成装运。至于货物必须在什么时候交给买方,则一般没有严格的限制。当然,也不是完全没有限制,如果到货拖延太长的时间,那也是绝对不允许的。

⑤风险转移与买方接收货物不同时发生。一般在象征性交货方式下,货运风险转移在先,买方收到货物在后。

实际交货的主要特点有:

①交货与收货同时发生。卖方交货时,也就是买方收到货物的时候。

②货物直接交给买方或买方指定的人,不再交给承运人。即使由承运人接收货物,此时的承运人也是代表买方的。

③不规定装运期限,而限定到货期限。

④风险转移与买方接受货物同时发生。

CIF 术语属于典型的象征性交货。在象征性交货方式下,卖方是凭单交货,买方是凭单付款。只要卖方如期向买方提交了合同规定的全套合格单据(名称、内容和份数相符的单据),即使货物在运输途中损坏或灭失,买方也必须履行付款义务。反之,如果卖方提交的单据不符合要求,即使货物完好无损地运达目的地,买方仍有权拒绝付款。但是,必须指出,按 CIF 术语成交,卖方履行其交单任务,只是得到买方付款的前提条件,他还必须履行交货义务。如果卖方提交的货物不符合要求,买方即使已经付款,仍然可以根据合同的规定向卖方提出索赔。

案例分析

我国某公司按 CIF 条件向欧洲某国出口一批草编制品。合同中规定由我方向中国人民保险公司投保了一切险，并采用信用证方式支付。我出口公司在规定的期限、指定的装运港装船完毕，船公司签发了提单，然后在中国银行议付了款项。第二天，出口公司接到客户来电，称：装货海轮在海上失火，草编制品全部烧毁。要求我公司出面向保险公司提出索赔，否则要求我公司退回全部货款。

(5)CIF 不是“到岸价”

按 CIF 条件成交，虽然由卖方安排装运和办理货运保险，但卖方并不承担保证把货送到目的港的义务。因为，CIF 属于装运港交货的术语，而不是目的港交货的术语，也就是说，CIF 不是“到岸价”。CIF 术语包含风险划分和费用划分两个分界点。风险划分是以装运港船上为界，故在划分风险的分界点之后增加卖方义务，应当特别审慎。在费用划分方面，卖方只支付承运人从装运港至目的港的正常运费，运输途中产生的额外费用应由买方负担。

能力提升：FOB、CFR 和 CIF 术语的相同点和区别

3. CIF 的变形

CIF 的变形是指在 CIF 贸易术语后添加词句，用来说明卸货费用由谁承担的问题。

(1)CIF Liner Terms(CIF 班轮条件)。CIF 班轮条件是指卸货费用按照班轮的做法来处理，即买方不承担卸货费，而由卖方或船方承担。

(2)CIF Landed(CIF 卸至码头)。CIF 卸至码头是指由卖方承担将货物卸至码头上的各项有关费用，包括驳船费和码头费。

(3)CIF Ex Tackle(CIF 吊钩下交接)。CIF 吊钩下交接是卖方承担将货物从船舱吊起卸到船舶吊钩所及之处(码头上或驳船上)的费用。在船舶不能靠岸的情况下，租用驳船的费用和货物从驳船卸至岸上的费用，概由买方承担。

(4)CIF Ex Ship's Hold(CIF 舱底交接)。CIF 舱底交接是指货物运达目的港在船上办理交接后，自船舱底起吊至卸至码头的卸货费用，均由买方承担。

二、适用于各种运输方式的贸易术语

《2020 年通则》适用于各种运输方式的贸易术语有 7 个，分别是 EXW、FCA、CPT、CIP、DAP、DPU、DDP。

(一)EXW

EXW 的全称是 Ex Works (insert named place of delivery)，即工厂交货(指定交货地点)，是指卖方在合同约定的日期内，在其所在地或其他指定地点(如工厂、车间或仓库等)将货物交由买方处置时，即完成交货。卖方不需将货物装上任何前来接收货物的运输工具，需要清关时，卖方也无需办理出口清关手续。另外，卖方要提交商业发票以及合同要求的其他单证。EXW 的责任、费用和风险划分界线如图 3-5 所示。

1. 买卖双方承担的主要责任、费用与风险

EXW 术语下买卖双方承担的主要责任、费用与风险见表 3-8。

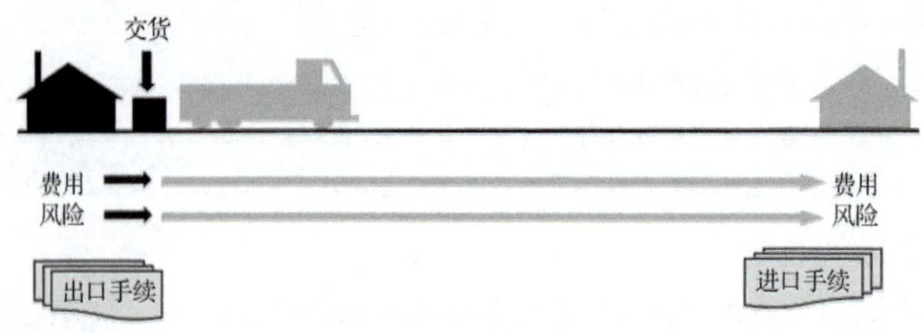

图 3-5 EXW 的责任、费用和风险划分界线

表 3-8 EXW 术语下买卖双方承担的主要责任、费用与风险

项目	卖方	买方
责任	● 在合同规定的时间、地点，将合同要求的货物置于买方的处置之下 ● 向买方发出充分通知 ● 提交商业发票或具有同等作用的电子信息，并自费提供通常的交货凭证	● 根据买卖合同的规定受领货物并支付货款 ● 自负费用和风险，取得出口国、过境国和进口国要求的所有清关手续 ● 向卖方发出充分通知
费用	● 支付将货物交给买方处置之前的一切费用	● 支付自交货之时起与货物有关的一切费用 ● 支付出口及进口清关费用、进出口关税及经他国过境时所需交纳的一切税款
风险	● 承担将货物交给买方处置之前的一切风险	● 承担受领货物之后所发生的一切风险

2. 使用 EXW 术语应注意的问题

(1)EXW 术语可适用于任何运输方式，也可适用于多种运输方式。它适合国内贸易，是《2020 年通则》中唯一一个由买方办理出口清关手续的术语，也是卖方责任最小、买方责任最大的贸易术语。

(2)EXW 术语下卖方对买方没有装货的义务。如果卖方装货，也是由买方承担相关风险和费用。当卖方更方便装货时，FCA 一般更为合适，因为 FCA 术语要求卖方承担装货义务，以及与此相关的风险和费用。

(3)以 EXW 术语购买出口产品的买方需要注意，EXW 更适合于完全无意出口货物的国内贸易，在出口清关中，卖方的参与内容仅限于协助获取诸如买方要求的用于办理货物出口的单据或信息，卖方无义务安排出口通关。因此，在买方办理出口清关有困难时，建议买方最好选择 FCA 术语。

(4)买卖双方在签订合同时，一般要对交货的时间和地点做出规定。为了做好货物的交接，卖方在货物备妥后，还应就货物将在什么具体时间和地点交给买方支配的问题，向买方发出通知。根据约定，当买方有权确定在一个规定的时间和/或地点受领货物时，买方必须给予卖方充分通知，以免延误交货或引起其他差错。如果买方没有能够在规定的时间、地点受领货物，或者在其有权确定受领货物的时间、地点时，没有及时给予适当通知，那么，只要货物已被特定化为该合同项下的货物，买方就要承担由此产生的费用和风险。

(二)FCA

FCA 的全称是 Free Carrier(insert named place of delivery)，即货交承运人(指定交货地点)，是指卖方在合同约定的日期内，在其所在地装上买方的运输工具或在其他指定地点做好从卖方运输工具上卸载的准备并交由买方指定的承运人或其他人处置时，即完成交货。另外，卖方要提交商业发票以及合同要求的其他单证。FCA 的责任、费用和风险划分界线如图 3-6 所示。

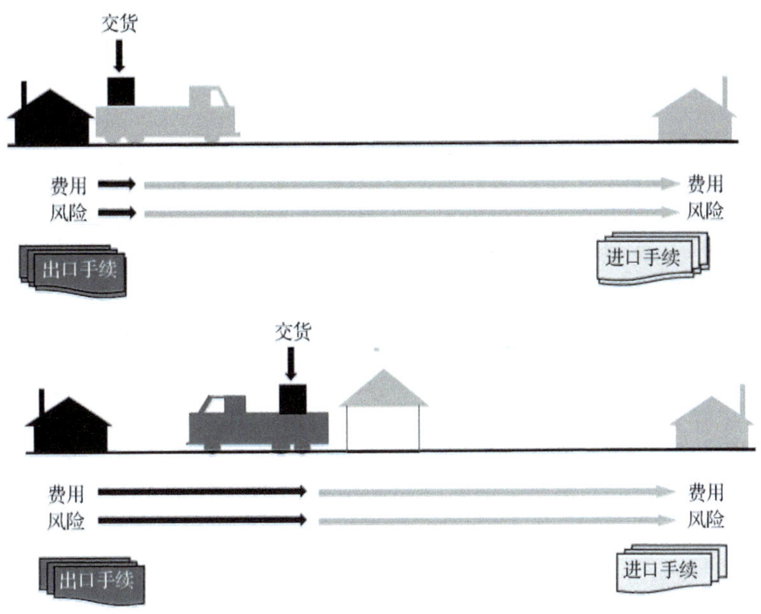

图 3-6 FCA 的责任、费用和风险划分界线

1. 买卖双方承担的主要责任、费用与风险

FCA 术语下买卖双方承担的主要责任、费用与风险见表 3-9。

表 3-9 FCA 术语下买卖双方承担的主要责任、费用与风险

项目	卖方	买方
责任	● 在合同规定的时间、地点，将合同规定的货物置于买方指定的承运人控制下，并及时通知买方 ● 自负风险和费用，取得出口国要求的所有清关手续 ● 提交商业发票或具有同等作用的电子信息，并自费提供通常的交货凭证	● 订立从指定地点承运货物的合同，支付有关运费 ● 将承运人名称及有关情况及时通知卖方 ● 根据买卖合同的规定受领货物并支付货款 ● 自负风险和费用，取得过境国和进口国要求的所有清关手续
费用	● 支付将货物交给承运人控制之前的一切费用 ● 支付货物出口需要办理的海关手续费用及出口时应交纳的一切税款和其他费用	● 支付自交货之时起与货物有关的一切费用 ● 支付进口清关费用、进口关税及经他国过境时所需交纳的一切税款
风险	● 承担将货物交给承运人控制之前的一切风险	● 承担受领货物之后所发生的一切风险

2. 使用 FCA 术语应注意的问题

(1)关于承运人和交货地点

在 FCA 条件下，通常是由买方安排承运人，与其订立运输合同，并将承运人的情况通知卖方。该承运人可以是拥有运输工具的实际承运人，也可以是运输代理人或其他人。如在卖方所在处所交货，卖方负责装货。即当卖方将货物装上由买方指定的承运人或代表他行事的另一人提供的运输工具上时，完成交货义务。如在卖方所在地以外的其他地方交货，卖方不负责卸货。即当卖方将装载于运输工具上未卸下的货物交由买方指定的承运人或另一人处置时，完成交货义务。

(2)FCA 条件下风险转移的问题

在采用 FCA 术语成交时，买卖双方的风险划分是以货交承运人为界。但是，如果买方未按照规定指定承运人或其他人；或买方指定的承运人或其他人未在约定的时间接管货物；或买方未向卖方发出充分通知，则买方承担自约定日期起货物灭失或损坏的一切风险。以上风险的划分以该项货物已清楚地确定为合同项下之货物者为限。

(3)FCA 贸易术语下就提单问题引入了新的附加机制

FCA 贸易术语适用于一切运输方式，在《2010 年通则》及以前的版本中，若采用海运方式运输，卖方在其所在地或在指定地点把货物交给承运人后即完成交货义务，卖方将货物交给承运人后，虽然此时卖方交货责任已经完成，但此时货物尚未装船，如果卖方需要提单，承运人只能签发备运提单，卖方很难取得已装船提单。而实际业务中已装船提单往往是银行在信用证项下的常见单据要求。为解决上述问题，《2020 年通则》在 FCA 术语 A6/B6 中增加了一个附加选项，即买卖双方可以约定“买方有义务指示其承运人在货物装船后向卖方签发已装船提单”，卖方随后方才有义务向买方(通过银行)提交已装船提单。这个新增的附加选项可以确保卖方在货物装船后能顺利取得已装船提单，卖方通过这种约定就能够保障自己的正当权益。这一新增的附加规定是对买方作为合同托运人时对卖方(实际托运人)的一种保护措施，卖方应该善加运用。

某公司按照 FCA 条件出口一批商品，合同规定 4 月份装运。但到了 4 月 30 日，仍未见买方关于承运人名称及有关事项的通知。在此期间，备作出口的货物，因火灾而焚毁。请问此项损失应由谁承担？

(三)CPT

CPT 的全称是 Carriage Paid To(insert named place of destination)，即运费付至(指定目的地)，是指卖方在合同约定的日期内，将合同中规定的货物交给自己指定的承运人，即完成交货。卖方必须签订运输合同并支付将货物运至指定目的地所需的费用。另外，卖方要提交商业发票以及合同要求的其他单证。CPT 的责任、费用和风险划分界线如图 3-7 所示。

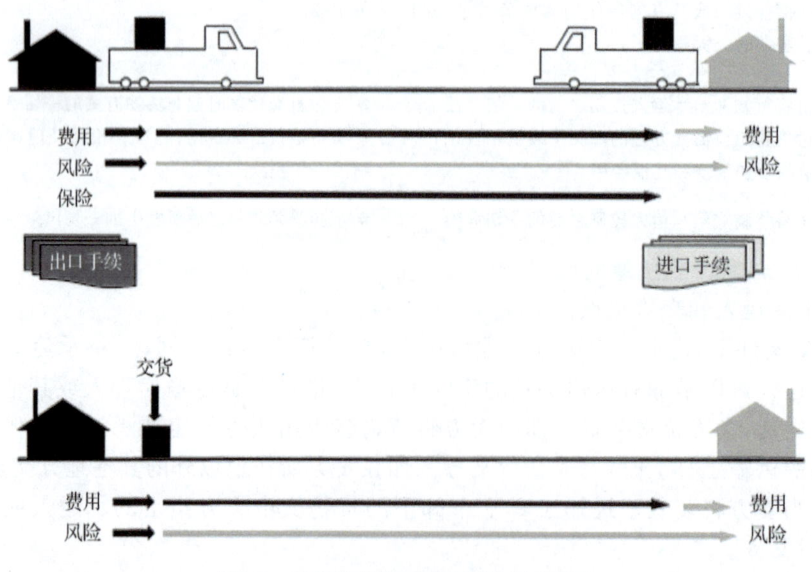

图 3-7 CPT 的责任、费用和风险划分界线

1. 买卖双方承担的主要责任、费用与风险

CPT 术语下买卖双方承担的主要责任、费用与风险见表 3-10。

表 3-10　　CPT 术语下买卖双方承担的主要责任、费用与风险

项目	卖方	买方
责任	● 签订运输合同，在合同规定的时间、地点，将合同规定的货物置于承运人控制之下，并及时通知买方 ● 自负费用和风险，取得出口国要求的所有清关手续 ● 提交商业发票或具有同等作用的电子信息，并自费提供通常的交货凭证	● 根据买卖合同的规定受领货物并支付货款 ● 自负费用和风险，取得过境国和进口国要求的所有清关手续 ● 向卖方发出充分通知
费用	● 支付将货物交给承运人控制之前的一切费用 ● 支付货物出口需要办理的海关手续费用及出口时应交纳的一切税款和其他费用 ● 支付货物至目的地的运费	● 支付自交货之时起与货物有关的一切费用，运费除外 ● 支付进口清关费用、进口关税及需经他国过境时所需交纳的一切税款
风险	● 承担将货物交给承运人控制之前的一切风险	● 承担受领货物之后所发生的一切风险

2. 使 CPT 术语应注意的问题

(1)风险划分

CPT 贸易术语虽然要求卖方负责办理货物运输并支付运费，但并不要求卖方承担运输途中的风险和由此产生的额外费用。卖方只承担货物交给承运人控制之前的风险，在多式联运情况下，承担货物交给第一承运人之前的风险。

(2)责任和费用划分问题

采用 CPT 贸易术语时，买卖双方要在合同规定装运期和目的地，以便卖方选定承运人，自费订立运输合同，将货物运往指定的目的地。运输合同必须按照常规条款订立，由卖方承担费用，经由通常路径，按照所售货物类型的常用运输方式运送货物。《2020 年通则》中特别建议双方在销售合同中尽可能精确地确定目的地，如果该具体地点未经约定，则卖方可选择指定目的地内最符合其要求的地点。

按 CPT 贸易术语成交，卖方只承担从交货地点到指定目的地的正常运费。正常运费之外的其他有关费用，一般由买方负担。

(3)装运通知

采用 CPT 贸易术语时，买卖双方要在合同中规定装运期和目的地，以便于卖方选定承运人，订立将货物运至目的地的运输合同。卖方将货物交给承运人后，应及时向买方发出货已交付的通知，以便于买方及时为货物投保，以及在目的地受领货物。

即问即答：CPT 条件下，存在两个关键点：风险转移点和费用转移点，分别在哪里？

(四)CIP

CIP 的全称是 Carriage and Insurance Paid to(insert named place of destination)，即运费保险费付至(指定目的地)，是指卖方在合同约定的日期内，将合同中规定的货物交给自己指定的承运人，即完成交货。卖方必须签订运输合同并支付将货物运至指定目的地所需的费用。卖方还必须为买方在运输途中货物灭失或损坏的风险签订保险合同。另外，卖方要提交商业发票以及合同要求的其他单证。CIP 的责任、费用和风险划分界线如图 3-8 所示。

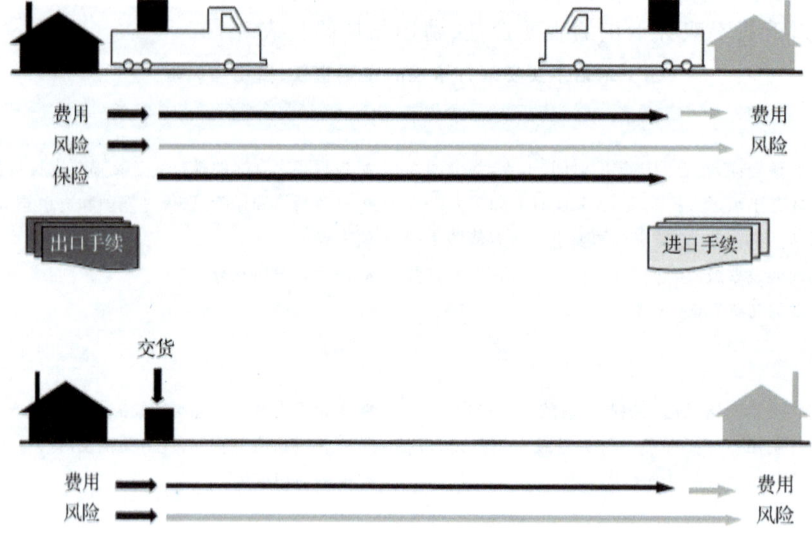

图 3-8 CIP 的责任、费用和风险划分界线

1. 买卖双方承担的主要责任、费用与风险

CIP 术语下买卖双方承担的主要责任、费用与风险见表 3-11。

表 3-11 CIP 术语下买卖双方承担的主要责任、费用与风险

项目	卖方	买方
责任	● 自负费用和风险,取得出口国要求的所有清关手续 ● 签订运输合同,在合同规定的时间、地点,将合同规定的货物置于承运人控制之下,并及时通知买方 ● 与保险公司签订货物运输保险合同 ● 提交商业发票或具有同等作用的电子信息,并自费提供通常的交货凭证	● 根据买卖合同的规定受领货物并支付货款 ● 自负费用和风险,取得过境国和进口国要求的所有清关手续 ● 向卖方发出充分通知
费用	● 支付将货物交给承运人控制之前的一切费用 ● 支付货物出口需要办理的海关手续费用及出口时应交纳的一切税款和其他费用 ● 支付货物至目的地的运费、保险费	● 支付自交货之时起与货物有关的一切费用,运费、保险费除外 ● 支付进口清关费用、进口关税及经他国过境时所需交纳的一切税款
风险	● 承担将货物交给承运人控制之前的一切风险	● 承担受领货物之后所发生的一切风险

2. 使用 CIP 术语应注意的问题

(1)正确理解风险和保险问题

《2010 年通则》及以前的版本中,CIP 术语规定卖方需自负费用投保至少符合《伦敦保险协会海洋运输货物保险条款》(C)款或其他任何类似条款,如中国出口商常用的《中国人民保险公司海洋运输货物保险条款》的平安险所保障的货物保险,但《2020 年通则》对 CIP 术语下卖方的投保要求有所提高,条款规定卖方需自负费用投保至少符合《伦敦

能力提升:FCA、CPT 和 CIP 之间的异同

保险协会海洋运输货物保险条款》(A)款或其他任何类似条款所保障的货物保险。在《2020 年通则》中 CIP 术语下卖方投保的最低险别提高,而 CIF 术语下卖方投保的最低险别维持不变,仍为《伦敦保险协会海洋运输货物保险条款》(C)款,这主要考虑到 CIF 术语主要运用于水上运输的大宗商品贸易,而 CIP 术语主要运用于价值较高的制成品贸易,并以多式联运和集装箱为主要运输方式,采用 CIP 术语在运输过程中可能遇到的风险明显大于采用 CIF 术语。

能力提升:内陆城市企业出口选择 FCA、CPT 和 CIP 术语的好处

出口商采用 CIP 术语时一定要注意这个变化,一是报价时要注意保险费率的不同,在计算出口报价时应该相应调高报价,并向买方说明调价的理由。二是注意在投保时保险险别一定不能出错,在合同没有另外的特别约定时必须投保 ICC(A)险。尤其是用信用证结算时更加要注意到这个变化,否则很可能因为投保险别不符合《2020 年通则》的要求而被银行拒付。

(2)价格的确定

与采用 FCA 术语相比,采用 CIP 术语卖方要承担更多的责任和费用。卖方要负责办理从交货地至目的地的运输手续,承担有关运费;办理货运保险,并支付保险费,这些都应反映在货价之中。所以,卖方对外报价时,要认真核算成本和价格。在核算时,应考虑运输距离、保险险别、各种运输方式和各类保险的收费情况,并要预计运价和保险费的变动趋势等。对买方来讲,也要对卖方的报价进行认真分析,做好比价工作,以免接受不合理的报价。

(五)DAP

DAP 的全称是 Delivered at Place(insert named place of destination),即目的地交货(指定目的地),是指卖方在合同约定的日期内,在指定目的地或者在该指定目的地内的约定交货点将合同中规定的货物交由买方处置,当货物处于抵达的运输工具上已做好卸载准备时即完成交货。另外,卖方要提交商业发票以及合同要求的其他单证。DAP 的责任、费用和风险划分界线如图 3-9 所示。

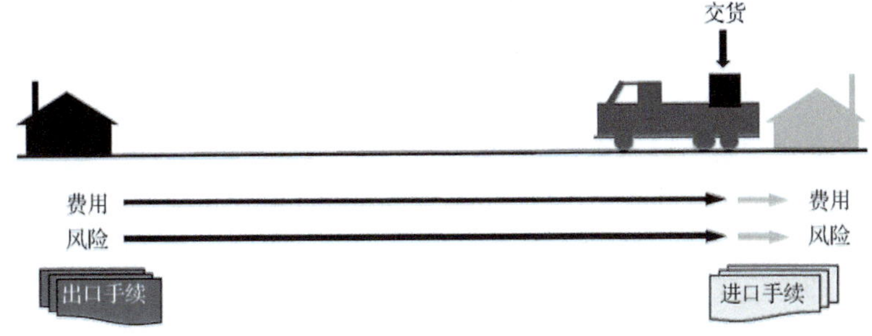

图 3-9 DAP 的责任、费用和风险划分界线

1. 买卖双方承担的主要责任、费用与风险

DAP 术语下买卖双方承担的主要责任、费用与风险见表 3-12。

表 3-12　　DAP 术语下买卖双方承担的主要责任、费用与风险

项目	卖方	买方
责任	● 自负费用和风险，取得出口国要求的所有出口清关手续 ● 按通常条件，将货物在约定的地点或指定目的地，将仍处于抵达的运输工具之上、且已做好卸载准备的货物交由买方处置并提供证明交货的通常单据 ● 向买方发出充分通知 ● 提交商业发票或具有同等作用的电子信息，并自费提供通常的交货凭证	● 根据买卖合同的规定受领货物并支付货款 ● 自负费用和风险，取得过境国和进口国要求的所有清关手续 ● 向卖方发出充分通知
费用	● 支付在约定的地点或指定目的地，将仍处于抵达的运输工具之上、且已做好卸载准备的货物交由买方处置之前的一切费用 ● 支付货物出口需要办理的海关手续费用及出口时应交纳的一切税款和其他费用	● 支付自交货之时起与货物有关的一切费用 ● 支付出口及进口清关费用、进出口关税及需经他国过境时所就交纳的一切税款
风险	● 承担在约定的地点或指定目的地，将仍处于抵达的运输工具之上、且已做好卸载准备的货物交由买方处置之前的一切风险	● 承担自交货时起货物灭失或损坏的一切风险

2. 使用 DAP 术语应注意的问题

（1）DAP 是《2010 年通则》增加的术语，旨在替代《2000 年通则》中的 DAF、DES 和 DDU 三个术语。也就是说，DAP 的交货地点既可以是在两国边境的指定地点，也可以是在目的港的船上，还可以是在进口国内陆的某一地点。

（2）卖方在指定目的地交货，但卖方不负责将货物从到达的运输工具上卸下。买方负责在指定目的地将货物从到达的运输工具上卸下，但卖方要保证货物可供卸载。卖方在签订运输合同时应注意运输合同与买卖合同相关交货地点的协调，如果按照运输合同在指定目的地产生了卸货费用，除非双方另有约定，卖方无权向买方追偿该费用。

（3）由于卖方承担在特定交货地点交货前的风险，买卖双方应尽可能清楚地订明指定目的地的交货地址，最好能具体到指定目的地内特定的点。如果没有约定特定的交货点或该交货点不能确定，卖方可以在指定目的地选择最适合的交货点。

（4）卖方对买方没有订立保险合同的义务，但由于整个运输过程的风险要由卖方承担，卖方通常会通过投保规避货物运输风险。

（5）DAP 要求卖方办理出口清关，但是卖方没有义务办理进口清关或交货后经由第三国过境的清关、支付任何进口关税或办理任何进口海关手续。如果买方没有安排进口清关，货物被滞留在目的国家的港口或内陆运输终端产生的损失和风险由买方承担。因此，如果买卖双方希望由卖方办理进口所需的许可或其他官方授权，以及货物进口所需的一切海关手续，包括支付所有进口关税，则应该使用 DDP 术语。

即问即答：DAP 纽约和 CIP 纽约在交货点、风险、责任和费用划分方面有什么区别？

（六）DPU

DPU 的全称是 Delivered at Place unloaded(insert named place of destination)，即目的地卸货后交货（指定目的地），是指卖方在合同约定的日期内，在指定目的地或者在该指定目的地内的约定交货点将合同中规定的货物从抵达的运输工具上卸载，交由买方处置时，即完成交

货。另外，卖方要提交商业发票以及合同要求的其他单证。DPU 的责任费用和风险划分界线如图 3-10 所示。

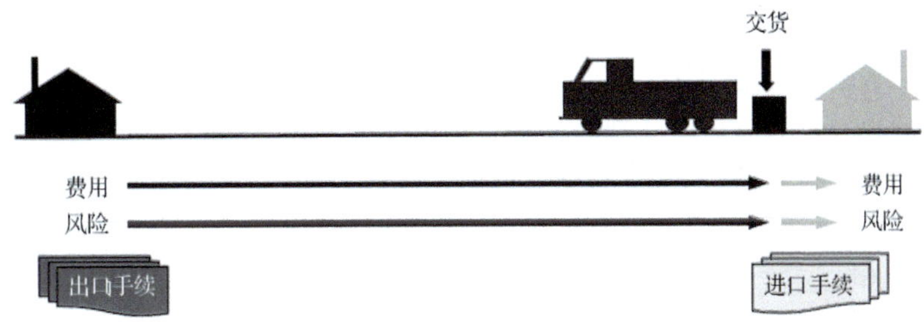

图 3-10 DPU 的责任、费用和风险划分界线

1. 买卖双方承担的主要责任、费用与风险

DPU 术语下买卖双方承担的主要责任、费用与风险见表 3-13。

表 3-13 DPU 术语下买卖双方承担的主要责任、费用与风险

项目	卖方	买方
责任	● 自负费用和风险，取得出口国要求的所有出口清关手续 ● 在约定的地点或指定目的地，将货物从抵达的运输工具上卸载，交由买方处置并提供证明交货的通常单据 ● 向买方发出充分通知 ● 提交商业发票或具有同等作用的电子信息，并自费提供通常的交货凭证	● 根据买卖合同的规定受领货物并支付货款 ● 自负风险和费用，取得过境国和进口国要求的所有清关手续 ● 向卖方发出充分通知
费用	● 支付在约定的地点或指定目的地，将货物从抵达的运输工具上卸载，交由买方处置之前的一切费用 ● 支付货物出口需要办理的海关手续费用及出口时应交纳的一切税款和其他费用	● 支付自交货之时起与货物有关的一切费用 ● 支付出口及进口清关费用、进出口关税及经他国过境时所需交纳的一切税款
风险	● 承担在约定的地点或指定目的地，将货物从抵达的运输工具上卸载，交由买方处置之前的一切风险	● 承担自交货时起货物灭失或损坏的一切风险

2. 使用 DPU 术语应注意的问题

(1)DPU 与 DAT 的区别

DPU 为《2020 年通则》中新增加的术语，旨在代替《2010 年通则》中的 DAT 术语。在《2010 年通则》中 DAT(Delivered at Terminal)的意思是运输终端交货，但是在实践中 Terminal(运输终端)一词含义模糊，虽然国际商会的使用指南专门做了解释，但是在使用过程中还是容易发生歧义。于是在《2020 年通则》中国际商会将 DAT 改为 DPU。和采用 DAT 术语相比，采用 DPU 术语时，买卖双方的总体义务、责任和风险基本不变，变化体现在交货地点的改变，即采用 DAT 术语的交货地点在进口国运输终端(诸如货站、码头、集装箱堆场等)，而采用 DPU 术语的交货地点可以在进口国内任何地点(如工厂)，而不仅限于运输终端，DPU 贸易术语的交货地点的范围更广泛，这主要考虑到一些高档设备的进口需要专业团队完成装卸。

(2)关于目的地卸货

在《2020 年通则》中，DPU 是唯一要求卖方在目的地卸货的术语。因此，卖方应当确保其可以在指定地组织卸货。如果双方不希望卖方承担卸货的风险和费用，则不应使用 DPU，应使用 DAP 术语。

（3）精准确定交货地

《2020 年通则》特别建议买卖双方尽可能清楚地约定目的地或目的点。这主要基于以下几个原因：第一，货物灭失或损坏的风险在交货点转移至买方，因此买卖双方应清楚地知晓该关键转移发生的地点；第二，该交货地之前的费用由卖方承担，该地之后的费用则由买方承担；第三，卖方必须签订运输合同或安排货物运输到约定交货地。如果该具体的交货地点没有明确的约定，则卖方可选择指定目的地内最符合其要求的地点。

（七）DDP

DDP 的全称是 Delivered Duty paid(insert named place of destination)，即完税后交货（指定目的地），是指卖方在合同约定的日期内，在指定目的地将仍处于抵达的运输工具上，但已完成进口清关，且已做好卸载准备的货物交由买方处置时，即为交货。卖方承担将货物运至目的地的一切费用和风险，并且有义务完成货物出口和进口清关，支付所有进出口关税和办理所有海关手续。另外，卖方要提交商业发票以及合同要求的其他单证。DDP 的责任、费用和风险划分界线如图 3-11 所示。

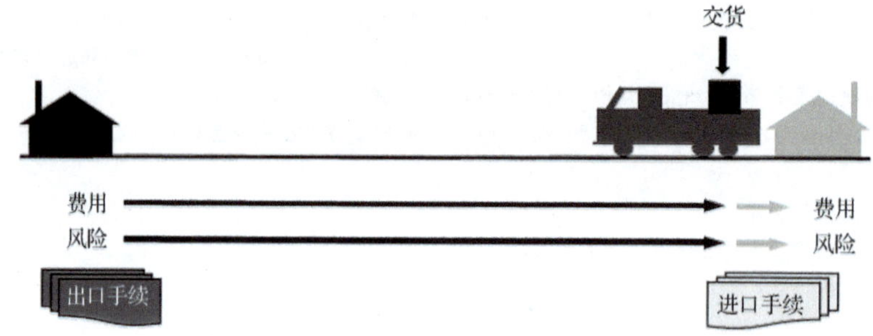

图 3-11 DDP 的责任、费用和风险划分界线

1. 买卖双方承担的主要责任、费用与风险

DDP 术语下买卖双方承担的主要责任、费用与风险见表 3-14。

表 3-14 DDP 术语下买卖双方承担的主要责任、费用与风险

项目	卖方	买方
责任	● 自负费用和风险，取得出口国、过境国和进口国要求的所有清关手续 ● 在约定的地点或指定目的地，将仍处于抵达的运输工具之上、且已做好卸载准备的货物交由买方处置 ● 向买方发出充分通知 ● 提交商业发票或具有同等作用的电子信息，并自费提供通常的交货凭证	● 根据买卖合同的规定受领货物并支付货款 ● 向卖方发出充分通知
费用	● 支付在约定的地点或指定目的地，将仍处于抵达的运输工具之上、且已做好卸载准备的货物交由买方处置之前的一切费用 ● 支付货物出口及进口需要办理的海关手续费用及进出口时应交纳的一切税款和其他费用	● 支付自交货之时起与货物有关的一切费用
风险	● 承担在约定的地点或指定目的地，将仍处于抵达的运输工具之上、且已做好卸载准备的货物交由买方处置之前的一切风险	● 承担自交货时起货物灭失或损坏的一切风险

3. 使用 DDP 术语应注意的问题

(1)DDP 是卖方责任最大的术语。

(2)在 DDP 的交货条件下,卖方是在办理了进口清关手续后在指定目的地交货的,这实际上是卖方已将货物运入了进口方的国内市场。如果卖方直接办理进口手续有困难,也可要求买方协助办理。如果卖方不能直接或间接地取得进口许可或办理进口手续,则不应使用 DDP 术语。

(3)如果双方当事人愿从卖方的义务中排除货物进口时需支付的某些费用,如增值税,则应就此意思加注字句,如"完税后交货,增值税未付(指定目的地)",以使之明确。

(4)买方负责在指定目的地将货物从到达的运输工具上卸下,但卖方要保证货物可供卸载。卖方在签订运输合同时应注意运输合同与买卖合同相关交货地点的协调,如果按照运输合同在指定目的地产生了卸货费用,除非双方另有约定,卖方无权向买方追偿该费用。

三、选用贸易术语时应注意的问题

(一)选用贸易术语时应考虑的因素

国际贸易中,可供买卖双方选用的贸易术语有很多,由于各种贸易术语都有其特定的含义,不同的贸易术语,买卖双方所承担的责任、义务、风险也不同,因此,贸易术语的选择直接关系到买卖双方的经济利益。一般来说,选用贸易术语时应考虑以下因素:

1. 运输方式

由于不同的贸易术语适用的运输方式不同,买卖双方采用何种贸易术语,首先应考虑采用何种运输方式。即根据货物的运输方式选择贸易术语,如空运或陆运的情况下,就不适合采用 FOB、CFR 和 CIF 这三个传统的贸易术语。

2. 运费成本因素

运费成本在价格中占有很大的比重,因此,在选择贸易术语时要核算运费成本。总的来说,当自身安排运输比对方安排运输更合算时,宜争取由自身安排运输的条件成交(如按 FCA、FAS 或 FOB 进口,按 CFR、CIF、CPT 或 CIP 出口),否则,应酌情选择让对方安排运输的术语。另外,运价上涨时,出口可考虑以 FOB 成交,以避免因运价上涨所造成的损失;反之,运价下跌时,出口可考虑以 CIF 或 CFR 成交,以便节省运费。

我方某外贸企业向国外一新客户订购一批初级产品,按 CFR 中国某港口、即期信用证付款条件达成交易,合同规定由卖方以承租船方式将货物运交我方。我方开证银行也凭国外议付行提交的符合信用证规定的单据付了款。但装运船只一直未到达目的港,后经多方查询,发现承运人原是一家小公司,而且在船舶起航后不久已宣告倒闭,承运船舶是一条旧船,船、货均告失踪,此系卖方与船方互相勾结进行诈骗,导致我方蒙受重大损失。试分析,我方应从中吸取哪些教训?

3. 货物的控制权

国际贸易的风险很大,在和不熟悉的客户交易时,控制货权的一方往往会更加主动。一般来说,为了避免进口方因行情变化等原因不派船或不指派承运人,或者进口方指派的承运人无单放货,出口时鼓励采用自身安排运输的方式成交,如 CFR、CIF、CPT 和 CIP 等;反之,为了避免出口方和船方或其他运输方勾结诈骗,进口时鼓励采用自身安排运输的方式成交,如 FCA、FAS、FOB 等。

4. 运输风险的程度

在国际贸易中,交易的商品一般需要通过长途运输才能到达目的地,货物在运输过程中可能遇到自然灾害、意外事故等风险，特别是当遇到战争或在正常的国际贸易遭到人为障碍与破坏的时期和地区，则运输途中的风险更大。因此，出口方一般都不愿意用目的地交货类的贸易术语，如 DAT、DAP、DDP；进口方一般不愿意用出口国内陆交货的贸易术语，如 EXW。

5. 国外港口装卸条件和港口惯例

各国港口装卸条件不同，装卸费和运费水平也不一样，且某些港口还有一些习惯做法，交易中往往难以把握。如果进口时，国外装运港的条件较差，装运效率较低，费用较高，则力争采用 CIF 或 CFR 术语，或者通过贸易术语变形明确由出口方承担装货费；反之，出口时如果目的港条件较差，费用较高，则应力争用 FOB 术语成交，或通过贸易术语变形来规避承担卸货费的责任。

6. 其他因素

除了上述的五个重要因素外，进出口方选择贸易术语时还应考虑外汇收支情况，即出口鼓励采用 CFR 或 CIF 术语，这样可以增加外汇收入，而进口鼓励采用 FOB，这样可以减少运费和保险费的外汇支出；另外，选用贸易术语时还应适当考虑本国保险业和运输业的情况，进口时争取采用 FOB，出口时争取采用 CIF 术语，都将有利于促进本国保险业和运输业的发展。

（二）实务中常见的贸易术语误用情形

1. FOB、CFR 和 CIF 用于海运集装箱运输

如前所述，FOB、CFR 和 CIF 术语中，买卖双方的风险自货物装上装运港时转移。但是在实务中，装在集装箱内的货物通常在上船之前已经交给承运人，例如，集装箱堆场或货运站。这样，货物置于承运人管制之下，而风险却由出口方承担，使得“装上船”的风险转移点没有实际意义。

2. FOB、CFR 和 CIF 用于非海运或内河水运

实务中，人们长期习惯于选用 FOB、CFR 和 CIF 这三个传统的贸易术语，却忽略了这三个贸易术语中“装上船”的交货点、风险转移点和费用划分点。例如，在空运情况下，货物无法“装上船”，从而不能明确卖方何时把风险转移给买方，卖方的费用承担到何时为止，一旦因为货物运输过程中出现灭失和损坏而发生纠纷时，双方很难根据贸易术语中责任、风险和费用的划分来处理。

3. 选用 CFR、CIF、CPT 和 CIP 时，未在合同中约定双方的交货点

C 组贸易术语均要求卖方把货物交到指定的目的港或目的地，但是风险早在交货时已经由卖方向买方转移。例如，CFR 和 CIF 在货物装上船时转移，而 CPT 和 CIP 在货交第一承运人时转移给买方。如果买卖双方在合同中并未明确规定装货点，即 CFR 和 CIF 合同中未指定装运港，CPT 和 CIP 合同中未规定何处货交承运人，则容易因为货物交货过程中出现灭失和损坏而导致纠纷。

4. 不能准确把握一些贸易术语的风险点和责任划分

在使用 EXW 贸易术语时，买方到卖方所在地受领货物，卖方主动承担装货责任，甚至支付因为办理出口清关手续而支付的费用，如检验费用、许可证费用等。在使用 FCA 贸易术语时，卖方把货物交到承运人指定交货点时，主动承担卸货费、货物集合装箱费等。在使用 C 组贸易术语时，买方未意识到运输过程中的风险由其自身承担，常常因为货物在运输途中的灭失和损坏而拒收货物或拒付货款。

课后任务

1. 上网查《2020 年通则》,阅读相关内容。

2. 以广州希望贸易有限公司出口部经理的身份,选用适当的贸易术语。

3. 预习下一个任务:运输方式。

知识测试

一、单项选择题

1. 按照《2020 年通则》的规定,以 CIF 贸易术语的变形成交,买卖双方风险的划分界线是(　　)。

A. 货交承运人　　B. 货物在装运港装上船

C. 货物在目的港卸货后　　D. 装运港码头

2. 适用于任何运输方式的贸易术语是(　　)。

A. FOB　　B. FAS　　C. FCA　　D. CFR

3. 下列贸易术语中卖方不负责办理出口清关手续及支付相关费用的是(　　)。

A. FCA　　B. FAS　　C. FOB　　D. EXW

4. 在以 CIF 和 CFR 术语成交的条件下,货物运输保险分别由卖方和买方办理,运输途中货物灭失和损坏的风险(　　)。

A. 前者由卖方承担,后者由买方承担　　B. 均由卖方承担

C. 均由买方承担　　D. 前者由买方承担,后者由卖方承担

5. 在交货点上,《美国对外贸易定义修订本》中对(　　)的解释与《2020 年通则》中对 FOB 的解释相同。

A. FOB under Tackle　　B. FOB

C. FOB Vessel　　D. FOB Liner Terms

6. 某外贸公司对外以 CFR 报价,如果该公司先将货物交到货运站或使用滚装或集装箱运输时,应采用(　　)为宜。

A. FCA　　B. CIP　　C. CPT　　D. DDP

7.《2020 年通则》中卖方责任最大的贸易术语是(　　)。

A. EXW　　B. CIF　　C. DAP　　D. DDP

8. FOB 和 FCA 的主要区别是(　　)。

A. 前者适用于水上运输,后者适用于一切运输

B. 前者由卖方负责办理出口清关手续,后者由买方负责办理出口清关手续

C. 前者由买方负责租船订舱,后者由卖方负责订立运输合同

D. 前者的风险和费用转移同步,后者的风险和费用转移不同步

9. CIF 术语中的卖方不愿承担卸货费用,可以选用(　　)。

A. CIF Liner Terms　　B. CIF Landed

C. CIF Ex Ship's Hold　　D. CIF Ex Tackle

10. 下列关于 CPT 与 CFR 相同点的描述中,错误的是(　　)。

A. 卖方风险随交货义务完成转移　　B. 卖方负责办理出口清关手续

C. 卖方负责交货点到目的地的正常运费　　D. 卖方保证按时到货

二、多选题

1. 贸易术语的性质是(　　)。

A. 表示交货条件　　B. 表示成交价格的构成因素

C. 表示付款条件　　D. 表示运输条件

2. F 组贸易术语的共同特点是(　　)。

A. 风险划分点与费用划分点相分离

B. 卖方须按买卖合同规定的时间,在出口国指定的装运地点交货

C. 买方应自付费用签订运输合同

D. 签订的销售合同都是装运合同

3. FOB、CFR、CIF 和 FCA、CPT、CIP 术语的主要区别是(　　)。

A. 适用的运输方式不同　　B. 风险转移的地点不同

C. 装卸费用的承担方不同　　D. 运输单据不同

4. 按 CIP 成交,属于卖方义务的有(　　)。

A. 在合同规定的期限内将货物交给承运人

B. 签订运输合同但不支付运费

C. 签订运输合同并支付运费

D. 货物运输过程中的保险费用

5. 根据《2020 年通则》的解释,以下(　　)是责任、费用划分点相分离的贸易术语。

A. CFR　　B. CIF　　C. CPT　　D. CIP

6. FCA 条件下,买方负担的费用有(　　)。

A. 货交承运人后的费用　　B. 买方委托卖方代办事项产生的费用

C. 买方过失所引起的额外费用　　D. 卖方申请出口许可证的费用

7. 下列各项对《2020 年通则》中 FAS 术语描述正确的有(　　)。

A. 英文全称是 Free Along Side　　B. 可解释为"装运港船边交货"

C. 买卖双方承担风险以船边为界　　D. 买卖双方承担费用以货至目的港为界

8. 有关贸易术语的国际惯例有(　　)。

A.《2020 年通则》　　B.《1932 年华沙-牛津规则》

C.《美国对外贸易定义修订本》　　D.《汉堡规则》

9. 关于 DAT、DAP 和 DDP 三个贸易术语的共同点,下列说法正确的是(　　)。

A. 都适用于任何运输方式

B. 都由卖方承担货物到达指定目的地前的风险

C. 都在进口国交货

D. 都由卖方负责办理进口清关手续

10. 在使用集装箱海运的出口贸易中，卖方采用 FCA 贸易术语比采用 FOB 贸易术语更为有利的具体表现是（　　）。

A. 可以提前转移风险　　B. 可以提早交单结汇，提高资金的周转率

C. 可以提早取得运输单据　　D. 可以减少卖方承担的风险责任

三、判断题

1. CFR EX Ship's Hold Rotterdam 是指卖方必须把货运到鹿特丹，在舱底交货。（　　）

2. DAP 中的卖方要把货物卸载后交付买方，而 DAT 中的卖方不需要卸载货物。（　　）

3. 在 FOB 条件下，如合同未规定"装运通知"条款，卖方把货物装船后可不发装运通知，此做法不算违约。（　　）

4. 按《2020 年通则》的规定，以 C 组贸易术语成交签订的合同都属于装运合同。（　　）

5. 以 FCA 条件成交，卖方将货物交给承运人后，既履行完交货义务，出口报关等手续由买方办理。（　　）

6. 国际惯例已得到各国的公认，因此，它对于买卖合同中的当事人都具有普遍的法律约束力。（　　）

7. 买卖双方以 CIF 条件成交时，若双方在洽商合同时未规定具体的险别，则卖方投保时，只有投保最低限度险别义务。（　　）

8. 按 CIF 贸易术语成交时，只要货物已在运输途中灭失，即使出口方提供全套正确的货运单据，进口方也是有权拒收单据和拒付货款的。（　　）

9. 以 FAS 术语成交时，若装运港口吃水线浅使船舶不能靠岸，则货物从码头驳运到装运船只船边的一切风险及费用，应由买方承担。（　　）

10. FOB 价格术语的变形是因装货费用的承担问题而产生的，而 CIF 价格术语的变形则是因卸货费用的承担问题而产生的。（　　）

情景再现

1. 我方某进出口公司以 CIF 术语与国外 A 公司签订销售某货物的合同。合同规定卖方投保 ICC(B)和战争险。但是履行合同时，由于 A 国和 B 国处于战争状况，没有保险公司愿意向运往 A 国的货物提供战争险，卖方最终只投保了 ICC(B)。货物在靠近 A 国水域时因为遭遇 B 国袭击而全部灭失。买方以卖方没有投保战争险为由要求卖方承担损失。但卖方称，货物运输途中的损失应由买方承担，而且根据《国际贸易术语解释通则》，卖方只需投保最低险别，没有投保战争险的义务。

试问：卖方的说法是否合理？

2. 我方以 FCA 贸易术语从意大利进口布料一批，双方约定最迟的装运期为 4 月 12 日，由于我方业务员的疏忽，导致意大利出口商在 4 月 15 日才将货物交给我方指定的承运人。当我方收到货物后，发现部分货物有水渍，据查是因为货交承运人前两天大雨淋湿所致。据此，我方向意大利出口商提出索赔，但遭到拒绝。

试问：我方的索赔是否合理？为什么？

3. 我方某出口商和澳大利亚某进口商签订了黄豆的出口合同。合同规定每公吨 180 美元，共计 1000 公吨，采用 CPT 条件。我方出口商委托运输公司 B 负责全程运输，并在指定时间和地点将货物交付给 B 公司，同时及时告知进口商货物已装运。但在 B 公司进行海上运输停靠在中途港加油时，船只被 B 公司的债权方强行扣押，并通过法庭进行了拍卖。货物被滞留在加油港港口仓库中。澳大利亚进口商多次来电催促，我方又重新和另一家运输公司签订运输合同，才将货物运达了澳大利亚目的港。之后，我方向 B 公司进行索赔，要求 B 公司承担我方再次委托其他运输公司代为运输的费用。但 B 公司认为我方多此一举，是我方自愿和其他运输公司签订运输合同的，这部分费用应由我方承担。

试分析此案例。

4. 某进出口公司以"CIF 汉堡"向英国某客商出售供应圣诞节的杏仁一批，由于该商品的季节性较强，买卖双方在合同中规定：买方须于 9 月底以前将信用证开抵卖方，卖方保证不迟于 12 月 5 日将货物运抵汉堡，否则买方有权撤销合同。如卖方已结汇，卖方须将货款退还买方。

问：该合同是否还属于 CIF 合同？为什么？

5. 我国 A 进口商和美国 B 出口商签订一份 3000 吨小麦 FOB 合同，美国 B 公司按规定的时间和地点，将 5000 吨散装小麦装船，其中的 3000 吨属于卖给 A 公司的，2000 吨属于卖给中国另外一个 C 公司的。货抵目的港后由船公司负责分拨。B 公司装船后及时发出装运通知。受载船只在途中遇险，使该批货损失了 3000 吨，其余 2000 吨安全运抵目的港。A 公司提货时，B 公司宣称 3000 吨小麦已全部灭失，而且按 FOB 合同，货物风险已在装运港越过船舷时转移给 A 公司，卖方对此项损失不负任何责任。

试问：卖方的说法有无道理？为什么？

职场体验

1. 专业术语翻译

(1)贸易术语　(2)装运港船上交货　(3)货交承运人　(4)运输终端交货

(5)Incoterms　(6)Delivered at Place　(7)Carriage Paid to　(8)CIF

2. 根据下列情况，分别为进口商或出口商选择适当的贸易术语，在相应的空格里打"√"

表 3-11　选择贸易术语

具体情况	出口商		进口商	
	FOB	CFR/CIF	FOB	CFR/CIF
运价有上涨趋势时				
本币有升值趋势时				
大宗交易，但不熟悉租船业务时				
本国保险费率低廉时				

3. 根据以下给定的条件，选择适当的贸易术语

(1)烟台宏发食品有限公司与韩国一进口商订立了长期供应某种蘑菇的合同，合同中规定，每到交货时间，由进口方指派的承运人到该企业仓库收取货物，宏发公司只负责在规定时间按规定方式将蘑菇包装好即可。请你为该企业选择一个适合的贸易术语，应如何描述？

(2)杭州澳华进出口贸易有限公司位于杭州市武林路 118 号，拟从澳大利亚维多利亚贸易有限公司(Australia Victoria Trade Pty Ltd.)进口一批奶粉，该公司位于澳大利亚悉尼(Sydney)埃平路(Epping Road)236 号。以下运输方式任选其一：

①如果采用空运，起运机场是悉尼金斯福德·史密斯机场(Kingsford Smith Airport)，目的地机场是杭州萧山国际机场(Xiaoshan International Airport)。

②如果采用海运集装箱运输，装运港是悉尼博塔尼港(Botany Port)，卸货港是宁波北仑港。

③如果采用多式联运(陆运—海运—陆运)，集装箱运输，起运地是出口公司所在地，目的地是进口公司所在地。

请根据以上资料填写下表，交货点自拟，但应尽可能明确。

表 3-12　　　　填写表格

贸易术语	运输方式	是否可用	术语完整描述(英文)
EXW	①		
	②		
	③		
FCA	①		
	②		
	③		
CPT	①		
	②		
	③		
CIP	①		
	②		
	③		
DAT	①		
	②		
	③		
DAP	①		
	②		
	③		

续表

贸易术语	运输方式	是否可用	术语完整描述(英文)
DDP	①		
	②		
	③		
FAS	①		
	②		
	③		
FOB	①		
	②		
	③		
CFR	①		
	②		
	③		
CIF	①		
	②		
	③		

学习情境 4
货物运输条款的磋商

学习目标

【能力目标】

1. 能根据不同贸易背景选择适当的运输方式
2. 能为集装箱货物选择合理的装箱方式和交接方式
3. 能根据贸易背景确定合理的装运时间、选择适当的装运港和目的港、确定货物是否需要部分装运、如何部分装运、是否需要转运
4. 能根据贸易背景选择适当的运输单据
5. 能根据贸易背景订立正确完整的装运条款
6. 能对给定合同的装运条款进行分析,并提出修订意见

【知识目标】

1. 熟悉各种运输方式的特点和优缺点
2. 掌握完整装运条款的内容
3. 掌握装运时间、装运港和目的港的表示方法
4. 掌握部分装运、转运和装卸条件的含义
5. 理解装运通知的作用
6. 掌握运输单据的性质、作用和种类

4.1 运输方式

任务描述

选择适当的运输方式

1. 备选运输方式：海运（班轮或租船）、航空运输（包机、班机或集中托运）、国际多式联运（陆—海、海—陆、海—空）。

2. 根据小组贸易背景选择适当的运输方式。

3. 磋商结果由记录员记录在“磋商记录表”里，观察员如实填写“观察汇报表”。

4. 展示员做好准备展示小组磋商成果。

5. 时间：5 分钟。

【任务分析】

国际货物运输是实现国际贸易的重要手段，国际贸易中的主要运输方式有陆路运输、水路运输、航空运输、管道运输、邮政运输，以及为顺应时代发展而产生的集装箱运输和国际多式联运等。了解各种运输方式的特点和经营方式，根据商品的特点、运量的大小、运送的地区、运费的高低、需要的缓急、风险的程度、气候与自然的条件、在途时间的长短以及国际政治形势的变化等因素，从经济学和实务的角度选择适当的运输方式，在国际贸易实务中具有重要意义。

在本次磋商任务中，进出口双方需要考虑的问题是：如何根据成交货物特性和运输距离等因素选择合适的货物运输方式？不同的运输方式分别有什么优缺点？

相关知识

一、海洋运输

微课：海运出口托运流程

海洋运输简称海运，是指使用船舶或其他水运工具通过海上航道运送货物和旅客的一种运输方式。在国际货物运输中，海洋运输是最主要的运输方式，其运量在国际货物运输总量中占 80%以上。

（一）海洋运输的特点

优点：运输量大、通过能力强、运费低廉、适合运输各种货物（尤其是一些火车、汽车无法运输的特种货物，如石油井架、机车等）。

缺点：船舶体积大，水流阻力大和风力影响大，运输速度慢，船舶在海上航行受气候和自然条件影响较大，遇险的可能性较大，航行日期不如陆、空运准确。

(二)海洋运输的经营方式

按照船舶经营方式的不同,海洋运输可分为班轮运输(Liner Transport)和租船运输(Shipping by Chartering/Chartering Transport)两种方式。

课堂讨论 班轮运输和租船运输有哪些区别?

1. 班轮运输

班轮运输又称定期船运输,是指按预定的船期表(Sailing Schedule),在固定的航线和港口之间往返航行从事客货运输业务,并按相对固定的运费率收取运费的运输方式。班轮承运货物的品种、数量比较灵活,货运质量较有保证,一般采取在码头仓库交接货物,为货主提供了较便利的条件。我国出口的纺织品、食品、工艺品等杂货类以及某些贵重的商品,通常都是利用班轮运输的。

(1)班轮运输的特点

①船舶按照固定的船期表、沿着固定的航线和港口往返运输,并按相对固定的运费率收取运费。因此,它具有"四固定"的基本特点。

②由船方负责配载装卸,装卸费包括在运费中,货方不再另付装卸费,船货双方也不计算滞期费和速遣费。

③船货双方的权利、义务、责任和豁免,以船方签发的提单条款为依据。

(2)班轮运输的运费

班轮公司运输货物所收取的运送费用,是按照班轮运价表(Liner's Freight Tariff)的规定计收的。不同的班轮公司或班轮公会有不同的班轮运价表。班轮运价表一般包括货物分级表、各航线费率表、附加费率表、冷藏货及活牲畜费率表等。目前,我国海洋班轮运输公司使用的是"等级运价表",即将承运的货物分成若干等级(一般分为 20 个等级),每一个等级的货物有一个基本费率,其中 1 级费率最低,20 级费率最高。

班轮运费包括基本运费和附加费两部分。基本运费是指货物从装运港到卸货港所应收取的基本运费,它是构成全程运费的主要部分;附加费是除基本运费外,另外加收的各种费用,指对一些需要特殊处理的货物,或者由于突发事件或客观情况变化等原因而需另外加收的费用。

基本运费按班轮运价表规定的标准计收。在班轮运价表中,根据不同的商品,对运费的计收标准,通常采用下列几种:

①按货物毛重,又称重量吨(Weight Ton)计收运费,运价表中用"W"表示。

②按货物的体积/容积,又称尺码吨(Measurement Ton)计收运费,运价表中用"M"表示。

③按毛重或体积计收,由船公司选择其中收费较高的作为计费吨,运价表中用"W/M"表示。

④按商品价格计收,又称为从价运费,运价表内用"A. V."或"Ad Val."表示。从价运费一般按货物的 FOB 价格的百分之几收取。

⑤在货物重量、尺码或价格三者中选择最高的一种计收标准,运价表中用"W/M or Ad val."表示。

⑥按货物重量或尺码选择其高者,再加上从价运费计算,运价表中用"W/M plus Ad val."表示。

⑦按每件货物作为一个计费单位收费,如活牲畜按"每头"(per head),车辆按"每辆"(per unit)收费。

⑧临时议定价格。即由货主和船公司临时协商议定。通常适用于承运粮食、豆类、矿石、煤炭等运量较大、货值较低、装卸容易、装卸速度快的农副产品和矿产品。临时议价货物的运

费率一般较低。

在实际业务中，基本运费的计算标准以按货物的毛重（“W”）、按货物的体积（“M”）或按重量、体积选择（“W/M”）的方式较多。贵重物品较多的是按货物的 FOB 总值（“A. V.”）计收。

计算运费的重量吨和尺码吨统称为运费吨（Freight Ton），又称计费吨。计算运费时，1 立方米作为 1 尺码吨。

班轮运费的计算公式：

运费＝运费吨×（基本运费＋附加运费）
＝运费吨×基本运费×（1＋附加费率）

范例

出口箱装货物共 100 箱，报价为每箱 4000 美元 FOB 上海，基本费率为每运费吨 26 美元或从价费率1.5%，以 W/M or Ad Val. 计费/计价法计算，每箱体积为 1.4m×1.3m×1.1m，毛重为每箱 2 公吨，并加收燃油附加费 10%，货币贬值附加费 20%，转船附加费 40%，求总运费。

解：(1)基本运费

按“W”计算：26×2＝52 美元

按“M”计算：26×(1.4×1.3×1.1) ＝52.052 美元

按“A. V.”计算：4000×1.5%＝60 美元

三者比较，按“A. V.”计算的运费最高，故实收基本运费 60 美元。

(2)总运费

运费＝运费吨×基本运费×(1＋附加费率)
＝60×(1＋10%＋20%＋40%)×100
＝10200 美元

因此，这批货物的总运费为 10200 美元。

即问即答：矿石、矿砂类商品适合班轮运输还是租船运输？

2. 租船运输

租船运输又称不定期船（Tramp）运输，它是指租船人（Charterer）在租船市场上和船东（Ship’s Owner）洽租签约，向船东包租船舶装运货物。租船运输主要以运输货值较低的大宗货物为主，如粮谷、饲料、矿砂、硫黄、煤炭、石油、化肥、木材、水泥等，而且通常是整船装运。

（1）租船运输的特点

①按租船合同安排航行。租船合同是租船人和船东签订的，船舶没有预定的船期表、航线和港口，航行时间也不固定。有关船舶的航线和停靠的港口、运输货物的种类以及航行时间等，都按承租人的要求，由船租双方临时议定。

②运价不固定。运费或租金由租船人和船东双方在租船合同中加以约定。租船运价的高低，经常受租船市场的供求关系制约，船多货少时运价就低，反之较高。一般来说，租船运价比班轮运价低廉。

③船租双方的责任、权利、义务以双方的租船合同为准。

（2）租船运输的方式

①定程租船（Voyage Charter）。又称航次租船，它是指由船舶所有人负责提供船舶，在指定港口之间进行一个航次或数个航次，承运指定货物的租船运输。定程租船就其租赁方式的不同，可分为单程租船、来回航次租船、连续航次租船和包运合同。对外贸企业来说，使用较多的租船方式是定程租船。

②定期租船（Time Charter）。它是指由船舶所有人将船舶出租给承租人，供其使用一定

时期的租船运输。承租人也可将此期租船充做班轮或程租船使用。

③光船租船(Bareboat Charter)。它是指船舶所有人将一艘既无船长又未配备船员,承租人要自己任命船长、船员,并负责船员的给养和船舶营运管理所需的一切费用的船舶出租给承租人使用一个时期的租船运输。这种租船方式,在当前国际贸易中很少使用。

近年来,国际上兴起一种介于定程租船与定期租船之间的租船方式,即航次期租(Time Charter on Trip Basis,TCT),即以完成一个航次运输为目的,按完成航次所花的时间,按约定的租金率计算租金。

(3)租船运输的运费

定期租船的运费,即定期租船的租金通常按租期每月(或 30 天)每载重吨(DWT)若干金额计算。定程租船运费包括以下三种:

①程租船基本运费。即货物从装运港至目的港的海上基本运费。

②装卸费。程租船运输方式下,有关货物的装卸费用由租船人和船东协商确定后在程租船合同中做出具体规定。装卸费用通常有四种规定方式:船方管装管卸(Gross Terms;Berth Terms 或 Liner Terms)、船方不管装卸(Free in and Out,FIO)、船方管装不管卸(Free out,FO)、船方管卸不管装(Free in,FI)。

③速遣费和滞期费。在定程租船运输情况下,装卸货时间的长短影响到船舶的使用周期,直接关系到船方利益。因而在租船合同中,除需规定装卸货时间外,还需要规定一种奖励处罚措施,以督促租船人实现快装快卸。例如,租船人在双方规定装卸时间内提前装卸完毕,则可得到船方奖励的速遣费,从而使运费减少;反之,若延迟装卸,则被罚滞期费,从而使运费增加。

二、铁路运输

在国际货物运输中,铁路运输(Rail Transport)是一种仅次于海洋运输的主要运输方式,海洋运输的进出口货物大多是靠铁路运输进行货物集中和分散的。

(一)铁路运输的特点

优点:一般不受气候条件的影响,可保障全年的正常运输,而且运量较大,速度较快,连续性较强,运输过程中可能遭受的风险也较小。办理铁路运输手续比海洋运输简单,而且发货人和收货人可以在就近的始发站(装运站)和目的站办理托运和提货手续。

缺点:机动性差,火车只能在固定线路上运行;车站固定,不能随意停车;短距离运输时,运费昂贵;运费没有伸缩性;货车编组、转轨所需时间较长等。

(二)铁路运输的分类

1. 国际铁路货物联运

凡是使用一份统一的国际联运票据,由铁路负责经过两国或两国以上铁路的全程运送,并由一国铁路向另一国铁路移交货物时,不需发货人和收货人参加,这种运输称为国际铁路货物联运。采用国际铁路货物联运,有关当事国必须事先有书面的约定,并依据有关的国际公约进行。

2. 对港铁路运输

对港铁路运输是由国内段铁路运输和港段铁路运输两部分构成。它是一种特殊的租车方式的两票运输。具体做法是:从发货地至深圳北站的国内段运输,由发货人或发货地外运机构依照对港铁路运输计划的安排,填写国内铁路运单,先行运至深圳北站,收货人为中国对外贸易运输(集团)总公司深圳分公司。深圳分公司作为各外贸企业的代理,负责在深圳与铁路局办理货物运输单据的交换,并向深圳铁路局租车,然后申报出口,经查验放行后,将货物运输至九龙港。货车过轨后,由深圳分公司在香港的代理人——香港中国旅行社向香港九龙铁路公司办理港段铁路运输的托运、报关等工作,货车到达九龙目的站后,由香港中国旅行社将货物卸交给香港收货人。

三、航空运输

航空运输(Air Transport)是一种现代化的运输方式,具有运输速度快、货运质量高,且不受地面条件限制等优点。但是,航空运输也具有飞机机舱容积和载重量比较小,运载成本和运价比地面运输高的缺点。因此,它最适宜运送急需物资、鲜活商品、精密仪器和贵重物品。近年来,随着国际贸易的迅速发展以及国际货物运输技术的不断现代化,空运方式也日趋普遍。

(一)航空运输的运输方式

1. 班机运输(Scheduled Airline)

班机运输是指在固定航线、固定时间、固定始发站、途经站和目的站的航班运输。通常班机运输使用客货混合型飞机,一些大的航空公司还开辟定期全货机航班。适用于运送急需物品、鲜活商品以及节令性商品。

2. 包机运输(Chartered Carrier)

包机运输是指包租整架飞机或由几个人(或航空货运代理公司)联合包租一架飞机来运送货物。包机又分为整包机和部分包机两种形式,前者适用于运送数量较大的商品,后者适用于多个发货人,但货物到达站必须是同一地点。

3. 集中托运(Consolidation)

集中托运是指航空货运公司把若干单独发运的货物(每一货主货物要出具一份航空运单)组成一整批货物,用一份总运单(附分运单)整批发运到预定目的地,由航空公司在那里的代理人收货、报关、分拨后交给实际收货人。集中托运的运价比国际空运协会公布的班机运价低7%~10%。因此,发货人比较愿意将货物交给航空货运公司安排。

4. 航空急件传送方式(Air Express Service)

航空急件传送是目前国际航空运输中最快捷的运输方式。它不同于航空邮寄和航空货运,而是由一个专门经营此项业务的机构与航空公司密切合作,设专人用最快的速度在货主、机场、收件人之间传送急件,特别适用于急需的药品、医疗器械、贵重物品、图纸资料、货样及单证等的传送,也被称为"桌到桌运输"(Desk to Desk Service)。

即问即答:试列举三种以上适合航空运输的商品。

(二)航空运输的运价

航空运输货物的运价是指从起运机场至目的机场的运价,不包括其他额外费用(如提货、仓储费等)。运价一般是按重量(千克)或体积重量(6000 立方厘米折合 1 千克)计算的,并以两者中高者为准。空运货物是按一般货物、特种货物和货物的等级规定运价标准。

四、集装箱运输

集装箱运输(Container Transport)是以集装箱作为运输单位进行货物运输的一种现代化运输方式,它可适用于海洋运输、铁路运输及国际多式联运等。集装箱运输的优点包括:提高运输质量，减少货损货差；提高装卸效率，加速船舶周转，减少港口拥挤，扩大港口吞吐量；简化货运手续，便利货物运输，节省各项费用，降低运输成本；把传统单一的运输串联成为连贯的成组运输，促进国际多式联运的发展。

（一）集装箱运输的装箱方式

1. 整箱货（Full Container Load，简称 FCL）

整箱货是指在海关监督下，在货主仓库或集装箱货场，由发货人负责装箱、计数、积载并加铅封的货物。货物装箱后直接运交集装箱堆场等待装运。货到目的地（港）后，收货人可直接从堆场提走。整箱货的拆箱一般由收货人办理。但也可以委托承运人在货运站拆箱。

2. 拼箱货（Less than Container Load，简称 LCL）

拼箱货是指装不满一整箱的小票货物。这种货物通常是由承运人分别揽货并在集装箱货运站或内陆站集中，而后根据货物性质和目的地进行分类整理，把到同一目的地的两票或两票以上的货物拼装在一个集装箱内，同样要在目的地的集装箱货运站或内陆站拆箱分别交货。对于这种货物，承运人要负责装箱与拆箱作业，装拆箱费用仍向发货方收取。

（二）集装箱运输双方的交接方式

集装箱的交接地点有门（Door，DR）、堆场（简称场，Container Yard，CY）和货运站（简称站，Container Freight Station，CFS）。这三个交货地点能组合成以下九种交接方式：

（1）门到门（Door to Door）。由托运人负责装载的集装箱，在其货仓或厂库交承运人验收后，负责全程运输，直到收货人的货仓或工厂仓库交箱为止。适宜于整箱交、整箱接。

（2）门到场（Door to CY）。由发货人的货仓或工厂仓库至目的地或卸箱港的集装箱装卸区堆场。适宜于整箱交、拆箱接。

（3）门到站（Door to CFS）。由发货人的货仓或工厂仓库至目的地或卸箱港的集装箱货运站。

（4）场到门（CY to Door）。由起运地或装箱港的集装箱装卸区堆场至收货人的货仓或工厂仓库。

（5）场到场（CY to CY）。由起运地或装箱港的集装箱装卸区堆场至目的地或卸箱港的集装箱装卸区堆场。

（6）场到站（CY to CFS）。由起运地或装箱港的集装箱装卸区堆场至目的地或卸箱港的集装箱货运站。

（7）站到门（CFS to Door）。由起运地或装箱港的集装箱货运站至收货人的货仓或工厂仓库。

（8）站到场（CFS to CY）。由起运地或装箱港的集装箱货运站至目的地或卸箱港的集装箱装卸区堆场。

（9）站到站（CFS to CFS）。由起运地或装箱港的集装箱货运站至目的地或卸箱港的集装箱货运站。

一般来讲，拼箱货需在站（CFS）交接，整箱货则可以任意选择交接方式。但是在场到门、门到门、站到场的交接方式中，因目的港至收货人仓库这段路程运费很难掌握，故不选取这几种方式为好。

（三）集装箱运输双方的交接形态

（1）整箱交、整箱接（FCL/FCL）。指货主在工厂或仓库把装满货后的整箱交给承运人，收货人在目的地同样以整箱接货，即承运人以整箱为单位负责交接。货物的装箱和拆箱均由发货方负责，适用于场到场、门到门、场到门、门到场。

(2)拼箱交、拆箱接(LCL/LCL)。指货主将不足整箱的小票托运货物在集装箱货运站或内陆转运站交给承运人，由承运人负责拼箱和装箱，运到目的地货运站或内陆转运站，由承运人负责拆箱，拆箱后收货人凭单接货。货物的装箱和拆箱均由承运人负责。适用于站到站，一般很少使用这种交接形态。

(3)整箱交、拆箱接(FCL/LCL)。指货主在工厂或仓库把装满货后的整箱交给承运人，在目的地的集装箱货运站或内陆转运站由承运人负责拆箱后，各收货人凭单接货，适用于场到站、门到站。

(4)拼箱交、整箱接(LCL/FCL)。指货主将不足整箱的小票托运货物在集装箱货运站或内陆转运站交给承运人，由承运人分类整理，把同一收货人的货物集中拼装成整箱，运到目的地后，承运人以整箱交，收货人以整箱接，适用于站到场、站到门。

(四)集装箱运输的费用

1. 集装箱运输费用的构成

以海运为例，集装箱运输的费用包括内陆或装运港市内运输费、拼箱服务费、堆场服务费、海运运费、集装箱及其设备使用费等。

课堂讨论

以 CIF 价格条件，CY/CY 装运条件成交一批货物，若买方以 CFS 提货，提货时发现货物有破损，应如何索赔？

2. 集装箱运输费用的计算方法

集装箱运输费用的计算方法与传统的运输方式费用的计算方法相比有相同之处，例如，集装箱运输费用的计算与传统的班轮运输费用的计算一样，也是根据商品的等级规定其费率，但在最低运费和最高运费的计算方面有其特殊的地方。目前，集装箱海上运价体系有两大类：

(1)杂货基本费率加附加费

①基本费率。参照传统件杂货运价，以运费吨(重量吨或尺码吨)为计算单位。拼箱货常用这种方法计算运费，多数航线上采用等级费率。

②附加费。除传统件杂货所收的常规附加费外，还要加收一些与集装箱货物运输有关的附加费。

(2)包箱费率

包箱费率以每个集装箱为计算单位，常用于整箱交货的运费计算。不同的船公司航线，其包箱费率也不同。常见的包箱费率有以下三种形式：

①FAK 包箱费率(Freight for All Kinds)是指不分货物种类，不计货量，只规定统一的每个集装箱收取的费率。

②FCS 包箱费率(Freight for Class)是指按不同货物等级制定的包箱费率，从 1 级到 20 级，同一等级的货物，重货集装箱运价高于体积货运价。

③FCB 包箱费率(Freight for Class & Basis)是指既按不同货物的等级或货类，又按计算标准制定的费率。

五、国际多式联运

国际多式联运(International Multimodal Transport 或 Intenational Combined Transport，美国

称为 International Transport）是在集装箱运输的基础上产生和发展起来的一种综合性的连贯运输方式，它一般是以集装箱为媒介，把海、陆、空各种传统的单一运输方式有机地结合起来，组成一种国际连贯运输。

《联合国国际货物多式联运公约》对国际多式联运所下的定义是："国际多式联运是指按照多式联运合同，以至少两种不同的运输方式，由多式联运经营人把货物从一国境内接运货物的地点运至另一国境内指定交付货物的地点。"根据此项定义，构成多式联运应具备下列条件：

①必须有一个多式联运合同，合同中明确规定多式联运经营人和托运人之间的权利、义务、责任和豁免。

②必须是两种或两种以上不同运输方式的连贯运输。

③必须使用一份包括全程的多式联运单据。

④必须是国际货物运输。

⑤必须由一个多式联运经营人对全程运输负总的责任。

⑥必须是全程单一运费率，其中包括全程各段运费的总和、经营管理费用和合理利润。

多式联运合同（Multimodal Transport Contract）是指多式联运经营人与托运人之间签订的凭以收取运费、负责完成或组织完成国际多式联运的合同。它明确规定了多式联运经营人和托运人之间的权利、义务、责任和豁免。

多式联运经营人（Multimodal Transport Operator）是指本人或通过其代表签订多式联运合同并且负有履行合同的责任的任何人，他是事主，而不是发货人的代理人或代表或参加多式联运的承运人的代理人或代表。他可以充任实际承运人，办理全程或部分运输业务，也可以是无船承运人（Non-Vessel Operating Common Carrier，NVOCC）。即将全程运输交由各段实际承运人来履行。

开展国际多式联运是实现"门到门"运输的有效途径，它简化了运输手续，减少了运输中间环节，加快了货运速度，降低了运输成本，并提高了货运质量。货物的交接地点也可以做到门到门、门到站、站到站、站到门等。

六、陆桥运输

（一）大陆桥运输

大陆桥运输（Land Bridge Transportation），是指利用横贯大陆的铁路（公路）运输系统作为中间桥梁，把大陆两端的海洋连接起来的集装箱连贯运输方式。大陆桥运输具有运费低、运输时间短、货损货差率小、手续简便等特点。

知识拓展：世界上主要的大陆桥

（二）小陆桥运输

小陆桥运输是指比大陆桥运输的海—陆—海运输缩短一段海上运输，形成了海—陆或陆—海运输的方式。例如，日本至美国东海岸大西洋口岸或美国南部墨西哥湾口岸的货运，由原来的全程海运改为由日本装船运至美国西部太平洋口岸，再转装铁路专用列车至东部大西洋口岸或南部墨西哥湾口岸，以陆上铁路为桥梁，把美国西海岸同东海岸和墨西哥湾连接起来。

七、其他运输方式

（一）公路运输

公路运输(Road Transportation)是一种现代化的运输方式。它不仅可以直接运进或运出对外贸易货物，而且也是车站、港口和机场集散进出口货物的重要手段。公路运输具有机动灵活、方便快捷等优点，尤其是在实现“门到门”的运输中，更离不开公路运输。但公路运输也有一定的不足之处，如载货量有限，运输成本高，容易造成货损事故。公路运输在我国对外贸易中占有重要地位。我国同许多周边国家都有公路相通，我国同这些国家的进出口货物可以通过国境公路运输。此外，我国内地同港、澳地区的部分进出口货物也是通过公路运输的。随着我国公路建设的扩展，特别是高速公路的修建，公路运输在对外贸易中将发挥更重要的作用。

（二）内河运输

内河运输(Inland Water Transportation)是水上运输的重要组成部分。它是连接内陆腹地与沿海地区的纽带，在运输和集散进出口货物中起着重要的作用。我国拥有四通八达的内河航运网，如长江、珠江等主要河流中的一些港口已对外开放，同一些邻国还有国际河流相通，这就为我国进出口货物通过河流运输和集散提供了十分便利的条件。

（三）邮政运输

邮政运输(Parcel Post Transportation)是一种比较简便的运输方式。各国邮政部门之间订有协定和公约，通过这些协定和公约，各国的邮件包裹可以互相传递，从而形成国际邮政运输网。国际邮政运输具有国际多式联运和“门到门”运输的性质，托运人只需按邮局章程一次托运、一次付清足额邮资，取得邮政包裹收据，交货手续即告完成。邮件在国际传递由各国的邮政部门负责办理，邮件到达目的地后，收件人可凭邮局到件通知向邮局提取。所以，邮政运输适用于重量轻、体积小的货物的传递。

（四）管道运输

管道运输(Pipeline Transportation)是一种特殊的运输方式。它是货物在管道内借助于高压气泵的压力输往目的地的一种运输方式，主要适用于运输液体和气体货物。它具有固定投资大、建成后运输成本低的特点。管道运输在美国、欧洲的许多国家以及石油输出国组织(OPEC)的石油运输方面起到了积极的作用。我国管道运输起步较晚，但随着石油工业的发展，为石油运输服务的石油管道运输也迅速发展起来。迄今为止，我国不少油田均有输油管道直通海港。我国至朝鲜也早已铺设石油管道，我国向朝鲜出口的石油主要是通过管道运输的。

课后任务

1. 磋商小组根据所学专业知识修订初步选择的运输方式，把最后选定的运输方式填在“合同磋商备忘录”里。

2. 上网查询中国远洋运输(集团)总公司或其他公司的船期表及有关航线的费率表。

3. 预习下一个任务：装运条款。

4.2　装运条款

任务描述

磋商合同中的装运条款

1. 小组讨论完整的装运条款应包含哪些内容。
2. 根据小组贸易背景用中英文规定完整的装运条款。
3. 磋商结果由记录员记录在“磋商记录表”里，观察员如实填写“观察汇报表”。
4. 展示员做好准备展示小组磋商成果。
5. 时间：15 分钟。

【任务分析】 在国际货物买卖合同中，买卖双方必须对何时交货、何地交货、如何交货等与装运有关的内容做出具体的规定。进出口双方就这些内容达成一致后，卖方才能按照合同约定的时间和地点履行交货义务，负责运输的一方才能据此安排货物装运事宜，买方才能按照合同约定的地点受领货物。装运条款的规定是否得当，将直接影响货物的交付，这些条款在合同中属于关键条款。明确、合理地规定装运条款，是保证买卖合同顺利履行的重要条件。

本次磋商任务中，进出口双方需要考虑的问题是：合同中完整的装运条款应包含哪些内容？是不是所有合同的装运条款都要具备这些内容？不同的内容应如何具体规定？

相关知识

一、装运时间

装运时间(Time of Shipment)，是指卖方将合同规定的货物装上运输工具或交给承运人的期限，故又称装运期或交货期。

在国际贸易中，交货时间(Time of Delivery)和装运时间是两种不同的概念。在使用EXW、FOB、CIF、CFR、FCA、CIP、CPT 和 FAS 等贸易术语签订的买卖合同中，卖方在出口方所在地或装运港或装运地，将货物交给买方，或装上船只或交付给承运人监管，就算已完成交货义务。因此，按照上述贸易术语订立的合同，交货和装运的概念是一致的，可以把二者当作同义语。但若采用 DAT、DAP、DDP 等贸易术语达成交易时，交货时间是指货物运到目的港交给买方的时间。装运时间是指卖方在装运港将货物装上船或其他运输工具的时间。二者不能相互代替使用，以免引起纠纷。

课堂讨论　某出口合同中约定装运期限是 2020 年 5 月 10 日。是否合适？为什么？

装运时间是国际货物买卖合同的主要交易条款，卖方必须严格按规定时间交付货物，不得任意提前和延迟。《公约》规定：卖方必须在合同规定的日期或一段时间内交付货物。如合同未规定日期或一段交货时间，则应在订立合同后一段合理时间内交货。如卖方在合同规定的时间以前交货，或者迟延交货，买方有权要求损害赔偿和(或)拒收货物，也可宣告合同无效。

(一)装运时间的规定方法

1. 规定明确、具体的装运时间

(1)规定在某月装运。如7月装运。Shipment during July.

(2)规定跨月装运。如7/8/9月装运。Shipment during Jul. /Aug. /Sep.

(3)规定在某月或某日前装运。如装运期不迟于7月31日。Shipment not later than July 31st.

2. 规定收到信用证后若干天装运

如收到信用证后30天内装运。Shipment within 30 days after receipt of L/C.

为防止买方不按时开证，一般还规定"买方必须不迟于某月某日将信用证开到卖方"(The relevant L/C must reach the seller not later than...)的限制性条款。

3. 规定近期装运术语

如立即装运。Immediate shipment.

尽快装运。Shipment as soon as possible.

这些术语在各国、各行业中解释不唯一，故不宜使用。《UCP600》明确规定：除非要求在单据中使用，否则诸如"迅速地""立刻地"或"尽快地"等词语将被不予理会。

(二)规定装运时间应注意的问题

(1)买卖合同中对装运时间的规定要明确、具体，装运期限应当适度。海运装运期限的长短，应视不同商品和租船订舱的实际情况而定。装运期限过短，势必给船货安排带来困难；装运期限过长也不合适，特别是采用在收到信用证后多少天内装运的条件下，装运期限过长会造成买方积压资金，影响资金周转，从而反过来影响卖方的售价。

(2)应注意货源情况、商品的性质和特点以及交货的季节性等。如雨季一般不宜装运烟叶，夏季一般不宜装运沥青、易腐性肉类及橡胶等。

(3)应综合考虑交货港、目的港的特殊季节因素。如北欧、加拿大东海沿岸港口冬季易封冻结冰，故装运时间不宜定在冰冻时期。

(4)在规定装运期的同时，应考虑对开证日期的规定是否明确、合理。为保证按期装运，装运期和开证日期应该互相衔接起来。

二、装运港和目的港

装运港(Port of Shipment)又称装货港(Port of Loading)，是指货物起始装运的港口。目的港(Port of Destination)又称卸货港(Port of Discharge)，是指最终卸货的港口。在国际贸易中，装运港一般由卖方提出，经买方同意后确认；目的港一般由买方提出，经卖方同意后确认。

(一)装运港和目的港的规定方法

1. 装运港和目的港分别规定一个

如装运港：上海；目的港：伦敦。Port of Shipment: Shanghai; Port of Destination: London.

2. 分别规定两个或两个以上的装运港或目的港

如装运港：大连/青岛/上海；目的港：伦敦/利物浦。Port of Shipment：Dalian/Qingdao/Shanghai；Port of Destination：London/Liverpool. 但是，在《关于审核跟单信用证项下单据的国际标准银行实务》(《ISBP681》)中规定："斜线(/)可能有不同的含义，不得用来代替词语，除非在上下文中可以明了其含义。"可见，并不鼓励使用这种表示方法。

3. 规定选择港

在交易磋商时，如明确规定装运港或目的港有困难，可以规定选择港(Optional Ports)。选择港的规定方法有两种：一种是规定在两个或两个以上港口中选择一个；另一种是笼统规定某一航区为装运港或目的港。

如目的港：伦敦；选择港：汉堡或鹿特丹。Port of Destination：London；Optional Ports：Hamburg or Rotterdam.

装货港：欧洲主要港口。Port of Loading：European Main Ports.

(二)规定国内外装运港或目的港应注意的问题

1. 规定国外装运港和目的港应注意的问题

(1)对国外装运港或目的港的规定，应力求具体、明确。在磋商交易时，如国外商人笼统地提出以"欧洲主要港口"为装运港或目的港时，不宜轻易接受。因为，欧洲港口众多，究竟哪些港口为主要港口，并无统一解释，而且各港口距离远近不一，港口条件也有区别，运费和附加费相差很大，所以应避免采用此种规定方法。

(2)不能接受内陆城市为装运港或目的港的条件。因为，在此条件下我方要承担从港口到内陆城市这段路程的运费和风险。

(3)必须注意装卸港的具体条件。例如，有无直达班轮航线，港口和装卸条件以及运费和附加费水平等。如果租船运输，还应进一步考虑码头泊位的深度、有无冰封期、冰封的具体时间以及对船舶国籍有无限制等港口制度。

(4)应注意国外港口有无重名问题。世界各国港口重名的很多，例如，世界上有 12 个维多利亚(Victoria)港，波特兰 (Portland)等也有数个。为防止发生差错，引起纠纷，在买卖合同中应明确注明装运港或目的港所在国家和地区的名称。

(5)如规定选择港，要注意选择港口不宜太多，一般不超过三个，而且必须在同一航区、同一航线上。同时在合同中应明确规定，如所选目的港要增加运费、附加费，应由买方承担，同时要规定买方宣布最后目的港的时间。

2. 规定国内装运港或目的港应注意的问题

(1)在出口业务中，对国内装运港的规定，一般以接近货源地的对外贸易港口为宜，同时应考虑港口和国内运输的条件和费用水平。

(2)在进口业务中，对国内目的港的规定，原则上应选择以接近用货单位或消费地区的对外贸易港口最合理。但是如果签约时目的港尚难确定，或者为避免港口到船时间过于集中而造成堵塞现象，在进口合同中可酌情规定为"中国口岸"(Chinese Ports)。

三、部分装运和转运

部分装运和转运都直接关系到买卖双方的利益，因此，买卖双方应根据需要在合同中做出具体的规定。一般来说，合同中如规定允许部分装运和转运，则对卖方交货比较有利。

(一)部分装运(Partial Shipment)

部分装运又称部分发运、分期装运(Shipment by Instalments),是指一个合同项下的货物分若干批或若干期装运。在大宗货物或成交数量较大的交易中,买卖双方根据交货数量、运输条件和市场销售等因素,可在合同中规定部分装运条款。

《UCP600》中关于部分装运有如下规定:

①第三十一条 a 款:允许部分支款或部分发运。

②第三十一条 b 款:表明使用同一运输工具并经由同次航程运输的数套运输单据在同一次提交时,只要显示相同目的地,将不视为部分发运,即使运输单据上表明的发运日期不同或装货港、接管地或发送地点不同。如果交单由数套运输单据构成,其中最晚的一个发运日将被视为发运日。

③第三十二条:如信用证规定在指定的时间段内分期支款或分期发运,任何一期未按信用证规定期限支取或发运时,信用证对该期及以后各期均告失效。

北京某公司出口 2000 吨大豆,国外来证规定,不允许部分装运。结果我方在规定的期限内分别在大连和青岛各装 1000 吨于同一航次的同一船只上,提单上也注明了不同的装货港和不同的装船日期。试问:我方做法是否违约?银行能否议付?

据此,在买卖合同和信用证中规定部分、定期、定量装运时,卖方必须重合同、守信用,严格按照合同和信用证的有关规定办理。

如允许在 11 月和 12 月分两批等量装运。Partial shipment is allowed during Nov./Dec. in two equal monthly shipments.

允许部分装运。Partial shipment is allowed.

(二)转运(Transhipment)

按《UCP600》规定,"转运"一词在不同运输方式下有不同的含义:在海运情况下,是指在装货港和卸货港之间的海运过程中,货物从一艘船上卸下再装上另一艘船的运输;在航空运输的情况下,是指从起运机场至目的地机场的运输过程中,货物从一架飞机上卸下再装上另一架飞机的运输;在公路、铁路或内河运输情况下,则是指在装运地到目的地之间用不同的运输方式的运输过程中,货物从一种运输工具上卸下,再装上另一种运输工具的行为。

海运方式下,卖方在交货时,如驶往目的港没有直达船或船期不定或航次间隔太长,为了便于装运,则应在合同中规定"允许转船"(Transhipment to be allowed)。另外,为了明确责任和便于安排装运,买卖双方是否同意转运以及有关转运的办法和转运费的承担等问题,应在买卖合同中明确规定。如允许转运。Transhipment is allowed.

课堂讨论

某出口公司收到国外来证:"允许部分装运,8 月和 9 月每月装 500 吨。"8 月,出口公司分别将 200 吨和 300 吨的货物装上不同的船后发运,请问该出口公司能否顺利收汇?

(三)订立部分装运和转运条款时应注意的问题

(1)国际上对部分装运的解释和运用有所不同,应在合同中明确是否允许部分装运。虽然《UCP600》规定,当买卖双方在信用证中未规定是否分批时,允许部分装运。但是,按有些国家的合同法规定,如合同对部分装运不做规定,买卖双方事先对此也没有特别约定或习惯做法,则卖方交货不得部分装运。因此,为了避免不必要的争议,买卖双方应在合同中明确规定是否允许部分装运。

(2)信用证规定允许部分装运,但是未规定如何部分装运时,则可理解为可整批一次交货,也可分若干批交货，每批数量不受限制。除非信用证明确规定了货物的批次，否则装运期内允许继续部分装运。

(3)根据《UCP600》的规定，海洋运输时，即使信用证禁止转运，注明将要或可能发生转运的提单仍可接受，只要其表明货物由集装箱、拖车或子船(Lash Barge)运输。可见，当货物以海运集装箱运输时，信用证规定不允许部分装运并没有实际意义。

(4)根据《UCP600》的规定，在国际多式联运、空运、公路、铁路和内陆水运情况下，即使信用证规定禁止转运，注明将要或者可能发生转运的运输单据仍可接受。

四、装运通知

买卖双方为了互相配合，共同搞好车、船、货的衔接和办理货运保险，不论采用何种贸易术语成交，贸易双方都要承担互相通知的义务。因此，装运通知(Shipping Advice)也是装运条款的一项重要内容。

按照国际贸易的一般做法，在按 FOB 条件成交时，卖方应在约定的装运期开始以前，一般是 30 天或 45 天，向买方发出货物备妥通知，以便买方及时派船接货。买方接到卖方发出的备货通知后，应按约定的时间，将船名、船舶到港受载日期等通知卖方，以便卖方及时安排货物出运和准备装船。

如按 FOB、CFR 和 CIF 术语签订的合同，卖方应在货物装船后，按约定时间，将货物的品名、件数、重量、发票金额、船名及装船日期等各项内容电告买方；如按 FCA、CPT 和 CIP 术语签订的合同，卖方应在把货物交付承运人接管后，将交付货物的具体情况及交付日期电告买方，以便买方做好接卸货物的准备，及时办理进口报关手续。

买卖双方按 FOB、CFR、FCA、CPT 条件成交时，买方通常需要凭借卖方的装运通知向保险公司办理货物投保手续。因此，卖方交货后，应及时向买方发出装运通知，以防因买方漏保而承担相应的赔偿损失。同时，为了避免买卖双方对"及时"的理解不统一而发生纠纷，应在合同中明确规定卖方发出装运通知的时间。在实际业务中，通常规定卖方在货物装船后 1～2 天内以传真或电子邮件的方式发出装运通知。当卖方以传真发出装运通知时，为了避免因装运通知的传递遗失或错误而导致双方发生纠纷，必要时还应保留发送装运通知的传真报告(Fax Report)。

范例

卖方应在货物装船后 2 天内以传真或电子邮件的方式把注明合同号、商品名称、已装载数量、发票总金额、毛重、运输工具名称及起运日期等内容的装运通知发送给买方。

The seller shall dispatch the shipping advice, indicating the contract no., name of commodity, loaded quantity, invoice values, gross weight, name of vessel and shipment date, to the Buyer within 2 days after the loading of the goods by fax or e-mail.

五、装卸条件

在国际贸易中，大宗商品大多使用程租船运输。由于装卸时间的长短和装卸效率的高低直接关系到船方的利害得失，故船东出租船舶时，都要求在定程租船合同中规定装卸时间、装卸率，并规定延误装卸时间和提前完成装卸任务的罚款与奖励办法，以约束租船人。但是，在实际业务中，负责装卸货物的不一定是租船人，也可以是买卖合同的一方当事人，如 FOB Stowed、FOB Trimmed 和 FOB Stowed and Trimmed 合同的租船人是买方，而装货是由卖方负责；反之，CIF Ex Ship's Hold 合同的租船人是卖方，而卸货是由买方负责。因此，负责租船的一方为了促使对方及时完成装卸任务，在买卖合同中也要求规定装卸时间、装卸率和滞期、速遣条款。

(一)装卸时间(Lay Time)

装卸时间是指允许完成装卸任务所规定的时间，它一般以天数或小时数来表示。装卸时间的规定方法很多，其中主要有下列几种：

(1)按天(Days)或连续日(Running/Consecutive Days)计算。连续满24小时算一天，即从午夜零时到次日午夜零时，不管天气如何，有一天算一天，不做任何扣除。这对船方有利，通常在装卸石油、矿石的合同中使用。

(2)按工作日(Working Days)计算。即按港口习惯工作时间计算装卸时间，星期日和节假日不计入工作时间。至于多少小时算一个工作日，各国港口规定不一。

(3)按良好天气工作日(Weather Working Days, WWD)计算。即是晴天又是工作日，星期日和节假日以及因刮风下雨不能进行装卸作业的工作日不计算在内。

(4)按连续24小时晴天工作日(Weather Working Days of 24 Consecutive Hours)计算。即连续作业24小时为一个工作日，但星期日、节假日和不能进行装卸作业的坏天气都应扣除。这种方法适用于昼夜作业的港口，我国一般采用这种规定方法。

由于各国港口习惯和规定不同，在采用此种规定方法时，对星期日和节假日是否计算也应具体规定。如在工作日之后加定"星期日和节假日除外"(Sundays and Holidays Excepted)，或者规定"不用不算，用了要算"(Not to Count Unless Used)或"不用不算，即使用了也不算"(Not to Count Even Used)。对星期六或节假日前一天怎样计算，也应予以明确规定。

(5)累计24小时工作日(Working Days of 24 Hours)，即不管港口习惯工作时间如何，累计进行装卸作业24小时即为一个工作日。如每天作业8小时，则作业3个工作日才算合同中的一个工作日。

即问即答：什么情况下，进出口双方需要在国际货物买卖合同中规定装卸条件条款？

有时关于装卸时间并不按天数或每天装卸货物的吨数来规定，而只是按"港口习惯速度尽快装卸"(To load/discharge in customary quick despatch, CQD)。但是，这种规定不明确，容易引起争议，故采用时应审慎行事。

为了计算装卸时间，合同中还必须对装卸时间的起算和止算时间加以规定。关于装卸时间的起算时间，各国法律规定或习惯并不完全一致，一般规定在船长向承租人或其代理人递交了"装卸准备就绪通知书"(Notice of Readiness, N/R)以后起算。关于止算时间，现在世界各国习惯上都以货物装完或卸完的时间作为装卸时间的止算时间。

(二)装卸率(Load/Discharge Rate)

所谓装卸率，即指每日装卸货物的数量。装卸率的具体确定，一般应考虑港口习惯的正常装卸速度，遵循实事求是的原则进行。装卸率的高低关系到完成装卸任务的时间和运费水平，装卸率规定过高或过低都不合适。规定过高，完不成装卸任务，要承担滞期费(Demurrage)的损失；反之，规定过低，虽能提前完成装卸任务，可得到船方的速遣费(Despatch Money)，但船方会因装卸率低，船舶在港时间长而增加运费，致使租船人得不偿失。因此，装卸率的规定应适当。

(三)滞期费和速遣费

滞期费是指在规定的装卸期限内，租船人未完成装卸作业，给船方造成经济损失，租船人对超过的时间应向船方支付一定的罚金。计算滞期时间应适用"一旦滞期，永远滞期"的航运惯例，其含义为：船舶一旦进入滞期，除船舶的航行时间外，装卸时间的除外情况(如节假日、雨日)便不再扣除，即租船人丧失了"装卸时间中止"等条款的保护。

速遣费是指在规定的装卸期限内，租船人提前完成装卸作业，使船方节省了船舶在港的费用开支，船方应向租船人就可节省的时间支付一定的奖金。按惯例，速遣费一般为滞期费的一半。滞期费和速遣费通常约定为每天若干金额，不足一天者，按比例计算。

滞期费：18000 美元/天；速遣费：9000 美元/天，不足一天按比例计算。

Demurrage：USD18000 per day or pro-rata for all time lost，Despatch Money：USD9000 per day or pro-rata for laytime saved.

课后任务

1. 磋商小组根据所学专业知识对初步磋商的装运条款进行修订，并把修订后的装运条款填写在“合同磋商备忘录”里。

2. 上网查欧洲与亚洲主要港口及欧洲一些重名港口。

3. 预习下一个任务：运输单据。

4.3　货物托运程序和运输单据

任务描述

选择适当的运输单据

1. 根据小组贸易背景选择适当的运输单据。
2. 如果采用海运，详细说明所选海运提单的种类。
3. 记录员将磋商结果记录在“磋商记录表”里，观察员如实填写“观察汇报表”。
4. 展示员做好准备展示小组磋商成果。
5. 时间：10 分钟。

【任务分析】

运输单据是承运人收到承运货物后签发给托运人的证明文件，它是交接货物、处理索赔与理赔以及向银行结算货款或进行议付的重要单据。运输单据的种类很多，其中包括海运提单、海运单、铁路运输单据、航空运单、多式联运单据和邮政运输单据等。上述这些运输单据，虽然都是承运人签发，但其性质与作用却不尽相同。海运提单是物权凭证，它可以通过背书转让，而铁路运输单据、航空运单和邮政运输单据都不是物权凭证，因而不能转让。多式联运单据比较特殊，根据发货人的要求，既可以做成可转让的，也可做成不可转让的。

本次磋商任务中，进出口双方需要考虑的问题是：选择怎样的运输单据对已方有利？如何利用运输单据掌握货权？

相关知识

一、出口货物托运的程序

我国出口货物的运输以海运和空运为主，因此，此处仅介绍海运和空运出口货物的托运程序。

1. 海运出口货物托运程序

微课：国际货物出运委托书的缮制

在海洋运输方式下，整个出口托运流程会涉及出口商、货运代理(或外运公司)、船公司、船公司下面的“船舶”、海关五个当事人。

海运出口货物托运的程序如下：

(1)出口商收到进口商开来的信用证确认无误后，按照合同和信用证的要求准备好货物，缮制好商业发票和装箱单，填制好出口托运委托书，委托货运代理或者外运公司代为办理出口货物的托运手续。

(2)货运代理或外运公司接受托运订舱委托后，缮制出口货物托运单，向船公司办理租船订舱。

(3)船公司根据具体情况，如接受订舱则在托运单上编上编号，填上船名、航次，并签署，即表示已确认托运人的订舱，然后把配舱回单、装货单等与托运人有关的单据退还给托运人。

(4)托运人持装货单、出口货物报关单、商业发票、装箱单等单证向海关办理出口货物报关手续。

(5)海关根据有关规定对出口货物进行查验，如同意出口，则在装货单上盖放行章，并将装货单退还给托运人。

(6)托运人持海关盖章的由船公司签署的装货单提取货物，并将货物装船。

(7)货物装船后，船长或大副会检查货物装船的情况，并签发证明货物已经装船及货物装船情况的证明——M/R(Mate’s Receipt，大副收据)，交给托运人。

(8)托运人持大副收据 M/R，向船公司换取正本已装船提单。

(9)船公司凭 M/R，签发正本提单(B/L)并交给托运人凭以结汇。

2. 空运出口货物托运程序

以航空运输方式出口货物，出口商通常使用集中托运的方式运送出口货物，即不同的托运人将货物交给航空货运代理(也称集中托运商)委托其订舱，航空货运代理将货物集中到一起后，进行搭配整理，以其自身名义向航空公司订舱，航空公司签发一份总运单给航空货运代理，航空货运代理则签发自己的分运单给不同的托运人，分运单是航空货运代理的目的港分拨代理人交付货物给真正收货人的依据，也是航空货运代理与每个托运人结算运费的正式凭据。

航空运输出口货物的托运流程如下：

(1)出口企业首先填写“国际货物托运委托书”，委托航空货运代理代为办理航空运输出口货物托运手续。

(2)航空货运代理审核相关单证后，则依委托书填制“托运单”，向航空公司预订合适的航班、航期及机型，并进行预配舱。

(3)航空货运代理通知货主将货送至指定仓库，同时按照货物相关信息制作空运标签。

(4)航空货运代理对货主送进仓库的货物进行查验、清点后，即加贴空运标签，并制作总运单、分运单、仓单、运费账单和随机袋等单证。

(5)出口企业或其代理在货物起飞的 24 小时之前，备齐报关单证向货物出境地海关办理出口货物报关手续。海关放行货物后，在总运单上加盖放行章。

(6)航空货运代理根据接收货物的实际数量、重量、体积与实际舱位等进行配舱，并向航空公司做出订舱正式申请。

(7)航空公司确认舱位后，允许海关放行的货物装上空运集装箱，并收取总运单。

(8)航空公司验收总运单、货物和随机袋无误后，即可将货物装上飞机起运。

(9)航空货运代理签发分运单给发货人。

二、海运提单

海运提单(Ocean Bill of Lading，B/L)，简称提单。《1978 年联合国海上货物运输公约》以及《中华人民共和国海商法》(以下简称《海商法》)规定：提单是指一种用以证明海上货物运输合同和货物已由承运人接管或装船，以及承运人据以保证交付货物的单证。

(一)海运提单的性质和作用

(1)货物收据(B/L as a Receipt of Goods)。提单是承运人(或其代理人)出具的货物收据，证明承运人已收到或接管提单上所列的货物。

(2)物权凭证(B/L as a Document of Title)。提单是货物所有权的凭证，提单在法律上具有物权证书的作用，船货抵达目的港后，承运人应向提单的合法持有人交付货物。提单可以通过背书转让，从而转让货物的所有权。

(3)运输契约的证明(B/L as an Evidence of Contract)。在班轮货物运输中，提单只是运输合同存在的一种证明，而不是运输合同。提单的签发在合同成立之后，它只是在履行运输合同的过程中出现的一种证据，而合同实际上在托运人向承运人或其代理人订舱、办理托运手续时就已成立。提单条款明确规定了承、托运人双方的权利、义务、责任和豁免，是双方解决争议的依据。

(二)海运提单的关系人

1. 承运人(Carrier)

根据《海商法》的规定，承运人是指本人或者委托他人以本人名义与托运人订立海上货物运输合同的人。在货运合同中，承运人的责任一般说来主要是保证所运输的货物按时、安全地送达目的地。承运人的责任期一般是从货物由托运人交付承运人时起，至货物由承运人交付收货人为止。

2. 托运人(Shipper)

根据《海商法》的规定，托运人是指本人或者委托他人以本人名义或者委托他人为本人与承运人订立海上货物运输合同的人；本人或者委托他人以本人名义或者委托他人为本人将货物交给与海上货物运输合同有关的承运人的人。海运提单上的托运人一般填出口商，或把货物交给承运人的人，即真实的卖方。

3. 收货人(Consignee)

根据《海商法》的规定，收货人是指有权提取货物的人。收货人通常被称为提单的抬头人，可以是进口商，也可以是第三方。

4. 被通知方(Notify Party)

被通知方是指承运人在货物到港后通知的对象。海运提单上注明被通知方的作用主要是便于承运人及卸货地的代理人能及时与收货人取得联系，及时办理报关、提货手续。被通知方可以是进口商，也可以是进口商的货代或真实的买方。

（三）海运提单的格式与内容

海运提单的格式很多，每个船公司都有自己的提单格式，但基本内容大致相同，一般包括提单正面的记载事项和提单背面印就的运输条款。

1. 提单正面的内容

提单正面的记载事项，通常包括下列事项：

（1）托运人（SHIPPER）

（2）收货人（CONSIGNEE）

（3）被通知人（NOTIFY PARTY）

（4）收货地或装货港（PLACE OF RECEIPT OR PORT OF LOADING）

（5）目的地或卸货港（DESTINATION OR PORT OF DISCHARGE）

（6）船名及航次（VESSEL'S NAME & VOYAGE NUMBER）

（7）唛头及件号（SHIPPING MARK & NUMBER）

（8）货名及件数（DESCRIPTION OF GOODS & NUMBER OF PACKAGES）

（9）重量和体积（WEIGHT & MEASUREMENT）

（10）运费预付或运费到付（FREIGHT PREPAID OR FREIGHT TO COLLECT）

（11）正本提单的张数[NUMBER OF ORIGINAL B(S)/L]

（12）船公司或其代理人的签名（NAME & SIGNATURE OF THE CARRIER）

（13）签发提单的地点及日期（PLACE & DATE OF ISSUE）

2. 提单背面的条款

在提单背面，通常都有印就的运输条款，这些条款是确定承运人与托运人之间以及承运人与收货人及提单持有人之间权利和义务的主要依据。

（四）海运提单的种类

1. 根据货物是否已装船，可分为已装船提单和备运提单

即问即答：为什么在国际贸易中，一般都要求卖方提供已装船提单？

（1）已装船提单（On Board B/L；Shipped B/L）。是指承运人已将货物装上指定船舶后所签发的提单，其特点是提单上必须以文字表明货物已经装上××船，并记载装船日期，同时还应由船长或其代理人签字。根据《UCP600》的规定，提单需通过预先印就的文字或已装船批注注明货物的装运日期等方式表明货物已在信用证规定的装货港装上具名船舶。所以，在国际贸易中，一般都要求卖方提供已装船提单。

（2）备运提单（Received for Shipment B/L）。又称收讫待运提单，是指承运人已收到托运货物等待装运期间所签发的提单。在签发备运提单的情况下，发货人可在货物装船后凭其调换已装船提单；也可经承运人或其代理人在备运提单上批注货物已装上某具名船舶及装船日期，并签署后使之成为已装船提单。

2. 根据提单上对货物外表状况有无不良批注，可分为清洁提单和不清洁提单

（1）清洁提单（Clean B/L）。是指货物在装船时"表面状况良好"，承运人签发的提单上不带有明确宣称货物及/或包装有缺陷状况的条款或批注的提单。根据《UCP600》的规定，银行只接受清洁提单。

（2）不清洁提单（Unclean B/L；Foul B/L）。是指承运人签发的提单上带有明确宣称货物及/或包装有缺陷状况的条款或批注的提单。例如，提单上批注"×件损坏"(... packages in damaged condition)，"铁条松散"(Iron strap loose or missing)等。

案例分析

我方某公司按 CFR 条件、即期不可撤销信用证以集装箱装运出口纺织品 200 箱，装运条件是 CY/CY。货物交运后，我方公司取得清洁已装船提单，提单上标明“Shipper's Load and Count”，在信用证规定的有效期内，我方公司及时交单议付了货款。25 天后，我方接到买方来函称，经有关船方、海关、保险公司、公证行会同对到货开箱检验，发现其中有 20 箱包装严重破损，每箱均有短少，共缺纺织品 280 件。各有关方均证明集装箱外表完好无损，为此，买方要求我方公司赔偿其货物短缺的损失，并承担全部检验费 3000 美元。问：对方的要求是否合理？为什么？

3. 根据提单收货人抬头的不同，可分为记名提单、不记名提单和指示提单

(1)记名提单(Straight B/L)。是指在提单收货人栏内填明特定收货人名称，只能由该特定收货人提货的提单。由于这种提单不能通过背书方式转让给第三方，不能流通，故其在国际贸易中很少使用。

(2)不记名提单(Bearer B/L;Open B/L)。是指提单收货人栏内没有指明具体收货人，只注明“货交提单持有人”(To Bearer)字样，或不填写任何收货人的提单。谁持有提单，谁就可以提货。承运人交货，只凭单不凭人。不记名提单无须背书转让，流通性极强，采用这种提单风险大，故其在国际贸易中很少使用。

(3)指示提单(Order B/L)。是指在提单“收货人”这个栏目填写“凭指定”(to Order)或“凭某某人指定”(to Order of...)字样的提单。这种提单背书后可以转让，故其在国际贸易中广为使用。指示提单必须给指定方背书，才可提货。背书的方式有“空白背书”和“记名背书”之分。前者是指背书人(提单转让人)在提单背面签名，而不注明被背书人(提单受让人)名称；后者是指背书人除在提单背面签名外，还应列明被背书人的名称。记名背书的提单受让人如需再转让，必须再加背书。指示提单的收货人遵循“谁指定谁背书”的基本原则。常见的指定方式有：

①凭指定(To Order)，即由发货人(Shipper)指定收货人，并由发货人背书。

②凭发货人指定(To Order of Shipper)，和“凭指定”提单相同。

③凭某公司指定(To Order of ××× Company)，即由某公司指定收货人并背书，该公司多为买方。

④凭某银行指定(To Order of ××× Bank)，即由某银行指定收货人并背书，该银行多为信用证的开证行。

实务中使用最多的是“凭指定”并经空白背书的提单，习惯上称其为“空白抬头、空白背书”提单。

4. 根据运输方式的不同，可分为直达提单、转船提单和联运提单

(1)直达提单(Direct B/L)。是指轮船中途不经过换船而驶往目的港所签发的提单。凡合同和信用证规定不准转船者，必须使用这种直达提单。

(2)转船提单(Transhipment B/L)。是指从装运港装货的轮船，不直接驶往目的港，而需在中途换装其他船舶所签发的提单。在这种提单上要注明“在××港转船”字样。

(3)联运提单(Through B/L)。是指通过海运和其他运输方式联合运输时由第一程承运人所签发的包括全程运输的提单。它如同转船提单一样，货物在中途转换运输工具和进行交接，由第一程承运人或其代理人向下一程承运人办理。联运提单虽包括全程运输，但签发联运提单的承运人一般都在提单中规定，只承担他负责运输的那一段航程内的货损责任。

5. 根据船舶营运方式的不同，可分为班轮提单和租船提单

(1)班轮提单(Liner B/L)。是指由班轮公司承运货物后签发给托运人的提单。

(2)租船提单(Charter Party B/L)。是指承运人根据租船合同而签发的提单。在这种提单上注明“一切条件、条款和免责事项按照×年×月×日的租船合同”或批注“根据××租船合同出立"字样。这种提单受租船合同条款的约束。根据《UCP600》的规定,银行通常不接受租船提单。

6. 根据提单签发人的不同,可分为船东提单和货代提单

(1)船东提单(Master B/L;Ocean B/L),俗称大提单。是指由船公司或实际承运人签发的提单。承运人签字时通常表明其承运人的身份(as Carrier)。船东提单是物权凭证,货主凭此提单可直接在目的港向船公司提货。船东提单适用于FCL货物。

(2)货代提单(House B/L;Forwarder B/L),俗称小提单。是指由货运代理人(货代)签发的提单。货代在签字时需表明其为承运人代理人的身份(as Agent of Carrier)。货代提单不是物权凭证,货主凭此提单不能在目的港直接提货,而需在目的港向货代的代理人将此货代提单换成船东提单后方能提货。货代提单适用于LCL货物。

7. 其他种类提单

(1)舱面提单(On Deck B/L)。是指承运人将承运货物装在船舶甲板上所签发的提单,故又称为甲板提单。由于货物装在甲板上风险较大,故托运人一般都向保险公司加保舱面险。承运人在签发提单时加批"货装甲板"字样。《海牙规则》不适用于甲板货,除非在提单条款中明确订明。货物装在甲板上受损的风险很大,所以进口商一般不愿意货物装在甲板上,不接受甲板提单。根据《UCP600》的规定,运输单据不得表明货物装于或即将装于舱面。声明货物可能被装于舱面的运输单据条款可以接受。

(2)过期提单(Stale B/L)。是指错过规定的交单日期或者晚于货物到达目的港日期的提单。前者是指提单签发后超过信用证规定期限才交到银行的提单。根据《UCP600》的规定,正本运输单据须在不迟于发运日之后21个日历日内提交。后者是在近洋运输时容易出现的情况,故在近洋国家间的贸易合同中,一般都订有"过期提单可以接受(Stale B/L is acceptable)"的条款。

(3)倒签提单(Anti-dated B/L)。是指承运人应托运人的要求,在货物装船完毕后,以早于货物实际装船日期为签发日期的提单。托运人要求承运人签发倒签提单是为了符合信用证对装船日期的规定,便于在信用证下结汇。承运人签发这种提单是要承担一定风险的。因此,除非倒签的时间不长,或者倒签提单上的是零星货物而不是大宗货物,或者倒签时虽然货物尚未装船,但是船舶已经到港等。另外,在实际业务中,为了避免承担收货人据悉后索赔的责任,承运人通常在托运人出具保证承担一切责任的保函的情况下才签发倒签提单。

课堂讨论

为什么说承运人签发预借提单比签发倒签提单对承运人的风险更大?

(4)预借提单(Advanced B/L)。是指在货物尚未装船或尚未装船完毕的情况下,信用证规定的有效期即将届满,托运人为了能及时结汇,而要求承运人或其代理人提前签发的已装船清洁提单,即托运人为了能及时结汇而从承运人那里借用的已装船清洁提单。比较而言,承运人签发预借提单比签发倒签提单对承运人的风险更大。

(5)电放提单(Telex Release B/L)。是指船公司或其代理人签发的注有"电放(Surrendered,Telex Release)"字样的提单。使用这种提单时,托运人在货物装船后,将承运人或其代理人所签发的全套正本提单交回承运人或其代理人时指定收货人,并同意承运人授权(通常以电传、电报等通信方式)其在卸货港的代理人,在收货人不出具正本提单的情况下交付货物。

三、海运单

海运单(Sea Waybill,Ocean Waybill)是证明海上运输合同和货物由承运人接管或装船,以及承运人保证据以将货物交付给单证所载明的收货人的一种不可流通的单证。因此又称"不可转让海运单(Non-negotiable Sea Waybill)"。海运单不是物权凭证,故而不可转让。收货人凭海运单不能提货,而是凭到货通知提货。因此,海运单收货人一栏应填写实际收货人的名称和地址,以利于货物到达目的港后通知收货人提货。近年来,欧洲、北美和某些远东、中东地区的贸易越来越倾向于使用不可转让的海运单,主要是因为海运单迟延到达、灭失、失窃等均不影响收货人提货,能方便进口商及时提货,简化手续,节省费用,同时还可以有效地防止海运欺诈、错误交货的发生。另外,由于 EDI 技术在国际贸易中的广泛使用,不可转让海运单更适用于电子数据交换信息。1990 年国际海事委员会曾通过《1990 年国际海事委员会海运单统一规则》,供当事人选择使用。随着对外贸易的不断发展,我国已经开始使用海运单。

四、铁路运输单据

国际铁路联运使用国际铁路联运运单,通过铁路对中国港、澳地区出口的货物,使用承运货物收据。

(一)国际铁路联运运单(International through Rail Waybill)

国际铁路联运运单是国际铁路联运的主要运输单据,它是参加联运的发送国铁路与发货人之间订立的运输契约,其中规定了参加联运的各国铁路和收、发货人的权利和义务。对收、发货人和铁路都具有法律约束力。当发货人向始发站提交全部货物,并付清应由发货人支付的一切费用,经始发站在运单和运单副本上加盖始发站承运日期戳记,证明货物已被接妥承运后,即认为运输合同生效。

运单正本随同货物到达终点站,并交给收货人,它既是铁路承运货物出具的凭证,也是铁路与货主交接货物、核收运杂费和处理索赔与理赔的依据。运单副本于运输合同缔结后交给发货人,是卖方凭以向收货人结算货款的主要证件。

(二)承运货物收据(Cargo Receipt)

承运货物收据是在特定运输方式下所使用的一种运输单据,它既是承运人出具的货物收据,也是承运人与托运人签订的运输契约。我国内地通过铁路运往港、澳地区的出口货物,一般多委托中国对外贸易运输(集团)总公司承办。当出口货物装车发运后,中国对外贸易运输(集团)总公司即签发一份承运货物收据给托运人,以作为对外办理结汇的凭证。它还是收货人凭以提货的凭证。

承运货物收据的格式及内容和海运提单基本相同,主要区别是前者只有第一联为正本。在该正本的反面印有"承运简章",载明承运人的责任范围。简章第二条规定,由该公司承运之货物,在铁路、轮船、公路、航空及其他运输机构范围内,应根据该机构的规章办理。可见这种承运货物收据不仅适用于铁路运输,也可用于其他运输方式。

五、航空运单

航空运单(Air Waybill)是承运人与托运人之间签订的运输契约,也是承运人或其代理人签发的货物收据。航空运单还可作为承运人核收运费的依据和海关查验放行的基本单据。但航空运单不是代表货物所有权的凭证,也不能通过背书转让。收货人提货不是凭航空运单,而是凭航空公司的提货通知单。在航空运单的收货人栏内,必须详细填写收货人的全称和地址。

即问即答：航空运单能不能做成指示性抬头？

航空运单依签发人的不同可分为主运单(Master Air Waybill)和分运单(House Air Waybill)。前者是由航空公司签发的，后者是由航空货运代理公司签发的，两者在内容上基本相同，法律效力相当，对于收、发货人而言，只是承担货物运输的当事人不同。

航空运单共有正本一式三份：第一份正本注明"Original for the Shipper"，应交托运人；第二份正本注明"Original for the Issuing Carrier"，由航空公司留存；第三份正本注明"Orginal for the Consignee"，由航空公司随机代交收货人；其余副本则分别注明"For Airport of Destination""Delivery Receipt""For Second Carrier""Extra Copy"等，由航空公司按规定和需要进行分发，作为报关、结算、国外代理中转分拨等用途分别使用。

课堂讨论

多式联运单据和联运提单有哪些区别？

六、多式联运单据

多式联运单据(Multimodal Transport Document，MTD)是指证明多式联运合同以及证明多式联运经营人接管货物并负责按照合同条款交付货物的单据。《联合国国际货物多式联运公约》规定，多式联运单据是多式联运合同的证明，也是多式联运经营人收到货物的收据和凭以交付货物的凭证。根据发货人的要求，它可以做成可转让的，也可以做成不可转让的。多式联运单据如签发一套一份以上的正本单据，应注明份数，其中一份完成交货后，其余各份正本即失效。副本单据没有法律效力。在实际业务中，对多式联运单据正本和副本的份数规定不一，主要视发货人的要求而定。

为了促进国际多式联运的开展，国际商会曾制定《联合运输单据统一规则》，对多式联运单据做了具体的规定。《UCP600》规定，多式联运单据需表明承运人的名称并签署；表明货物已经在信用证规定的地点发送、接管或已装船；运输单据的出具日期被视为发送、接管或装船日期，即发运的日期。表明信用证规定的发送、接管或发运地点以及最终目的地。

七、邮政运输单据

邮政运输单据有三种，包括邮政收据、投邮证明和快递证明。

(1)邮政收据。邮政收据(Post Receipt)是邮政运输的主要单据，它既是邮局收到寄件人的邮包后所签发的凭证，也是收件人凭以提取邮件的凭证，当邮包发生损坏或丢失时，它还可以作为索赔和理赔的依据，但邮政收据不是物权凭证。

(2)投邮证明。投邮证明(Certificate of Posting)是邮政局出具的证明文件，据此证实所寄发的单据或邮包确已寄出和作为邮寄日期的证明。有的信用证规定，出口商寄送有关单据、样品或包裹后，除要出具邮政收据外，还要提供邮寄证明，作为结汇的一种单据。

(3)快递收据。快递收据(Courier Receipt)是特快专递机构收到寄件人的邮件后签发的凭证。

课后任务

1. 磋商小组根据所学专业知识修改初步选定的运输单据，把修改后的运输单据填在“合同磋商备忘录”里。

2. 上网查询各种运输单据并比较。

3. 预习下一个任务：货物运输保险的承保范围。

知识测试

一、单选题

1. 提单上批注有“被雨淋湿”“三箱破损”等文字，称为(　　)。
A. 清洁提单　B. 不清洁提单　C. 记名提单　D. 指示提单

2. 代表货物所有权凭证的单据是(　　)。
A. 邮政收据　B. 航空运单　C. 海运提单　D. 承运货物收据

3. 航空运单(　　)。
A. 代表物权，经背书可转让　B. 代表物权，但不能转让
C. 不代表物权，不能凭以向承运人提货　D. 不代表物权，但可以作为提货凭证

4. 班轮运费应该(　　)。
A. 包括装卸费，但不计滞期费、速遣费　B. 包括装卸费，但应计滞期费、速遣费
C. 包括装卸费和滞期费，但不计速遣费　D. 包括装卸费和速遣费，但不计滞期费

5. 在集装箱运输中，能够实现“门到门”运输的集装箱货物交接方式是(　　)。
A. LCL/LCL　B. FCL/FCL　C. LCL/FCL　D. FCL/LCL

6. 承运人收到托运货物，但尚未装船时向托运人签发的提单是(　　)。
A. 已装船提单　B. 指示提单　C. 备运提单　D. 舱面提单

7. 可以通过背书转让的提单是(　　)。
A. 记名提单　B. 不记名提单　C. 指示提单　D. 空名提单

8. 海运提单日期应理解为(　　)。
A. 货物开始装船的日期　B. 货物装船过程中的任何一天
C. 货物装船完毕的日期　D. 签订运输合同的日期

9. 所谓空白抬头，空白背书提单是指(　　)。
A. 提单的收货人一栏什么也不填，也不背书
B. 提单的收货人一栏内填上“空白”二字，在提单的背面也写上“空白”二字
C. 提单的收货人一栏填上“TO ORDER”，在提单背面由托运人签字
D. 提单的收货人一栏填上“TO ORDER”，在提单背面由承运人签字

10. 按《UCP600》的解释，若信用证条款中未明确规定是否“允许部分装运”“允许转运”，则应视为(　　)。
A. 可允许部分装运，但不允许转运　B. 可允许部分装运和转运
C. 可允许转运，但不允许部分装运　D. 不允许部分装运和转运

二、多项选择题

1. 班轮运输最基本的特点是(　　)。

A. 是一种灵活的运输方式

B. 班轮公司和货主之间的权利、义务、责任和豁免均以班轮公司签发的提单条款为依据

C. “四固定”

D. “一负责”

2. 按《UCP600》规定，除非另有约定，卖方不得提交(　　)。

A. 备运提单　　B. 舱面提单　　C. 指示提单　　D. 不清洁提单

3. 租船订舱所需要的单据有(　　)。

A. 托运单　　B. 装货单　　C. 装箱单　　D. 海运提单

4. 海运提单的性质与作用是(　　)。

A. 它是海运单据的唯一表现形式　　B. 它是承运人或其代理人出具的货物收据

C. 它是代表货物所有权的凭证　　D. 它是承运人与托运人之间订立运输契约的证明

5. 提单的记名抬头表述方法有(　　)。

A. Consigned to ABC Corporation　　B. Deliver to ABC Corporation

C. To Order of ABC Corporation　　D. ABC Corporation

6. 规定装运通知的目的在于(　　)。

A. 选定何种运输方式　　B. 明确买卖双方责任

C. 促使买卖双方共同搞好船货衔接　　D. 便于办理货运保险

7. 班轮运费的计算标准可采用(　　)等计算。

A. 按毛重　　B. 按体积　　C. 按净重　　D. 按数量

8. 关于 LCL/LCL 货物，下列说法正确的是(　　)。

A. 适用于 Door to Door 交接　　B. 适用于 CFS to CFS 交接

C. 货代提单适用 LCL 货物　　D. 由承运人负责装箱与拆箱作业

9. 国际多式联运有利于(　　)。

A. 简化货运手续　　B. 降低运输成本

C. 加快货运速度　　D. 节省包装费和保险费

10. 下列关于转运的叙述，正确的有(　　)。

A. 货物中途转运，会延误时间和增加费用开支

B. 卖方一般不愿转运

C. 买方在签订合同时，可提出订立“限制转运”的条款

D.《UCP600》规定，除非信用证有相反规定，可允许转运

三、判断题

1. 已装船提单的表面必须有“On Board”字样。(　　)

2. 海运提单、铁路运单、航空运单等都是物权凭证，都可以背书转让。(　　)

3. 空白抬头、空白背书的提单是指既不填写收货人，又不要背书的提单。(　　)

4. 凡是在同一航次同一船名、去同一目的地、交给同一收货人的货物，即使装运时间与装运地点不同，也不视作部分装运。(　　)

5. 班轮运费计收标准中的"W/M Plus Ad Val."是指计收运费时，应选三者中较高者计收。（　　）

6. 使用"OCP"运输条款，并不要求在提单上注明"OCP"字样。（　　）

7. 我国对港铁路货物的结汇单据是承运货物收据。（　　）

8. 签发联运提单(Through B/L)的承运人的责任是只对第一程运输负责。（　　）

9. 联合运输提单不能用于单纯的海运，只能用于多式联合运输。（　　）

10. 按一般惯例，速遣费通常为滞期费的 1/2。（　　）

四、计算题

1. 我方按 CFR 迪拜价格出口洗衣粉 100 箱，该商品内包装为塑料袋，每袋 0.5 千克，外包装为纸箱，每箱 100 袋，箱的尺寸为：长 47cm、宽 30cm、高 20cm，基本运费为每尺码吨 367 美元，另加收燃油附加费 33%，港口附加费 5%，转船附加费 15%，计费标准为 M。试计算：该批商品的运费为多少？

2. 某公司出口货物共 200 箱，对外报价为每箱 438 美元 CFR 马尼拉，菲律宾商人要求将价格改报为 FOB 价，试求每箱货物应付的运费及应改报的 FOB 价为多少？（已知该批货物每箱的体积为 45cm×35cm×25cm，毛重为 30 千克，商品计费标准为 W/M，每运费吨基本运费为 100 美元，到马尼拉港需加收燃油附加费 20%，货币附加费 10%，港口拥挤费 20%。）

情景再现

1. 我方某外贸公司与国外 B 公司签订一份出口合同，信用证中规定"数量 9000 公吨，7 月～12 月份部分装运，每月装 1500 公吨"。卖方在 7 月～9 月份每月装 1500 公吨，银行已分批凭单付款。第四批货物原定于 10 月 15 日装运出口，但由于台风，第四批货物延迟至 11 月 2 日才装船运出。当受益人凭 11 月 2 日的装船提单向银行议付时，遭银行拒付。

问：在上述情况下，银行有无拒付的权利？为什么？

2. 一份买卖日用品的 CIF 合同规定"9 月份装运"，即期信用证的有效期为 10 月 15 日。卖方 10 月 6 日向银行办理议付所交的单据中包括 9 月 29 日签发的已装船清洁提单。经银行审核，单单相符、单证相符，银行接受单据并支付货款。但买方收到货物后，发现货物受损严重，且缺少 50 箱。买方因此拒绝收货，并要求卖方退回货款。

问：(1) 买方有无拒收货物并要求退回货款的权利？为什么？

(2) 此案中的买方应如何处理此事才合理？

3. 我方某公司与瑞士某公司签订出售某产品的合同，装船时间为当年 12 月至次年 1 月。我方公司在租船装运时，因原定船舶临时损坏，在国外修理，不能在预定时间到达我国口岸装货，临时改派香港某公司期租船装运，但又因连日风雪，迟至 2 月 11 日才装货完毕，2 月 13 日起航。我方某公司为取得符合信用证规定装船日期的 B/L，要求承运人按 1 月 31 日签发 B/L，并以此 B/L 向银行办理了议付。

试问：我方行为有可能造成什么后果？

职场体验

1. 专业术语翻译

(1)班轮运输　(2)海运提单　(3)整箱货　(4)航空运单

(5)Gross Terms　(6)Partial Shipment

(7)Port of Loading　(8)Container Freight Station

2. 试翻译以下装运款

(1) Partial shipment is allowed during Aug. /Oct. in three equal monthly shipments.

(2)Port of Loading:Chinese Main Ports, Port of Destination:Long Beach.

(3)装载完毕,卖方应在48小时内以电子邮件方式通知买方合同编号、品名、已发运数量、发票总金额、毛重、船名及启程日期等。

(4)装运时间:收到信用证后30天内装运。

3. 根据以下提供的背景,为货物选择适当的货物运输方式

货物名称	货物数量	起运地	目的地	运输方式
郁金香鲜花	500支	阿姆斯特丹	北京	
铁矿石	3万公吨	乌鲁木齐	神户	
奇瑞汽车	200辆	安徽芜湖	芝加哥	
新鲜鸡蛋	1000千克	广州	香港	
包装机	100套	台北	上海	
纯棉衬衫	5000件	沈阳	莫斯科	

4. 试判断以下装运条款有无不妥之处,如有,请更改并说明理由

(1)中国某公司拟出口9000公吨散装水泥到孟加拉国吉大港,程租船运输,贸易术语CIF Ex Ship's Hold CHITTAGONG,信用证方式结算。该出口合同的装运条款如下:

装运时间:2019年3月25日

装运港:烟台

目的港:吉大港

(2)某公司拟出口1000套女士套裙到德国,集装箱运输,合同中的装运条款如下:

Shipment Date:19/09/10

Port of Loading:Guangzhou/Shenzhen

Port of Destination:Hamburg/Frankfurt

Partial Shipment:Allowed

Transhipment:Allowed

Shipping Advice: The Seller should send the shipping advice to the Buyer immediately after the loading of the goods.

学习情境5
货物运输保险条款的磋商

学习目标

【能力目标】

1.能说出海洋运输过程中可能出现的风险、损失和费用
2.能根据不同的贸易背景选择投保适当的货物保险险别
3.能正确订立完整的保险条款
4.能对给定合同中的货运保险条款进行分析,并提出修改意见
5.能正确计算保险金额、保险费
6.能对保险索赔案件进行分析,提出正确的理赔意见

【知识目标】

1.熟悉风险、损失和费用的含义和分类
2.掌握我国海洋运输货物保险条款中的保险险种和责任范围
3.了解伦敦《协会货物条款》中的保险险种和责任范围
4.了解我国其他运输货物保险条款中的保险险种和责任范围
5.掌握合同中完整保险条款的内容
6.掌握保险单据的种类和含义
7.了解保险原则的内容
8.熟悉办理进出口货物运输保险和进出口保险索赔的程序

5.1 货物运输保险的承保范围

任务描述

分析货物在运输过程中可能出现的风险、损失和费用

1. 根据小组贸易背景分析货物在运输过程中可能出现的风险、损失和费用。
2. 磋商结果由记录员记录在"磋商记录表"里,观察员如实填写"观察汇报表"。
3. 展示员准备好展示小组分析结果。
4. 时间:5 分钟。

【任务分析】

国际货物运输保险是指保险人(保险公司)与被保险人(卖方或买方)订立保险合同,被保险人向保险人按一定金额为对外贸易货物投保一定的险别并交纳相应的保险费,保险人根据保险合同的规定,对货物在运输过程中发生的承保责任范围内的损失给予被保险人经济上的补偿。在保险业务中,风险、损失、费用和险别之间有着紧密的联系。风险是造成损失和费用的起因,保险险别不同,保险人对风险与损失的承保责任范围也有所不同。

本次磋商任务中,进出口双方需要考虑的问题是:小组选定的商品在海运途中可能会遭遇哪些风险、损失和费用?发生全损的可能性有多大?发生部分损失的可能性有多大?是否所有的风险、损失和费用均能得到承保?

相关知识

国际货物运输保险分为海洋运输货物保险、陆上运输货物保险、航空运输货物保险和邮包运输保险。不同运输方式的货物保险,保险人承担的责任有所不同,但所承保的范围基本相似。进出口货物不论采取哪种运输方式,为规避货运途中的风险都应投保。由于国际货物买卖绝大部分通过海洋运输,其他运输保险都是借鉴海洋运输货物保险的基本原则和做法,并在此基础上发展起来的,所以海洋运输货物保险在国际贸易中占有重要地位。海洋运输货物保险承保的范围,包括海上风险与外来风险所引起的损失和费用,如图 5-1 所示。国际保险市场对上述各种风险与损失都有特定的解释。货物在海上运输及在海陆交接过程中,可能遭遇各种风险和损失,各国保险公司并不是对所有风险都予以承保,也不是对一切损失都予以补偿。正确理解海洋运输货物保险承保的范围和各种风险、损失及费用的含义,对合理选择投保险别和正确处理保险索赔,具有十分重要的意义。

一、风险

海运风险包括海上风险和外来风险两类。

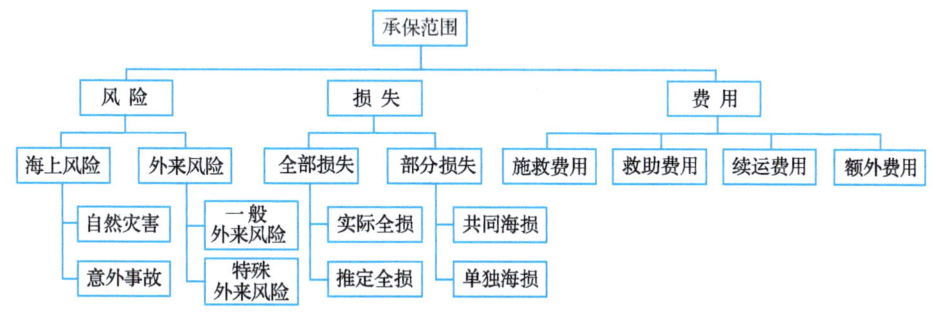

图 5-1　海洋运输货物保险的承保范围

(一)海上风险(Marin Perils)

海上风险又称为海难，是保险业的专门术语，指在海上、海上与陆地及内河或驳船相连接的水域内所发生的风险，一般包括自然灾害和意外事故，但并不包括海上的一切风险。在实际保险业务中，海上风险有着特定的内容。

1. 自然灾害

所谓自然灾害，是仅指恶劣气候、雷电、海啸、地震、洪水、火山爆发以及其他人力不可抗拒的灾害，而非泛指一切由于自然力量所造成的灾害。

即问即答：只要是海上发生的风险保险公司就承保吗？只有在海上发生的风险保险公司才承保吗？

2. 意外事故

一般是指由于偶然的非意料中的原因所造成的事故，但在海洋运输货物保险的业务中，它并不是泛指海上意外事故，而是仅指运输工具遭受搁浅、触礁、沉没、船舶与流冰或其他物体碰撞造成船货失踪、失火、爆炸等。

(二)外来风险(Extraneous)

外来风险是指保险业务中划分为非海上风险的其他原因引起的风险，包括一般外来风险和特殊外来风险两种类型。

1. 一般外来风险

一般外来风险通常是指由一般外来原因造成的风险，如偷窃、短量、破碎、雨淋、受潮、受热、发霉、串味、沾污、渗漏、钩损和锈损等。

2. 特殊外来风险

特殊外来风险通常是指由于政府及群众行为等特殊原因所造成的风险，如进口国拒绝货物进口，货物在转船时被有关当局扣留不能运达目的地，进口商拒绝提货，战争和罢工等。

除上述各种风险外，保险货物在运输途中还可能发生其他损失，如运输途中的自然损耗以及由于货物本身特点和内在缺陷所造成的货损等。这些损失不属于保险公司承保的范围。

二、损失

海上损失简称海损，是指被保险货物在海运过程中，由于风险所造成的损坏或灭失。根据国际保险市场的一般解释，凡与海陆连接的陆运过程中所发生的损坏或灭失，也属海损范围。就货物损失的程度而言，海损可分为全部损失和部分损失。

微课：损失

(一)全部损失(Total Loss)

全部损失简称全损,是指被保险货物在海洋运输中遭受全部损失。按损失的性质分为实际全损和推定全损两种。

即问即答: 被保险货物用驳船运离海轮的途中,其中一艘驳船遇险沉没,此驳船上货物的损失属于全损吗?

1. 实际全损(Actual Total Loss)

实际全损又称绝对全损,是指货物全部灭失、完全变质或不可能归还被保险人。在保险业务上构成实际全损的情况主要有以下几种:

(1)保险标的已完全遭毁损或灭失。如船舶与货物沉入海底无法打捞,货物被大火毁灭,船舱进水导致食盐、糖等易溶货物全部被海水溶解。

(2)保险标的失去原有的性质和用途,原有的商业价值和使用价值已不复存在。如茶叶遭海水浸湿后香味尽失,水泥浸海水后变成块状,大米在运输过程中因受潮受热或串味变质,不能食用。

(3)被保险人已不能恢复其所丧失的所有权。如船舶与货物被捕获或扣押后释放无期或已被没收。

(4)船舶失踪已达一定时期无音讯。关于船舶失踪的时间,各国法律有不同规定,按现行国际惯例,一般为半年,我国规定是两个月。如已达规定时间仍无音讯,则可视为全损。

2. 推定全损(Constructive Total Loss)

推定全损是指货物发生事故后,认为实际全损已不可避免,或者为避免实际全损所需支付的抢救费用、修理费用加上继续将货物运抵目的地费用之和超过保险价值。在保险业务中,以下各种情况构成推定全损:

(1)被保险人丧失对保险标的的自由使用,不大可能在合理时间内重新获得该保险货物。如保险货物被船方误卸到某一非保险单中指定的港口,而且卸货地当局不允许转运货物。

(2)保险标的遭遇保险事故后,一时未达到完全灭失的损失程度,但将无法避免实际全损。如船舶意外搁浅,船舶损坏严重,船上所载水果部分腐烂,但因船只远离正常航道,气候恶劣,如无法救助,因而不可避免出现船舶沉没、货物全损的结果。

(3)当保险标的受到有形损害时,为拯救货物而支付的施救、恢复或重整等费用和续用费用相加,总成本将超过保险标的的价值。如有一台精密仪器价值 15000 美元,货轮在航行途中触礁,船身剧烈震动而使仪器受损。事后经专家检验,修复费用为 18000 美元,如拆为零件销售,可卖 1000 美元。此种情况下对其修理,明显是不合适的。

(4)被保险人因承保风险丧失对保险货物的占有,为重新获得该货物而需支付的费用和续用费用相加,总成本将超过保险标的的价值。

实际全损和推定全损的区别主要有以下两点:

①实际全损是一种物质上的灭失,而推定全损是一种经济上的损失。

②发生实际全损后被保险人无须办理任何手续即可向保险人要求赔偿全部损失,但在推定全损的条件下,被保险人可以按部分损失也可以按全部损失要求保险人赔偿。如果按全损赔偿,被保险人必须向保险人办理委付手续。委付是指被保险人向保险人发出委付通知,表明愿意将保险标的的一切权利、义务转移给保险人,并要求保险人按照全部损失赔偿的一种行为。

(二)部分损失(Partial Loss)

凡不属于实际全损和推定全损的损失为部分损失。就货物损失的性质而言,部分损失又可分为共同海损和单独海损。

能力提升:部分损失的赔偿额计算

1. 共同海损(General Average)

共同海损是指在同一海上航程中,船舶、货物和其他财产遭遇共同危险,为了共同安全,有意地采取合理措施所直接造成的货物的特殊损失和支付的额外费用。例如,船舶搁浅,船长为挽救船舶和全船货物,不得不下令将船上部分货物抛入海中以减轻船重,使船舶浮起,转危为安。被抛入海中的货物就是共同海损的牺牲。

即问即答:只要是船长下令造成的损失就是共同海损吗?

构成共同海损的必备条件包括以下几个:

(1)必须确实遭遇危难。即危险必须是实际存在的或不可避免要发生的,而不是主观臆测的或畏惧担心可能发生的危险,并不是真实的危险。因船长判断错误采取的措施或因可预测的常见错误所造成的损失都不能构成共同海损。

(2)船方所采取的措施必须是为了解除船舶和货物的共同危险,而且其措施必须是有意的、合理的。有意的是指共同海损的发生是人为的、有意识行为的结果,而不是意外的损失。合理的是指采取的行为应符合当时实际情况的需要,既是有效的,也是节约的,如抛弃的是重量重、价值低而又便于抛弃的货物。另外,只是为了船舶或货物单方面的利益而造成的损失,也不能作为共同海损。

(3)共同海损的牺牲是特殊性质的,支出的费用是额外支付的,即这种牺牲不是海上危险直接导致的而是人为造成的特殊损失,其支付的费用是船舶运营正常支出以外的费用。

(4)构成共同海损的牺牲和费用支出必须是最终有效的。即经过采取某种措施后,船舶和货物的全部或一部分最后安全抵达航程的目的港,避免了船货的同归于尽。共同海损的牺牲和费用需要由各受益方进行分摊,必须以船舶和货物获救为前提,如果共同海损行为无效,船、货全损,便不存在共同海损分摊的基础,共同海损也无法成立。

课堂讨论

以下哪种情况造成的损失属于共同海损?

①船舶航行中,船上意外失火而引起火灾,船长下令灌水灭火,致使部分货物受潮造成的损失。

②船舶航行过程中,船长认为前方可疑船只为海盗船,命令立即掉头远离该船,却意外触礁,导致船壳钢板裂损。事后得知遇到的并非海盗船。

③船因故搁浅,船长为脱浅,命令船员将部分货物抛入海中以卸载。船舶起浮后,船员由于疏忽仍继续抛货。

④船在航行中推进器失灵,导致船舶失控,船长向附近港口呼救,要求派拖轮,发生了拖轮费用。

以上各项是共同海损得以成立的必需条件,只有同时符合上述条件,才能构成共同海损。采取措施时,一般应由船长做出决定和负责指挥,但如遇到特殊情况,由其他人(包括船上其他船员及乘客)指挥的行为,如果也符合上述成立的条件,共同海损也可成立。

共同海损的损失和费用应由所有获益各方(船舶、货物、运费方)按获救价值的比例共同分摊,即共同海损分摊,一般按照《约克-安特卫普规则》进行理算。

2. 单独海损(Particular Average)

单独海损是指除共同海损外的部分损失,即货物受损未达到全损程度,它仅涉及船舶或货物所有人单方面利益的损失，其损失不是由船、货各方共同分摊，而是仅由各受损者单独负担。例如，载有大米等物品的船舶，在航行途中遇到暴风雨，海水浸入船舱，使大米受水浸泡变质。这种损失是由于承保范围内的风险直接导致的，不是船方有意识地采取措施的结果，因此属于单独海损。

共同海损与单独海损之间往往有着密切的内在联系。一般来讲，单独海损发生进而引起共同海损，在采取共同海损措施之前的部分损失，一般可列为单独海损。两者之间的主要区别是：

(1)造成海损的原因不同。单独海损是承保风险所直接导致的船、货损失；共同海损是为了解除或减轻共同危险人为地造成的一种损失。

(2)承担损失的责任不同。单独海损的损失一般由受损方自行承担；而共同海损的损失，则应由受益的各方按照受益大小的比例共同分摊。

案例分析

一货轮载货驶离A港口。开航后不久因空气湿度很大，导致已老化的电线短路引起大火，将装在甲舱的毛毯全部烧毁。船到B港卸货时发现，装在同一货舱中的烟草和茶叶由于羊毛燃烧散发的焦糊味道而遭受不同程度的串味损失。其中茶叶已完全失去原有的芳香，只能作为廉价的填充物处理。而烟草由于包装较好，串味不严重，经过特殊处理仍能销售，但等级已大打折扣，售价下降三成。在继续航行途中，该船不幸又与另一货轮相撞，船舶受损严重，乙舱破裂，舱内进入大量海水，剧烈的撞击及海水浸泡导致舱内装载的精密仪器受损严重。为了救险，船长下令用亚麻临时堵住漏洞，造成大量亚麻损失。在船舶停靠在避难港大修时，船方就受损精密仪器的抢修整理事宜向专家咨询，发现修复费用高昂，已超过货物的保险价值。为了方便修理船舶，不得不将丙舱和丁舱的部分纺织品货物卸下，在卸货时造成一部分货物钩损。试分析各部分损失属于什么类型和性质。

三、费用

海上风险还会造成费用上的损失。由海上风险所造成的海上费用，主要有施救费用、救助费用、续运费用及额外费用。

(一)施救费用(Sue and Labor Charges)

施救费用，亦称营救费用或单独海损费用，是指被保险的货物在遭受承保责任范围内的灾害事故时，被保险人(或其代理人、雇佣人员或受让人)为了避免或减少损失，采取了各种抢救或防护措施而所支付的合理费用。施救费用的赔偿在全损之外进行，如果在施救仍未避免全损时，既要赔偿全损，又要赔偿施救费。

(二)救助费用(Salvage Charges)

能力提升：施救费用与救助费用的区别

救助费用是指被保险货物在遭受了承保责任范围内的灾害事故时，由保险人和被保险人以外的第三者采取了有效的救助措施，在救助成功后，根据国际上有关法律，由被救助方付给救助人的一种报酬。救助费用一般列入共同海损，因为通常是由船、货各方遭遇共同威胁的情况下，为了共同安全由其他船舶前来救助而支出的费用。在各国保险法或保险公司的保险条款中，一般都列有应由保险人负责赔偿的相关规定。

(三)续运费用(Forwarding Charges)

续运费用是指运输工具遭遇海难后，在中途港或避难港由于卸货、存仓以及运送货物而产生的费用，其目的是防止或减轻货物的损坏。如果货物遭受的风险属于保险责任，因此而支付的费用保险人也予以负责。保险人对续运费用的赔偿和对货物单独海损的赔偿总和以保险金额为限。

（四）额外费用（Extra Charges）

额外费用是指为了证明损失索赔的成立而支付的费用，包括保险标的受损后，对其进行检验、查勘、公证、理算或拍卖受损货物等支付的费用。一般只有在索赔成立时，保险人才对额外费用负赔偿责任，但如果公证、查勘等是由保险人授权进行的，不论索赔是否成立，保险人仍需承担该项额外费用。

课后任务

1. 磋商小组根据所学专业知识对初步磋商结果进行修改，把修改后的磋商结果填在“合同磋商备忘录”里。

2. 上网查找关于共同海损理算的规则，阅读相关内容。

3. 预习下一个任务：货运保险条款和保险险别。

5.2　货物运输保险条款和保险险别

任务描述

选择适当的货运保险险别

1. 根据小组贸易背景选择适当的货运保险条款。
2. 根据选定的货运保险条款选择适当的保险险别。
3. 磋商结果由记录员记录在“磋商记录表”里，观察员如实填写“观察汇报表”。
4. 展示员准备好展示小组磋商成果。
5. 时间：10 分钟。

【任务分析】

准确掌握不同货运保险险别的责任范围、责任起讫、除外责任等基本概念，有利于正确处理货物运输保险的投保和索赔事宜。基本险别可以单独投保，而附加险别只能在投保基本险别的基础上附加投保。投保不同的险别需支付不同的保险费，会获得不同的保险保障。随着运输技术的发展和国际贸易往来的不断增加，采用陆上运输、航空运输、邮包运输等运输方式的货物运输保险业务也获得了充分发展。

本次磋商任务中，进出口双方需要考虑的问题是：根据上一个任务中分析的运输途中可能出现的风险、损失和费用，你希望保险公司在哪些方面提供保险保障？选择哪个货运保险条款比较合适；如选择《中国保险条款》应选择哪个基本险别？选择哪些附加险别？不同的运输方式下应相应选择什么险别？

相关知识

保险险别是指保险人对风险和损失的承保责任范围。在保险业务中，各种险别的承保责任是通过不同的保险条款予以规定的。我国对外贸易所使用的保险条款，绝大部分是使用中国人民保险公司(The People's Insurance Company of China，简称 PICC)于 1981 年 1 月 1 日修订的《中国保险条款》(China Insurance Clause，简称 CIC 条款)。若买方要求使用 2009 年 1 月 1 日修订的伦敦《协会货物条款》(Institute Cargo Clauses，简称 ICC 条款)办理保险，我方也可以酌情接受。另外，国际上还有《美国协会货物条款》(American Institute Cargo Clauses)、《联合国海上货物保险标准条款》(United States Marine Cargo Insurance Model Clauses)等保险条款，但在国际贸易中使用较少。

《中国保险条款》按运输方式把货运保险划分为海洋运输货物保险、陆上运输货物保险、航空运输货物保险和邮包运输保险四大类。另外，还包括对某些特殊商品如海运冷藏货物、陆运冷藏货物、海运散装桐油及活牲畜、家禽的海陆空运输保险条款。投保人可根据货物的特点、航线与港口的实际情况自行选择适当的条款和险别投保。

一、海洋运输货物保险

根据中国海洋运输货物保险条款(Ocean Marine Cargo Clauses)，海洋运输货物保险的险别包括下列几种类型：

(一)基本险

1. 基本险的险别

基本险又称主险，指可以独立投保，不必依附于其他险别项下的险别。基本险包括平安险、水渍险和一切险。

微课：平安险

(1)平安险(Free from Particular Average，FPA)

平安险原文的含义是“单独海损不赔”。“平安险”一词是我国保险业的习惯叫法，沿用已久。保险公司对平安险承担的责任范围如下：

①被保险的货物在运输途中由于恶劣气候、雷电、海啸、地震、洪水等自然灾害造成整批货物的全部损失或推定全损。若被保险的货物用驳船运往或运离海轮时，则每一驳船所装的货物可视作一个整批。

②由于运输工具遭到搁浅、触礁、沉没、互撞，与流冰或其他物体碰撞以及失火、爆炸等意外事故所造成的货物全部或部分损失。

③在运输工具已经发生搁浅、触礁、沉没、焚毁等意外事故的情况下，货物在此前后又在海上遭受恶劣气候、雷电、海啸等自然灾害所造成的部分损失。

④装卸或转船时由于一件或数件甚至整批货物落海所造成的全部或部分损失。

⑤保险人对遭受承保责任内的危险货物采取抢救、防止或减少货损的措施所支付的合理费用，但以不超过该批被毁货物的保险金额为限。

⑥运输工具遭遇海难后，在避难港由于卸货引起的损失，以及在中途港或避难港由于卸

货、存仓和运送货物所产生的特殊费用。

⑦共同海损的牺牲、分摊和救助费用。

⑧运输契约中订有“船舶互撞责任”条款，根据该条款规定应由货方偿还船方的损失。

课堂讨论

有批陶瓷制品出口，由甲乙两轮分别载运，货主投保了平安险。甲轮在航行途中与其他船发生碰撞事故，陶瓷制品发生部分损失，而乙轮却在航行途中遇到暴风雨天气致使陶瓷制品相互碰撞而发生部分损失。事后，货主向保险人提出索赔。试分析保险人应如何处理？若投保的是水渍险又当如何处理？

(2)水渍险(With Average or With Particular Average,WA or WPA)

水渍险的责任范围是在平安险的基础上，增加了对被保险货物由于恶劣气候、雷电、海啸、地震、洪水等自然灾害所造成的部分损失。同时施救费用的赔偿范围也有所扩大。但总的来说，两者的承保范围差异并不大。在被保险货物因承保风险造成全部损失时，无论是平安险还是水渍险，保险人均要赔偿。只有在发生部分损失的情况下，两者才有所不同。

(3)一切险(All Risks)

投保一切险后，保险公司除担负平安险和水渍险的各项责任外，对被保险货物在运输途中由于一般外来风险而遭受的全部或部分损失，如货物被盗窃、钩损、碰损、受潮、受热、淡水雨淋、短量、包装破裂和提货不着等，也负赔偿责任。

从上述三种基本险别的责任范围来看，平安险的责任范围最小，它对单独由自然灾害造成的部分损失，一般不负赔偿责任。水渍险的责任范围比平安险的责任范围大，凡因自然灾害和意外事故所造成的全部和部分损失，保险公司均负责赔偿。一切险的责任范围最大，它除包括平安险、水渍险的责任范围外，还包括被保险货物在运输过程中，由于一般外来风险所造成的全部或部分损失。我国大多数进口货物皆选择投保一切险。

即问即答：一切险承保的是运输途中的一切风险和损失吗？

2. 基本险的除外责任

除了基本险的责任范围，保险公司还规定了基本险的除外责任。除外责任指保险公司明确规定不予负责的损失或费用，一般都属于非意外的、非偶然性的或需特约承保的风险。为了明确保险人承保的责任范围，中国海洋运输货物保险条款中对海运基本险别的除外责任规定有下列五项：

(1)被保险人的故意行为或过失所造成的损失。

(2)属于发货人责任所引起的损失。

(3)在保险责任开始前，被保险货物已存在的品质不良或数量短差所造成的损失。

(4)被保险货物的自然损耗、本质缺陷、特性以及市场跌落、运输延迟所引起的损失和费用。

(5)属于海洋运输货物战争险和罢工险条款规定的责任及其除外责任。

课堂讨论

某出口公司以 CIF 条件向南美某国出口花生酥糖 1000 箱，投保一切险。由于货轮陈旧、航速太慢且沿线到处揽货，结果航行 3 个月才到达目的港。花生酥糖因受热时间过长而全部软化，难以销售。保险公司对此是否负责赔偿？

3. 基本险的责任起讫

与国际保险市场的习惯做法一致，中国海洋运输货物保险条款也规定，保险公司对平安险、水渍险和一切险三种基本险别的责任起讫，均采用国际保险业惯用的“仓至仓条款”

(Warehouse to Warehouse Clause,W/W Clause),即规定保险公司所承担的保险责任,是从被保险货物运离保险单所载明的装运港起运地仓库或储存处所开始运输时生效,包括正常运输过程中的海上、陆上、内河和驳船运输在内,直到货物到达保险单所载明的目的港收货人的最后仓库或储存处所或被保险人用作分配、分派或非正常运输的其他储存处所时为止。但是仓至仓条款不是绝对的,要受以下条件限制:

(1)当货物从目的港卸离海轮时起算满 60 天,无论货物是否进入收货人仓库,保险责任均告终止。

(2)如上述保险期限内被保险货物需要转交到非保险单所载明的目的地时,保险责任则以该货物开始转交时终止。

(3)被保险货物在运至保险单所载明的目的港或目的地以后,在某一仓库发生分组、分派的情况,则该仓库就作为被保险人的最后仓库,保险责任也从货物运抵该仓库时终止。

(4)被保险人可以要求扩展保险期限。如对某些内陆国家的出口货物,内陆运输距离长,时间长,在港口卸货后,无法在保险条款规定的期限内运至目的地(60 天内),可以向保险人申请扩展,经保险公司同意后出立凭证予以延长,每日加收一定的保险费。

(5)当发生非正常运输情况时,如运输迟延、绕道、被迫卸货、航程变更等,被保险人及时通知保险人,加交保险费,可按扩展条款办理。

(二)附加险

附加险包括一般附加险和特殊附加险。由于附加险别是基本险的扩大和补充,因而不能单独投保,只能在投保了一种基本险后附加投保。在海运保险业务中,进出口商除了投保货物的上述基本险别外,还可根据货物的特点和实际需要酌情再选择一种或若干种适当的附加险别。

1. 一般附加险(General Additional Risk)

一般附加险不能作为一个单独的项目投保,而只能在投保平安险或水渍险的基础上,根据货物的特性和需要加保一种或若干种一般附加险。由于一般附加险被包括在一切险的承保范围内,故在投保一切险时,不存在再加保一般附加险的问题。

由于被保险货物的品种繁多,货物的性能和特点各异,而一般外来风险又多种多样,所以一般附加险的种类也很多,主要包括以下几种:

(1)偷窃、提货不着险(Theft,Pilferage and Non-delivery Clause,T. P. N. D.),指在保险有效期内,被保险货物被偷走或窃走,以及货物运抵目的地以后整件未交所造成的损失。

(2)淡水雨淋险(Fresh Water and/or Rain Damage Clause),指货物在运输途中由于淡水、雨水以及雪溶所造成的损失。

(3)短量险(Risk of Shortage),指被保险货物在运输途中数量短少和重量变轻所造成的损失。

(4)混杂、沾污险(Risk of Intermixture&Contamination),指被保险货物在运输途中混进了杂质造成的损失。

(5)渗漏险(Risk of Leakage),指流质、半流质的液体物质和油类物质,在运输过程中因为容器损坏而引起的渗漏损失。

(6)碰损、破碎险(Risk of Clash&Breakage),碰损主要指被保险货物在运输途中因为受到震动、颠簸、挤压或搬运不慎等造成货物本身的凹瘪、脱瓷、脱漆、划痕等损失。破碎主要指被保险货物在运输途中由于装卸粗鲁、运输工具的震颠等造成货物本身的破裂、断碎等损失。

(7)串味险(Risk of Odour),指被保险货物因为受到其他物品的气味影响所造成的串味损失。

(8)受潮受热险(Damage Caused by Sweating&Heating),被保险货物因受潮、受热而引起的损失。

(9)钩损险(Hook Damage Clause),指被保险货物在装卸过程中因为使用手钩、吊钩等工具所造成的损失。

(10)包装破裂险(Loss for Damage Caused by Breakage of Packing),指被保险货物在运输途中因装卸或搬运不慎而导致包装破裂造成物资的短少、沾污等损失。

(11)锈损险(Risk of Rust),指被保险货物在运输过程中因为生锈造成的损失。

2. 特殊附加险

(1)交货不到险(Failure to Deliver Risk)。该险承保自被保险货物装上船舶时开始,在 6 个月内不能运到原定目的地交货所造成的损失。不论何种原因造成交货不到,保险人都按全部损失予以赔偿。

课堂讨论

我方某公司按 CIF 条件向中东某国出口一批货物,根据合同投保了水渍险附加偷窃、提货不着险。但在海运途中,因两伊战争突起,船只被扣押,而后进口商因提货不着便向我方保险公司进行索赔,我方保险公司认为其不属于保险责任范围,不予赔偿。试问保险公司是否有理?在投保什么险种的情况下保险公司予以赔偿?

(2)进口关税险(Import Duty Risk)。该险承保被保险货物受损后,仍需在目的港按完好货物交纳进口关税而造成的关税损失。

(3)舱面险(On Deck Risk)。该险承保装载于舱面(船舶甲板上)的货物被丢弃或海浪冲击落水所致的损失。

(4)拒收险(Rejection Risk)。该险承保当被保险货物出于各种原因,在进口港被进口国政府或有关当局拒绝进口或没收而产生的损失。

(5)黄曲霉素险(Aflatoxin Risk)。该险承保被保险货物,主要是指花生、油菜籽、谷物等易产生黄曲霉素的货物,在进口港或进口地经卫生当局检验证明,其所含黄曲霉素超过进口国限制标准,而被拒绝进口、没收或强制改变用途所造成的损失。

(6)出口货物到香港(包括九龙在内)或澳门存仓火险责任扩展条款(Fire Risk Extension Clause for Storage of Cargo at Destination HongKong, Including Kowloon or Macao, F. R. E. C.)。这是一种扩展存仓火险责任的特别附加险,它对于被保险货物自内地出口港运抵香港(包括九龙)或澳门后卸离运输工具,直接存放于保险单载明的过户银行所指定的仓库期间发生火灾所受的损失,承担赔偿责任。

(7)战争险(War Risk)。海洋货物运输战争险是特殊附加险的主要险别之一,是保险人承保战争或类似战争行为导致的货物损失的特殊附加险。战争险的承保责任范围包括以下几种:

①直接由于战争、类似战争行为和敌对行为、武装冲突或海盗行为所致的损失。

②由于上述原因所引起的捕获、拘留、扣留、禁制、扣押等所造成的损失。

③由各种常规武器,包括水雷、鱼雷、炸弹等所致的损失。

④由本险责任范围内引起的共同海损牺牲、分摊和救助费用。

该险对由于使用原子或热核制造的武器造成被保险货物的损失和费用不负赔偿责任。对执政者、当权者或其他武装集团的扣押、拘留引起的承保航程的丧失和挫折而提出的任何索赔不负赔偿责任。

战争险的责任起讫采用“水面”条款，以“水上危险”为限，是指保险人的保险责任自被保险货物装上保险单所载明的起运港的海轮或驳船时开始，到卸离保险单所载明的目的港的海轮或驳船时为止。如果货物不卸离海轮或驳船，则从海轮到达目的港当日午夜起算满15日之后责任自行终止。如果在中途港转船，不论货物在当地港卸载与否，保险责任以海轮到达该港或卸货地点的当日午夜起算满15日为止，等再装上续运海轮时，保险责任才继续有效。

(8)罢工险(Strikes Risk)。海洋运输货物罢工险是保险人承保被保险货物因罢工等人为活动造成损失的特殊附加险。罢工险的保险责任范围包括：

①罢工者、被迫停工工人或参加工潮暴动、民众斗争的人员的行动所造成的直接损失，恐怖主义者或出于政治目的而采取行动所造成的损失。

②任何人的敌意行动所造成的直接损失。

③因上述行动或行为引起的共同海损的牺牲、分摊和救助费用。

海洋运输货物罢工险以罢工引起的间接损失为除外责任，即在罢工期间由于劳动力短缺或不能运输所致被保险货物的损失，或因罢工引起动力或燃料缺乏使冷藏机停止工作所致冷藏货物的损失。

罢工险的责任起讫采取“仓至仓”条款。罢工险与战争险的关系密切，根据国际保险市场的习惯做法，一般将罢工险与战争险同时承保。如投保了战争险又需加保罢工险时，仅需在保单中附上罢工险条款即可，保险公司不再另行收费。如仅要求加保罢工险，则按战争险费率收费。所以，一般被保险人在投保战争险的同时加保罢工险。

我方某出口公司按CIF条件出口大豆1000公吨，计20000包。合同规定，投保一切险、战争险和罢工险。货物卸至目的港码头后，当地码头工人开始罢工。在工人与政府的武装力量对抗中，该批大豆有的被撒在地面，有的被当作掩体，有的丢失，共损失近半。请问，这种损失保险公司是否应该负责赔偿？

(三)海洋运输货物专门险

1. 海洋运输冷藏货物保险

根据中国海洋运输冷藏货物保险条款的规定，海洋运输冷藏货物保险险别分为冷藏险和冷藏一切险两种基本险。

冷藏险(Risk for Frozen Products)，指保险公司对冷藏险承担的责任范围，除了水渍险承保的责任范围外，还负责由于冷藏机器停止工作连续达24小时以上所造成的腐败或损失。

冷藏一切险(All Risks for Frozen Products)，指除包括上述冷藏险的各项责任外，还负责被保险货物在运输途中由于外来原因所致的腐败或损失。

海洋运输冷藏货物保险的责任起讫与海运货物三种基本险的责任起讫基本相同。货物到达保险单所载明的最后目的港后，如在30天内卸离海轮，并将货物存入岸上冷藏库后继续有效，但以货物全部卸离海轮时起算满10天为限。在上述期限内货物一经移出冷藏库，保险责任即行终止，如果卸离海轮后不存入冷藏库，则责任至卸离海轮时终止。

2. 海洋运输散装桐油保险

根据中国海洋运输散装桐油保险条款的规定，海洋运输散装桐油保险是保险公司承保不论任何原因导致被保险桐油短少、渗漏、沾污或变质损坏的损失。该保险责任起讫采用“仓至仓”条款。但是，如果被保险散装桐油不及时卸离海轮或未交至岸上油库，则最长保险期限以海轮到达目的港后15天为限。

3. 活牲畜、家禽运输保险

根据中国《活牲畜、家禽的海上、陆上、航空运输保险条款》的规定，活牲畜、家禽运输保险是保险公司对于活牲畜、家禽在运输途中的死亡负责赔偿的一种附加险。该保险责任自被保险活牲畜、家禽装上运输工具时开始直至目的地卸离运输工具时为止。如不卸离运输工具，最长的保险责任期限从运输工具抵达目的地当日午夜起算，以15天为限。在保险有效的整个运输过程中被保险活牲畜、家禽必须妥善装运，专人管理，否则保险公司不负赔偿责任。

二、陆上运输货物保险

根据中国陆上运输货物保险条款（Overland Transportation Cargo Insurance Clauses）的规定，陆上运输货物的基本险别分为陆运险和陆运一切险两种。此外，还有适用于陆运冷藏货物的陆上运输冷藏货物险，其性质也属基本险。此外在附加险中，除仅适用于火车运输的陆上运输货物战争险（火车）条款外，海洋运输货物保险中的附加险，在陆上运输货物保险中也适用。

（一）陆运险和陆运一切险

陆运险的承保责任范围大致与海运水渍险相似，陆运一切险的承保责任范围大致与海运一切险相似。陆上运输保险不再区分全部损失和部分损失，只要是承保范围内的风险所致损失，保险人均予以赔偿。上述责任范围，均适用于铁路和公路运输，并以此为限。

陆上运输保险的责任起讫也采用“仓至仓”责任条款。即自被保险货物运输保险单所载明的起运地（发货人的仓库或储存处所）开始运输时生效，包括正常陆运和与其有关的水上驳运在内，直至该项货物运交保险单所载明的目的地收货人仓库或储存处所或被保险人用作分配、分派的其他储存处所时为止。但最长保险责任期限以被保险货物到达最后卸载的车站后60天为限。

（二）陆上运输冷藏货物险

陆上运输冷藏货物险负责赔偿被保险货物在运输途中由于自然灾害、陆上运输工具遭受意外事故造成的全部或部分损失；被保险货物在运输途中由于冷藏机器或隔温设备的损坏或者车厢内储存冰块的溶化所造成的解冻溶化而腐败的损失；被保险人对遭受承保责任内危险的货物采取抢救、防止或减少货损的措施而支付的合理费用，但以不超过该批被救货物的保险金额为限。

陆上运输冷藏货物险保险责任自被保险货物运离保险单所载起运地点的冷藏仓库装入运送工具开始运输时生效，包括正常陆运和与其有关的水上驳运在内，直至该项货物到达保险单所载明的目的地收货人仓库时为止。但最长保险责任以被保险货物到达目的地车站后10天为限。

（三）陆上运输货物战争险（火车）

陆上运输货物战争险（火车）只有在投保了陆运险或陆运一切险的基础上方可加保。对于陆运战争险，国外私营保险公司大都不予承保，但为了适应外贸业务的需要，我国的保险公司一般均接受加保，但目前仅限于火车运输。

陆上运输货物战争险（火车）和海洋运输战争险的承保责任范围相似。其责任起讫以货物置于运输工具时为限。即自被保险货物装上保险单所载起运地的火车时开始到保险单所载目的地卸离火车时为止。如果被保险货物不卸离火车,则以火车到达目的地的当日午夜起计算,满 48 小时为止;如在运输中途转车,不论货物在当地卸载与否,保险责任以火车到达该中途站的当日午夜起计算满 10 天为止。如货物在此期限内重新装车续运,仍恢复有效。但如运输契约在保险单所载目的地以外的地点终止时,该地即视为保险单所载目的地,在货物卸离该地火车时为止,如不卸离火车,则保险责任以火车到达该地当日午夜起满 48 小时为止。

三、航空运输货物保险

根据中国航空运输货物保险条款(Air Transportation Cargo Insurance Clauses)的规定,航空运输货物保险的基本险别分为航空运输险和航空运输一切险。这两种基本险都可单独投保,在投保其中之一的基础上,可以加保战争险等附加险。海洋运输货物保险中的附加险种也可在航空运输货物保险中有选择地使用。

(一)航空运输险和航空运输一切险

航空运输险的承保责任范围与海洋货物运输保险条款中的"水渍险"相似,航空运输一切险的承保责任范围与海洋运输货物保险条款中的一切险相似,两者保险责任起讫期限也采用"仓至仓"条款,所不同的是如果货物运达保险单所载明的目的地而未运抵保险单所载明收货人仓库或储存处所,则以被保险货物在最后卸载地卸离飞机后满 30 天保险责任即告终止。如在上述 30 天内,被保险货物需转送到非保险单所载明的目的地时,保险责任以该项货物开始转运时终止。被保险货物在上述 30 天期限内继续运往保险单所载原目的地或其他目的地时,保险责任仍按上述规定终止。

(二)航空运输货物战争险

航空运输货物战争险负责赔偿直接由于战争、类似战争行为和敌对行为、武装冲突所致的损失及由此引起的捕获、拘留、扣留、禁制、扣押所造成的损失以及各种常规武器,包括炸弹所致的损失。

保险责任自被保险货物装上保险单所载起运地飞机时开始,到卸离保险单所载目的地的飞机为止。如果被保险货物不卸离飞机,保险责任最长期限以飞机到达目的地的当日午夜起算满 15 天为止。如被保险货物在中途港转运,保险责任以飞机到达转运地的当日午夜起算满 15 天为止,装上续运的飞机时再恢复有效。

四、邮包运输保险

根据中国《邮政包裹保险条款》(Parcel Post Insurance Clauses)的规定,邮包运输保险有邮包险和邮包一切险两种基本险,在投保邮包运输基本险之一的基础上,经投保人与保险公司协商可以加保邮包战争险等附加险。

(一)邮包险和邮包一切险

邮包险与海洋运输货物保险水渍险的承保责任范围相似,邮包一切险与海洋运输货物保险一切险的承保责任范围基本相同。邮包运输保险的责任起讫为自被保险邮包离开保险单所载起运地点寄件人的处所运往邮局时开始生效,直至该邮包运达保险单所载目的地邮局,自邮局签发到货通知书当日午夜起算满 15 天终止。但是在此期限中邮包一经交至收件人的处所时,保险责任即终止。

(二)邮包战争险

在投保邮包运输基本险之一的基础上,经投保人与保险公司协商可以加保邮包战争险等附加险。邮包战争险承保责任的起讫是自被保险邮包经邮局收讫后自储存处所开始运送时生效，直至该邮包运达保险单所载明的目的邮局送交收件人为止。

五、英国伦敦《协会货物条款》

长期以来，在国际保险市场上，英国伦敦《协会货物条款》对世界各国有着广泛的影响。目前，世界上许多国家和地区的保险公司在国际货物运输保险业务中直接采用该条款，或者在制定本国保险条款时参考或采用该条款的内容。该条款最早由联合货物保险委员会于 1912 年制定，为了适应不同时期法律、判例、商业、航运等方面的变化和发展需要，已进行了多次补充和修订，目前使用的是 2009 年 1 月 1 日最新修订的版本。

（一）伦敦《协会货物条款》的种类

伦敦《协会货物条款》主要有以下六种：

(1)协会货物条款(A)，Institute Cargo Clauses (A)，简称 ICC (A)。

(2)协会货物条款(B)，Institute Cargo Clauses (B)，简称 ICC (B)。

(3)协会货物条款(C)，Institute Cargo Clauses (C)，简称 ICC (C)。

(4)协会战争险条款(货物)，Institute War Clauses (Cargo)。

(5)协会罢工险条款(货物)，Institute Strikes Clauses (Cargo)。

(6)恶意损害险条款(Malicious Damage Clauses)。

上述 ICC(A)、ICC(B)、ICC(C)都有独立完整的结构，对承保风险及除外责任均有明确规定，因而都可以单独投保。战争险和罢工险也具有独立完整的结构，如征得保险公司同意，必要时也可作为独立的险别投保。唯独恶意损害险属附加险别，其条款内容比较简单，不可以单独投保。

（二）《协会货物条款》的承保风险与除外责任

1. ICC(A)的承保风险与除外责任

ICC(A)大体相当于中国人民保险公司所规定的一切险，其责任范围最广，故《协会货物条款》采用承保“除外责任”之外的一切风险的概括式规定办法，即除了“除外责任”项下所列风险，保险人不予负责外，其他风险均予负责。ICC(A)的除外责任包括以下四类：

(1)一般除外责任。如归因于被保险人故意的不法行为所造成的损失或费用；保险标的的自然渗漏、重量或容量的自然损耗或自然磨损；因包装不固或装配不当所造成无法抵抗运输途中发生的通常事故而产生的损失或费用；因保险标的的内在缺陷或特性所造成的损失或费用；由于延迟所引起的损失或费用，即使该延迟由承保风险所引起；由于船舶所有人、经营人、租船人经营破产或经济困难造成的损失或费用，此情况适用于：在保险标的装上船舶之前，被保险人知道，或者被保险人在正常业务经营中应当知道，此种破产或经济困难会导致该航程取消；由于使用任何原子或核子裂变和聚变或其他类似反应或放射性物质的武器或设备直接或间接造成的损失或费用。

(2)不适航、不适货除外责任。指被保险人在货物装船时已经知道船舶或驳船的不适航及船舶或驳船不适合安全运输保险标的所引起的损失和费用。

(3)战争除外责任。如由于战争、内战、敌对行为等造成的损失或费用；由于捕获、拘留、扣留等(海盗除外)所造成的损失或费用；由于漂流水雷、鱼雷等造成的损失或费用。

(4)罢工除外责任。如罢工者、被迫停工工人或参加工潮或暴动人员因罢工、被迫停工、工潮、暴动等行为造成的损失或费用；任何恐怖主义者或组织通过暴力直接组织的旨在推翻或影响法律上承认的或非法律上承认的政府行为,任何人出于政治、信仰或宗教目的实施的行为造成的损失或费用。

案例分析

我国某外贸公司与德国某进口商达成一项皮具出口合同,价格条件为CIF汉堡,支付方式为不可撤销即期信用证,投保协会货物保险条款ICC(A)险。生产厂家在生产的最后一道工序将皮具的湿度降低限度,然后用牛皮纸包好装入双层瓦楞纸箱后,再装入集装箱。货物到达目的港后检验结果表明,全部货物湿、霉变、沾污、变色,损失达10万美元。据分析,该批货物进出口地的气候环境均无异常,完全属于正常运输。试问保险公司对该批货物是否负责赔偿?为什么?

2. ICC(B)的承保风险与除外责任

ICC(B)大体相当于中国人民保险公司所规定的水渍险,具体承保的风险包括:(1)火灾、爆炸;(2)船舶或驳船触礁、搁浅、沉没;(3)陆上运输工具碰撞出轨;(4)船舶、驳船或运输工具同水以外的外界物体碰撞;(5)在避难港卸货;(6)地震、火山爆发、雷电;(7)共同海损牺牲;(8)抛货或浪击落海;(9)海水、湖水或河水进入运输工具或储存处所;(10)货物在装卸时落海或跌落造成整件的全损。

ICC(B)的除外责任方面,除了对"海盗行为"和恶意损害险的责任不负责外,其余均与ICC(A)的除外责任相同。

3. ICC(C)的承保风险与除外责任

ICC(C)的承保风险比ICC(A)、ICC(B)要小很多,相当于我国的平安险,具体承保风险包括:(1)火灾、爆炸;(2)船舶或驳船触礁、搁浅、沉没;(3)陆上运输工具倾覆或出轨;(4)船舶、驳船或运输工具同水以外的任何外界物体碰撞;(5)在避难港卸货;(6)共同海损牺牲;(7)抛货。

ICC(C)的除外责任与ICC(B)完全相同。

4. 战争险的承保风险与除外责任

战争险主要承保由于下列原因造成标的物的损失:

(1)战争、内战、革命、叛乱、造反或由此引起的内乱,交战国或针对交战国的任何敌对行为。

(2)捕获、拘留、扣留、禁止或扣押,以及这些行动的后果或这方面的企图造成的后果。

(3)遗弃的水雷、鱼雷、炸弹或其他遗弃的战争武器。

战争险的除外责任与ICC(A)的"一般除外责任"及"不适航、不适货除外责任"大致相同。

5. 罢工险的承保风险与除外责任

罢工险主要承保保险标的物的下列损失:

(1)罢工者、被迫停工工人或参与工潮、暴动或民变人员造成的损失和费用。

(2)罢工、被迫停工、工潮、暴动或民变造成的损失和费用。

(3)任何恐怖主义者或任何人出于政治目的采取的行动所造成的损失和费用。

罢工险除外责任也与ICC(A)中的"一般除外责任"及"不适航、不适货除外责任"大致相同。

恶意损害险所承保的是被保险人以外的其他人(如船长、船员等)的故意破坏行为所致被保险标的物的损失或损害。如果出于政治动机的行为,不属于恶意损害承保范围,而应属于罢工险的承保范围。

六、选择投保险别时应考虑的因素

不同的险别意味着货物运输中受损后得到保险公司赔偿的结果是不同的,其保险费率也不相同。投保人在选择保险险别时,既要考虑使货物得到充分保障,又要尽量节约保险费的支出,降低贸易成本,提高经济效益,做到该保的不漏保,不该保的不保。选择何种险别,一般应综合考虑以下因素：

(一)货物的特性

运输货物具有不同的性质和特点，在运输途中可能遭遇的风险和发生的损失往往有很大不同，在投保时应当充分考虑选择适当的险别。如食用动、植物油等油脂类商品在运输途中常因容器破裂造成渗漏或沾染杂质造成沾污损失，散装的商品还极易在装卸过程中消耗或本身沾在舱壁上造成短量，故而这类商品可在投保水渍险的基础上再加保短量险和沾污险；再如机床类商品易受碰损，往往会因碰损严重影响机器的使用效能，所以需加保碰损险。

(二)货物的包装情况

合适的货物包装可以有效减少国际长途货运途中的货损。许多数量及品质上的货损就是在运输、装卸和转运过程中因包装不良、破损而造成的。当前国际货运中普遍采用集合运输包装，尤其是集装箱的使用大大减少了这方面的货损。在办理投保和选择险别时，应该对货物包装在运输途中可能发生的损坏及其对货物可能造成的损害加以考虑。但需注意，由于包装不良或包装不符合国际货运的一般要求而致货物遭受损失，保险人一般不予负责，属装运前发货人的责任。

(三)货物运输情况

不同的运输方式、运输工具的新旧程度、选择的路线、船舶停靠港口等运输情况均会对货物可能遭受的风险和损失造成不同程度的影响。如海运中船舶陈旧、设备老化，尤其在途经炎热地区时往往会因通风不良增大货损；沿途停靠港口在设备、装卸能力、安全管理方面的差异也会影响货物在港口装卸时发生的货损货差。

(四)运输季节

不同的运输季节也会对运输货物带来不同风险和损失。如载货船舶冬季在北纬 60°以北航行，极易发生与流动冰山相撞的风险；在夏季高温下运输粮食、果品，极易发生腐烂、发霉或生虫的现象。在不同运输季节运输同种货物，应当充分考虑其可能遭遇货运风险的大小，选择适当的险别以规避风险。

(五)目的地政治局势

目的地政局动荡不定，尤其当发生大规模罢工、战争时，货物在货运途中遭受意外损失的可能性自然增大，而保险公司考虑到风险加大，往往会上调至目的地及周边地区的战争险、罢工险的保险费率，甚至可能停止承保至目的地的战争险、罢工险。如 2003 年伊拉克战争期间，中国至中东地区的海运战争险费率成倍提高。2006 年 7 月 12 日黎以冲突爆发之后，战事不断升级，局面持续恶化，考虑到战争、罢工风险过大，中国人寿保险公司曾停止承保始发地和目的地为黎巴嫩、以色列及巴勒斯坦地区的战争险及罢工险。

(六)ICC 和 CIC 条款的区别

一般流行的 ICC 与 CIC 相对应的说法是不够严谨的，不仅 ICC(C)与平安险差别较大，ICC(B)与水渍险、ICC(A)与一切险也不完全对应。因此，在实际业务中投保海洋运输货物保险时，我们在坚持出口用 CIF，进口用 FOB 的基础上应力争使用 CIC，但如果对方坚持使用 ICC，则需注意两类保险的差异，谨慎确认自然灾害概括的范围及所造成的损失，根据货物、航线、航程、预期损失等情况仔细选择保险险别，切忌简单对应，以免在遭遇损失提出索赔时因在条文上找不到依据而陷于被动。

表 5-1 为主要商品保险险别。

表 5-1 主要商品保险险别

货物种类	主要商品	经常遭受的风险损失	应保险别	备注
粮谷类	粮食、籽仁、豆类、花生仁、饲料等	常因水分蒸发或洒漏、散失而短量，或因受潮受热而发生霉变	在一切险或水渍险的基础上加保短量险，受潮受热险	这类商品都有免赔率的规定，如投保人要求按IOP投保则要相应地增加保费率
油脂类	桶装或散装动、植物油	桶装油往往因容器破裂而渗漏或沾污，散装油会因黏附舱壁或装卸时漏耗而短量	应在水渍险的基础上加保短量险和沾污险	散装油有免赔率的规定
食品类	铁皮罐头、玻璃罐头、坛装食品	被偷窃、铁皮罐头易沾水、受潮而使外皮生锈，或因碰撞而凹瘪。玻璃罐头、坛装食品容易破碎	一切险，或在平安险、水渍险基础上加保破碎、碰损、锈损险和偷窃提货不着险等	
冻品类	冻猪肉、冻牛羊肉、冻鸡鸭、冻鱼虾、冻兔等	容易因制冷设备失灵而使商品化冻变质甚至腐烂	必须投保冷藏货物险	
活牲畜活禽鱼类	活牛、活马、活鸡、活鸭、活鱼等	死亡	死亡险	
麻类	黄麻、萱麻	因受潮、受热而变质或自燃	在平安险或水渍险基础上加保受潮受热险	
毛绒类	羊毛、羊绒、羽毛等	易遭沾污而影响质量	在平安险或水渍险的基础上加保混杂、沾污险	
皮张类	小羊板皮、兔皮、黄狼皮等	易遭沾污、受潮受热而变质，并易遭偷窃	一切险或在平安险、水渍险的基础上加保受潮受热险、沾污险以及偷窃提货不着险	
盐渍肠衣及兽皮类	猪肠衣、羊肠衣、盐渍湿牛皮、皮羊等	桶装货常因盐水渗漏而变质	在平安险或水渍险的基础上加保渗漏险	
玻璃制品类	热水瓶、灯泡、灯管、玻璃瓶、玻璃板、玻璃器皿等	易破碎	在平安险或水渍险基础上加保破碎险	有免赔率的规定
陶、陶制品类	日用陶瓷器、工艺陶瓷器、陶瓷洁具、陶瓷管、瓷砖等	易破碎	在平安险或水渍险基础上加保破碎险	这类商品的包装好坏对损失率影响很大。如包装粗糙，保费较高
家用电器和相机类	无线电、半导体收音机，电视机，收录机，电扇，电冰箱和各种照相机等	常见损失为碰损和被窃	平安险或水渍险加保碰损险和偷窃提货不着险	对一些高级收录机、电视机、照相机运往不安全港口，有时保险公司拒绝承保或只负责到卸离海轮时为止
杂货类	仪表、金属餐具、文体用品、鞋等	被窃、碰损、破碎	水渍险加偷窃提货不着险和碰损破碎险或淡水雨淋险	
首饰类	金、银、珠、宝、钻、翠等首饰	易遭偷窃	一切险或在平安、水渍险的基础上加保偷窃提货不着险	
珐琅类	景泰蓝、烧瓷、珐琅制品	遭碰挤后容易脱瓷、凹瘪、弯曲	应在平安险基础上加保碰损险	
雕刻制品类	玉、石、木、牙、竹料雕刻、贝壳制品、盆景等	破碎、碰损、被窃	要加保破碎、碰损险	包装不当，保险公司不愿承保

（续表）

货物种类	主要商品	经常遭受的风险损失	应保险别	备　注
五金类	镀皮、镀板、铸铁、自来水管等	生锈、短卸	平安险即可，如数量大可加保偷窃提货不着险	对这类商品保险公司往往不接受一切险，因生锈后责任难以确定
	铸铁制品，如下水管道坩埚等	破碎	平安险加保破碎险	
	铁丝、铁钉、自来水笼头、金属门把、窗钩等		平安险或水渍险	
	矿石、矿砂、水泥	短量、漏损	平安险或水渍险加保短量险、包装破裂险	一般规定有免赔率
	石棉板、水泥板、砖、瓦、水磨石、大理石、耐火砖	破碎	加保破碎险	一般规定有免赔率
化工类	石油、汽油、柴油	散装时容易短量、沾污，桶装时容易渗漏	散装货应投保散舱油类险，桶装应加渗漏险	一般规定有免赔率
	化肥、立德粉、石墨粉	外漏、短少	加保包装破裂险	
	机床、车床、刨床、铣床、精密机床	碰损		加保碰损险
	纺织机、卷烟机、造纸机、马达、变压器等	碰坏、擦损	加保碰损险	
	轿车、卡车、大客车、摩托车	碰损、破碎、偷窃	应在平安险或水渍险基础上加保碰损险、破碎险、偷窃提货不着险	如装在甲板上应加保甲板险
纺织纤维服装类	棉毛、麻、丝和化学纤维匹头等	沾污、钩损、偷窃、短少、雨淋	一切险	
	抽纱和绣制的床罩、台布、沙发垫、餐布等	沾污、钩损、偷窃、短少、雨淋	一切险	
	服装	沾污、钩损、偷窃、短少、雨淋	一般为一切险或在水渍险的基础上加保沾污、钩损、淡水雨淋险等	由于面料的价值相差悬殊，因此在选择险别时应结合价值考虑

课后任务

1. 磋商小组根据所学专业知识对初步选择的保险险别进行修改，把修改后的保险险别填在“合同磋商备忘录”里。

2. 上网查找《中国保险条款》和伦敦《协会货物条款》，阅读相关内容，对中英两国海洋运输货物保险条款进行比较。

3. 预习下一个任务：合同中的货运保险条款。

5.3 合同中的保险条款和保险实务

任务描述

磋商合同中的保险条款

1. 根据所选定的贸易术语和保险险别讨论合同中完整的保险条款应包含的内容。
2. 用中英文订立合同的保险条款。
3. 磋商结果由记录员记录在"磋商记录表"里，观察员如实填写"观察汇报表"。
4. 展示员准备好展示小组磋商成果。
5. 时间：10分钟。

【任务分析】

合同中的保险条款关系到投保方如何承担投保责任的问题。合同中完整的保险条款不只是表述保险险别，还应包含投保方和保险金额等内容。不同的贸易术语条件下，合同中保险条款的表述要求不尽相同。

投保责任方应根据买卖双方在合同中的约定向保险公司投保。出口业务和进口业务中的投保手续虽然不尽相同，但是保险公司与被保险人之间签订保险合同、履行各自义务以及办理索赔和理赔工作都遵循一些共同的保险原则，这些原则决定货物在遭遇损失后，被保险人能否获得保险公司的赔偿，获得多少赔偿。此外，进口货物的保险索赔有其特定的程序，进口方在发现货损后，应当遵循恰当的索赔程序，才能顺利获取赔偿。

在本次磋商任务中，进出口双方需要考虑的问题是：应由谁来投保？按多少价值来投保？

相关知识

一、合同中的保险条款

（一）合同中保险条款的内容

不同的国际货物买卖合同，对保险条款内容的要求不尽相同。一般情况下，简单的保险条款仅需说明由哪一方负责投保即可，而详尽的保险条款通常包括投保人、保险金额的确定方法、投保加成率、保险条款依据、投保险别、保险费的负担和支付等内容。

1. 投保人

投保人，即负责投保的当事人，指进口方或出口方。国际货物买卖合同中，由哪一方当事人负责投保，取决于合同采用的贸易术语。《2020年通则》规定，只有进出口双方以CIF和CIP贸易术语成交时，出口方才有投保义务；而在其他贸易术语条件下，任何一方对对方都没有投保义务。实际业务中，通常是谁承担运输途中的风险，谁就会基于货运风险的考虑而主动投保。例如，在 EXW、FCA、FOB、FAS、CFR 和 CPT 条件下，买方承担卖方交货后的运输风险，通常买方要主动投保货运保险，否则将承担货物运输途中可能出现的风险和损失。同理，在 DAP、DPU 和 DDP 条件下，卖方承担货物安全到达目的地前的运输风险，通常由卖方办理主要货运保险。负责投保的一方必须按照合同的规定投保，如果合同中没有做出具体规定，则按有关惯例办理保险。否则，货物运输中遭遇风险而带来的货损就要由负责投保的一方承担。

即问即答：买卖双方约定按发票金额加一成投保，投保加成率为多少？

2. 保险金额的确定方法和投保加成率

保险金额又称投保金额，是被保险人向保险人投保的金额。在保险货物发生保险责任范围内的损失时，保险金额就是保险人赔偿的最高限额，也是核算保险费的基础。按 CIF 或 CIP 条件成交时，因保险金额关系到卖方的费用负担和买方的切身利益，买卖双方有必要将保险金额的确定方法在合同中具体订明。

根据国际保险市场的习惯做法，保险金额一般都按发票金额再加一定的百分率来计算。这个百分率，即投保加成率，主要指买方进行这笔交易所付的费用及预期利润，一般应在合同中订明。如果买卖双方在合同中没有订明，则按有关国际惯例的规定执行。《UCP600》规定，如果信用证对投保金额未做规定，投保金额须至少为货物的 CIF 或 CIP 价格的 110%。《2020 年通则》规定，最低保险金额应包括合同规定价款另加 10%（CIF 或 CIP 价格的 110%），并应采用合同货币。

由于不同货物在不同地区和不同时期的利润不一，买方可要求以超过发票价格 10%的保险金额投保。如果投保加成率不超过发票价格的 30%，卖方也可酌情接受，但应要求超额保险费由买方负责承担。如买方要求保险加成率过高，则卖方应和有关保险公司商妥后方可接受。

3. 保险条款依据

国际货物买卖合同中，还应订立适用的保险条款，以便进一步明确投保险别以及不同险别承保范围的规定。完整的保险条款依据应包含保险条款的名称、保险条款出版年份等内容。目前，我国一般采用中国人民保险公司 1981 年 1 月 1 日制定生效的《中国保险条款》，如国外客户要求，也可以接受伦敦《协会货物条款》。

4. 投保险别

选择适用的保险条款后，买卖双方还应在进出口合同中进一步明确具体的投保险别。如果双方约定适用 CIC 条款，通常选择投保平安险、水渍险、一切险三种基本险别中的一种，以及根据货物特性和实际情况加保一种或若干种附加险。如果双方约定适用的是 ICC 条款，则通常选择投保 ICC(A)、ICC(B)和 ICC(C)中的任意一种，以及根据情况加保战争险、罢工险或恶意损害险。

在双方未约定险别的情况下，根据《2020 年通则》的规定，在 CIF 术语条件下，卖方只需按《协会货物保险条款》(C)条款投保。但是，在适用 CIP 术语的贸易中，最低保险范围已经提高到《协会货物保险条款》(A)条款的要求（“一切险”，不包括除外责任）。

5. 保险费的负担和支付

一般情况下，保险费的负担和支付由投保责任方承担，合同的保险条款无须规定保险费由谁负担，如何支付。例如，在 CIF 或 CIP 贸易术语条件下，卖方负责投保，保险费含在卖方的报价中，由买方在支付货款时支付。再如，在 FAS、FCA、FOB、CFR、CPT 等贸易术语条件下，合同仅订明由买方投保，亦无须特别声明保险费的负担和支付。但是，如果买方出于自身原因委托卖方投保时，卖方所报价格不含保险费，因此必须在合同中约定卖方代理买方投保所发生的保险费应由买方支付，且应说明支付方式或时间。另外，如果投保加成超过一成或战争险费率调高，在合同中也应规定由此产生的超额保险费应由买方负担。

(二)订立保险条款应注意的问题

1. 条款订立必须明确、具体

合同条款中应明确投保具体险别，如需另外加投某一种或某几种附加险也应一并写明。尽量避免使用"通常险""惯常险"或"海运保险"等笼统的规定方法。使用何种保险条款、保险条款出版年份均应具体列明。

2. 合同中的投保条款应和贸易术语相一致

不同的贸易术语条件下，保险投保责任方不同，保险条款的内容也有所不同。只有在使用CIF或CIP贸易术语，或者本应投保的买方委托卖方代为投保时，合同才要求订立完整而详尽的保险条款。其他的贸易术语则仅需要说明由买方或卖方投保即可。

3. 投保的险种应和适用的保险条款相一致

虽然在《ISBP681》中规定："如果保险单据标明投保伦敦协会货物条款(A)，也符合信用证关于'一切险'条款或批注的要求。"但是伦敦协会货物条款(A)和《中国保险条款》的一切险毕竟承保范围不同，在非信用证结算时，为了避免发生不必要的纠纷，投保的险别应和使用的保险条款相一致。

(1)以FOB、CFR、FAS、FCA、CPT条件成交的合同：保险由买方负责。

Insurance: To be covered by the Buyer.

(2)以DAP、DPU和DDP条件成交的合同：保险由卖方负责。

Insurance: To be covered by the Seller.

(3)以CFR或CPT条件成交，且买方委托卖方投保的合同：由卖方代表买方按发票金额的110%投保一切险，以中国人民保险公司1981年1月1日制定生效的《中国保险条款》为准。保险费由买方在支付合同价款时一起支付。

Insurance: To be effected by the Seller on behalf of the Buyer for 110% of invoice value against All Risks as per CIC of PICC dated 1981/1/1. The premium caused to be settled with the contracted proceeds.

(4)以CIF条件成交的合同：由卖方按发票金额的110%投保平安险和战争险，以中国人民保险公司1981年1月1日制定生效的《中国保险条款》为准。

Insurance: To be covered by the Seller for 110% of invoice value against F. P. A and War Risk, as per CIC of PICC dated 1981/1/1.

(5)以CIF、CIP条件成交的合同：由卖方按发票金额的110%投保A条款，以2009年1月1日修订的伦敦《协会货物条款》为准。

Insurance: To be covered by the Seller for 110% of invoice value against ICC(A), as per ICC dated 2009/1/1.

二、保险单据

保险单据是保险人和被保险人之间订立保险合同的证明文件。它既反映了保险人和被保险人之间的权利和义务关系，又是保险人的承保证明。当发生保险责任范围内的损失时，还是保险索赔和理赔的主要依据。

（一）保险单据的种类

保险单据包括保险单、保险凭证、预约保险单和联合凭证。

1. 保险单（Insurance Policy）

保险单俗称大保单，它是保险人和被保险人之间成立保险合同关系的正式凭证，是使用最广泛的一种保险单据。在海洋运输货物保险中，这种保险单一般由保险人根据投保人的逐笔投保逐笔签发。承保在保险单内所指定的、经由指定船舶和航次承运的货物在运输途中的风险，货物抵达目的地，保险单的效力即告终止。

保险单经背书或其他方式可转让，是常见的收汇单证之一。在 CIF 或 CIP 成交的出口合同中，办理货运保险、提交保险单据是卖方向买方应尽的义务。保险单据的形式和内容必须符合合同或信用证的规定。保险单据的签发日期不得迟于货物装运的日期。

即问即答：保险单的出单日期应早于还是晚于装船日期？为什么？

2. 保险凭证（Insurance Certificate）

保险凭证俗称小保单，是一种简化的保险单。它是保险人签发给被保险人，证明货物已经投保和保险合同已经生效的文件。保险凭证具有与保险单同等的效力。保险凭证上没有保险条款，仅表明按照该保险人的正式保险单上所载的条款办理。如正式保险单上的条款和保险凭证上的特定条款相抵触，应以保险凭证的特定条款为准。在英国伦敦海上货运保险市场上，保险凭证常在预约保险单项下使用。保险人将预约保险单的详细条款印在已签署好的空白保险凭证上，交给被保险人。被保险人在每批货物起运前自行在证上填上装货船舶名称、航程、开航日期、货物名称、标志和数量以及保险金额等项目并加副署。经副署后的一份副本，须立即送交保险人，用以代替起运通知书和预约保险单中所规定的向保险人的申报。

即问即答：如外商来证要求提供保险单，可否提供保险凭证？

3. 预约保险单（Open Policy）

预约保险单又称预约保险合同，它是被保险人（一般为进口人）与保险人之间订立的总合同。目的是简化保险手续，并使货物一经装运即可取得保障。合同中规定承保货物的范围、险别、费率、责任、赔款处理等条款。凡属于保险合同约定的运输货物，在合同有效期内自动承保。凡属预约保险单规定范围内的进口货物，一经起运，我国保险公司即自动按预约保险单所订立的条件承保。事先订立预保合同，可以防止因漏保或迟保而造成的无法弥补的损失。

4. 联合凭证（Combined Certificate）

联合凭证又称为联合发票，是一种发票和保险单相结合的单证，是比保险凭证更为简化的保险单据。这种凭证是保险人将承保的保险险别、保险金额、检验和理赔代理人名称和地址等加注在出口公司签发的出口商业发票上，并加盖保险人的印章以证明保险人承保并按有关的险别承担保险责任，其他项目按照发票上所列为准。

（二）保险单的批改和转让

1. 保险单的批改

保险单签发后，在保险合同有效期内，被保险人如果发现投保时的申报有错误或遗漏，或由于新的或意外情况发生，导致保险单内所载内容与实际情况不符时，被保险人可以提出批改申请，通过与保险人协商来变更保险合同的内容。变更方式有以下三种：

(1)另行签订书面协议。

(2)在原保险单或保险凭证上加批注。

(3)在保单或保险凭证上附贴批单。

批改保险单一般采用签发批单的方式进行。在保险合同中,批单具有和保险单同等的法律效力。保险单一经批改,保险公司即按批改后的内容承担责任。批单是变更保险合同内容的一种书面证明,原则上批单须粘贴在原保险单上,并加盖骑缝章,作为保险单不可分割的一部分。批改的内容如与保险合同有抵触的地方,以批单为准。

课堂讨论

保险单可否转让?为什么?如果可以转让应如何转让?

2. 保险单的转让

海运保险单可以经背书而转让。保险单的转让,主要是指保险单权利的转让,也就是被保险人把保险合同所赋予的损害索赔权及相应的诉讼权转让给受让人。保险合同不是保险标的的附属物,因而保险单权利的转让和保险标的的转让是两种不同的法律行为。买卖双方交接货物,转移所有权,并不能自动转让保险单项下所享有的权利,必须由被保险人在保险单上以背书表示转让的意思才能产生转让的效力。

根据各国海洋运输货物保险法律,海洋运输货物保险单可以不经过保险人的同意自由转让,方便路货交易。在海洋运输货物保险单办理转让时,无论损失是否发生,只要被保险人对保险标的仍然具有可保利益,保险单均可有效转让。转让必须在保险标的所有权转移之前或同时进行,事后办理无效。保险转让可以采取由被保险人在保险单上背书或其他习惯方式进行。

三、保险原则

保险原则贯穿于整个保险实务,并通过保险法规和保险条款表现出来。

(一)可保利益(Insurable Interest)原则

可保利益又称可保权益或保险利益,是指投保人或被保险人对于保险标的具有利益关系而产生的为法律所承认的、可以投保的经济利益。可保利益是保险合同生效的先决条件,也是向保险公司索赔的必备条件。

案例分析

在以FOB成交的出口合同下,货物装船后卖方及时向买方发出装运通知,买方向保险公司投保了“仓至仓条款一切险”。但货物在从卖方仓库运往码头的途中,被暴风雨淋湿了10%。事后卖方请买方以投保人的名义凭保单向保险公司索赔,但遭到保险公司拒绝。试分析保险公司能否拒赔?以CIF成交呢?

可保利益原则是指投保人或被保险人必须对保险标的具有可保利益,才能同保险人订立有效的合同。投保人对保险标的不具有可保利益,即不具有投保人资格,就不能与保险公司订立保险合同,即使已订立合同,该保险合同也无效,自然也就没有资格凭保险单据得到经济上的补偿。

课堂讨论

如何理解“国际货运保险中,不要求被保险人在投保时便具有投保利益,而仅要求在保险标的发生损失时必须具有保险利益”这句话?

（二）最大诚信（Utmost Good Faith）原则

最大诚信原则也称最高诚信原则，是指在保险合同的签订和履行过程中，双方均应本着绝对的诚意办事，恪守信用，互不隐瞒和欺骗，特别是在签订保险合同时，无论是否被问及，双方当事人均应自动地把与投保标的有关的重要情况向对方做充分、正确的披露（告知）。保险合同的签订必须以双方当事人的"最大诚信"为基础。当事人中的一方如果以欺骗或隐瞒的手段诱使他人签订合同，一旦被发现，他方有权解除合同，如有损害，可要求给予补偿。

（三）补偿（Indemnity）原则

补偿原则是指当保险标的物发生保险责任范围内的损失时，保险人应按合同条款的规定履行赔偿责任，但赔偿金额不能超过保险金额或被保险人遭受的实际损失。

（四）代位追偿（Subrogation）原则

代位追偿又称代位求偿或代位请求，是指在财产保险中，当保险标的发生了保险责任范围内的由第三者责任造成的损失时，保险人向被保险人履行了损失赔偿责任之后，在其已赔偿的金额限度内，有权站在与被保险人相同的地位向该第三者索赔，即代位被保险人向第三者进行追偿。

（五）重复保险（Double Insurance）原则

重复保险又称双重保险，是指被保险人以同一保险标的物向两家或两家以上的保险公司投保了相同的风险，在保险期限相同的情况下，其保险金额的总额超过了该保险标的的价值。

在出现重复保险的情况下，当保险标的发生损失时，按照保险补偿原则，被保险人不能从保险人那里获得超过保险标的受损价值的补偿。为避免被保险人获得额外利益，需要把保险标的损失赔偿责任在各保险人之间进行分摊，使被保险人所得到的赔偿总额与因保险事故所造成的损失相当，这就是重复保险原则。

课堂讨论

1. 包装食品投保水渍险，运输途中遭受海水浸湿，外包装受潮导致食品霉变，请问该损失保险公司应负责赔偿吗？

2. 在战争期间，一批出口商品投保一切险，在运至码头仓库待运期间遭敌机轰炸，引起仓库火灾，使货物受损，请问该损失保险公司应负责赔偿吗？

（六）近因（Proximate Cause）原则

近因原则是指保险人只对承保风险与保险标的损失之间有直接因果关系的损失承担赔偿责任，而对保险责任范围外的风险造成的损失不承担赔偿责任。这是在保险标的发生损失时，用来确定保险标的所受损失是否能获赔的一项重要依据。

四、保险实务

（一）出口货物运输保险实务

1. 投保手续

出口企业在向当地保险公司办理投保手续时，应根据出口合同或信用证规定，在备妥货物、确定运输工具和装运日期后按规定格式填制投保单，送交保险公司，交付保险费并取得保险公司签发的保险单，保险合同即告成立。

投保单经投保人据实填写交付给保险人后就成为投保人表示愿意与保险人订立保险合同

的书面要约。投保单是由保险人事先准备、具有统一格式的书据。投保人必须依其所列项目一一如实填写被保险人名称,保险标的物名称、数量、包装方式、运输标志、起止地点、运输工具名称、开航日期、保险金额、投保险别、投保日期、赔款地点等内容,以供保险人决定是否承保或以何种条件、何种费率承保。投保单本身并非正式合同文本,但一经保险人接受,即成为保险合同的一部分。如投保单填写的内容不实或故意隐瞒、欺诈,都将影响保险合同的效力。

课堂讨论 我方某出口公司以每公吨 500 英镑 CIF 伦敦(按发票金额 110%投保一切险,保险费率为 0.5%)向外商报盘出售一批轻工产品。该外商拟自行投保,要求该公司报 CFR 价。问出口人应从 CIF 价中扣除多少保险费? CFR 价格为多少?

2. 交纳保险费

投保人按约定方式向保险人交纳保险费是保险合同生效的前提条件。在被保险人支付保险费前,保险人可以拒签保险单据。保险费是保险人经营业务的基本收入,是损失赔偿基金的主要来源。保险费是根据保险费率表按保险金额计算的。保险费率(Premium Rate)是由保险公司根据一定时期、不同种类的货物的赔付率,参照国际保险费率水平,按不同险别和目的地加以制定。

目前,我国的出口货物保险费率按照不同商品、不同目的地、不同运输工具和不同险别分别有"一般货物费率"和"指名货物费率"两大类,其费率分别见表 5-2、表 5-3。前者适用于所有的货物,后者仅指特别订明的货物。保险费率表中还有"运输货物战争险、罢工险费率"和"其他规定","其他规定"解决上述三项费率表中不能解决的问题,如一般附加险和特殊附加险的收费标准、转运及联运货物计费方法、内陆运输和保险责任扩展加费等。

微课:保险费的计算

保险费的计算公式为

保险费=保险金额×保险费率

保险金额=CIF 或 CIP 价×(1+投保加成率)

保险费= CIF 或 CIP 价×(1+投保加成率)×保险费率

在我国,保险金额保留整数,不设辅币,小数点后零以上的数都应进位。如 USD38760.02,应当进位写为 USD38761。

表 5-2　一般货物费率表(出口)(部分)

目的地		平安险(%)	水渍险(%)	一切险(%)
亚 洲	中国港、澳、台地区及日本、韩国	0.08	0.12	0.25
	约旦、黎巴嫩、巴林、阿拉伯联合酋长国、菲律宾	0.10	0.20	1.00
	巴基斯坦、印度、孟加拉、马来西亚			1.25
	尼泊尔、阿富汗、也门			1.50
	泰国、新加坡等其他国家			0.60
欧洲、美国、加拿大、大洋洲		0.15	0.20	0.50
中、南美洲		0.15	0.25	1.50
非 洲	埃塞俄比亚、坦桑尼亚、赞比亚、毛里求斯、布隆迪、科特迪瓦、贝宁、刚果、安哥拉、佛得角、卢旺达			2.50
	西班牙加那利群岛、毛里塔尼亚、冈比亚、塞内加尔、尼日利亚、利比里亚、几内亚、乌干达	0.20	0.30	3.50
	其他地区			1.00

表 5-3　　　　指名货物费率表(出口)(部分)

<table>
<tr><th colspan="2">货　物</th><th>加费(%)</th><th>备　注</th></tr>
<tr><td colspan="2">散装、袋装大米，谷物，豆类，玉米</td><td rowspan="2">0.30</td><td>扣短量免赔率 0.5%</td></tr>
<tr><td colspan="2">散装、桶装油类</td><td>散装扣短量免赔率 0.5%</td></tr>
<tr><td colspan="2">铁听、铁桶、木桶装流质或半流质商品</td><td>0.30</td><td></td></tr>
<tr><td colspan="2">干果仁、黑木耳、爆竹、烟花</td><td rowspan="2">0.40</td><td></td></tr>
<tr><td colspan="2">散装、桶装、袋装工业原料，香料，粉、粒商品</td><td>散装扣短量免赔率 0.5%</td></tr>
<tr><td colspan="2">袋装食糖、粗盐</td><td></td><td>扣短量免赔率 0.5%</td></tr>
<tr><td colspan="2">玻璃瓶装食品、中药酒、竹芒编制品、地毯</td><td>0.50</td><td></td></tr>
<tr><td colspan="2">装冷风仓或有恒温设备仓的新鲜食品</td><td></td><td>加贴防腐条款</td></tr>
<tr><td rowspan="2">冻　品</td><td>机械冷藏储运</td><td>0.50</td><td rowspan="2">贴冷藏条款</td></tr>
<tr><td>车装干冰储运</td><td>1.00</td></tr>
<tr><td rowspan="2">罐　头</td><td>玻璃瓶</td><td>0.8</td><td></td></tr>
<tr><td>铁听</td><td>1.50</td><td></td></tr>
<tr><td colspan="2">花生仁、果</td><td>1.00</td><td></td></tr>
<tr><td rowspan="2">饲料类</td><td>袋装</td><td rowspan="2"></td><td rowspan="2">扣短量免赔率 1%～3%</td></tr>
<tr><td>散装</td></tr>
<tr><td colspan="2">篓、坛装食品(包括外加篓装)</td><td>1.50</td><td></td></tr>
<tr><td colspan="2">活牲畜、家禽、鱼</td><td colspan="2">保死亡的费率，根据其珍贵易死程度在 2%～5%内自定，贴活牲畜条款另扣 1%～3%免赔率</td></tr>
</table>

(二)进口货物运输保险实务

1. 投保手续

进口采用 FCA、FOB、CPT、CFR 条件成交时，由进口方负责投保。一些进口业务量较多的企业往往采用事先签订进口预约保险合同的做法，以简化投保手续、防止漏保和延误投保。按照预约保险合同规定，外贸企业无须逐笔填送投保单。在进口货物时，投保人在获悉每批货物的起运消息后，准确将船名、开航日期、航线、货物品名及数量、保险金额等内容，以书面形式通知保险公司，即办理了投保手续，保险公司每月或每季汇总一次，向各外贸企业收取保险费。对于业务量较少的进口企业，也可逐笔办理投保。

2. 交纳保险费

在进口业务中，原则上保险金额按进口货物的 CIF 或 CIP 货值计算，不另加减。我国进口货物保险一般有两种费率表，即“特约费率表”和“进口货物费率表”。“特约费率表”适用于与中国人民保险公司签订有预约保险合同的外贸企业，不分国别和地区，对某一大类商品只定一个费率，有的不分货物和险别，实质上是一种优惠的平均费率。“进口货物费率表”则适用于未与保险公司订立预约合同的其他单位，分一般货物费率和特价费率两项，一般货物费率按不同的运输方式分地区、险别制定，但不分商品，除特价费率中列出的商品之外，适用于其他一切货物。特价费率则是对一些指定商品投保一切险时采用。

五、保险索赔

保险索赔(Insurance Claim)指当被保险人的货物遭受承保责任范围内的风险损失时,被保险人向保险人提出的赔偿要求。

(一)保险索赔条件

当货物抵达目的港,被保险人发现货物遭受承保责任范围内的风险损失时,应就地向保险人或其代理人要求赔偿,但应同时具备以下三个条件:

(1)被保险人要求赔偿的损失,必须是保险公司承保责任范围内的风险造成的损失。

(2)被保险人是保险凭证的合法持有人。

(3)被保险人对保险标的必须拥有可保利益。

(二)保险索赔程序

1. 分析理赔对象

当货物发生损失时,首先应当分析理赔对象。若船方签发的是不清洁提单,则表明货物装船前便有包装不良或货物残损等问题,货物损失责任在卖方;若发现有集装箱铅封被损或不符的问题,责任在于船务公司;若船方签发清洁提单且铅封完好,货物损失又在保险承保责任范围内,则应向保险公司提出索赔。

即问即答:在发生保险承保责任范围内的风险损失时,只要损失确凿就一定能获得保险公司的赔偿吗?

2. 立即向保险公司报损

当被保险人获悉或发现保险货物遭损,应立即通知保险人或指定的检验、理赔代理人,以便保险人与当地商检部门联合检验损失,出具"进口货物残短检验报告",提出施救意见,查核发货人或承运人责任,核实损失原因,确定保险责任和签发检验报告。延迟通知会耽误保险人进行有关工作,引起异议,影响最后的索赔。

3. 向承运人等有关方面提出索赔

被保险人或其代理人在提货时发现货物明显受损或整件短少,除向保险公司报损外,还应立即向承运人、海关以及港务局等索取货损货差证明。当这些损失涉及承运人或其他有关方面(如码头、装卸公司)的责任时,应立即以书面形式提出索赔,并保留追偿权利,必要时还要申请延长索赔时效。

4. 及时采取合理的施救、整理措施

被保险货物受损后,被保险人应该及时对受损货物采取合理的施救、整理措施,防止损失的扩大。特别是对受损货物,被保险人仍需协助保险人进行转售、修理和改变用途等工作。因为相对于保险人而言,被保险人对于货物的性能、用途更加熟悉。因此,原则上残货应由货方处理。因抢救、阻止或减少货损的措施而支付的合理费用,应由保险公司负责,但以不超过该批被救货物的保险金额为限。

5. 备妥必要的索赔单证

保险索赔时应备妥的单证包括:保险单或保险凭证正本;运输契约,如海运提单,铁路、公

路或航空运单和邮政运输单据，多式联运单据等；发票；包装单据；向承运人或有关责任方请求赔偿的书面文件；货物检验报告；海事报告摘录或海事声明书；货损货差证明；列明索赔金额及计算依据，以及有关费用的项目和用途的索赔清单。

6. 等候结案

在等候结案的过程中，如需补办手续或提供证件等，要积极配合抓紧办理。如果手续齐全但却迟迟没有结果，应立即抓紧催赔。

课后任务

1. 磋商小组根据所学专业知识对初步磋商的保险条款进行修改，把修改后的磋商结果填在“合同磋商备忘录”里。

2. 上网查找中英文版的投保单和保险单范本，并比照学习。

3. 预习下一个任务：收付工具。

知识测试

一、单选题

1. 在保险人所承保的海上风险中，雨淋、渗漏属于（　　）。

A. 自然灾害　　B. 意外事故　　C. 一般外来风险　　D. 特殊外来风险

2. 提货不着属于（　　）。

A. 意外事故　　B. 海上风险　　C. 外来风险　　D. 自然灾害

3. 某外贸公司出口茶叶5公吨，在海运途中遭受暴风雨，海水涌入舱内，致使一部分茶叶发霉变质，这种损失属于（　　）。

A. 实际全损　　B. 推定全损　　C. 共同海损　　D. 单独海损

4. 船舶搁浅时，为使船舶脱险而雇用驳船强行脱浅所支出的费用，属于（　　）。

A. 实际全损　　B. 推定全损　　C. 共同海损　　D. 单独海损

5. 我方公司按FOB进口一批玻璃器皿，在运输途中的装卸、搬运过程中，部分货物破碎受损。要得到保险公司赔偿，我方公司应该投保（　　）。

A. 平安险　　B. 一切险　　C. 破碎险　　D. 一切险加破碎险

6. 根据我国海洋运输货物保险条款的规定，承保范围最大的基本险别是（　　）。

A. 平安险　　B. 水渍险　　C. 一切险　　D. 罢工险

7. 我国海洋运输货物保险条款中海洋运输货物保险险别中，不能独立投保的是（　　）。

A. 平安险　　B. 水渍险　　C. 一切险　　D. 交货不到险

8. 根据“仓至仓”条款的规定，从货物在目的港卸离海轮时起满（　　），不管货物是否进入保险单载明的收货人仓库，保险公司的保险责任均告终止。

A. 15天　　B. 30天　　C. 10天　　D. 60天

9.根据现行伦敦《协会货物条款》的规定，承保风险范围最大的险别是（　　）。

A. ICC(A)　　B. ICC(B)　　C. ICC(C)　　D. 战争险

10. CIF纽约价格条件的出口合同，由卖方向中国人民保险公司投保一切险，船到纽约港口卸货完毕后发现缺少10箱货物，经查明属于保险单责任范围，这时（　　）。

A. 买方可向卖方索赔

B. 买方可向纽约中国人民保险公司代理人索赔

C. 卖方可向当地中国人民保险公司索赔

D. 卖方可向纽约中国人民保险公司代理人索赔

二、多选题

1.在海洋运输货物保险业务中，构成被保险货物实际全损的情况有（　　）。

A. 保险标的物完全灭失

B. 被保险人已不能恢复保险标的物所丧失的所有权

C. 保险标的物发生变质，失去原有使用价值

D. 船舶失踪达到一定时期

2.共同海损不属于（　　）。

A. 推定全损　　B. 部分损失　　C. 单独海损　　D. 实际全损

3.我方公司以CFR条件进口一批货物，在海运途中部分货物丢失。要得到保险公司赔偿，我方公司可投保（　　）。

A. 平安险　　B. 一切险

C. 平安险加保偷窃提货不着险　　D. 一切险加保偷窃提货不着险

4.我方公司按CIF条件出口棉花100包，货物在海运途中因货舱内水管渗漏，致使20包棉花遭水渍受损，在投保（　　）时，保险公司不负责赔偿。

A. 平安险　　B. 水渍险　　C. 战争险　　D. 一切险

5.根据我国海洋运输货物保险条款的规定，下列损失中，属于水渍险承保范围的有（　　）。

A. 由于海啸造成的被保货物的损失　　B. 由于下雨造成的被保货物的损失

C. 由于船舱淡水水管渗漏造成的被保货物的损失

D. 由于船舶搁浅造成的被保货物的损失

6.在投保水渍险后，还可以加保（　　）。

A. 平安险　　B. 受潮受热险　　C. 串味险　　D. 战争险

7.在投保一切险后，还可以加保（　　）。

A. 水渍险　　B. 短量险　　C. 罢工险　　D. 战争险

8.根据英国伦敦《协会货物条款》的规定，下列险别中，可以单独投保的有（　　）。

A. ICC(A)　　B. ICC(B)　　C. ICC(C)　　D. 恶意损害险

9.以CIF、CIP贸易术语成交的出口合同中的保险条款一般包括（　　）。

A. 投保人　　B. 保险金额的确定　　C. 投保险别　　D. 适用保险条款

10.以下属于保险单证的有（　　）。

A. 商业发票　　B. 保险单　　C. 保险凭证　　D. 预约保单

三、判断题

1.海洋运输货物保险业务中的意外事故，仅局限于发生在海上的意外事故。（　　）

2.被保险人丧失对保险标的的自由使用权，且不大可能在合理时间内重新获得该保险货物，可做实际全损处理。（　　）

3.构成共同海损的条件之一是在海难中船舶和货物都必须遭到一定的损失。（　　）

4.共同海损要由受益各方根据获救利益大小按比例分摊。（　　）

5. 当被保险货物遭受承保范围内的灾害事故时，由保险人或被保险人以外的第三者采取救助行为而花费的费用称施救费用。　(　　)

6. 平安险与水渍险的重要区别在于，前者保险公司不承保单独由自然灾害造成的部分损失，而后者则承保此项损失。　(　　)

7. 一切险的承保范围包括由自然灾害、意外事故以及一切外来风险所造成的被保险货物的损失。　(　　)

8. 中国人民保险公司对战争险的责任起讫与基本险的责任起讫相同，都采用“仓至仓”条款。　(　　)

9. 投保人在选择保险险别时，应根据货物运输的实际情况予以全面衡量，正确选择投保险别。　(　　)

10. 保险单据的签发日期不得早于运输单据的签发日期。　(　　)

四、计算题

1. 深圳某公司对某外商出口茶叶 300 箱（每箱净重 20 千克），价格条款 CIF 伦敦每箱 50 英镑，向中国人民保险公司投保水渍险，以 CIF 价格加成 10%作为投保金额，保险费率为 0.2%。问保险金额及保险费为多少？

2. 山东某公司出口某种商品，对外报价为 FOB 青岛每吨 400 美元，现外商要求改为 CIF 旧金山，已知运费为 FOB 青岛价的 5%，保险费率为 0.5%，投保加成率为 10%。请问该如何报价？

3. 某商品对外报价每公吨 320 英镑 CFR 汉堡，但客户要求改报 CIF 汉堡，并按发票金额的 110%投保一切险和战争险(一切险费率为 0.3%，战争险费率为 0.05%)，应报价多少？

情景再现

1. 某外贸公司按 CIF 术语出口一批货物，装运前已向保险公司按发票总值的 110%投保平安险，9 月初货物装运完毕顺利起航。载货船舶于 9 月 8 日在海上遇到暴风雨，致使一部分货物受到水渍损失。数日后，该轮又突然触礁，致使该批货物又遭到部分损失。

请问保险公司对该批货物的损失是否赔偿？为什么？

2. 某货轮从上海驶往温哥华，在航行的途中船舶货舱起火，大火蔓延到机舱，船长为了船货的共同安全，决定采取紧急措施，往舱中灌水灭火。火虽被扑灭，但由于主机受损，无法继续航行，于是船长决定雇用拖轮将货船拖回上海港修理，检修后重新驶往温哥华。事后调查，这次事件造成的损失有：(1)1000 箱货物被火烧毁；(2)600 箱货物由于灌水灭火而受到损失；(3)主机和部分甲板被烧坏；(4)拖轮费用；(5)额外增加的燃料和船长、船员的工资。

从上述各项损失的性质看，哪些属于单独海损？哪些属于共同海损？

3. 我方某出口公司以 CIF 条件出口纯棉 T 恤一批，装运前按合同规定投保了水渍险，货物装妥顺利起航。但航行不久，在海上遭受暴风雨，海水涌进舱内，致使部分货物遭到水渍，损失价值达 1000 美元。数日后，又发现部分货物因舱内食用水管破裂漏水致使受损，估计货损达 1500 美元。

请问这些损失应由谁承担？为什么？

4. 我方某出口公司按 CIF San Francisco 成交一批出口货物，后国外来证要求在提单上的“Shipping Mark”栏加注“San Francisco OCP Chicago”字样，我方在投保时为了单证一致，而且考虑到有利于使用内陆运输优惠政策，认为可以照办而不必要求对方改证，在保险单上的有关项目也照此填写。

请问这样做是否妥当？为什么？

职场体验

1. 专业术语翻译

(1) 平安险 (2)水渍险 (3)一切险 (4)仓至仓条款 (5)保险单

(6) War Risk (7)General Average (8)Particular Average

(9)Insurable Interest

2. 试翻译以下出口合同的保险条款

(1)由卖方按发票金额加成10%投保中国人民保险公司1981年1月1日制定的海洋运输货物保险条款平安险、串味险和包装破裂险。

(2)To be covered by the Seller for 110% of invoice value against ICC(C) and Institute War Clauses(Cargo) as per ICC dated 1981/1/1, including warehouse to warehouse clause.

3. 试填制下列贸易背景下应选择的险别

序号	货物名称	运输方式	贸易术语	起运地	目的地	险别
1	花生	海运	CIF	上海	纽约	
2	茶叶	铁路联运	CIP	连云港	鹿特丹	
3	新闻纸	海运	FOB	大阪	大连	

4. 试用中英文写出按以下贸易条件成交的合同中的保险条款

(1)以CFR成交，买方委托卖方投保平安险、短量险

(2)以CIF成交，卖方投保一切险、战争险

(3)以FOB成交

5. 某出口公司以CIF或CIP贸易术语对外发盘，如按以下险别签订保险条款是否妥当？如有不妥，试予以更正并说明理由

(1)一切险、短量险、串味险

(2)水渍险、一切险、受潮受热险、战争险

(3)平安险、进口关税险

(4)短量险、钩损险、战争险、罢工险

(5)航空运输一切险、淡水雨淋险

6. 试分析下列CIF出口贸易合同的保险条款，指出其中错误或不合理的地方

(1)保险：由卖方投保。

(2)保险：由买方按发票金额加成10%投保战争险。

(3)保险：由卖方按发票金额加成50%投保中国人民保险公司1981年1月1日制定的海洋运输货物保险条款陆运一切险和锈损险。

(4)Insurance: To be covered by the Seller for 110% of invoice value against All Risks and Hook Damage Clause, as per ICC dated 1982/1/1.

(5)Insurance: To be covered by the Seller for 110% of invoice value against ICC (B) and Institute War Clauses(Cargo) as per CIC dated 1981/1/1.

学习情境6

货物价格条款的磋商

学习目标

【能力目标】

1. 能根据贸易背景选择适当的计价货币、作价方法
2. 能根据贸易背景分析进出口成本的构成和费用项目
3. 能计算佣金和折扣
4. 能根据贸易背景进行报价核算和进出口盈亏核算
5. 能根据贸易背景起草完整的价格条款
6. 能对给定的价格条款进行分析，并提出修改意见

【知识目标】

1. 理解作价原则和作价方法
2. 掌握单价的构成
3. 掌握佣金、折扣的含义
4. 掌握进出口价格的构成和不同贸易术语之间的价格换算
5. 掌握报价核算和进口盈亏核算的方法和程序
6. 掌握合同中完整的价格条款应包含的内容

6.1 单价构成和报价核算

任务描述

报价核算

1. 选择适当的计价货币。

2. 出口组：商定各项费用，其中出口关税率、出口退税率、订舱费、港杂费、国际运费、保险费率等可上网查询，与老师商定货物的进货成本，并填入表6-1。

表6-1 出口组查询信息记录

出口组	出口货物名称		贸易术语		货柜规格		货物分批批次		( )元汇率	
型号/货号	货物数量	货柜数量	国内运费	港杂费	报关报检费	订舱费	管理费	财务费用	国内费用总计	单位国内费用
		个	( )元	( )元/柜	( )元/批	( )元/柜	( )元	( )元	( )元	( )元
型号/货号	进货成本	出口退税率	实际进货成本	出口关税率	出口关税税额	FOB成本	国际运费	保险费率	CFR成本	CIF成本
	( )元		( )元		( )元	( )元	( )元/柜		( )元	( )元

3. 进口组：商定各项费用，其中进口关税率、港杂费、国际运费、保险费率等可上网查询，与老师商定货物的国内分销价，并填入表6-2。

表6-2 进口组查询信息记录

进口组	进口货物名称		贸易术语		货柜规格		货物分批批次		( )元汇率	
型号/货号	货物数量	货柜数量	国内运费	港杂费	报关报检费	订舱费	管理费	财务费用	国内费用总计	单位国内费用
		个	( )元	( )元/柜	( )元/批	( )元/柜	( )元	( )元	( )元	( )元
型号/货号	国内分销价	进口关税率	关税税额	增值税率(13%)	消费税率(%)	CIF最高价	国际运费	保险费率	CFR最高价	FOB最高价
	( )元		( )元	( )元	( )元	( )元	( )元/柜		( )元	( )元

4. 根据小组贸易背景进行报价核算。

5. 磋商结果由记录员记录在磋商记录表里，观察员如实填写观察汇报表。

6. 时间：25分钟。

【任务分析】

国际市场价格是以国际价值为基础，反映了国际市场的供求关系。相对于国内贸易而言，国际贸易中货物成交单价的构成更加复杂，其表现形式与国内贸易中货物的单价相比也有明显不同。在对外正式报价以前，进出口双方首先要选定适当的结算货币，其次应对货物进口总成本或出口总成本的构成进行分析，并结合贸易术语进行报价核算。

本次磋商任务中，进出口双方需要考虑的问题是：选择结算货币应遵循什么原则？进口总成本应包含哪些项目？出口总成本应包含哪些项目？进出口报价核算的步骤是什么？

相关知识

一、单价的构成

单价(Unit Price),即买卖双方成交商品的单位价格。相对于国内贸易的单价而言,国际贸易的单价构成更加复杂,它由计量单位、单位价格金额、计价货币和贸易术语四部分组成,缺一不可,贸易术语已在学习情境 3 中详细介绍,在此不重复介绍。

每公吨 100 美元 CIF 上海,USD100 per M/T CIF Shanghai。

例中:USD 为计价货币,100 为单位价格金额,M/T 为计量单位,CIF Shanghai 为贸易术语。

(一)计量单位

一般情况下,计量单位应该与合同数量条款中使用的计量单位一致。如合同数量条款以"公吨"为计量单位,则单价中应以"公吨"为单位计价,而不应采用"千克"或"公斤"计价。再如,合同数量条款以"打"为计量单位,则单价应以"打"计价,而不应采用"个"或"件"。

(二)单位价格金额

单位价格金额的大小直接影响着买卖双方的经济利益,它是价格条款的核心。在交易磋商过程中,买卖双方应认真核算成本后慎重报价,避免报错价格造成被动。

(三)计价货币

计价货币是指买卖双方约定用来计算价格的货币。当合同没有约定用其他货币支付时,计价货币就是支付货币。在国际贸易中,使用哪种货币作为成交商品的计价货币,必须明确规定,以免因买卖双方理解不同而引起争议。

根据国际贸易的特点,用来计价的货币,可以是出口国家货币,也可以是进口国家货币或双方同意的第三国货币,还可以是某一种记账单位,由买卖双方协商确定。计价货币通常与支付货币为同一种货币,也可以计价货币是一种,而支付货币为另一种甚至几种货币。

课堂讨论

为什么在进口业务中尽量使用"软币",而出口业务中尽量使用"硬币"?

由于货币的币值不稳定,买卖双方在选择计价货币时,应遵循以下两个原则:

1. 使用可自由兑换的货币

当一种货币的持有人能把该种货币兑换为任何其他国家的货币而不受限制,则这种货币就被称为可自由兑换货币。世界上有 50 多个国家或地区接受了《国际货币基金协定》中关于货币自由兑换的规定,也就是说,这些国家或地区的货币被认为是自由兑换的货币,其中主要有:美元(USD)、欧元(EUR)、日元(JPY)、挪威克朗(NOK)、港元(HKD)、加拿大元(CAD)、澳大利亚元(AUD)、新西兰元(NZD)、新加坡元(SGD)。

2. 避免汇率风险

由于各国使用的货币不同,加上各国间货币汇率经常变化,因此,在国际货款收付结算的时候,就会产生汇率风险。在出口业务中,一般应尽可能争取多使用汇率稳定且有升值趋势的货币,即"硬币"。在进口业务中,一般应尽可能争取多使用汇率有下降趋势的货币,即"软币"。

但在实际业务中，以什么货币作为计价货币，还应视双方的交易习惯、经营意图以及价格而定。如果为达成交易而不得不采取对我方不利的货币，则可用下述两种办法补救：一是根据该种货币今后可能的变动幅度，相应调整对外报价；二是在可能的条件下，争取订立保值条款，以避免计价货币汇率变动的风险。

目前，在进出口业务中常用的计价货币及相应的货币代码，见下表6-3。

表 6-3 常用货币对照表

货币名称	货币符号	货币代码	货币全称
美元	US$	USD	UNITED STATES DOLLAR
英镑	£	GBP	POUND STERLING
欧元	€	EUR	EUROPEAN DOLLAR
加拿大元	C$	CAD	CANADIAN DOLLAR
港元	HK$	HKD	HONG KONG DOLLAR
日元	J¥	JPY	JAPANESE YEN
澳大利亚元	A$	AUD	AUSTRALIAN DOLLAR
人民币元	RMB¥	CNY	CHINESE RENMINBI YUAN

二、佣金与折扣

（一）佣金

微课：佣金

佣金(Commission)又称手续费(Brokerage)，是指买方或卖方支付给介绍交易或代为买卖的中间商(经纪人或代理人)，为其对货物的销售或购买提供中介服务的报酬。例如，出口商支付佣金给销售代理人，进口商支付佣金给采购代理人。给予中间商佣金会提高其与我方公司成交的积极性，但也意味着进出口方费用的增加。因此，佣金率的高低关系到商品的价格和竞争能力，应该根据不同商品、不同市场、不同的交易对象灵活掌握，合理规定，切不可千篇一律，机械行事。一般来说，成交数量大或畅销商品应低一点，对新商品或积压品可高一点。佣金率一般在1%～5%为宜。

1. 佣金的表示方法

佣金有明佣和暗佣之分。凡在价格中表明含佣金若干的为明佣。凡在价格中不表明但实际上又另外约定含佣金若干的为暗佣，由当事人按约定另行私下交付。含有明佣和暗佣的价格通称为含佣价(Price Inculding Commission)。凡价格中不含佣金或折扣的称为净价(Net Price)。

暗佣表面上与净价没有区别，但为明确起见，一般在净价的贸易术语后加“Net”字样。

(1)明佣：USD100 per M/T CIF London including 2% commission.

(2)暗佣：USD25.00 per case CFR New York.

2. 佣金的规定方法

(1)规定佣金率。

(1)每公吨 100 美元 CIF 香港包括 3%佣金。
USD100 per M/T CIF Hong Kong including 3% commission.
(2)每公吨 100 美元 CIFC3%香港。
USD100 per M/T CIFC3% Hong Kong.
USD100 per M/T CIFC3 Hong Kong.

(2)以绝对数表示佣金。

每公吨 100 美元 CIF 香港含 30 美元佣金。
USD100 per M/T CIF Hong Kong including USD30 per M/T commission.

在实践中,通常以佣金率来表示佣金。

3. 佣金的计算方法

在国际贸易中,佣金的计算方法不尽相同。主要区别在于以佣金率的方法规定佣金时,计算佣金的基数是成交价格(发票金额)还是 FOB 价格。在实际业务中,以成交价格(发票金额)还是 FOB 价格作为计佣基数,一般是由买卖双方协商决定,而没有统一的规定。但由于前者计算方便,操作比较简便,实践中使用较多。

佣金的计算公式为

单位货物佣金额=含佣价×佣金率

净价=含佣价－单位货物佣金额=含佣价×(1－佣金率)

含佣价=净价/(1－佣金率)

(1)某出口公司对外报价某商品每公吨 1000 美元 CIF 东京,外商要求 4%佣金。在保持我方净收入不变的情况下,应该报含佣价为

CIFC4%=CIF 净价/(1－4%)=1000/(1－4%)≈1041.67 美元

(2)对外报价为每公吨 1000 美元 CIFC2%汉堡,外商要求将佣金率提高至 4%。在保持我方净收入不变的情况下,应报价为

CIFC4%=CIF 净价/(1－4%)=1000×(1－2%)/(1－4%)≈1020.83 美元

4. 佣金的支付

佣金的支付要根据中间商提供服务的性质和内容而定,通常有以下三种支付方法:

(1)出口企业收到全部货款后再支付佣金给中间商或代理商。

(2)中间商在付款时直接从货价中扣除佣金。

(3)买卖双方达成交易后就支付佣金给中间商。

我国出口业务中通常采用第一种方法支付佣金。第二种方法通常是在货款经中间商结算时使用。第三种方法由于不能保证交易的顺利进行而很少使用。

(二)折扣

折扣(Discount,Rebate,Allowance)是指卖方给予买方一定的价格减让,即在原价基础上给予适当的优惠。在我国对外贸易中,使用折扣主要是为了扩大对外销售。

1. 折扣的表示方法

折扣一般在合同的价格条款中明确规定(明扣),也有双方私下就折扣问题达成协议而不在合同中表示出来的(暗扣或回扣)。

(1)用百分比表示折扣比例。

(1)每公吨1000美元CIF伦敦折扣2%。

USD1000 per M/T CIF London including 2% discount.

(2)每公吨1000美元CIF伦敦减2%折扣。

USD1000 per M/T CIF London less 2% discount.

USD1000 per M/T CIFD2 London.

USD1000 per M/T CIFD2% London.

USD1000 per M/T CIFR2% London.

(2)用绝对数表示折扣。

每公吨折扣10美元。

Per M/T less USD10 discount.

2. 折扣的计算和支付

折扣通常是以成交金额或发票金额为基础计算的,计算公式如下:

单位货物折扣额=原价(或含折扣价)× 折扣率

卖方实际净收入=原价(或含折扣价)− 折扣额

折扣一般在买方支付货款时预先扣除。如果是暗扣,在合同中并不表示出来,则应按双方私下协议另行支付。

即问即答:为什么说国家实行出口退税政策的目的是鼓励出口?

三、出口价格核算

(一)价格构成

1. 实际进货成本

实际进货成本是指出口企业或外贸单位为出口其产品进行生产或加工或采购所实际支付的生产成本或加工成本或采购成本。如果为生产或加工或采购该出口产品而支付的进货价格中包含出口退税收入,则还要从该进货价格中扣除退税收入。计算公式为

实际进货成本=进货价(含增值税)− 出口退税收入

出口退税收入=[进货价(含增值税)/(1+13%)]×出口退税率

实际进货成本=进货价(含增值税)×[1−出口退税率/(1+13%)]

2. 费用

费用的核算比较复杂,主要包含国内费用和国外费用两部分。

(1)国内费用的计算公式为

国内费用=国内运费+订舱费+港杂费+报关报检费+财务费用+经营管理费

①国内运费是指货物从仓库到码头、车站、空港、集装箱货运站、集装箱堆场等地的运费。

②订舱费是指因为货代为货主订舱而发生的费用。订舱费的收费标准因船务公司、货代和货柜标准的不同而不同。一般情况下，20 英尺的货柜收费为 100 元～300 元，40 英尺的货柜收费为 200 元～400 元。

③港杂费是指货物在港口码头发生的费用，不同码头的收费项目和内容各不相同。一般包括港口安保费、铅封费、信息费、单证费/文件费、场地装箱费、码头操作费（Terminal Handling Charge，简称 THC）等。其中，港口安保费、铅封费、信息费一般每个集装箱均在 50 元以内；单证费/文件费一般是一笔业务 200 元以内；20 英尺集装箱的装箱费为 150 元～700 元，40 英尺集装箱的装箱费为 400 元～1200 元；20 英尺集装箱的码头操作费为 450 元～500 元，40 英尺集装箱的码头操作费为 700 元～800 元。

④报关报检费是指由代理报关公司为货主代理报关和报检时收取的费用。一般按照一笔业务一次性收取，每笔业务收取 100 元～400 元不等。

⑤财务费用是指企业为筹集生产经营所需资金等而发生的费用，包括利息支出、汇兑损失以及相关的手续费等。其中利息支出所占比例最大，周转期越长的业务，其利息支出越多，反之则越少。

⑥经营管理费又称为业务定额费，包括邮电通信费、交通差旅费、招待客户费等。

（2）国外费用包含国外运费、国外保险费，以及支付给中间商的佣金。计算公式为

国外费用＝国外运费＋国外保险费＋佣金

①国外运费是指货物从装运港到目的港之间的运输费用，包括基本运费和附加运费。计算公式为

国外运费＝基本运费＋附加运费

②国外保险费是指货物因投保国际货物运输保险而交纳的保险费。计算公式为

国外保险费＝ CIF 价×投保加成×保险费率

③佣金前面已讲，此处略。

3. 出口关税

出口关税是指海关以出境货物为课税对象所征收的关税。征收出口关税的目的是限制、调控某些商品的过度、无序出口，特别是防止一些重要自然资源和原材料的无序出口。为鼓励出口，世界各国一般不征收出口关税，或仅对少数商品征收出口关税。我国出口关税主要以货物的价格作为计税标准。计算公式为

出口关税＝出口货物完税价格×出口关税率

出口货物完税价格 ＝FOB 价/（1＋出口关税率）

4. 利润

利润指的是卖方的预期利润，是指以成交价为基数的一定百分比算出的卖方收益。计算公式为

预期利润＝报价×预期利润率

根据以上价格构成介绍，可知 FOB、CFR 和 CIF 价格的构成分别是：

FOB 报价＝实际进货成本＋国内费用＋出口关税＋预期利润

CFR 报价＝实际进货成本＋国内费用＋出口关税＋国外运费＋预期利润

CIF 报价＝实际进货成本＋国内费用＋出口关税＋国外运费＋国外保险费＋预期利润

即问即答：请根据 FOB、CFR 和 CIF 之间的换算步骤和方法，对 FCA、CPT 和 CIP 进行换算，并列出公式。

微课：FOB、CFR和CIF之间的价格换算

（二）FOB、CFR和CIF之间的价格换算

CIF＝CFR＋国外保险费（I）
＝FOB＋国外运费（F）＋国外保险费（I）
国外保险费＝CIF×投保加成×保险费率

1. 已知FOB价时

CFR价＝FOB价＋F
CIF价＝（FOB价＋F）/（1－投保加成×保险费率）

2. 已知CFR价时

FOB价＝CFR价－F
CIF价＝CFR价/（1－投保加成×保险费率）

3. 已知CIF时

FOB价＝CIF价×（1－投保加成×保险费率）－F
CFR价＝CIF价×（1－投保加成×保险费率）

范例

我方某公司从上海出口货物1000公吨，原报出口价格为每公吨1000美元CIF汉堡，现客户要求改报FOB上海价。已知该种货物每公吨出口运费为150美元，原报CIF价中，投保险别为一切险，保险费率为1%，按CIF价的110%投保。求应报的FOB上海价。

FOB价＝CIF价×（1－投保加成×保险费率）－国外运费
＝1000×（1－110%×1%）－150
＝839美元

应报FOB上海价为每公吨839美元。

微课：出口价格核算FOB

（三）报价核算

我们分别以FOB、CFR和CIF为例来说明出口报价的步骤及使用的公式。如上所述，我们可以得知

FOB报价＝实际进货成本＋国内费用＋出口关税＋预期利润
预期利润＝FOB报价×预期利润率
出口关税＝FOB报价×出口关税率/（1＋出口关税率）

$$\text{FOB报价}\times\left(1-\frac{\text{出口关税率}}{1+\text{出口关税率}}-\text{预期利润率}\right)=\text{实际进货成本}+\text{国内费用}$$

由于出口关税率通常为零，所以FOB报价的计算公式通常为

FOB报价＝（实际进货成本＋国内费用）/（1－预期利润率）

同理，如果所报FOB价格是含佣价的话，由于

佣金＝含佣价×佣金率

因此

FOBC报价＝（实际进货成本＋国内费用）/（1－佣金率－预期利润率）

根据FOB、CFR和CIF之间的换算公式，可以得出

CFR报价＝（实际进货成本＋国内费用＋国外运费）/（1－预期利润率）
CFRC报价＝（实际进货成本＋国内费用＋国外运费）/（1－佣金率－预期利润率）
CIF报价＝（实际进货成本＋国内费用＋国外运费）/（1－预期利润率－投保加成×保险费率）
CIFC报价＝（实际进货成本＋国内费用＋国外运费）/（1－佣金率－预期利润率－投保加成×保险费率）

范例

我方某工艺品进出口公司拟向其客户出口某种工艺品 100 箱，该产品国内采购价为每件 28 元人民币，按每 50 件装一个纸箱，国内运费共 1700 元人民币，商检报关费 300 元人民币，港杂费 1400 元人民币，经营管理费用 6000 元人民币，财务费用 4000 元人民币。经核实，该批货物出口需运费 800 美元，如由我方投保，其保险按 CIF 成交价加一成投保一切险，费率为 0.5%。另外，这种产品出口退税率为 13%。现假设该公司欲获得 10%的预期利润，且国外客户要求价格中含 5%佣金，试报该产品的 FOBC5 及 CIFC5 美元价格(当时美元对人民币的汇率为 1∶8，计算过程保留 4 位小数，计算结果保留两位小数)。

解：出口总数＝100×50＝5000 件

(1)报价成本核算

实际进货成本＝进货价 ×[1－出口退税率/(1＋13%)]＝28 ×[1－13%/(1＋13%)]≈24.7788 元人民币/件

(2)报价费用核算

国内费用＝(1700＋300＋1400＋6000＋4000)/5000＝ 2.68 元人民币/件

国外运费＝800/5000＝0.16 美元/件

(3)报价核算

FOBC5 ＝[(实际进货成本＋国内费用)/(1－预期利润率－佣金率)]/8

＝[(24.7788＋2.68)/(1－10%－5%)]/8≈4.04 美元/件

CIFC5 ＝(实际进货成本＋国内费用＋国外运费)/(1－佣金率－预期利润率－投保加成×保险费率)

＝[(24.7788＋2.68)/8＋0.16]/[1－5%－10%－(1＋10%)×0.5%]

＝3.5924/0.8445

≈4.25 美元/件

范例

荣成贸易公司收到日本冈岛株式会社求购 17 吨冷冻水产(计一个 20 英尺集装箱)的询盘，经了解该级别水产每吨的进货价为 5600 元人民币(含增值税 13%)；出口包装费每吨 500 元人民币；该批货物国内运输杂费共计 1200 元人民币；出口的报检费 300 元人民币；报关费 100 元人民币；港区港杂费 950 元人民币；其他各种费用共计 1500 元人民币。荣成公司向银行贷款的年利率为 8%；预计垫款时间为 2 个月；银行手续费为 0.5%(按成交价格计)；出口冷冻水产的退税率为 3%；海洋运费从装运港青岛至日本神户一个 20 英尺冷冻集装箱的包箱费率是 2200 美元；客户要求按成交价格的 110%投保平安险，保险费率 0.85%；冈岛株式会社要求在报价中包括其 3%的佣金。若荣成贸易公司的预期利润率是 10%(按成交金额计)；当时美元对人民币的汇率为 1∶8.25。试报出每吨水产的 FOBC3%、CFRC3%、CIFC3%价。

(1)报价成本核算

实际进货成本＝进货价(含增值税)×[1－出口退税率/(1＋13%)]

＝5600×[1 －3%/(1＋13%)]

≈5451.3274 元人民币/吨

(2)报价费用核算

国内费用＝500＋(1200＋300＋100＋950＋1500)÷17＋5600×8%×2÷12

≈812.9020 元人民币/吨

银行手续费＝报价×0.5%

客户佣金＝报价×3%

国外运费＝2200×8.25÷17≈1067.6471 元人民币/吨

国外保费＝CIF 价×(1＋10%)×0.85%

(3)报价利润

利润＝报价×10％

(4)报价核算

FOB含佣价＝实际成本＋国内费用＋银行手续费＋客户佣金＋预期利润

FOBC3％＝[5451.3274＋812.9020＋FOBC3％×0.5％＋FOBC3％×3％＋FOBC3％×10％]÷8.25

＝[(5451.3274＋812.9020)÷(1－0.5％－3％－10％)]÷8.25

≈877.81美元/吨

CFR含佣价＝实际成本＋国内费用＋出口运费＋银行手续费＋客户佣金＋预期利润

CFRC3％＝(5451.3274＋812.9020＋1067.6471＋CFRC3％×0.5％＋CFRC3％×3％＋CFRC3％×10％)÷8.25

＝[(5451.3274＋812.9020＋1067.6471)÷(1－0.5％－3％－10％)]÷8.25

≈1027.42美元/吨

CIF含佣价＝实际成本＋国内费用＋出口运费＋银行手续费＋客户佣金＋出口保险费＋预期利润

CIFC3％＝(5451.3274＋812.9020＋1067.6471＋CIFC3％×0.5％＋CIFC3％×3％＋CIFC3％×110％×0.85％ ＋CIFC3％×10％)÷8.25

＝[(5451.3274＋812.9020＋1067.6471)÷(1－0.5％－3％－110％×0.85％－10％)]÷8.25

≈1038.64美元/吨

17吨冷冻水产报价：

USD877.81 per M/T FOBC3％ Qingdao.

USD1027.42 per M/T CFRC3％ Kobe.

USD1038.64 per M/T CIFC3％ Kobe.

四、进口价格核算

(一)价格构成

1.进口总成本

进口总成本是指进口商品的进货价，以及在销售前发生的一切费用和税费，即进口CIF价加上国内费用和进口税费。计算公式为

进口总成本＝CIF价＋进口税费＋国内费用

显然，进口总成本不能高于国内分销价(进口货物在国内进行一级批发的价格)。如果已知进口货物的国内分销价，可以倒推出进口货物的CIF最高价，即进口商不能以高于该CIF最高价的价格进口货物，否则将亏损。计算公式为

CIF最高价＝国内分销价－进口税费－国内费用

2.进口税费

进口税费是指货物在进口环节中由海关依法征收的一切税费。根据我国《海关法》和《关税条例》，进口税费包括关税和进口环节海关代征税。进口环节海关代征税包括消费税和增值税。计算公式为

进口税费＝进口关税＋消费税＋增值税

进口关税是指一国海关以进境货物为课税对象所征收的关税。大部分国家的海关以货物

的价格作为计税标准。计算公式为

进口关税＝CIF 价× 进口关税率

消费税是以消费品或消费行为的流转额作为课税对象而征收的一种流转税。我国开征消费税的目的是调整我国的消费结构，引导消费方向，故仅选择少数消费品征收。计算公式为

消费税＝消费税组成计税价格×消费税率

消费税组成计税价格＝(CIF 价＋进口关税)/(1－消费税率)

增值税是以商品的生产、流通和劳务服务各个环节所创造的新增价值为课税对象的一种流转税。我国增值税的基本税率是 13%，低税率是 9%。除了粮食、食用植物油、自来水、暖气、石油液化气、天然气、图书、报纸、饲料、化肥、农药等少数货物采用低税率外，其他的均适用基本税率。计算公式为

增值税＝增值税组成计税价格×增值税率

增值税组成计税价格＝CIF 价＋进口关税＋消费税

3. 国内费用

进口货物的国内费用和出口的相同。

4. 利润

利润指的是买方的预期利润，是指以成交价为基数的一定百分比算出的买方收益。计算公式为

预期利润＝报价×预期利润率

根据以上价格构成介绍，可知 CIF、CFR 和 FOB 价格的构成分别是

CIF 报价＝国内分销价－进口税费－国内费用－预期利润

CFR 报价＝国内分销价－进口税费－国内费用－国外保险费－预期利润

FOB 报价＝国内分销价－进口税费－国内费用－国外运费－国外保费－预期利润

(二)报价核算

我们分别以 CIF、CFR 和 FOB 为例来说明进口报价的步骤及使用的公式。如上所述，我们可以得知

微课：进口价格核算 CIF

CIF 报价＝国内分销价－进口税费－国内费用－预期利润

预期利润＝报价×预期利润率

进口税费＝进口关税＋消费税＋增值税＝ CIF 价× 进口关税率＋ CIF 价×(1＋进口关税率)×消费税率/(1－消费税率)＋ CIF 价×(1＋进口关税率)×[1＋(消费税率/1－消费税率)]×增值税率＝CIF 价×[进口关税率＋(1＋进口关税率)×(消费税率＋增值税率)/(1－消费税率)]

当消费税率为零时，进口税费的计算公式为

进口税费＝ CIF 价×[进口关税率＋(1＋ 进口关税率)×增值税率]

当消费税率和增值税率都为零时，进口税费的计算公式为

进口税费＝ CIF 价× 进口关税率

CIF 报价＝(国内分销价－进口税费－国内费用)/(1＋预期利润)

同理，如果客户要求报含佣价，要么相应提高国内分销价，要么将净价直接改为 CIFC 含佣价，也即直接让利于客户，从利润中支付佣金。因此，CIFC 的报价与 CIF 价相同，都是根据国内分销价倒推计算的。

CIF 报价＝(国内分销价－进口税费－国内费用)/(1＋预期利润率)

根据 FOB、CFR 和 CIF 之间的换算公式，可以得出

CFR 报价＝(国内分销价－进口税费－国内费用－国外保险费)/(1＋预期利润率)

FOB 报价＝[(国内分销价－进口税费－国内费用)(1－投保加成×保险费率)－国外运费]/(1＋预期利润率＋投保加成×保险费率)

范例

深圳某公司拟从韩国釜山进口1个20英尺货柜的毛制针织婴儿服装6600套，330箱，20套/箱。该批婴儿服装的国内分销价为80元人民币/套，国内运输杂费共计2000元人民币；进口报检费300元人民币；报关费200元人民币；港区港杂费1500元人民币；管理费用3000元人民币；财务费用4000元人民币。从韩国釜山到深圳一个20英尺货柜的包箱费率为300美元，进口关税率14%，增值税率13%。投保加成为110%，投保一切险的保险费率为1%，如果要保证10%的预计利润，试报每套婴儿服装的CIF、CFR、FOB价。当时美元对人民币的汇率为1∶8。

(1)国内费用核算

国内费用=(2000+300+200+1500+3000+4000)/6600≈1.6667元人民币/套

(2)CIF报价核算

CIF=(国内分销价－进口税费－国内费用)/(1+预期利润率)

进口税费= CIF×[进口关税率+(1+ 进口关税率)×增值税率]

CIF = {80－CIF×[14%+(1+14%)×13%]－1.6667}/(1+10%)

=71.2121－CIF×0.262

≈56.4280元人民币/套

56.4280÷8≈7.05美元/套

(3)国外运费核算

300美元×8/6600套≈0.3636元人民币/套

(4)CFR报价核算

CFR =(国内分销价－进口税费－国内费用－国外保险费)/(1+预期利润率)

={80－CIF价×[14%+(1+14%)×13%]－1.6667－CIF价×110%×1%}/(1+10%)

=CFR/(1－110%×1%)=1.0111×CFR

={80－1.0111×CFR×[14%+(1+14%)×13%]－1.6667－1.0111×CFR×110%×1%}/(1+10%)

=71.2121－CRF×0.2750

≈55.8526元人民币/套

55.8526÷8≈6.76美元/套

(5)FOB报价核算

FOB=[(国内分销价－进口税费－国内费用)(1－投保加成×保险费率)－国外运费]/(1+预期利润率+投保加成×保险费率)

进口税费=CIF价×[进口关税率+(1+进口关税率)×增值税率]

=CIF价×[14%+(1+14%)×13%]

=0.2882×CIF价

$$FOB = \frac{(80-0.2882\times \text{CIF价}-1.6667)\times(1-110\%\times 1\%)-0.3636}{1+10\%+110\%\times 1\%}$$

=69.4041－CIF价×0.2566

CIF=(FOB+国外运费)/(1－110%×1%)

FOB =69.4041－(FOB+0.3636)×0.2566/(1－110%×1%)

=69.3098－FOB×0.2595

≈55.0296元人民币/套

55.0296÷8≈6.88美元/套

课后任务

1. 磋商小组根据所学专业知识，调整各项费用的数额，并根据已商定的贸易术语进行报价核算，把报价核算的结果填入“合同磋商备忘录”里。

2. 上网查询目前我国征收出口关税的货物。

3. 上网查询我国广州、深圳、上海、宁波、大连、青岛、天津等主要港口/码头的收费项目和收费标准。

4. 预习下一个任务：盈亏核算和价格条款。

6.2　盈亏核算和价格条款

任务描述

磋商价格条款

1. 根据小组报价核算对外报价，并最后商定成交价格。

2. 出口组根据成交价格进行出口盈亏核算，并填入表 6-4。

表 6-4　出口盈亏核算

出口货物型号/货号	成交单价	成交数量	成交金额
总金额（小写）			
总金额（大写）			
出口总成本		出口换汇成本	
出口盈亏额		出口盈亏率	

3. 进口组根据成交价格进行进口盈亏核算，并填入表 6-5。

表 6-5　进口盈亏核算

进口货物型号/货号	成交单价	成交数量	成交金额
总金额（小写）			
总金额（大写）			
进口总成本			
进口盈亏额		进口盈亏率	

4. 磋商小组根据商定的成交价格，用中英文起草完整的价格条款。

5. 磋商结果由记录员记录在磋商记录表里，观察员如实填写观察汇报表。

6. 展示员准备好展示小组磋商成果。

7. 时间：20 分钟。

【任务分析】

在国际贸易中，进出口商品的价格是交易磋商的焦点。价格条款也是买卖合同中的核心条款，是合同的主要交易条件之一，是确定买方支付货款数额的依据，其内容应完整、明确、具体、准确。正确掌握进出口商品的作价原则，选择合理的作价方法，考虑影响价格的各种因素，加强进出口商品的报价核算和进出口盈亏核算，对最终商定进出口商品的成交价格，体现对外政策和经营意图，完成进出口任务和提高外贸经济效益至关重要。

本次磋商任务中，进出口双方需要考虑的问题是：磋商对象适合固定作价法吗？如果不适合，应如何作价？该进口或出口盈亏率是否达到既定目标？如何在合同里表示完整的价格条款？

相关知识

一、作价原则

出口商品作价的总原则是：根据国际市场价格水平，结合国别政策和购销意图确定适当的价格。国际市场价格是以国际价值为基础，在市场竞争中形成并为交易双方所接受的价格，它反映了国际市场的供求关系，如商品交易所、主要出口国和大型货物集散地的价格等。对没有国际市场价格可参考的商品可参考邻近地区或类似商品的价格，如果都没有的，可根据国际市场的需求情况，先确定一个试销价而后再进行调整。独一无二的商品、高科技产品或紧俏商品等可高于市场价格水平。确定商品的价格应综合考虑各方面的因素，如商品的质量和档次、交易条件、运输距离、成交数量、季节性需求的变化、支付条件和汇率变化的风险以及交货期的远近、市场销售习惯和消费者的爱好等。

二、作价方法

在国际贸易中，作价的方法有多种，如何作价由买卖双方具体商定。通常可采用的作价方法有下列几种：

(一)固定作价法

买卖双方明确约定成交价格，履约时按该价格结算货款。这是我国进出口贸易中最常见的作价方法，也是国际上常用的方法。采用固定作价法，买卖双方在协商一致的基础上明确规定货物的价格，如买卖双方对此无其他特殊约定，则订约后即使市价有重大变化，任何一方均不得擅自变更原定价格。它意味着双方都要承担从订约到交货付款期间国际市场价格变动的风险。如每打200美元CIF新加坡。USD200 per dozen CIF Singapore.

能力提升：进口大豆的定价

(二)暂不固定价格法

即非固定作价法，业务上称为“活价”。某些货物因其国际市场价格变动频繁，变动幅度较大或交货期较远，买卖双方对价格变动趋势难以预测，为了规避风险，双方可在合同中具体约定有关货物的品质、数量、包装、交货和支付等条件，但不明确约定成交价格，而仅仅约定了作价的时间和作价的方法。如单价：以提单日后第3天伦敦金属交易所铅的收盘价上浮 2%为准。Unit Price: subject to lead's closing price of LME on the third day after the B/L date plus 2%.

(三) 暂定价格法

为避免价格风险，买卖双方在洽谈某些市价变化较大的货物的远期交易时，可先在合同中规定一个暂定价格，作为开立信用证和初步付款的依据，待双方确定最后价格后，再进行结算，多退少补。如单价：每件 5000 港元 CIF 香港。（备注：此价格为暂定价，于装运月份 15 天前由买卖双方另行协商确定价格。）Unit Price: HKD5000 per pc CIF Hong Kong. (Remarks: This price is provisional, which shall be determined through negotiation between the Buyer and the Seller 15 days before the month of shipment.)

(四) 滑动价格法

由于涉及类似成套设备、大型机械等货物的交易合同从成立到履约完毕所需时间较长，期间可能因原材料、工资等变动而影响生产成本，导致价格的升降幅度较大。为了避免承担过大的价格风险，保证合同的顺利履行，可采用滑动价格法。所谓滑动价格，是指先在合同中规定一个基础价格（Basic Price），交货时或交货前一定时间内，按工资、原材料价格变动的指数做相应调整，以确定最后价格。

课堂讨论

固定作价法、暂不固定价格法和暂定价格法的优缺点分别有哪些？

三、进出口盈亏核算

(一) 出口盈亏核算

外贸企业在完成出口任务的同时，应加强对出口商品的成本核算，这是衡量外贸企业经营管理水平的一个重要指标。出口成本的核算工作涉及三个数据，即出口总成本、出口外汇净收入和出口人民币净收入，根据这三个数据可以计算出出口盈亏率和出口换汇成本。

1. 出口总成本

出口总成本是指外贸企业为出口商品支付的国内总成本，其中包括进货成本和国内费用。如需交纳出口税的商品，则出口总成本中还应包括出口税。计算公式为

出口总成本＝出口商品进货价＋国内费用－出口退税收入

2. 出口外汇净收入和出口人民币净收入

出口外汇净收入是指出口外汇总收入扣除劳务费用如运费、保险费、佣金等非贸易外汇后的外汇收入，即以 FOB 价格成交所得的外汇收入。如按 CFR、CIF 价格成交，则扣除国外运费和保险费等劳务费用支出后，即为出口外汇净收入。按含佣价成交的，还要扣除佣金。

出口人民币净收入是指出口外汇净收入按当时外汇牌价折算的人民币总额。

3. 出口盈亏率

出口盈亏率是指出口盈亏额与出口总成本的比率。出口盈亏额是指出口人民币净收入与出口总成本的差额，前者大于后者为赢利，反之为亏损。计算公式为

出口盈亏率＝(出口人民币净收入－出口总成本)/出口总成本×100%

范例 出口某商品1200000只，出口总价为USD65000 FOB Shanghai。商品进货价为468000元人民币(含增值税13%)，国内费用为进货价的6%，出口退税率为9%，当时银行汇价美元买入价为8元人民币。求该笔业务的出口盈亏率。

出口盈亏额＝出口人民币净收入－出口总成本

出口人民币净收入＝65000×8＝520000元人民币

出口总成本＝出口商品进货价＋国内费用－出口退税收入

＝468000＋468000×6% －468000×9%/(1＋13%)＝458806元人民币

出口盈亏额＝520000－458806＝61194元人民币

出口盈亏率＝出口盈亏额/出口总成本×100%＝61194/458806×100%≈13.34%

4. 出口换汇成本

出口换汇成本是指出口商品净收入一个单位的外汇所需的人民币成本。在我国，一般是指出口商品每净收入一美元所耗费的人民币成本，即用多少元人民币换回一美元。出口商品换汇成本如高于银行的外汇牌价，则出口为亏损；反之，则说明出口赢利。计算公式为

出口换汇成本＝出口总成本(人民币)/出口外汇净收入(美元)

出口换汇成本是衡量外贸企业出口盈亏状况的重要指标，核算换汇成本的意义有：

(1)比较不同类出口商品的换汇成本以便调整出口商品的结构。

(2)对同类商品比较出口到不同国家或地区的换汇成本，以作为选择市场的依据。

(3)对同类商品比较不同时期的换汇成本的变化，以利于改善经营管理和采取扭亏为盈的有效措施。

范例 出口某商品1000件，每件17.3美元CIF纽约，总价为17300美元，其中运费2160美元，保险费112美元。进价每件117元人民币，共计117000元人民币(含增值税13%)，国内费用为进货价的10%，出口退税率为9%。当时银行美元买入价为8.28元。求该笔业务的出口换汇成本。

出口换汇成本＝出口总成本(人民币)/出口外汇净收入(美元)

出口总成本＝出口商品进货价＋国内费用－出口退税收入

出口退税收入＝进货价×出口退税率/(1＋13%)＝117000×9%/(1＋13%)＝9318.58元人民币

出口总成本＝117000＋117000×10%－9318.58＝119381.42元人民币

出口外汇净收入＝FOB出口外汇净收入＝CIF出口外汇净收入－国外运费－国外保险费

＝17300－2160－112＝15028美元

出口换汇成本＝119381.42元人民币/15028美元≈7.94元人民币/美元

上例中，出口换汇成本是7.94元人民币/美元，比当时的银行外汇牌价低0.34元人民币/美元，说明该笔交易中每出口1美元能取得0.34元人民币的收入。

(二)进口盈亏核算

进口盈亏核算的原理和出口盈亏核算相同，主要通过计算进口总成本、进口盈亏额来核算进口盈亏率。

进口盈亏率是指进口盈亏额与进口总成本的比率。进口盈亏额是指国内分销人民币净收入(进口货物在国内销售的人民币净收入)与进口总成本的差额，前者大于后者为赢利，反之为亏损。计算公式为

进口盈亏率=(国内分销人民币净收入—进口总成本)/进口总成本 ×100%

进口总成本=CIF 价+进口税费+国内费用

范例

某公司从澳大利亚进口食品 4000 件,价格 18 美元/件 FOB 悉尼,进口关税率 12%,增值税率 17%,国际运费 1200 美元,按 110%投保一切险,保险费率 1%。该批进口货物的国内费用共 16000 元人民币,国内分销价 210 元人民币/件。试核算该笔进口业务的进口盈亏率。当时银行美元卖出价为 6.8 元人民币。

(1)核算 CIF 价

CIF 价=(FOB 价+F)/(1—投保加成×保险费率)

F=1200/4000=0.3 美元/件

CIF 价=(18+0.3)/(1—110%×1%)≈18.5035 美元/件×6.8=125.8238 元人民币/件

(2)核算进口税费

进口税费= CIF 价×[进口关税率+(1+ 进口关税率)×增值税率]

=125.8238×[12%+(1+12%)×13%]

≈33.4188 元人民币

(3)核算国内费用

国内费用=16000/4000=4 元人民币/件

(4)核算进口总成本

进口总成本=CIF 价+进口税费+国内费用

=125.8238+33.4188+4

=163.2426 元人民币

(5)核算进口盈亏率

进口盈亏率= (国内分销人民币净收入—进口总成本)/进口总成本×100%

=(210—163.2426)/163.2426×100%

≈28.64%

四、合同中的价格条款

(一)合同中完整价格条款的内容

合同中完整的价格条款应包含单价(Unit Price)、金额(Amount)和总值(Total Value)。如果一个合同中成交一种以上的商品时,每种商品需要分别计算金额(单价×数量),所有商品的金额合计就是合同的总值。合同的总值必须分别以大小写表示。

(二)订立价格条款应注意的问题

(1)合同中金额大小写必须相符,英文金额小写、大写须完整规范。

①小写金额前要填写货币代码,如 USD、HKD、CAD、AUD、EUR、GBP、JPY 等,货币符号与阿拉伯数字之间不得留有空白。

②英文大写金额采用“Say+币种+金额+Only”的格式书写,金额和币种中间不得留有空白。

③数字金额到小数点后两位的,英文大写无须以“Only”结尾,否则应以“Only”结尾。

④熟记常见货币的辅币,见表 6-6。如果不知道某种外币的辅币英文名称,可以用“Plus 百分比”来表示。

表 6-6 常用货币辅币对照表

货币	基本单位		辅币	
	单数	复数	单数	复数
美元 USD	元,Dollar	Dollars	分,Cent	Cents
港元 HKD	元,Dollar	Dollars	分,Cent	Cents
澳元 AUD	元,Dollar	Dollars	分,Cent	Cents
欧元 EUR	元,Euro	Euro	分,Cent	Cents
日元 JPY	元,Yen	Yen	无	无
英镑 GBP	镑,Pound Sterling	Pounds Sterling	便士,Penny	Pence

范例

Total Value: GBP14700.35(Say Pounds Sterling Fourteen Thousand Seven Hundred and Pence Thirty-five) 可表达为:

Total Value: GBP14700.35(Say Pounds Sterling Fourteen Thousand Seven Hundred plus 35/100)

(2)争取选择有利的计价货币,以免遭受币值变动带来的风险。即出口争取以“硬币”结算,进口争取以“软币”结算。如采用不利的计价货币时,应当加订外汇保值条款。

(3)如交货数量约定了机动幅度,应规定金额和数量同时增减。

(4)灵活运用各种不同的作价办法,以避免价格变动的风险。

(5)参照国际贸易的习惯做法,注意佣金和折扣的合理运用。

(1)净价条款

单价:每箱 0.70 欧元 FOB 天津

总值:14700 欧元

Unit Price:at EUR0.70 per box FOB Tianjin

Total Value:EUR14700(Say EURO Fourteen Thousand Seven Hundred Only)

(2)含佣价条款

单价:每公吨 20000 日元 CIFC2%东京

总值:100000 日元

Unit Price:JPY20000 per M/T CIFC2 Tokyo

Total Value:JPY100000(Say Japanese Yen One Hundred Thousand Only)

(3)含折扣价条款

单价:每件 45 英镑 CIF 汉堡折扣 2%

总值:44100 英镑

Unit Price:GBP45 per piece CIF Hamburg less 2% discount

Total Value:GBP44100(Say Pounds Sterling Forty-four Thousand One Hundred Only)

(4)多种商品,净价条款

篮球,货号 BAC-1,单价 6.0 美元/个 CIF 纽约,3000 个,金额 18000.00 美元

排球,货号 VAC-1,单价 5.5 美元/个 CIF 纽约,2000 个,金额 11000.00 美元

总值:29000.00 美元

Basketball, Article No. BAC-1, Unit Price: USD6.0/pc CIF New York, 3000pcs, Amount: USD18000.00

Volleyball, Article No. VAC-1, Unit Price: USD5.5/pc CIF New York, 2000pcs, Amount: USD11000.00

Total Value:USD29000.00 (Say US Dollars Twenty-nine Thousand Only)

课后任务

1. 磋商小组根据所学专业知识对初步订立的价格条款进行修改，出口组核算出口盈亏率、出口换汇成本，进口组核算进口盈亏率，把盈亏核算的结果和最终修改的价格条款填入"合同磋商备忘录"里。

2. 上网查询近三个月美元、欧元、日元对人民币的汇率，画出汇率变化走势图。

3. 预习下一个任务：收付工具。

知识测试

一、单选题

1. 出口总成本是指(　　)。

A. 进货成本　　B. 进货成本＋出口前的一切费用

C. 进货成本＋出口前的一切费用＋出口前的一切税费

D. 对外销售价

2. 采用非固定价格的前提是(　　)。

A. 选择作价时间　　B. 明确订立作价标准

C. 订立价格调整条款　　D. 做好盈亏分析

3. 支付给中间商的酬金叫(　　)。

A. 预付款　　B. 折扣　　C. 佣金　　D. 订金

4. 在我国进出口业务中，选择计价货币应(　　)。

A. 力争采用"硬币"收付　　B. 力争采用"软币"收付

C. 进口时采用"软币"计价付款，出口采用"硬币"计价收款

D. 出口时采用"软币"计价收款，进口采用"硬币"计价付款

5. 商品出口总成本与出口所得的外汇净收入之比是(　　)。

A. 出口商品盈亏额　　B. 出口商品盈亏率

C. 出口换汇成本　　D. 出口创汇率

6. 一般情况下，CIF 价比 FOB 价要多考虑(　　)。

A. 国外运费、国内费用　　B. 国外运费、国外保险费

C. 国外保险费、国内费用　　D. 国外保险费、净利润

7. (　　)是含佣价。

A. FOBS　　B. FOBT　　C. FOBC　　D. FOB

8. FCA、CPT、CIP 三种术语涉及的国内费用与 FOB、CFR、CIF 相比较，它们的区别是前者不包括(　　)。

A. 装船费　　B. 邮电费　　C. 预计耗损　　D. 拼箱费

9. 出口换汇成本高于当时的外汇牌价时，说明该出口(　　)。

A. 亏损　　B. 赢利　　C. 不亏不赢　　D. 不能确定

10. 在我国进出口业务中，一般由进货成本加上国内费用和净利润形成的价格是(　　)。

A. FOB 价　　B. CFR 价　　C. CIF 价　　D. CPT 价

二、多选题

1. 在进出口业务中，非固定价格的规定方法主要有(　　)。

A. 只规定作价的方式而具体价格留待以后确定

B. 暂定价

C. 部分固定价格，部分非固定价格

D. 支付一定的定金，余款后付

2. 在进出口合同中，单价条款包括的内容是(　　)。

A. 计量单位　　B. 单位价格金额

C. 计价货币　　D. 贸易术语

3. FOB、CFR、CIF 和 FCA、CPT、CIP 两组术语的出口价格构成包括(　　)。

A. 保险费　　B. 进货成本　　C. 国内费用　　D. 净利润

4. 按 CIF 条件成交，卖方报价中应包括(　　)。

A. 进货成本　　B. 国内费用

C. 国外运费和保险费　　D. 净利润

5. 在核算出口商品价格时，国内费用主要包括的项目是(　　)。

A. 生产加工费　　B. 管理费用　　C. 国内运杂费　　D. 银行费用

6. 按 CIFC3%成交，出口外汇净收入需从成交价格中扣除(　　)。

A. 进货成本　　B. 国外运费　　C. 保险费　　D. 佣金

7. 出口换汇成本是(　　)。

A. 指某商品出口净收入一个单位的外汇所需要的人民币成本

B. 等于出口总成本(人民币)与出口外汇净收入(外汇)之比

C. 是衡量外贸企业进出口交易盈亏的重要指标

D. 与外汇牌价进行比较能直接反映出商品出口是否赢利

8. 进口总成本包括(　　)。

A. CIF 进货成本　　B. 国内费用　　C. 进口税费　　D. 佣金

9. 订立价格条款应注意的问题有(　　)。

A. 合同中金额大小写必须相符，英文金额小写、大写必须完整规范

B. 争取选择有利的计价货币，以免遭受币值变动带来的风险

C. 灵活运用各种不同的作价办法，以避免价格变动的风险

D. 参照国际贸易的习惯做法，注意佣金和折扣的合理运用

10. 出口业务盈亏核算的重要指标包括(　　)。

A. 出口换汇成本　　B. 出口盈亏额　　C. 出口盈亏率　　D. 出口创汇率

三、判断题

1. 所有金额的英文大写都必须以 Only 结尾。(　　)

2. 以 FOB 价格成交，成交价格即为出口外汇净收入。(　　)

3. FOB、CFR、CIF 三种术语的价格构成的主要异同点在于国外费用不同。(　　)

4. 进口盈亏率是指进口商品盈亏额与进口总成本的比率。(　　)

5. 买卖双方在合同中规定："按提单日期的国际市场价格计算"。这是固定作价的一种规定方法。(　　)

6. 出口外汇净收入是指出口商品的 FOB 价按当时外汇牌价折成人民币的数额。(　　)

7. 进口商品税费主要包括进口关税、增值税和消费税。（　　）

8. 日元和美元一样，辅币都是分。（　　）

9. 折扣的金额不在价格条款中表示，而由一方当事人按约定另行支付的做法称为暗扣。（　　）

10. 采用固定作价法便于核算成本和履行合同，但双方要承担成交后价格变动的风险。（　　）

四、计算题

1. 我方某公司出口一批货物 CIF 发票金额为 45500 英镑，按合同规定加一成投保，险别为水渍险，保险费率为 0.5%，现客户要求改报 CFR 价，如我方同意，为不影响收汇，应报 CFR 价为多少？

2. 某公司向香港客户报水果罐头 200 箱，每箱 132.6 港元 CIF 香港，客户要求改报 CFR 香港含 5%佣金价。假定保险费相当于 CIF 价的 2%，在保持原价格不变的情况下，试求：(1)CFRC5%香港价应报多少？(2)出口 200 箱应付给客户多少佣金？(3)某公司出口 200 箱可收回多少外汇？

3. 我方某公司对美国客商出口一批商品，报价为每千克 100 元人民币 CFR 纽约，美国客商要求改报 CIFC5 美元价(按 10%投保一切险，保险费率为 4%，当时人民币兑美元比价为 1∶8.3)。试确定在不影响收汇额的前提下，准确的 CIFC5 价应报多少？

4. 我方某出口商品对外报价为每公吨 1200 英镑 FOB 黄埔，对方来电要求改报 CIFC5%伦敦，试求：CIFC5%伦敦价为多少？(已知保险费率为 1.68%，运费合计为 9.68 英镑。)

5. 某外贸公司出口一商品，采购成本 7000 元人民币/公吨，国内费用总和 2000 元人民币/公吨，成交价 CIFC3 价 1200 美元/公吨(其中运费 42.37 美元/公吨，保险费 8.58 美元/公吨，佣金 36 美元/公吨)。假设出口 200 公吨，求该批商品出口盈亏率和换汇成本(当时美元兑人民币比价为 1∶8.3)。

6. 我方某外贸公司出口商品货号 H208 共 5000 箱，该货每箱净重 20 千克，毛重 22 千克，体积 0.03 立方米，出口总成本每箱人民币 999 元，外销价每箱 120 美元 CFR 卡拉奇。海运运费按 W/M12 级计算，装中国远洋运输(集团)公司班轮出口，查运价表到卡拉奇 12 级货运费为每吨运费 52 美元，试求：该商品的出口销售换汇成本及盈亏率是多少？

情景再现

1. 某公司出口一个 20 英尺集装箱的内衣到国外，用纸箱装，每箱 20 套，纸箱尺码和毛重分别为 65 厘米×60 厘米×59 厘米和 18 千克，供货价格为 52 元人民币/每套(含 13%的增值税，出口退税率为 13%)，出口包装费每纸箱为 15 元人民币，报检费、仓储费、报关费、国内运杂费、业务费、港口费及其他各种税费每个集装箱约为 1950 元人民币，20 英尺集装箱的国外运费约为每箱 1200 美元，如果按 CIF 伦敦成交，我方按成交金额的 110%投保一切险，保险费率为 0.5%。现假设汇率为 7.8 元人民币兑换 1 美元，试回答：

(1)我方欲获得 10%的利润(按成交金额计算)，试计算该货物的 FOB 价和 CIF 价。

(2)如果外商欲获得 3%的佣金，CFRC3 价应为多少美元？

(3)如果外商在我方所报的 CIF 价基础上还价 3%，我方利润还有多少？

(4)如果外商坚持所还价格，而我方又想保持10%的利润不变，供货价应不高于每套多少元？

2.我方某工艺品进出口公司拟向其客户出口某种工艺品100箱，该产品国内采购价为每件28元人民币，按每50件装一箱，包装费用每箱100元人民币，国内运杂费合计共1500元人民币，报检报关费500元人民币，港口港杂费400元人民币，管理费用1000元人民币。经核实，该批货物出口需运费800美元，如果由我方保险，保险金额按CIF成交价加一成投保一切险，保险费率0.5%，另外，这种产品出口退税率13%。现假设该公司欲获得10%的预期利润，且国外客户要求价格中含5%佣金。(当时美元对人民币汇率为1∶8.3，计算过程保留4位小数，计算结果保留两位小数)

(1)试报该产品的FOBC5及CIFC5美元价格。

(2)如果最终以4.05美元/件CIFC5成交，试计算出口换汇成本和出口盈亏率。

3.上海某公司拟从澳大利亚进口1个20英尺货柜的混纺针织女士西服套装2400套，20套/箱。该批女士套装的国内分销价为320元人民币/套，国内运输杂费共计4000元人民币，进口报检费300元人民币，报关费200元人民币，港区港杂费1600元人民币，管理费用5000元人民币，财务费用8000元人民币。从澳大利亚悉尼到上海一个20英尺货柜的包箱费率为1600美元，进口关税率25%，增值税率13%，投保加成为110%，投保一切险的保险费率为1%，要保证10%的预计利润，当时美元对人民币的汇率为1∶8。

(1)试报每套女士套装的CIF、CFR、FOB价。

(2)如果最终以25美元/套CIFC5成交，试计算进口盈亏率。

职场体验

1. 专业术语翻译

(1)单价　(2)佣金　(3)码头操作费　(4)总值

(5)United States Dollar　(6)Currency of Account　(7)Discount

2. 试翻译以下价格条款

(1)每打36美元CIF温哥华含3%佣金

(2)每捆200美元CFR新加坡减2%折扣

(3)总值：53495.6美元整

(4)Unit Price：GBP230/pc CIF Sydney，Amount：GBP 460000

3. 试判断以下我方出口的单价条款有无不妥之处，如有，请更改并说明理由

(1)每码4.5元CIF香港。

(2)每箱500英镑CFR美国。

(3)每吨1000美元FOB东京。

(4)每打100欧元CFR净价含2%佣金。

(5)1000美元CIF上海减1%折扣。

(6)每桶50美元CFR柏林。

学习情境7
国际货款收付条款的磋商

学习目标

【能力目标】

1. 能正确利用汇票进行国际货款的收付
2. 能以不同的身份分析在使用不同收付方式时存在的风险
3. 能根据不同的贸易背景选择适当的收付工具、收付方式和商业单据
4. 能订立正确的单据条款
5. 能根据不同的贸易背景订立完整的货款收付条款
6. 能对给定收付条款进行分析,并提出修改意见

【知识目标】

1. 掌握汇票、本票和支票的含义、种类和当事人
2. 掌握汇付、托收和信用证的含义、种类、特点和当事人
3. 熟悉汇付、托收和信用证的运作程序
4. 理解其他收付方式的含义
5. 理解各种商业单据的含义、分类和作用
6. 熟悉不同收付方式下完整收付条款的内容
7. 了解托收统一规则和跟单信用证统一惯例

7.1 收付工具

任务描述

选择适当的收付工具

1. 备选的收付工具：汇票、本票、支票。
2. 根据小组贸易背景选择适当的收付工具。
3. 磋商结果由记录员记录在磋商记录表里，观察员如实填写观察汇报表。
4. 展示员准备好展示小组磋商成果。
5. 时间：15 分钟。

【任务分析】

国际贸易货款的收付，包括现金结算和非现金结算。其中，现金结算是指收款人和付款人以现钞或现汇来进行的货币收付行为。非现金结算是指使用代替现金作为流通手段和支付手段的信贷工具来进行国际债权债务的结算。国际贸易货款以非现金的方式结算时，涉及收付依据、收付方式和收付时间的问题。其中收付依据包括金融票据和商业单据，主要的收付方式有汇付、托收和信用证。凭以结算国际货款的金融票据又称为收付工具，主要包括汇票、本票和支票。金融票据以外的所有单据统称为商业单据。简单而言，汇票是卖方的无条件支付命令，本票是买方的无条件付款承诺，支票则是持票人要求银行无条件付款的支付命令。三种收付工具在使用上有明显区别，并各有利弊。

在本次磋商任务中，进出口双方需要考虑的问题是：是否需要利用收付工具来收付货款？如果需要，如何利用收付工具顺利收付货款，同时又要保证自身在货款收付过程中的主动权？

相关知识

一、汇票

(一)汇票的含义

根据各国广泛引用或参照的《英国票据法》规定，汇票(Bill of Exchange，Draft)是一个人向另一个人签发的，要求受票人见票时或在将来的固定时间或可以确定的时间，对某人或其指定人或持票人支付一定金额的无条件的书面支付命令。简言之，汇票是一个人向另一个人签发的无条件的书面支付命令。

（二）汇票的当事人

（1）出票人（Drawer）。指签发命令要求另一人支付一定金额的人。在进出口贸易中，通常是出口商或出口地银行，而且是受票人的债权人。

（2）受票人（Drawee）。又称付款人（Payer），指接受命令并将付款的人，在进出口贸易中，通常是进口商或信用证下的指定银行。在信用证付款方式下，若信用证没有指定付款人，根据《UCP600》的规定，开证行即是付款人。

（3）受款人（Payee）。即收款人，指汇票规定可受领金额的人，如个人、商号、公司或银行等。在进出口贸易中，通常就是出口商自己或其指定的银行。

（三）汇票的内容

汇票的内容，一般称为汇票的要项。按照各国票据法的规定，汇票的要项必须齐全，否则，受票人有权拒付。如图 7-1 所示，根据《中华人民共和国票据法》（以下简称《票据法》）的有关规定，汇票一般应包括下列基本内容：

（1）应载明“汇票”字样。

（2）适当的文字表明无条件的支付命令。

（3）一定的货币和金额（包括大小写金额）。

（4）付款期限和地点。

（5）受票人。

（6）受款人。

（7）出票日期和地点。

（8）出票人签字。

微课：汇票的缮制

汇票通常签发一式两份（银行汇票只签发一份），一份写明“正本”（Original）或“第一份汇票”（First of Exchange），另一份则写明“副本”（Copy）或“第二份汇票”（Second of Exchange）。两份汇票具有同等法律效力，但银行只对其中一份承兑或付款。为防止重复承兑和付款，票上注明“付一不付二，付二不付一”（Second or First Unpaid）。

BILL OF EXCHANGE

No. ________

Exchange for ________ Beijing, China, ________

At ________ sight of this FIRST of Exchange (the SECOND of the same tenor and date being unpaid), pay to the Order of ________

The sum of ________

Drawn under ________

To ________

图 7-1　汇票样式

（四）汇票的种类

汇票从不同的角度可分为商业汇票和银行汇票、光票和跟单汇票、即期汇票和远期汇票等。

1. 按出票人不同，汇票分为商业汇票和银行汇票

商业汇票(Commercial Bill)是指出票人是工商企业或个人，付款人是其他工商企业、个人或者银行的汇票。

银行汇票(Banker's Bill)是指出票人和付款人都是银行的汇票，是一家银行向另一家银行发出的书面支付命令。

在国际贸易中，通常使用的是商业汇票。

2. 按是否附有商业单据，汇票分为光票和跟单汇票

光票(Clean Bill)是指不附带商业单据的汇票。银行汇票多是光票。

跟单汇票(Documentary Bill)是指需要附带提单、商业发票、装箱单等商业单据才能进行付款的汇票。商业汇票一般是跟单汇票。

在国际货款的收付中，通常使用的是跟单汇票。

3. 按付款时间不同，汇票分为即期汇票和远期汇票

即期汇票(Sight Bill)又称见票即付汇票，是指付款人见票时立即付款的汇票。

远期汇票(Time Bill, Usance Bill)是指付款人在将来一个可以确定的日期或在一个指定的日期付款的汇票。

在实际业务中，远期汇票付款时间的表示方法主要有以下四种：

(1)见票后若干天付款(如 30 天、60 天、90 天、120 天等)：At ××× days after sight。这种汇票付款时间的起算日就是付款人的见票日，在信用证结算时就是单据的收单日。

(2)出票日后若干天付款：At ××× days after date of draft。这种方法不受付款人见票的限制，可以节省从出票日到见票日的这段时间，对出票人较有利。

(3)提单签发日后若干天付款：At ××× days after date of B/L。这种汇票的付款时间以提单签发日起算，较客观合理，易为双方接受。

(4)某一特定日期：Fixed Date。

在上述四种表示远期汇票付款日期的方式中，通常使用的是第一种和第三种，第二种和第四种则较少使用。汇票到期日的计算方法采用"算尾不算头"的原则。如到期日为节假日，则顺延到下一个工作日付款。

(五)汇票的使用过程

汇票的使用也称汇票票据行为，一般包括出票、提示、承兑和付款等。如需转让，通常还需经过背书行为转让。汇票遭到拒付，则还要涉及做出拒绝证书和依法行使追索权等问题。汇票使用过程中的各种行为由票据法加以规范，汇票的传递流程如图 7-2 所示。

1. 出票

出票(Draw, Issue)是指在汇票上填写相关项目，经签字交给受款人的行为。出票包括两个步骤：(1)出票人缮制汇票并签名；(2)出票人将汇票交付给受款人。出票是设立债权债务的行为，只缮制汇票而不提交不叫出票，只有经过交付，汇票才开始生效。出票人出票后即承担保证汇票得到承兑和付款的责任，受款人在取得汇票后，成为汇票债权人，拥有付款请求权及追索权。汇票的抬头，即受款人有三种写法：

(1)限制式抬头。如"仅付×××公司(Pay ××× Co. only)"或"付×××公司，不准流通(Pay ××× Co. not negotiable)"，这种汇票不能流通转让，只能由抬头人收取票款。

(2)指示式抬头。如"付×××公司或指定人(Pay ××× Co. or order)"或"付×××公司指定人(Pay to the order of ××× Co.)"，这种汇票除×××公司可收取票款外，经背书

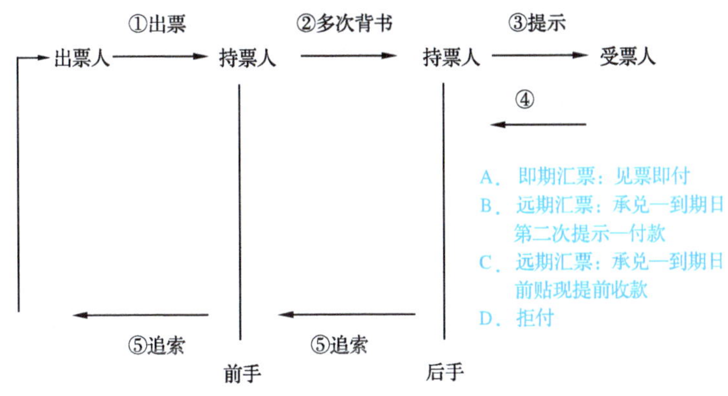

图 7-2　汇票传递流程图

(Endorsement)后可进行转让。

(3)持票人或来人抬头。如"付给来人(Pay bearer)",这种汇票无须背书,仅凭交付汇票即可转让。

2. 提示

提示(Presentation)是指持票人(Holder)向付款人出示汇票,并要求承兑或付款的行为。这是持票人要求取得票据权利的必要程序。付款人看到汇票的行为即为见票。提示分为承兑提示和付款提示两种。

承兑提示(Presentation for Acceptance)是指在远期付款的情况下,持票人向付款人提交汇票,付款人见票后办理承兑手续,到期付款的行为。付款提示(Presentation for Payment)是指持票人向付款人提交汇票,要求付款的行为。

即期汇票只有一次提示,受票人见票后必须立即付款。远期汇票的提示分两步:第一次提示,受票人只需对汇票加以承兑,等汇票到期后,持票人再做第二次提示,即付款提示,受票人见票后必须立即付款。

承兑提示和付款提示均应在法定期限内进行。我国《票据法》规定,见票即付和见票后定期付款汇票自出票日后一个月;定日付款或出票日后定期付款,汇票应在到期日前向付款人提示承兑。已经承兑的远期汇票的付款提示期限则为自到期日起 10 日内。

3. 承兑

承兑(Acceptance)是指付款人对远期汇票表示承担到期付款责任的行为。付款人应自收到提示承兑的汇票之日起 3 天内承兑或者拒绝承兑。如未注承兑日期,则以付款人收到汇票之日起的第三天为承兑日期。具体做法是由付款人在汇票的正面写上"承兑"(Accepted)字样,注明承兑日期并签字,随后将汇票交还持票人,也可自己留存,仅向持票人签发承兑通知书。要求见票后定期付款的汇票,承兑时还需写明付款日期,如:

ACCEPTED
July 25, 2019
Due to
For ABC Bank, Hong Kong
(Signature)

汇票一经承兑,付款人就成为承兑人(Acceptor),以主要债务人的地位承担在远期汇票到期时付款的法律责任;而出票人便成为汇票的次债务人。

4. 付款

付款(Payment)是指受票人在持票人做付款提示时,向持票人支付汇票金额的行为。即期汇票的付款人在持票人提示付款时立即付款;远期汇票经承兑后于到期日在持票人提示时由付款人付款。付款人付款后,持票人在汇票上签收,并交给付款人作为收据存查,汇票上的一切债权债务关系即告终止。

5. 背书

在国际市场上,汇票既是一种支付工具,又是一种流通工具,可以在票据市场上流通转让。背书是转让汇票权利的一种法定手续。

背书(Endorsement)是指持票人(俗称受款人、背书人,Endorser)在汇票背面签上自己的姓名或再加上受让人(被背书人,Endorsee)的姓名,并把票据交给受让人以示将票据所赋权利转让给他人的行为。经背书后,汇票的权利即由背书人转移给被背书人。

背书有空白背书(Blank Endorsement)和记名背书(Special Endorsement)两种基本方式。空白背书是指背书人在汇票的背面只签上自己的姓名,而不写被背书人的姓名。这样的汇票便成为来人票据,持有人就是该汇票的所有人。经空白背书之后,受让人可以不需背书,仅凭交付即可继续转让汇票。记名背书又称特别背书,是指背书人在汇票背面签上自己的姓名,并写上被背书人的姓名:Pay to Smith or Order。这样被背书人就成为该汇票的所有人。经过记名背书的汇票,被背书人还可再背书转让给他人,这种再背书可以是记名背书,也可以是空白背书。在国际贸易中通常使用的是空白背书。另外还有一种限制性背书(Restrictive Endorsement),如"仅付 A 银行(Pay to A Bank Only)",这样的汇票就不能继续转让,因而在国际贸易中很少使用。

汇票可以通过连续不断地背书一直转让下去。对于受让人来说,所有在他以前的背书人以及出票人都是他的"前手";而对于出让人来说,所有在他以后的受让人都是他的"后手"。"前手"对"后手"负有担保汇票必然被承兑或付款的责任。汇票一旦被拒付,"后手"可以向"前手"行使追索权。

在国际金融市场上,汇票持有人如想在远期汇票到期前先行取得票款,可以经过背书将汇票转让给银行或贴现公司,银行或贴现公司按照汇票的票面金额扣除从转让日起到汇票付款日为止的贴现息后,将余款付给持票人,这种行为称为贴现(Discount)。贴现利息的计算公式为

贴现利息=汇票金额×贴现天数×年利息率/360 天

6. 拒付

拒付(Dishonor)也称退票,是指持票人向付款人提示汇票时,付款人拒绝承兑(Dishonor by Non-acceptance)或拒绝付款(Dishonor by Non-payment)。拒付不仅包括付款人明确表示拒绝承兑或拒绝付款,还包括付款人避而不见、逃匿、破产、死亡等原因致使持票人无法取得承兑或付款的情形。如果持票人在合理时间内提示汇票后遭到拒付,持票人则有权不按先后顺序,对前手中任何一人、数人或全体追索票款,即享有追索权(Right of Recourse)。追索权是指汇票遭到拒付时,持票人对其前手有请求其偿还汇票金额及费用的权利。持票人为行使追索权应及时做出拒付证书(Protest)。拒付证书是由付款地的法定公证人或其他依法有权做出证书的机构,如法院、银行、同业公会、邮局等做出的证明拒付事实的文件,它是持票人凭以向其前手进行追索的法律依据。如拒付的汇票已经承兑,出票人可凭以向法院起诉,要求承兑人付款。

汇票的出票人、背书人、承兑人和保证人对持票人承担连带责任。汇票的出票人或背书人为避免承担被追索的责任,可在出票或背书时加注“不受追索”(Without Recourse)字样,但这样的汇票在市场上难以流通。

二、本票

(一)本票的含义和当事人

根据《英国票据法》的规定,本票(Promissory Note)是一个人向另一个人签发的,保证在见票时或定期或可以确定的将来的时间,对某人或其指定人或持票人支付一定金额的无条件的书面承诺。简言之,本票是出票人对受款人承诺无条件支付一定金额的票据。本票的当事人只有两个:出票人(Maker)和受票人。本票的付款人就是出票人本人。

(二)本票的内容

各国票据法对本票内容的规定各不相同。按我国《票据法》的规定,本票必须记载下列事项:

(1)表明“本票”的字样。

(2)无条件支付的承诺。

(3)确定的金额。

(4)收款人的名称。

(5)出票日期。

(6)出票人签章。

本票上未记载上述规定事项之一的,本票无效。本票的样式如图 7-3 所示。

Promissory Note

Singapore,31.01.2009　　Amount　US$ 250,000

On　25 April 2009　we promise to pay against this Promissory Note
the sum of　US Dollars Two hundred and fifty thousand only
to the order of　UK Export Company Ltd
for value　Received

Payable at:
UK Export Banking Company plc
Sterling Street
London, UK

For and on behalf of
Import Buyer Company
Singapore

Managing Director

图 7-3　本票的样式

(三)本票的种类

按照出票人的不同,本票可分为商业本票与银行本票两种。由工商企业或个人签发的本票称为商业本票或一般本票(General Promissory Note)。由银行签发的本票称为银行本票(Banker's Promissory Note,Cashier's Order)。在国际货款的结算中,大都是银行本票。有的银行发行见票即付、不记载收款人的本票或来人抬头的本票,其流通性与纸币相似。银行本票适用于同一票据交换区域内个人各种款项的结算,可用于转账。填明“现金”字样的银行本票也可用于支取现金,但不能背书转让。银行本票的提示付款期限为自出票日起 2 个月。我国《票据法》目前仅仅规范银行本票,我国尚未正式使用商业本票。

按照付款时间的不同,商业本票可划分为即期本票和远期本票,银行本票则都是即期的。

三、支票

(一)支票的含义和当事人

根据《英国票据法》的规定,支票(Cheque,Check)是以银行为付款人的即期汇票,即存款人签发给银行的无条件支付一定金额的委托或命令。出票人在支票上签发一定的金额,要求受票的银行于见票时立即支付一定金额给特定人或持票人。由于支票是无条件支付一定金额的书面命令,是见票即付的即期汇票,因此,收到支票的存款银行不得随意拒付,必须立即凭票付款。

出票人在签发支票后应负票据上的责任和法律上的责任。前者是指出票人对收款人担保支票的付款;后者是指出票人签发支票时应在付款银行存有不低于票面金额的存款,如存款不足,支票持有人在向付款银行出示支票要求付款时就会遭到拒付,这种支票叫空头支票,开出空头支票的出票人应负法律上的责任。

支票的当事人有三个:出票人(支票的签发人,他在银行已开有存款账户并订有支票协议)、受票人(出票人的开户银行)和受款人(收款人,可在支票上注明或不注明)。

(二)支票的主要内容

各国票据法对支票内容都有具体规定,我国《票据法》规定,支票必须记载下列事项:

(1)表明"支票"的字样。

(2)无条件支付的委托。

(3)确定的金额。

(4)付款人名称。

(5)出票日期。

(6)出票人签章。

支票上未记载规定事项之一的,支票无效。支票的样式如图 7-4 所示。

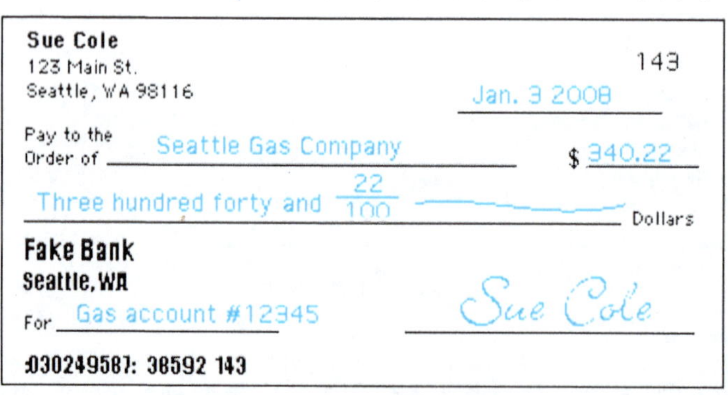
Sue Cole
123 Main St.
Seattle, WA 98116
143
Jan. 3 2008
Pay to the Order of Seattle Gas Company $ 340.22
Three hundred forty and 22/100 Dollars
Fake Bank
Seattle, WA
For Gas account #12345
Sue Cole
:030249587: 38592 143

图 7-4 支票的样式

课堂讨论 请从票据性质、当事人、付款期限、承兑手续和票据责任等方面讨论汇票、本票和支票有哪些区别?

(三)支票的种类

支票可以从不同的角度分类。按我国《票据法》的规定,支票可分为现金支票、转账支票和普通支票。现金支票只能用于支取现金;转账支票只能用于通过银行或其他金融机构转账结算;普通支票既可以支取现金又可以转账,用于转账时应在支票正面左上角上画两道平行线注明，目前在我国尚未使用普通支票。但是，在其他许多国家，支取现金或是转账通常可由持票人或收款人自主选择，但一经画线只能通过银行转账，而不能直接支取现金。因此，就有“画线支票”和“未画线支票”之分。

各国票据法均规定，支票可由付款银行加“保付”(Certified to Pay)字样并签字而成为保付支票。付款银行保付后就必须付款。支票经保付后身价提高，有利于流通。

支票都是即期的。

课后任务

1. 磋商小组根据所学专业知识对选定的收付工具进行修改，把修改后的收付工具(无论是否选择了收付工具)填写在“合同磋商备忘录”里。

2. 上网查《1930 年关于统一汇票和本票的日内瓦公约》和中国《票据法》，阅读汇票、本票和支票相关内容。

3. 预习下一个任务：收付方式。

7.2　收付方式

任务描述

选择适当的收付方式

1. 根据小组贸易背景选择适当的收付方式。
2. 磋商结果由记录员记录在磋商记录表里，观察员如实填写观察汇报表。
3. 展示员准备好展示小组磋商成果。
4. 时间：15 分钟。

【任务分析】

一般来说，对于进口商而言，最有利的是先收货后付款。可对于出口商而言，最有利的则是先收款后发货。本学习情境中介绍的三种主要收付方式，都能在不同程度上解决这个矛盾。其中，汇付是指由进口商主动向出口商汇款，托收是指出口商发货后委托银行向进口商收款，而信用证是指只要出口商发货后能向银行交付合格的单据，由银行向出口商保证付款。总体而言，前两种收付方式对进口商要有利一些，而后一种对出口商收款更有保障。但是，三种收付方式对于进出口双方都有风险，各有利弊。

在本次磋商任务中，进出口双方需要考虑的问题是：在小组既定的贸易背景下，哪一方更占主动位置？主动方如何利用有利形势选择有利的收付方式？被动方如何在劣势情况下尽量保障自身的利益？能否选择组合的收付方式？

相关知识

一、汇付

(一)汇付的含义

汇付(Remittance)是指付款人通过银行或其他途径主动将款项汇交收款人。国际货款如采用汇付方式,通常是由买方按约定的时间和条件通过银行将货款汇交给卖方。由于汇付的资金流向与收付工具的传递方向相同,故汇付采用的是顺汇(Favorable Remittance)方法。在汇付方式下,卖方能否按时收回约定的款项,完全取决于买方的信用,因此,汇付的性质为商业信用。

(二)汇付的当事人

(1)汇款人是指汇出款项的人,即付款人或债务人,在国际贸易中通常是进口商。

(2)收款人是指收取货款的人,即债权人,在国际贸易中通常是出口商。

(3)汇出行是指受汇款人的委托汇出款项的银行,通常是进口地的银行。

(4)汇入行是指受汇出行的委托解付汇款的银行,又称解付行,通常是出口地的银行。

汇款人在委托银行办理汇款时,应填写汇款申请书。此项申请书是汇款人和汇出行之间的一种契约。汇出行有义务按照汇款申请书的指示通过汇入行解付汇款。在汇出行与汇入行之间,双方事先订立代理合同,在代理合同规定的范围内,汇入行根据汇出行的指示向收款人解付汇款。

(三)汇付的方式及业务程序

1. 电汇(Telegraphic Transfer,简称 T/T)

微课:汇付操作流程

电汇是指汇出行应汇款人的申请,采用电传、SWIFT(环球银行间金融电信网络)等方式,以电汇付款委托书委托汇入行解付汇款给收款人的一种汇款方式。交货前电汇付款称为前 T/T,交货后电汇付款称为后 T/T。如交货时电汇付款,即进口商收到提单传真件后电汇货款,一般也称为前 T/T。

使用电汇时,汇款人向汇出行提出申请,汇出行据此拍发加押电报、电传或 SWIFT 给另一国的代理行/分行(汇入行),为向汇入行证实电文内容确实是由汇出行发出的,汇出行在正文前要加列双方银行所约定使用的密押(Test Key)。汇入行核对密押后,缮制电汇通知书,通知收款人取款,收款人收取款项后签具收据作为收妥汇款的凭证,汇入行即凭此解付汇款。实务中,如果收款人在汇入行开有账户,汇入行往往不缮制汇款通知书,仅凭电文将款项收入收款人账户,然后给收款人一份收账通知单,也不需要收款人签具收据。汇入行解付汇款后,将付讫借记通知书寄给汇出行进行转账,一笔汇款业务得以完成。

这种方式快捷、简便,虽银行手续费相对较高,但由于适应电子化的高速发展,因此在国际货款的收付中被广泛使用。

2. 信汇(Mail Transfer,简称 M/T)

信汇是指汇出行应汇款人的申请,将信汇付款委托书(M/T Advice)或支付委托书

(Payment Order)寄给汇入行，授权解付一定金额给收款人的一种汇款方式。

使用信汇时，汇款人向汇出行提出汇款申请并交款付费给汇出行，取得信汇回执。汇出行以航空信函将信汇委托书寄给汇入行，委托其解付货款，汇入行凭此通知收款人取款。收款人在"收款人收据"上签字/盖章后交还汇入行，汇入行凭此解付货款，同时将付讫借记通知书寄给汇出行，以清算双方债权债务。

信汇的手续费虽较电汇低，但速度较慢，目前较少使用，如美国、加拿大等地区已不接受信汇汇款业务。信汇方式与电汇方式相似，只是汇出行不使用 SWIFT 或电传，而是使用付款委托书(Payment Advice)通过航空邮寄交汇入行。委托书上一般不加密押，而由有权签字人的签字代替，汇入行凭汇出行的印鉴册核对签字无误后，即行解付。

电/信汇业务程序如图 7-5 所示。

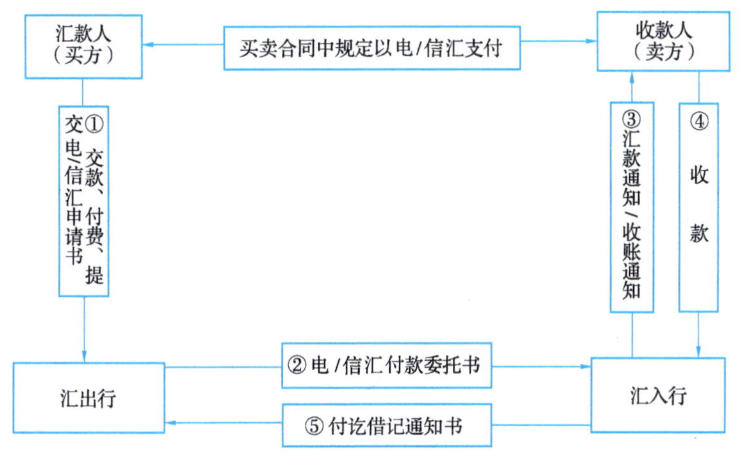

图 7-5 电/信汇业务程序图

3. 票汇(Demand Draft，简称 D/D)

票汇是指汇出行应汇款人的申请，代汇款人开立以其分行或代理行为解付行的银行即期汇票(Banker's Demand Draft)，支付一定金额给收款人的一种汇款方式。票汇以银行即期汇票为收付工具，所用汇票一般只开单份。

票汇结算的一般程序是：汇款人填写申请书并交款给汇出行，汇出行开立即期汇票交给汇款人，由汇款人自行邮寄给收款人。同时汇出行将汇票通知书(又称票根)邮寄给汇入行，供汇入行在收款人持即期汇票取款时核对。汇入行确认无误后解付货款给收款人，并将付讫借记通知书寄给汇出行，以结清双方债权债务。

银行即期汇票也是银行支票。如果出票行与付款行是联行，还可视为银行本票，它是可流通的票据，如经收款人背书后可在市场上流通转让。若在汇票上做成不可流通画线，则汇票仅是收付工具。在出口业务中如使用票汇，为确保收汇安全，出口方应先将国外寄来的汇票交由中国银行向国外有关银行收妥货款后再发货，以防因对方伪造汇票或其他原因而收不到货款。

从付款的速度看，电汇最快，信汇次之，票汇与信汇相同，但如果付款银行不在收款人所在国，出口商需委托当地银行通过付款地的国外代理行代为向付款银行收款(银行的票据托收业务)，则最慢。因此，电汇最受卖方欢迎，是目前使用最多的汇付方式，但银行收费也最高。

票汇业务程序如图 7-6 所示。

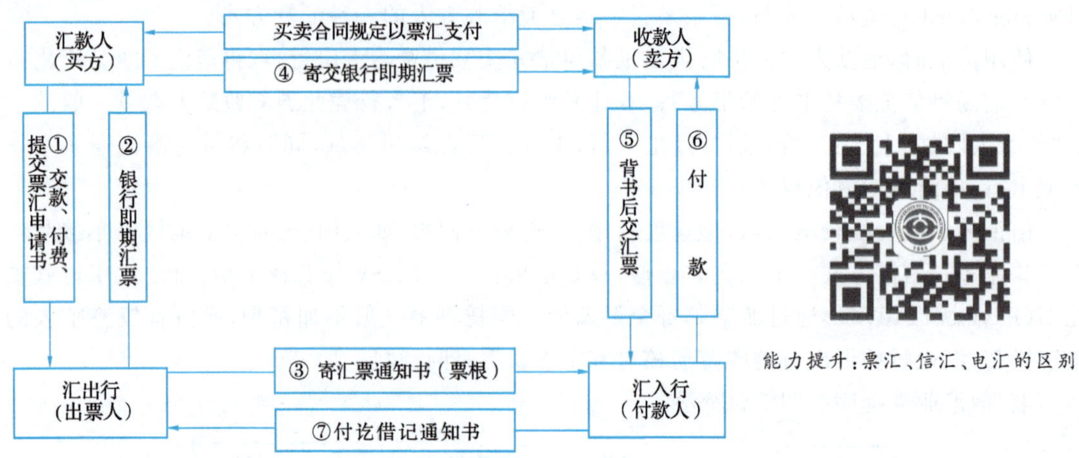

图 7-6　票汇业务程序图

（四）汇付在国际贸易中的应用

汇付方式通常应用于预付货款、随订单付现、货到付款、现付、赊销和从属费用的结算（如运费、保险费、佣金、退款和赔款、包装费）以及货款尾数、分期付款、支付订金等业务中。

1. 预付货款（Payment in Advance）

预付货款是指进口商在出口商将货物或货运单据交付以前，先将货款的全部或者一部分通过银行付给出口商，出口商收到货款后，再根据约定发运货物的一种汇款结算方式。这种方式对进口商来说不但要过早地垫付资金，不利于资金周转，而且要承担出口商延迟交货或不交货的风险。因预付货款方式仅对出口商较有利，一般只在下列情况下使用：

（1）在小额贸易中。

（2）进口商提出特殊加工要求或专门为其加工特殊商品时。

（3）在热销商品或稀缺商品的交易中。

（4）在进口商信用欠佳或信用不明时。

采用预付货款方式时，可根据情况在合同中做如下具体规定：

（1）买方订约时即付清全部货款，即随订单付现（Cash with Order，CWO）。

（2）买方在订约后若干天付款。

（3）买方在装船前付款，卖方收到货款后装船。

（4）买方在卖方接受订单签署合同之时支付 1/3 款项，货物备妥待运时支付 1/3，收到货物后支付余额。

2. 货到付款（Cash on Delivery，COD）

货到付款与预付货款相反，它是指进口商在收到货物（或单据）后，立即或在一定时期以后再付款给出口商的一种结算方式。

进口商在出口商交货后提交单据时立即付款，称为现付（Cash Against Documents）。现付又分为出口地现付和进口地现付。出口地现付，又称为凭单付现（Remittance Against Documents），指买方事先将货款汇到出口地银行，指示其凭出口商提供的指定单据和装运凭证付款。卖方交货后即可凭指定的单据到银行收取货款。凭单付汇只适用于现货交易，但应注意的是，汇款在未被收款人收取前是可以被汇款人随时撤销的。所以出口人收到汇款通知后,应尽快发货,从速交单收款,以避免货已发运而货款被撤销的被动局面。进口地现付指卖方凭指定的单据在进口地指定的银行收款。

进口商在收到货物一定时期以后再付款称为赊销(Sell-on Credit)或记账赊销(Open Account, O/A)。

货到付款一般用于推销冷背滞销产品、展销产品、新产品销售、扩展新市场以及大公司内部交易等。出口商能否按时顺利收回货款,取决于进口商的信用,它对进口商较为有利。如果进口商拒不履行或拖延履行付款,出口商就会遭受货款落空的严重损失或晚收款的利息损失,所以出口商一般不轻易采用这种方式,除非进口商的信誉十分可靠。

在国际贸易中,汇付方式的使用取决于贸易双方中一方对另一方的信任,故属于商业信用。它是出口商向进口商或进口商向出口商提供信用,进行资金融通的一种方式。如果运用得当,对进出口双方都有利,但一定要了解付款人的资信状况,否则,不要轻易使用这类付款方式。

二、托收

(一)托收的含义

托收(Collection)是指债权人(出口商)出具汇票委托银行向债务人(进口商)收取货款的一种支付方式。托收方式一般都通过银行办理,所以又称银行托收。由于托收的资金流向与收付工具的传递方向相反,因此,托收方式采用的是逆汇方法。在托收方式下,出口商能否收回货款,完全取决于进口商信誉的好坏,与被委托的银行的信用无关,所以托收的性质为商业信用。

(二)托收的当事人

1. 委托人

委托人(Principal,Consignor)就是债权人,是指委托银行办理托收业务的人,通常是出口商。委托人不仅应承担货物买卖合同项下的责任,而且还应承担托收项下的责任,包括填写托收申请书;未经银行同意不应将货物直接发至银行或以银行或银行指定的人为收货人及委托银行代为存仓和保险;若接到托收行的意外情况通知,须及时做出明确指示;无论托收成功与否,均须承担一切手续费和其他相关费用等。

2. 托收行

托收行(Remitting Bank)又称寄单行,也称出口方银行,指接受出口商委托办理托收业务的银行,通常是出口商所在地银行。托收行与委托人之间是委托代理关系,有义务按委托人的指示办事,审核托收申请书及委托人的指示,如不愿受理应及时通知委托人;审核单据,但对单据的正确性不负责任;按规定填写托收委托书,选定代收行,按常规处理业务;及时通报信息。

3. 代收行

代收行(Collecting Bank)也称进口方银行,指接受托收银行的委托向付款人收款的进口地银行,一般是托收行的国外分行或代理行。代收行应遵从托收行的指示审核单据,确定其表面上是否与托收指示书完全相符;按委托方的指示处理单据,尽快向付款人提示汇票,要求其付款或承兑;付款人付款或承兑后应无延误地通知托收行。

4. 付款人

付款人(Payer)指汇票的受票人(Drawee),通常是应该支付货款的进口商。付款人必须承担买卖合同项下付款赎单的责任和义务,但他与托收业务的银行之间无任何合同关系,若其拒付，代收行不能强求。

除了这四个基本当事人，托收业务中还可能遇到提示行和“需要时的代理”。

提示行(Presenting Bank)是指向付款人提示汇票和单据要求付款的银行，通常由代收行兼任。若代收行与付款人之间没有直接往来，就要委托一家与付款人有往来账户的银行作为提示行。

“需要时的代理”(Principal's Representative in Case of Need)，是委托人在付款人所在地指定的代理人，负责在付款人拒付货款时，代委托人办理货物的存仓、保险、转售、运回等事宜，以最大限度地减少委托人的损失。

(三)托收的种类

根据托收单据的不同，托收可分为光票托收与跟单托收两种。

光票托收(Clean Collection)是指出口商仅凭汇票而不附带货运单据，委托出口地银行代其向进口商收款的一种结算方式。它在国际贸易中使用不多，主要用来收取货款尾数、样品费、佣金及其他贸易从属费用。

跟单托收(Documentary Collection)是国际贸易中常见的一种支付方式，它是指出口商开立汇票，连同代表货物所有权的全套货运单据一起交给出口地银行，委托其通过进口地银行向进口商收取货款的一种结算方式。按交单条件的不同，跟单托收可进一步分为付款交单和承兑交单两种。

1. 付款交单(Documents Against Payment，简称 D/P)

付款交单是指出口商的交单以进口商的付款为条件，即出口商发货并取得装运单据后，委托出口地银行办理托收，并在托收委托书中指示银行，只有在进口商付清货款后，才能向进口商交付货运单据。

按照付款时间的不同，付款交单可以分为即期付款交单和远期付款交单。

(1)即期付款交单(D/P at Sight)是指银行提示即期汇票和单据，进口商见票时应立即付款，并在付清货款后取得单据，如图 7-7 所示。

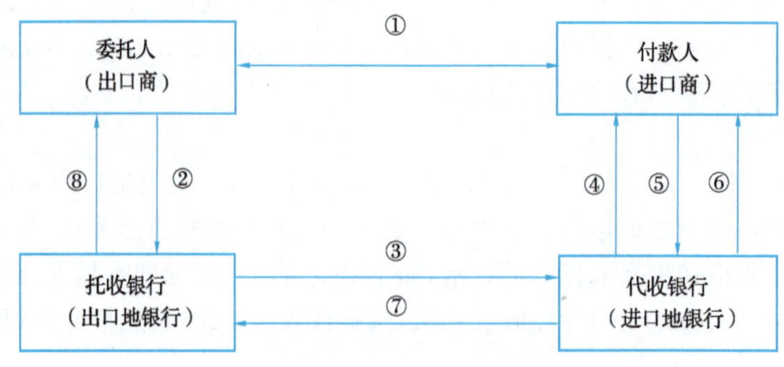

图 7-7 即期付款交单业务程序图

说明：

①买卖双方订立合同，并规定采用即期付款交单方式结算货款。

②出口商按合同规定发运货物后，填写托收申请书，开立即期汇票，连同全套货运单据，送交托收银行委托其代收货款。

③托收银行根据托收申请书缮制托收委托书，连同全套单据(期汇票及全套货运单据)，寄交代收银行代收货款。

④代收银行根据托收委托书核实单据是否齐全、委托书指示是否明确可行后，缮制进口代收赎单通知书，即向进口商做出付款提示。

⑤进口商见票后立即付清全部货款。

⑥代收银行将全套货运单据交给进口商。

⑦代收银行通知托收银行款已收妥，并办理转账。

⑧托收银行将货款付给出口商。

(2)远期付款交单(D/P after Sight)是指银行提示远期汇票和单据，进口商审核无误后在汇票上进行承兑，于汇票到期日付清货款后再领取全套货运单据，如图 7-8 所示。

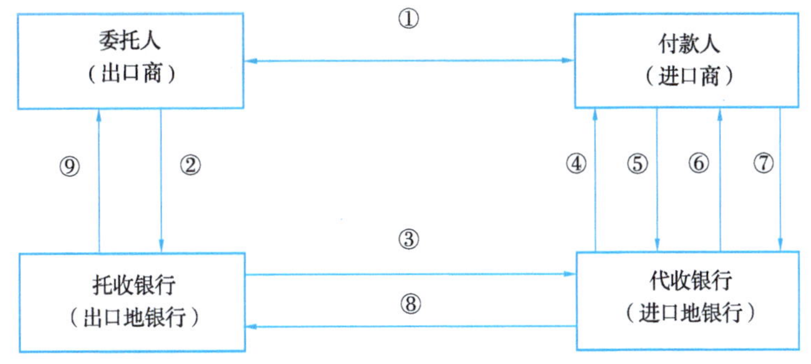

图 7-8　远期付款交单业务程序图

说明：

①买卖双方订立合同，规定采用远期付款交单方式结算货款。

②出口商按合同规定发货后，填写托收申请书，开立远期汇票，连同全套货运单据送交托收银行委托其代收货款。

③托收银行根据托收申请书缮制托收委托书，连同全套单据(远期汇票及全套货运单据)，寄交代收银行代收货款。

④代收银行根据托收委托书核实单据是否齐全、委托书指示是否明确可行后，缮制进口代收赎单通知书，即向进口商做出承兑提示。

⑤进口商承兑汇票后，代收银行保留远期汇票及全套货运单据。

⑥汇票到期，代收银行向进口商做付款提示，进口商向代收银行付清全部货款。

⑦代收银行将全套货运单据提交进口商。

⑧代收银行通知托收银行款已收妥，并办理转账。

⑨托收银行将货款付给出口商。

在远期付款交单条件下，若付款日和实际到货日基本一致，则不失为进口商的一种资金融通。如果付款日期晚于到货日期，进口商为了抓住有利时机转售货物，有两种做法：其一，在付款到期日之前付款赎单，银行扣除提前付款日至原付款到期日之间的利息，作为进口商享受的一种提前付款的现金折扣；其二，代收行允许资信较好的进口商在付款前凭信托收据(Trust Receipt, T/R)向代收行借单提货，在汇票到期时再付清货款，换回信托收据。所谓信托收据是指进口商向代收银行出具表示愿意以银行受托人的身份代银行提货、报关、存仓、保险或出售，承认货物所有权仍属银行，并保证在汇票到期日向银行付清货款的一种书面文件。在进口商借单后、付款前，货物所有权属于银行，若进口商在汇票到期时不能付款，一切责任要由代收行承担。这是代收行自己给进口商的信用便利，与出口商无关。如果出口商指示代收行借单，即“付款交单凭信托收据借单(D/P·T/R)”,那么如果进口商在汇票到期日拒付,则与银行无关,应由出口商自己承担风险。这种做法的性质与承兑交单差不多,因此,使用时一定要注意从严把握。

2. 承兑交单(Documents against Acceptance,简称 D/A)

承兑交单是指出口商的交单以进口商在远期汇票上的承兑为条件,即出口商根据合同发运货物后,开立远期汇票,连同全套货运单据,通过银行向进口商提示,进口商审核单据无误后,在汇票上承兑,进口商承兑汇票后即可向银行领取全套货运单据,于汇票到期时再行付款。承兑交单只适用于远期汇票的托收。因进口商只凭承兑汇票即可取得全套货运单据并凭以提货,出口商已交出物权凭证,能否收回货款便只能取决于进口商的信誉。一旦进口商到期不付款,出口商就可能蒙受货款两空的损失。因而,承兑交单在国际贸易中很少使用。承兑交单业务程序如图 7-9 所示。

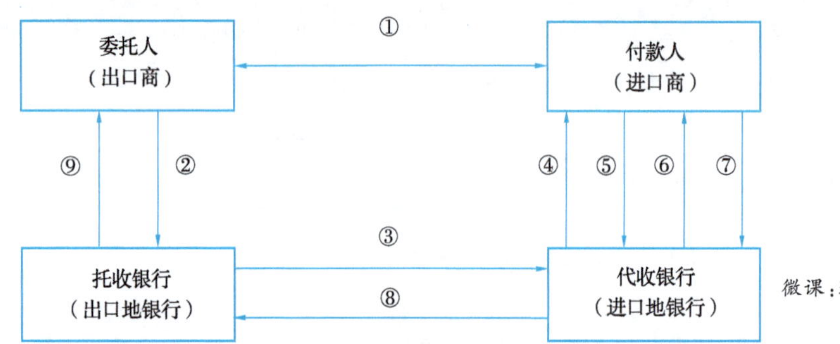

微课:跟单托收操作流程之承兑交单

图 7-9 承兑交单业务程序图

说明:

①买卖双方订立合同,规定采用承兑交单方式结算货款。

②出口商按合同规定发货后,填写托收申请书,开立远期汇票,连同全套货运单据送交托收银行委托其代收货款。

③托收银行根据托收申请书缮制托收委托书,连同全套单据(远期汇票及全套货运单据),寄交代收银行代收货款。

④代收银行根据托收委托书核实单据是否齐全、委托书指示是否明确可行后,缮制进口代收赎单通知书,即向进口商做出承兑提示。

⑤进口商承兑汇票后,代收银行收回并保留经承兑的汇票。

⑥代收银行将全套货运单据交给进口商。

⑦汇票到期,代收银行向进口商做付款提示,进口商付款。

⑧代收银行通知托收银行款已收妥,并办理转账。

⑨托收银行将货款付给出口商。

即问即答: 对于出口商而言,即期付款交单、远期付款交单和承兑交单哪种结算方式风险最大?

(四)使用托收时应注意的问题

托收的性质为商业信用。银行办理托收业务时,只是按委托人的指示办事,不过问单据的真伪,也不承担要求付款人必须付款的责任。卖方先发货后收款,实际上是向买方提供信用。如进口商倒闭破产或丧失清偿债务的能力,或因行市下跌,借故不履约、不付款,出口商就可能收不回或晚收回货款,甚至承担货款两空的损失。在进口商拒不付款赎单后,除非事先约定,银行没有义务代为保管货物。如货物已到达，出口商还要承担在进口地办理提货、交纳进口关税、存仓、保险、转售以致被低价拍卖或被运回国内的损失。可见，托收对出口商有一定的风险。

进口商使用托收时虽可免于支付国外银行手续费，但也有一定的风险。例如，买方在付款赎单提货后可能发现货物与合同规定不符，或卖方伪造单据骗取买方的货款而使买方货款两空。但两者相比，对进口商还是较为有利，所以在出口业务中采用托收，有利于调动进口商采购货物的积极性，有利于促成交易和扩大出口。

课堂讨论 请分别以进口商和出口商的身份对托收进行利弊分析。

就出口商而言，使用托收应注意以下问题：

(1)调查和考虑进口商的资信情况和经营作风，应妥善掌握成交金额，不宜超过其信用程度。国外代收行一般不能由进口方指定，如确有必要也必须征得托收行的同意。

(2)了解进口国家的贸易管制和外汇管制条例，如进口国是否允许资金汇出，买方是否需将本国货币兑换成外币支付，买方是否要等待外汇的分配等，以免货到目的地后，由于不准进口或延迟收汇或收不到外汇而造成损失。对贸易管制和外汇管制较严的国家和地区不宜使用托收。

(3)了解进口国家的商业惯例，以免由于当地习惯做法影响安全迅速收汇。如拉美国家银行按当地法律和习惯，把远期付款交单的托收改为按承兑交单处理，容易引起纠纷从而提高收汇风险。有些欧洲国家不做远期 D/P。北欧和拉美许多国家习惯把“单到”付款或承兑视为“货到”付款或承兑，从而拖后付款时间，对我国不利。对此必须做出明确规定。

(4)出口合同应争取按 CIF 或 CIP 条件成交，由出口商办理货运保险或投保出口信用险。在不采取 CIF 或 CIP 条件时，应投保卖方利益险(Contingency Insurance Clause Covers Seller's Interest Only)。

即问即答：为什么采用托收方式结算时，海运提单不宜做成记名式抬头，而应做成空白抬头？

(5)出口商选择以托收方式结算时，海运提单的抬头不应做成记名式的，应做成空白抬头。另外，应尽量避免采用承兑交单方式，如果采用承兑交单结算，由于进口商提货在先，付款在后，因此出口商必须严格按照合同交货，否则可能会遭到进口商拒付或提出降价或赔偿的要求。

知识拓展：托收的国际惯例

三、信用证

(一)信用证的含义

信用证(Letter of Credit，Credit，简称 L/C)，是指一项不可撤销的安排，无论其名称或描述如何，该项安排构成开证行对相符交单予以承付的确定承诺。承付是指：①如果信用证为即期付款信用证，则即期付款；②如果信用证为延期付款信用证，则承诺延期付款并在承诺到期日付款；③如果信用证为承兑信用证，则承兑受益人开立汇票并在汇票到期日付款。简而言之，信用证是指开证行根据进口商的要求，向出口商开立的有条件的保证付款的书面承诺。

（二）信用证的特点和性质

1. 信用证是一种银行信用

信用证是由开证行以自己的信用做出付款的保证，意为在符合信用证规定的条件下，开证行承担第一性的付款责任。在信用证业务中，开证行对受益人的付款责任是首要的、独立的。即使开证申请人事后丧失偿付能力，只要受益人提交的单据符合信用证条款的规定，开证行也必须承担付款责任。

2. 信用证是一种独立文件

信用证是依据买卖合同开立的，一经开立，就成为独立于买卖合同之外的另一种契约。信用证业务中的各有关当事人的权利和责任完全以信用证条款为依据，不受买卖合同的约束。简而言之，信用证一旦开立并被受益人接受，受益人能否顺利收汇的依据是信用证的条款，而非买卖合同本身。

3. 信用证是一种单据买卖

信用证业务是一种纯粹的凭单据付款的业务。银行处理信用证业务只凭单据，不问货物的真实状况如何。银行以受益人提交的单据是否与信用证条款相符为依据，决定是否付款。如开证行拒付，也必须以单据上的不符点为由。这种“相符”必须是“严格符合”，不仅要单证一致、单单一致，而且还要求单内一致。

能力提升：信用证欺诈例外原则

根据《UCP600》的规定，自 2007 年 7 月 1 日起，所有信用证均具有不可撤销性，指信用证一经开立并通知受益人，在有效期内未经受益人及有关当事人包括开证申请人、保兑行（如有）同意，开证行不能片面修改或撤销。即信用证自开立之日起，开证行就受其条款和承诺的约束。信用证的这个性质有效保障了受益人的收款，使其在国际贸易中被广泛使用。

（三）信用证的当事人

1. 开证申请人（Applicant）

开证申请人是指向银行申请开立信用证的人，一般是进口商或实际买主。在信用证业务中通常又称开证人（Opener），也称出账人（Accountee）。如由银行自己主动开立信用证，则此种信用证所涉及的当事人中没有开证申请人。

2. 开证行（Issuing Bank）

开证行是指接受开证申请人的委托或根据其自身的需要开立信用证的银行，一般是进口商所在地的银行。它应开证申请人的要求正确、及时开立信用证并有权收取手续费，向受益人承担第一性的付款责任。一般无追索权，但在凭索汇电报和偿付行仅凭汇票对外付款时，它有追索权。

3. 通知行（Advising Bank）

通知行是指受开证行的委托，将信用证转交给出口商的银行，一般是出口商所在地的银行。它通常是开证行的代理行。买方通常指定自己的开户行为通知行。它收到开证行的信用证后，责任是鉴别信用证的表面真实性，而不承担其他义务。它可以由进口商在开证时指定，也可以不指定。

4. 受益人（Beneficiary）

受益人是指信用证上指定的有权使用该证的人，一般是出口商或实际供货人。它拥有按时交货、提交符合信用证要求的单据，向指定的银行索取价款的权利和义务，又有对其后的持票人保证汇票被承兑和付款的责任。

5. 议付行(Negotiating Bank)

议付行是指根据开证行的授权买入或贴现受益人开立和提交的符合信用证规定的汇票或单据的银行。议付行议付货款后，如事后遭到开证行的拒付，对受益人的付款有追索权。议付行一般是出口商所在地的银行或通知行。实务中，虽然议付行议付款项后如遭到开证行的拒付，可以向受益人追索，但是议付行仍然存在追索不回的风险，因此，在我国，极少有银行同意议付信用证款项。

议付(Negotiation)是指被指定银行在其应获得偿付的银行日或在此之前，通过向受益人预付或者同意向受益人预付款项的方式购买相符提示项下的汇票(汇票付款人为被指定银行以外的银行)及/或单据。

6. 付款行/承兑行(Paying Bank/Accepting Bank)

付款行/承兑行是指开证行授权进行信用证项下付款或承兑并支付受益人出具的汇票的银行，它多数是开证行本身，也可以是它指定的另一家银行(代付行)。付款行一经付款，不能对受益人追索。

7. 偿付行(Reimbursing Bank)

偿付行是指信用证上指定的，且在议付行或付款行等索偿行和开证行之间没有开立存款账户时，被开证行指定向索偿行付款的第三家银行。一般是开证行指定的账户行，多为开证行的分行或存款行。偿付行不收单和审单。

8. 保兑行(Confirming Bank)

保兑行是指应开证行的请求在信用证上加具保兑的银行，保兑行具有与开证行相同的责任和地位，对受益人独立负责，保兑行对相符交单有必须议付或承付之责。在已经议付或承付之后，不论开证行倒闭或无理拒付，都不能向受益人追索。保兑行通常由通知行兼任，也可由其他银行加具保兑。保兑费用一般由受益人承担。

(四)信用证的业务程序

采用信用证方式结算时，需要经过许多环节，并办理各种手续。一般情况下，信用证业务的操作过程中，包括以下几个基本程序，如图 7-10 所示。

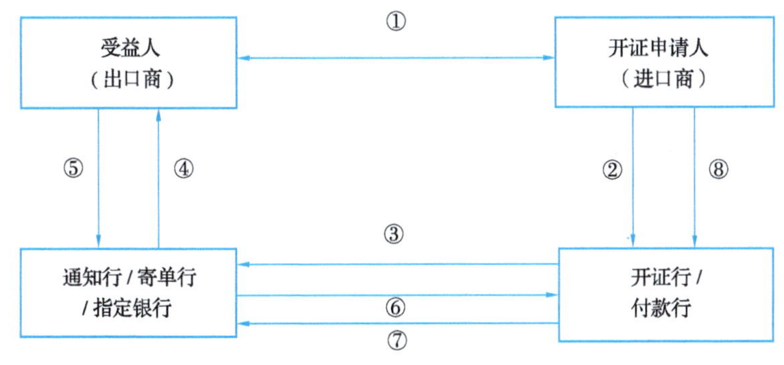

图 7-10　信用证业务程序图

微课：信用证操作流程

说明：

①买卖双方订立合同，并规定采用信用证方式结算货款。

②开证申请人(进口商)向当地银行提出申请，依照合同填写开证申请书(Application for

Credit),并交纳押金或提供其他保证,请银行(开证行)开证。

③开证行根据申请书的内容,向受益人(出口商)开立信用证,并寄交受益人(出口商)所在地银行(通知行)。

④通知行核对信用证的表面真实性后,将信用证转交受益人(出口商)。

⑤受益人(出口商)审证无误后,按信用证要求装运货物,并备齐全套单据及/或汇票,在信用证规定的期限内,送请指定银行申请承付或议付。如果指定银行不按开证行指示办理承付或议付,则该银行为寄单行。

⑥指定银行/寄单行将全套单据及/或汇票寄开证行(或其指定的付款行)索偿。

⑦开证行(或付款行)核对单据无误后,付款或授权偿付行付款给指定银行/寄单行。

⑧开证行通知开证申请人(进口商)付款赎单。

课堂讨论

开证行审核单据的同时一般要通知进口商付款赎单,为什么开证行通常先把全套单据的复印件交给开证申请人审核,而不是直接交全套单据给开证申请人审核?既然信用证是由开证行保证付款,为什么开证行还要让开证申请人审单?受益人提交的单据只要存在不符点,开证行就必须拒付吗?

(五)信用证的内容

各国银行所开立的信用证内容,因信用证种类的不同而有所区别。但主要内容基本一致,一般包括下列各项:

(1)对信用证本身的说明。包括开证行名称、信用证号码、开证日期、有效期(受益人交单的最晚时间)和到期地点(有效期到期的地点)、开证申请人、受益人、金额、兑用方式(议付、承兑和付款)、交单期限等。

即问即答:如果你是受益人,你希望信用证的到期地点在本国还是在国外?为什么?

(2)对汇票的说明。如使用汇票,包括汇票付款人、汇票金额、汇票期限等。

(3)对成交货物的说明。包括货物的名称、规格、数量、单价、包装、唛头等。

(4)对运输事项的说明。包括装运港、目的港、装运期限、可否分批装运与可否转运、运输方式等。

(5)对货运单据的说明。包括所需的各种单据的名称、内容和份数等,通常要求交的单据包括商业发票、装箱单、运输单据、保险单、产地证及其他单据。

(6)其他事项。开证行对议付行的指示条款,包括给寄单行的寄单指示,如收单行(通常是开证行)的名称及地址;开证行保证付款的文句;遵守《跟单信用证统一惯例》的文句;其他特殊条款,一般根据不同的业务需要做出不同的规定。

(六)信用证的种类

1. 按照信用证是否随附单据分为跟单信用证和光票信用证

(1)跟单信用证(Documentary L/C),是指开证行凭跟单汇票或仅凭单据付款的信用证。所谓"单据"包括代表货物所有权或证明货物已交运的运输单据、商业发票、保险单、装箱单、产地证等。国际贸易的货款结算,绝大部分使用的是跟单信用证。

知识拓展:跟单信用证统一惯例

(2)光票信用证(Clean L/C),是指开证行凭不附单据的汇票付款的信用证。光票信用证在国际贸易的货款结算中使用不广，主要用于预付货款、清偿贸易从属费用等。

2. 按照信用证付款时间的不同，分为即期信用证、远期信用证和假远期信用证

(1)即期信用证(Sight L/C)，是指开证行或付款行收到符合信用证条款的跟单汇票或装运单据后，立即履行付款义务的信用证。这种信用证的特点是出口商收汇迅速、安全，有利于资金周转，因此在国际贸易结算中使用最广。即期信用证可要求出具汇票(汇票付款人必须是银行)，有时为避免印花税，也规定无须凭汇票而只凭单据付款。即期信用证中有时加列电汇索偿条款(T/T Reimbursement Clause)，即开证行允许议付行/寄单行用电报通知开证行/付款行，说明各种单据与信用证条款完全相符，开证行有义务立即用电汇方式将款项拨交议付行。它比一般的即期信用证收汇快。

课堂讨论 分别从收汇时间、利息的负担者、买卖合同的付款条件三个方面来比较远期信用证和假远期信用证之间有什么区别?

(2)远期信用证(Usance L/C)，是指开证行或付款行收到信用证的单据时暂不立即付款，而是在规定的期限内履行付款义务的信用证。远期信用证主要包括远期议付信用证、承兑信用证和延期付款信用证。

(3)假远期信用证(Usance L/C Payable at Sight)，是指在买卖双方商定以即期信用证付款的交易中，开证申请人出于某种需要，在信用证中要求受益人开立远期汇票，由付款行负责贴现，并规定一切利息和费用由进口商负担。这种表面上看是远期信用证，但出口商却可以即期十足地收到货款的信用证就叫假远期信用证。简单来说，假远期信用证一般均要求出口商开立远期汇票。开证申请人之所以使用假远期信用证，其原因一般在于以下两个方面：

①一些国家的银行利息一般较商人之间的借贷利息低，进口商使用假远期信用证，就是充分利用银行信用和较低的贴现息来融通资金，减轻费用负担，降低进口成本。

②一些国家由于外汇较紧张，外汇管理条例规定进口交易一律须远期付款。所以，银行只能对外开立远期信用证。可为了满足出口商即期收款的要求，进口商就只能采用承担贴现息、利息和费用的假远期做法。

3. 按照信用证的兑用方式分为付款信用证、承兑信用证和议付信用证

(1)付款信用证(Payment L/C)，是指指定某一银行付款的信用证，包括即期付款和延期付款信用证。其中即期信用证是指采用即期兑现方式的信用证，证中通常注明“某银行付款兑现”(Available with ×× bank by sight payment)字样；远期信用证是指开证行在信用证中规定货物装船后若干天付款，或开证行收单后若干天付款的信用证，证中通常注明“某银行延期付款兑现”(Available with ×× bank by deferred payment)字样。采用付款信用证结算时，在实际业务中应注意以下几点：

①付款信用证一般不要求受益人开立汇票，仅凭受益人提供的单据付款。

②付款信用证的付款行可以是开证行自己，也可以是出口地的通知行或指定的第三国银行。

③付款信用证项下，出口商必须在信用证有效期内把单据提交给付款行。因此，出口商不宜接受非出口地银行为付款行的付款信用证，否则必须承担单据提交异地银行时遗失或耽误的风险，这样不利于交单取款，及时取得资金。

④付款行一经付款，对受益人无追索权。

延期付款信用证与一般远期信用证的区别是：远期信用证要求受益人交单时出具远期汇票，

经过信用证上规定的付款人承兑后，可以通过在金融市场贴现而得到资金融通。而延期付款信用证不要求出口商开立汇票，所以出口商不能利用贴现市场资金，只能自行垫款或向银行借款。

(2)承兑信用证(Acceptance L/C)，是指付款行在收到符合信用证规定的远期汇票和单据时，先在汇票上履行承兑手续，并于汇票到期日再行付款的信用证。证中通常注明“某银行承兑兑现”(Available with ×× bank by acceptance)字样。

承兑信用证的汇票付款人可以是开证行或其他指定银行，一般要由汇票付款人办理承兑手续，所以这种信用证又称银行承兑信用证(Banker's Acceptance L/C)。这种信用证的汇票经由开证行或其指定的付款银行承兑后，受益人可将此汇票向当地的贴现市场办理贴现，在扣除利息后立即收入现金。如当地无贴现市场，则可向承兑银行要求贴现，也可以将汇票保存起来，待到期时持汇票向承兑银行取款。由于承兑人是银行，比较容易到贴现市场去转让，因此对受益人就比较有利。

(3)议付信用证(Negotiation L/C)，是指开证行授权受益人向某一指定银行或任何银行交单议付信用证。通常在单证相符的情况下，议付行扣除垫付利息和手续费后，即将款项付给受益人。因此，在实际业务中，议付信用证使用最多。议付信用证可分为两种形式：

①公开议付信用证(Open Negotiation L/C)，又称自由议付信用证(Freely Negotiation L/C)，是指开证行对愿意办理议付的任何银行做公开议付邀请和普遍付款承诺的信用证，即指任何银行均可按信用证条款自由议付的信用证。证中通常注明“可在任何银行议付”(Available with any bank by negotiation)字样。公开议付信用证由于在任何银行都可以议付，所以对受益人比较方便。

②限制议付信用证(Restricted Negotiation L/C)，是指开证行指定某一银行或开证行本身自己进行议付的信用证。证中通常注明“限定××银行议付”(Available with ×× bank only by negotiation)字样。

即问即答：如果你是出口商，你希望选择什么样的付款期限和兑用方式的信用证来结算货款？对于卖方来说，延期付款信用证、承兑信用证和自由议付信用证哪一种更有利？为什么？

采用议付信用证结算时，在实际业务中应注意以下几点：

①议付信用证一般都要求受益人开立汇票，汇票付款人为开证行或开证行指定的付款行；汇票的付款期限既可以是即期的，也可以是远期的。

②限制议付信用证和公开议付信用证的到期地点一样，都在议付行所在地，因此，出口商选择使用限制议付信用证时，不宜接受限制异地银行作为议付行的信用证，否则要承担单据提交异地银行时遗失或耽误的风险。

③议付信用证经议付后，如议付行因故不能向开证行索得票款，议付行可以向受益人行使追索权。

④“议付”与“付款”的主要区别之一，还在于议付行如因不符点或开证行无力偿付等原因而未能收回款项时，可向受益人追索；而开证行、保兑行或指定付款行一经付款就无权追索。

4. 按照有无第三者提供信用，可分为保兑信用证和不保兑信用证

(1)保兑信用证(Confirmed L/C)，是指开证行开出的信用证，由另一家银行保证对符合信用证条款规定的单据履行付款义务的信用证。对信用证加保兑的银行称为保兑行(Confirming Bank)。保兑行通常是通知行，有时也可以是出口地的其他银行或第三国银行。信用证一经保兑，即构成保兑行在开证行以外的一项确定承诺。保兑行与开证行一样承担付

款责任，对受益人独立负责，并对受益人负首先付款责任，即保兑行收到相符的单据后须先付款后再向开证行索汇，即使遭到开证行的拒付，其对受益人或其他前手亦无追索权。可见，对于受益人来说，保兑信用证意味着两家银行的付款保证。

保兑一般是受益人或通知银行对开证行的资信不够了解或不足以信任时，或对进口国在政治上、经济上有考虑时才提出这种要求。除此以外，有的开证行考虑本银行开出的信用证不能被受益人接受或不易被其他银行议付时，主动要求另一家银行对该信用证加具保兑。

课堂讨论　如果你是保兑行，收到寄单行提交的单据后，你会如何处理？保兑行的风险是什么？

(2)不保兑信用证(Unconfirmed L/C)，是指开证行开立的信用证没有经另一家银行保兑。当开证行资信较好或成交金额不大时，一般都使用这种信用证。

5. 按照信用证可否转让，分为可转让信用证和不可转让信用证

(1)可转让信用证(Transferable Credit)，是指开证行授权被委托付款或承兑的银行或议付行在受益人提出申请后可以将信用证的全部或部分转让给一个或数个第三方使用的信用证。这个第三方称为第二受益人。在实际业务中应注意以下几个问题：

①可转让信用证的转让条件。根据《UCP600》的规定，唯有开证行在信用证中明确注明“可转让”(Transferable)，信用证方可转让。其他如“可分割”(Divisible)“可分开”(Fractional)“可让渡”(Assignable)和“可转移”(Transmissible)等字句，均不能代表“可转让”。

②可转让信用证的使用规则。根据《UCP600》的规定，除非信用证另有规定，可转让信用证只能转让一次，即只能由第一受益人转让给第二受益人，第二受益人不得再将信用证转让给其后的第三受益人。但是，可转回第一受益人。如果信用证不禁止分批装运，在总和不超过信用证金额的前提下，可分别按若干部分办理转让给数个第二受益人，该项转让的总和将构成信用证的一次转让。

课堂讨论　为什么信用证在转让时，信用证的金额可以减少，单价可以降低，装运期、交单期、到期日可以提前，投保加成可以增加？

③可转让信用证的变更内容。信用证只能按照原信用证条款转让，但是，信用证的金额可以减少，不得增加；单价可以降低，不得提高；装运期、交单期、到期日可以提前，不得延展；投保加成可以增加；第一受益人的名称可以代替开证申请人的名称；第一受益人还可以用自身的发票替换第二受益人的发票。

④可转让信用证的使用范围。在实际业务中，要求开立可转让信用证的第一受益人通常是中间商。为了赚取差额利润，中间商可将信用证转让给实际供货人，由供货人办理出运手续。

⑤信用证的转让不等于买卖合同也被转让，当第二受益人不能交货或提交的单据存在问题时，第一受益人仍须对开证申请人负责。但是，对进口商来说，它毕竟对第二受益人的情况不了解或了解不多。所以，除了对信用证的第一受益人特别信任外，进口商一般不愿意随便开立可转让信用证。

如果你收到的信用证未注明“不可转让”(Nontransferable)时，该信用证能否转让？

(2)不可转让信用证(Nontransferable Credit),是指受益人不能将信用证的权利转让给他人的信用证。

6. 其他信用证

(1)背对背信用证

背对背信用证(Back to Back Credit)也称对背信用证或从属信用证(Subsidiary Credit, Ancillary Credit),是指受益人要求原证的通知行或其他银行以原证为基础,另开一张内容相似的新信用证,这种另开的信用证就是背对背信用证。

背对背信用证的开立通常是中间商转售他人货物,以从中获利,或两国不能直接办理进出口贸易时,通过第三者以此种方法来达成交易。

背对背信用证和可转让信用证很相似,除了上面所述的主要用于中间商转售货物外,还包括如背对背信用证的金额可以减少;单价可以降低;装运期、交单期、到期日可以提前;投保加成可以增加等。但是,两者之间也有很多不同点,如:①可转让信用证的新证和原证都由同一个开证行保证付款。对背信用证和原证分别由两个不同的银行保证付款。②可转让信用证第二受益人的风险比背对背信用证新证的受益人的风险大。

课堂讨论　为什么说可转让信用证第二受益人的风险比背对背信用证新证的受益人的风险大?

(2)循环信用证

循环信用证(Revolving Credit)是指信用证内金额被全部或部分使用后,其金额又恢复到原金额,可再次使用,直至达到规定的次数或规定的总金额为止的信用证。循环信用证又分为按时间循环信用证和按金额循环信用证两种。

①按时间循环的信用证是指受益人在一定时间内可以多次支取信用证规定金额的信用证。

②按金额循环的信用证是指受益人金额议付后,仍恢复到原金额,可再次使用,直至用完规定的总金额为止的信用证。恢复到原金额的具体做法有自动循环、半自动循环和非自动循环三种:

a. 自动循环(Automatic Revolving),即受益人每期用完一定金额后,无须等待开证行的通知即可自动恢复到原金额供再次使用。

b. 半自动循环(Semi-automatic Revolving),即受益人每期用完一定金额后,在若干天内开证行未提出不能恢复原金额的通知,即自动恢复到原金额。

c. 非自动循环(Non-automatic Revolving),即受益人每期用完一定金额后,需经开证行通知,才能恢复原金额再次使用。

循环信用证一般在分批均等交货的情况下使用。采用循环信用证对出口商来说,可以简化审证、改证等手续;对进口商来说,可以节省开证手续和费用,减少开证押金。

(3)对开信用证

对开信用证(Reciprocal Credit)是指两张信用证的开证申请人互以对方为受益人而开立的信用证。对开信用证的特点是第一张信用证的受益人(出口商)和开证申请人(进口商)就是第二张信用证(也称回头证)的开证申请人和受益人,第一张信用证的通知行就是第二张信用证的开证行。两张信用证的金额相等或大体相等,两证可同时互开,也可先后开立。

对开信用证多用于易货贸易、来料加工和补偿贸易业务,交易的双方都担心对方凭第一张信用证出口或进口后，另外一方不履行进口或出口的义务，于是采用这种互相联系、互为条件的开证办法，彼此得以约束。在实际业务中，应尽量争取对方向我方开出即期信用证，我方向对方开出远期信用证的成交条件。

(4)预支信用证

预支信用证(Anticipatory Credit)是指开证行授权代付行(通常是通知行)向受益人预付信用证金额的全部或部分，由开证行保证偿还负担利息的信用证。预支信用证与远期信用证正好相反，开证行付款在先，受益人交单在后。

预支信用证凭出口商的光票付款，也有的要求出口商附一份负责补交信用证规定单据的声明书。如出口商以后不交单，开证行和代付行并不承担责任。当货运单据交到后，代付行在付给剩余货款时，将扣除预支货款的利息。为了引人注目，这种预支货款的条款原先习惯用红字表示，故又称"红条款信用证(Red Clause L/C)。"

进口商之所以选择以预支信用证结算，主要由于进口地市场货源紧缺，或是进口商主动以预付货款为条件争取出口商供货，或者是进口商为了使其在出口地的代理人能够掌握一笔资金，以便随时在出口地收购货物。事实上，预支信用证是开证申请人利用银行融通资金的一种方式。

课堂讨论　分别以开证申请人、开证行和受益人的身份讨论分析使用信用证时存在什么风险。

四、其他收付方式

(一)备用信用证

备用信用证(Standby Letter of Credit)是指开证行保证在开证申请人未能履行其应履行的义务时，受益人只要按照备用信用证的规定向开证行出具汇票(或不出具汇票)，并提交开证申请人未履行义务的声明或证明文件，即可取得开证行偿付的书面文件。备用信用证是一种特殊形式的信用证，属于银行信用。在备用信用证项下，开证行对受益人保证，在开证申请人未履行其义务时，即由开证行付款。因此，备用信用证对受益人来说是备用于开证申请人发生毁约时，取得补偿的一种方式。如果开证申请人按期履行合同的义务，受益人就无须要求开证行在备用信用证项下支付货款或赔款。这是所以称作"备用"的由来。备用信用证一般用在投标、技术贸易、补偿贸易的履约保证、预付货款和赊销等业务中，也用于带有融资性质的还款保证业务中。

能力提升：备用信用证与跟单信用证的异同

(二)银行保函

银行保函(Letter of Guarantee，L/G)又称银行保证书，是指银行或其他金融机构(担保人)应申请人的请求，向第三方(受益人)开立的一种书面信用担保凭证。保证在申请人未能按双方协议履行其责任或义务时，由担保人代其履行一定金额、一定期限范围内的某种支付责任或经济赔偿责任，其性质属于银行信用。银行保函可以分为多种类别。

(1)按索偿条件不同分为见索即付保函和有条件保函

①见索即付保函(Demand Guarantee)，又称无条件保函(Unconditional L/G)，是指担保人保证在收到符合保函条款的索赔书或保函中规定的其他文件时，承担付款责任的书面承诺文件。可见，见索即付保函的担保人承担的是第一性的、直接的付款责任。

②有条件保函(Conditional L/G),是指担保人保证只有在符合保函规定的条件下,才承担付款责任的书面承诺文件。有条件保函的保证人承担的是第二性的付款责任。

银行保函大多属于见索即付保函。

(2)按用途不同分为投标保函、履约保函和还款保函

①投标保函(Tender Guarantee)是指银行(担保人)应投标人(申请人)的请求,开给招标人(受益人)的一种书面信用担保凭证,保证申请人如在开标前中途撤销投标,片面修改投标条件,以及中标后拒绝交付履约保证金等时负责赔偿受益人的损失。

②履约保函(Performance Guarantee)是指银行(担保人)应签约一方(申请人)的请求开给另一方(受益人)的一种书面信用担保凭证,保证当申请人不履行他与受益人之间订立的合同义务时,银行按约定金额负赔偿责任。

③还款保函(Repayment Guarantee)是指银行(担保人)应债务人(申请人)的请求开给债权人(受益人)的一种书面信用担保凭证,保证当申请人不履行他与受益人订立的合同义务,把受益人预付、支付或贷放的款项退还或偿还给受益人时,银行将向受益人支付一定金额限度内的款项。

还款保函除在融资时使用外,在货物进出口、劳务合作和技术贸易等业务中也使用。

(三)国际保理

国际保理(International Factoring)是指在国际贸易中以托收、赊账方式结算货款时,出口商为了避免收汇风险而采用的一种请求第三者(保理商)承担风险责任的做法。在国际保理业务中,保理商向出口商提供的是一项包括对买方资信调查、百分百的风险担保、销售管理、催收应收账款及出口贸易融资于一体的综合性金融服务。国际保理的具体做法是:出口商以商业信用形式出卖商品,在货物装船后立即将发票、汇票、提单等有关单据卖断给经营保理业务的保理商,收进全部或一部分货款,从而取得资金融通的业务。保理商买进出口商的票据,承购了出口商的债权后,通过一定的渠道向进口商催还欠款,如遭拒付则不能向出口商行使追索权。保理商与出口商的关系在形式上是票据买卖,债权承购与转让的关系,而不是一种借款关系。国际保理具有以下特点:

(1)保理组织承担了信贷风险。出口商将全套单据卖断给保理商时,保理商就承担了出口商的全部债权,并承担了进口商的信贷风险。如果进口商到期不付款或不按期付款,保理商不能向出口商行使追索权,全部风险由保理商承担。这是保理最重要的特点。

(2)保理业务是一种广泛的、综合性的服务。在保理业务中,保理商向出口商提供的是一项包括对进口商资信调查、风险担保、催收应收账款、财务管理以及融通资金等的综合性财务服务。

(3)预支货款。典型的保理业务是出口商在卖断单据后,立即收到现款,得到资金融通。

(四)出口信用保险

出口信用保险(Export Credit Insurance)是指保险公司(保险人)承保出口商(被保险人)在货物出运或提供服务后因商业原因或政治原因而造成的货款无法收回或不能及时收回的损失。其中商业原因包括买方无支付能力、违约拒付等;政治原因包括进口国家发生政变、军事动荡、政府法律变更和外汇管制等。从性质上来讲,出口信用保险是国家为了推动本国的出口贸易,保障出口企业的收汇安全而制定的一项由国家财政提供保险准备金的非营利性的政策性保险业务。出口商投保出口信用保险的好处如下:

(1)出口贸易收汇有安全保障。出口信用保险使出口企业在发生贸易损失时得到经济补偿,维护出口企业和银行的权益,避免呆坏账发生,保证出口企业和银行业务稳健运行。

(2)有出口信用保险保障,出口商可以放心地采用更灵活的结算方式,开拓新市场,扩大业务量,从而使企业市场竞争能力更强,开拓国际贸易市场更大胆。

(3)出口信用保险可以为企业获得出口信贷融资提供便利。资金短缺、融资困难是企业共同面临的难题,在投保出口信用保险后,收汇风险显著降低,融资银行才愿意提供资金融通。

(4)得到更多的买家信息,获得买方资信调查和其他相关服务。出口信用保险有利于出口商获得多方面的信息咨询服务,加强信用风险管理,事先避免和防范损失发生。

(5)有助于企业自身信用评级和信用管理水平的提高。

五、不同收付方式的结合使用

通常情况下,对每一笔交易,进出口双方只选用一种结算方式。但是由于每一种结算方式都有其利弊,在特定贸易条件下,为促成交易或加速资金周转或安全收汇付汇,可将不同结算方式结合使用,从而降低单一结算方式带来的风险。

(一)信用证与汇付结合

信用证与汇付的结合通常有两种具体做法:

(1)部分货款采用信用证方式支付,余额用汇付方式支付。它一般用在成交数量大的大宗交易商品上,如矿砂、煤炭、粮食等散装货物。一般是买卖合同的多数货款以信用证方式支付,少数余额部分待货物到达目的地后,经检验核实货物数量,并计算出确切金额后,以汇付的方式支付。

(2)先汇付部分货款,余额部分在出口商发货时由进口商开立信用证支付。这主要用于须先预付定金的交易(如成套设备的交易),进口商成交时须交纳的定金以汇付方式支付,余额部分以信用证支付。

课堂讨论　为什么在信用证与托收相结合时,信用证项下光票付款,而全套单据应附在托收汇票项下?此时的托收是否可以采用承兑交单方式?

(二)信用证与托收结合

信用证与托收的结合即部分货款用信用证方式支付,部分货款用托收方式支付。一般是来证规定,出口商开立两张汇票,一张为信用证项下货款的汇票,一张为托收项下货款的汇票,信用证项下凭光票付款,全套单据附在托收汇票项下;托收部分的货款由出口商在装货后与信用证项下的货款一并委托议付行通过开证银行向进口商托收,以付款交单方式收取。发票和其他单据并不分开,仍按全部货款金额填制,而汇票分开两张。

在实际业务中,为防止开证行在未收妥托收部分货款前将单据交给进口商,出口商应要求在信用证上注明“在发票金额全部付清后方可交单”的条款。

(三)跟单托收与预付定金结合

跟单托收与预付定金的结合主要指先由进口商预付一定比例的定金作为保证后,出口商再采取付款交单的跟单托收方式收取余款的做法。即出口商收到预付定金后发运货物,从货款中扣除已收款项后,凭汇票和其他单据委托银行向进口商收取余款。如托收的货款遭到进口商的拒付，出口商可凭单据将货物运回或在目的地委托他人处理货物，而已收货款则可以用于弥补往来运费、保险费、利息等合理支出的损失。

（四）备用信用证与跟单托收结合

备用信用证与跟单托收的结合，主要是为了跟单托收项下的货款一旦遭到进口商拒付时，出口商可凭备用信用证向开证行收回货款，即凭受益人所开立的汇票和签发开证申请人拒付的声明书要求开证行进行偿付。值得注意的是，为了便于出口商在被进口商拒付后有充裕的时间向开证行索偿，备用信用证的到期日必须晚于托收付款期限后一段适当的时间。在办理托收委托时，出口商应在托收申请书中明确要求托收行请代收行在进口商拒付时，立即用电报或电传通知，以免贻误时机，导致备用信用证过期失效。

（五）汇付、托收与信用证结合

这种支付方式一般用于大型成套设备项目、船舶、飞机等金额大、交货期长的交易中。一般按工程进度和交货进度分期付款或延期付款，采用汇付、托收和信用证相结合的方式。

1. 分期付款(Progression Payment)

它是指买方根据合同规定，在产品投产前采用汇付方式预付部分定金，其余货款根据商品制造进度或交货进度，开立不可撤销信用证，分若干期即期支付，在货物交付完毕时付清货款。买方付出定金前，往往要求卖方通过银行出具保函或备用信用证，以确保买方预付金的安全。

2. 延期付款(Deferred Payment)

买卖双方在合同中规定，买方在预付一部分定金后，其余大部分货款在卖方交货后相当长时间内分期摊还。延期付款的那部分货款可采用远期信用证方式支付。这实际上是卖方向买方提供商业信贷，因而带有赊销的性质，所以，买方应承担延期付款的利息。

六、选择收付方式应考虑的因素

（一）客户信用

国际贸易中，货物买卖合同能否顺利得到履行，客户信用是决定性的因素。因此，进出口双方在选择收付方式时，通常把客户信用放在首要位置来考虑。对于信用不太好，或者尚未充分了解的客户，应选择风险小的结算方式交易。这时，出口商宜选择跟单信用证来结算较为稳妥，或者争取以前 T/T 的方式成交。而对于信誉较好，或已经是长期合作伙伴的客户，出口商可适当考虑以 D/P 结算。只在确有把握或特别的交易背景条件下，出口商才可以考虑采用后 T/T 或承兑交单来收取货款。通常情况下，进口商的选择和出口商的刚好相反。总之，出口商要想顺利发货收汇，进口商要想顺利收货付汇，双方均应事先做好交易对象的信用调查，并根据客户的信用度选择适当的收付方式来结算。

（二）交易形势

在国际货物买卖合同的磋商过程中，收付方式是仅次于价格条件的重要条款，常常是交易是否能达成的关键因素之一。当所交易货物处于买方市场时，货物滞销，供大于求，价格疲软，进口商占主动地位，可尽量选择对自己有利的托收或汇付等方式结算；而当交易货物处于卖方市场时，货物紧俏，供不应求，价格呈上涨趋势，出口商占有利地位，可要求进口商在结算方式上做出适当让步，选择前 T/T 或信用证等收付方式。如果交易双方势均力敌，并没有明显的卖方或买方市场时，就需要双方都妥协，否则难以达成交易。

（三）贸易术语

不同的贸易术语，决定了进出口双方的责任义务的不同，同样会影响对结算方式的选择。当以 CFR、CIF、CPT 和 CIP 这组典型的象征性交货的贸易术语成交时，出口商凭单交货，进口商凭单付款，货物所有权的转移以单据为媒介，符合跟单信用证只处理单据业务的特点，适合选择跟单信用证方式结算。以 CIP 和 CIF 这两个贸易术语成交时，出口商关于货物运输的风险可以转嫁给保险公司，可以选择付款交单方式收付货款。在使用 EXW 这个实际交货贸易术语时，如果采用托收方式，意味着出口商交货在先，收款在后，属于赊销，则对出口商风险太大而不宜采用。而在以 FOB 和 FCA 贸易术语条件下，货物的运输由进口商承办，容易出现进口商和承运人勾结骗货的情况，出口商不易控制货权，因此，也不适宜采用托收方式。

（四）运输单据

不同的运输方式签发的运输单据不同。只有当所签发的运输单据属于物权凭证时，进口商才需要凭单提货，出口商才能凭单控制货权。所有的运输单据中，只有可转让的海运提单、可转让的国际多式联运单据和对港铁路运输下的承接货物收据是物权凭证。所以，只有在使用这三种运输单据凭以结汇的情况下，才可以选择托收方式结算。否则，货到目的地后，进口商仅凭到货通知和身份证件即可提货，就不需要通过银行付款或承兑赎单，使出口商处于极其不利的被动地位。

除了以上四个主要方面外，进出口双方在磋商结算方式时，还应考虑合同金额的大小、进口国的外汇管制情况、交易对象的经营意图、手续费和融资需求等方面的因素。例如，合同金额较大时，出口商收款的风险加大，宜考虑信用证方式；进口国的外汇管制较严时，为避免进口商无法申购到外汇对外支付，出口商宜考虑信用证方式；在进口商信用较好的情况下，如果出口商的交易目的是开拓市场而不是考虑单笔业务的利润时，出口商不仅要在价格上做出让步，结算方式也要有一定妥协。如果进出口双方是母子公司或相互充分了解且信誉较好的企业，则应该通过比较手续费的高低选择成本最低的汇付方式，托收次之，信用证则因手续费最高，手续最复杂而不宜选用。另外，在信用证结算方式下，进口商可以通过开立远期信用证，或者利用信用证做进口押汇和提货担保等业务获得资金融通，而出口商可以利用信用证申请打包贷款、出口押汇和贴现来获得银行的金融支持。所以，当进口商或出口商拟利用结算方式获得便利的贸易融资时，不宜采用汇付或托收方式结算。

课后任务

1. 磋商小组根据所学专业知识对初步磋商结果进行修改：

（1）如果所选收付工具和收付方式相矛盾，可进行调整。

（2）如果选择远期收付，应调整成交单价，即在单价里加入远期利息。

2. 把小组最终选定的收付方式（含收付期限）写在合同磋商备忘录里。

3. 上网查找中英文版的《UCP600》，阅读相关内容。

4. 预习下一个任务：单据条款。

7.3 单据条款

任务描述

磋商合同的单据条款

1. 根据小组贸易背景选择适当的商业单据。
2. 用中英文起草单据条款。
3. 磋商结果由记录员记录在磋商记录表里，观察员如实填写观察汇报表。
4. 展示员准备好展示小组磋商成果。
5. 时间：20 分钟。

【任务分析】

磋商合同的单据条款

商业单据是结算国际贸易货款的重要收付依据之一。因此，合同中的单据条款是收付条款的重要组成部分。

在国际贸易中，无论以何种贸易术语成交，出口商均应交货交单，进口商均应收单收货付款。出口商交货之后需要及时缮制各类单据凭以收款，证明已按合同约定履行义务。进口商收到单据后要认真审核，根据单据判断出口商是否已按合同约定交货，并决定是否应该付款。可见，单据的流转在国际贸易中起着举足轻重的作用。

在本次磋商任务中，进出口双方需要考虑的问题是：在已经选定收付方式的情况下，进出口双方如何利用单据来保障自身的利益？例如，进出口双方应选择提交什么单据？出口商应何时提交这些单据？单据条款如何和收付方式合理结合？

相关知识

一、常见商业单据

（一）发票（Invoice）

发票是卖方对所装运货物的详细和全面的说明，是国际贸易结算的核心单据。主要包括商业发票、海关发票和领事发票等类型，其中使用最广泛和最常见的是商业发票。

1. 商业发票（Commercial Invoice）

商业发票是由出口商（卖方）签发给进口商（买方）的载有交易货物的名称、规格型号、单价、数量、金额等内容的发货价目清单，是对所装运货物和整个交易的总说明。它虽不是物权凭证，但是出口商履约的证明，以及出口商凭以收取货款和进出口双方记账的凭证。进出口双方无论采用哪一种收付方式结算，商业发票都是进出口贸易结算中的最主要单据之一，是全套出口单据的核心。

2. 海关发票(Customs Invoice)

海关发票是由出口商根据一些进口国海关统一制定格式填制的,基本内容同普通的商业发票类似的特殊发票,主要是用于进口国海关统计、核实原产地、查核进口商品价格的构成等。要求出具海关发票的国家或地区主要集中在中北美洲、大洋洲和非洲。如加拿大、美国、新西兰、西非和牙买加等。

3. 领事发票(Consular Invoice)

领事发票是由进口国驻出口国的领事签发的发票,为了证明出口货物的原产地等详细情况,以及核定出口货物是否低价倾销。这种发票主要出现在贸易及外汇管制比较严格的中东、拉美和非洲等国家或地区。使用领事发票的国家中,有些国家制定了固定格式,有些国家则仅要求进口国驻出口国的领事在商业发票上认证,并没有统一格式。出具领事发票时,领事馆一般都要收取一定的费用。

(二)包装单据(Packing Documents)

包装单据是记载或描述所装运货物包装情况的单据,是对商业发票的重要补充,也是国际贸易结算的基本单据之一。主要的包装单据包括装箱单、重量单和尺码单等类型。其中最经常使用的是装箱单,除了散装货物外,大多为不可缺少的文件。

1. 装箱单(Packing List)

装箱单是由出口商签发的关于所装运货物的包装材料、包装方式、花色规格、毛重净重、包装件数和体积等内容的说明文件,便于买方了解和掌握进口商品的包装情况,也便于进口海关查验和核对货物。

2. 尺码单(Measurement List)

尺码单又称体积单,是一种偏重于说明每件货物的尺码和总尺码的包装单据,它是在装箱单的基础上再重点说明每件、每种规格项目的尺码和总尺码,如果包装内不是统一尺码的货物则应逐一加以说明。

3. 重量单(Weight List/Weight Memo)

重量单又称磅码单,是用于以重量计量计价的商品清单。一般列明每件包装商品的毛重和净重,整批货物的总毛重和总净重。凡提供重量单的商品,一般无须再提供装箱单。

(三)运输单据(Transport Documents)

运输单据是承运人收到承载货物后签发的,表明货物已经装上运输工具或已发运或已收妥待运的证明文件,是承运人与托运人之间的运输契约证明,是国际贸易结算中的基本单据之一。根据不同的运输方式,运输单据包括海运提单、租船提单、不可转让海运单、航空运单、承运货物收据、国际铁路货物联运单据、公路运单、邮政运输单据和国际多式联运单据等。目前使用最广泛的是海运提单,具体内容详见学习情境四中运输单据部分的内容。

(四)保险单据(Insurance Documents)

保险单据是保险公司向投保人出具的承保证明,并规定了双方的权利和义务关系,又是被保险人凭此向保险公司索赔和向保险公司进行理赔的依据。在国际贸易中,出口商交货后需要提交的常见保险单据包括保险单、保险凭证、预约保单和联合保险凭证。四种保险单据中,保险单使用最广泛,具体内容详见学习情境五中保险单据部分的内容。

(五)检验证书(Inspection Certificates)

检验证书是检验检疫机构对进出口商品实施检验检疫或鉴定后,根据检验检疫结果或鉴定项目出具并签署的,证明货物在品质、数量、重量或卫生等方面符合特定标准的证书。检验证书一般由政府或公证机构签发。在国际贸易中,出口商交货后需要提交的常见检验证书包括品质检验证书、重量或数量检验证书、包装检验证书、原产地证明书、兽医检验证书、卫生检验证书、消毒检验证书、熏蒸检验证书和温度检验证书。具体内容详见学习情境八中商品检验条款部分的内容。

在具体的业务中,进出口双方要根据交易货物的特性和检验证书的作用来选择出口商应提交的检验证书的种类。

(六)其他单据

1. 装运通知(Shipping Advice)

装运通知又称装运通知,是指发货人在货物装运后发给进口商或其指定人的有关货物装运情况的电信通知。装运通知主要有两个功能:其一,让收货人等有关当事人及时了解货物装运情况;其二,进口商凭此办理进口货物保险。

通常情况下,货物装运后,卖方都有充分通知买方的义务。因此,装运通知常常是国际贸易结算单据之一。尤其是在信用证结算方式下,开证行不仅要求受益人提交装运通知,还要提交发送装运通知的传真证明。

2. 受益人证明(Beneficiary's Certificate)

受益人证明是由出口商签发的用来证实有关内容的书面证明。通常在信用证结算方式下使用,用以证明受益人已按信用证要求履约。证明的内容通常有:已寄出有关副本单据、已发装运通知、已寄出包装标签、货物已经检验等。

3. 船公司证明(Shipping Company's Certificate)

船公司证明是由船务公司出具的单据,是进口商为了满足当局需要或为了了解货物运输情况等要求出口商提供的单据。一般在信用证结算方式下使用。常见的船公司证明有:

(1)航程证明(Itinerary Certificate)。航程证明是说明载货船舶航程中停靠港口的证明。常常是红海和波斯湾一带的国家要求出具,以证明载货船只在本次航行中所经过的港口或航行路线。如阿拉伯国家开立的信用证通常要求航程中不得停靠以色列港口。

(2)船龄证明(Certificate of Vessel's Age)。船龄证明是说明载货船舶船龄的证明。一般船龄在15年以上的船为超龄船。为了保证货物运输安全,信用证有时要求提供船龄证明。船龄证明主要出现在印度、孟加拉国、巴基斯坦以及阿拉伯国家等。

(3)船籍证明(Certificate of Vessel's Nationality)。船籍证明是说明载货船舶国籍的证明。阿拉伯国家开立的信用证通常要求是非以色列船只,不得悬挂以色列国旗等。

(4)船长收据(Master's Receipt)。船长收据是由船长签发的收据,证明已收到单据,并会转交进口商的证明文件。在近洋运输中,常常出现货比单据早到的现象,进口商为了及时提货,往往要求出口商在装船时将某些单据交装货船只的船长随船代交收货人。

二、订立商业单据条款应注意的事项

(一)对商业单据条款的规定要完整、明确和具体

完整的单据条款应包含单据的名称、单据正本和副本的份数、单据内容、是否需签署和单

据出单人等。

1. 单据正本和副本的份数要明确

不同的商业单据，其正本和副本的作用完全不同。例如，副本提单只用于资料存档等日常业务，不具有法律效力。正本提单是一式几份，其中一份用于提货后，其他各份自动失效。所以，如果未明确规定海运提单的正本份数或未明确是否交全套正本，会直接影响到收货人的正常提货。《UCP600》第十七条 a 款规定，信用证规定的每一种单据须至少提交一份正本。《UCP600》第十七条 e 款规定，如果信用证使用诸如一式两份(in duplicate)、两份(in two fold)和两套(in two copies)等用语要求提交多份单据，则提交至少一份正本，其余使用副本即可满足要求。

2. 单据内容的约定要明确具体

《UCP600》第十四条规定："如果信用证要求提交运输单据、保险单据或者商业发票之外的单据，却未规定出单人或其数据内容，则只要提交的单据内容看似满足所要求单据的功能，银行将接受该单据。"可见，如果进口商对某一单据的内容有具体要求时，应对单据的内容进行明确规定，否则出口商缮制的单据就很可能不能完全符合进口商的真正需要。例如，进口商如果需要出口商在商业发票上加具关于原产地的证明文句，则应在商业发票的条款里明确规定，否则出口商不会特别声明。

3. 单据出单人要明确

根据上述《UCP600》第十四条的规定，如果信用证未对单据的具体出单人做出明确规定，除了运输单据、保险单据和商业发票外，其他的单据可由任何个人或单位出具，只要提交的单据内容看似满足所要求单据的功能即可。这样的规定对于进口商而言具有一定的潜在风险。例如，进口商要求出口商提交原产地证，但未规定原产地证需要由出口国的权力机构出具时，出口商为了简化手续，可能自己出具原产地证，从单据表面看来已完全满足功能需要，但是进口商却不能凭此进口报关，享受进口关税的优惠。

4. 要明确单据是否需要签署和如何签署

《ISBP681》第 37 段规定："即使信用证没有要求，汇票、证明和声明自身的性质决定其必须有签字。运输单据和保险单据必须根据《UCP600》的规定予以签署。"可见，除了汇票、证明、声明、运输单据和保险单据外，其他单据可以不签字。如果进口商要求签字的，则应明确约定。

知识拓展：《ISBP681》的由来

《ISBP681》第 39 段规定："签字不一定手签。摹本签字、打孔签字、印章、符号(如戳记)或用来表明身份的任何电子或机械证实的方法均可。"例如，虽然《UCP600》规定商业发票不一定需要签字，但是进口商通常都要求出口商出具签署的商业发票。尤其是墨西哥、巴林、斯里兰卡、尼泊尔和印度的进口商，要求商业发票必须手签。

(二)选择商业单据时应考虑的因素

1. 单据的功能

不同的商业单据其功能各不相同，进出口双方应根据需要做出适当选择，而不应要求出口商提交所有的单据。例如，如果某进口商品无论产自哪个国家，进口报关时都是零关税，那么就无须提供原产地证。出口到日本的商品不需要提交海关发票或领事发票等。一般情况下，发票、包装单据和运输单据是必备单据，其他单据是可选单据。

2. 贸易术语

不同的贸易术语下，卖方所需承担的责任义务不同，所要提交的单据也会相应不同。例如，一般只有在CIF和CIP这两个贸易术语条件下，才需要出口商提供保险单。如果贸易术语是FOB或CFR，涉及买方需凭装运通知投保，所以通常要求出口商提供装运通知。如果贸易术语是FOB、CFR和CIF，仅适用于海运或内河运输，出口商通常提供的是海运提单，而不是其他运输方式下的运输单据等。

3. 交易货物的特性

交易货物的不同特性决定了进口商检验或验收货物的方式方法不同，同时也决定了出口商所应提交单据的种类。例如，如果交易货物是散装货物，就无须提供装箱单。如果交易的货物是裸装并以重量计价的，那么就需要提供重量单或磅码单，也无须提供装箱单。如果交易货物是以数量计价的包装货物，一般情况下就不需要出口商提供重量检验证书。如果交易货物是初级产品，就不需要提交普惠制原产地证等。仅卫生食品类产品需要提交卫生健康证，仅以重量计价的商品才需要提供重量检验证书等。

4. 进口报关手续或政府当局的需要

不同的国家进口报关手续所需提供的单据不同，相应地会要求出口商提交不同的单据。例如，仅有少数国家要求出口商提交海关发票或领事发票。仅有发达国家要求发展中国家出口制成品或半制成品时提交普惠制原产地证书。通常是阿拉伯国家才需要出口商提交船公司证明等。

（三）出口商应尽量避免提交带有“软条款”性质的商业单据

“软条款”(Soft Clause)又称为“陷阱条款”(Pitfall Clause)，通常出现在信用证中，主要指开证申请人或者开证银行在信用证中列入一些信用证生效的附加条款，使受益人不能任意支配信用证项下款项，或者要求受益人提交某些难以取得的单证，使受益人处于不利和被动地位，导致受益人履约和结汇存在风险隐患的条款。信用证出现“软条款”的后果是信用证的收付被开证申请人或开证行单方面所控制，使得作为出口方的受益人收取货款的权益无法得到保障。常见的带有“软条款”性质的商业单据有：

1. 客检证书

客检证书即由买方或其授权的代表在货物装运前对货物进行检验后签署的检验证书。进口商的目的是利用客检证书控制货物的品质和付款的主动权。但是，该单据容易使出口商陷入货物生产后不一定能顺利装运或者货物装运后不一定能顺利结汇的陷阱。如果装运前买方或其授权代表未能到场检验并签署检验证书，货物不能顺利装运；如果买方所派代表不是在开证行预留签字样本的那个授权代表，即使签署了检验证书，出口商也不能顺利结汇。因此，除非是交易货物特性的需要(如某些纺织品)，以及进口商的商业信誉很好，或者与出口商有长期的合作关系，否则，出口商不宜接受此单据。

2. 非全套的海运提单

海运提单是物权凭证，通常一式几份，任何一份正本用于提货后，其他正本均告失效。如果进口商要求出口商在信用证或托收外径寄一份正本海运提单，那么进口商就有可能凭手里的这份正本海运提单提货，而无须到银行付款赎单。这样出口商将面临钱货两失的风险。因此，除非是近洋运输，且对进口商充分了解，否则，出口商一般不应接受非全套海运提单的条款。

3. 代替运输单据的货物收据

货物收据(Cargo Receipt)是指进口商签发的证实已经收到货物的收据。在信用证结算方式下,如果进口商要求出口商凭货物收据而非运输单据收汇,意味着出口商须先把货物发给进口商,由进口商收货并检验合格后再签发货物收据给出口商凭此收汇。可如果进口商收货后不同意出具货物收据,或者以降价为条件时,出口商将处于非常被动的状态。因此,除非是业务特别需要,出口商通常是不应接受此单据的。

(四)为提高信用证结算的效率,出口商应争取部分单据径寄进口商

信用证是纯粹的单据业务,开证行承诺对受益人付款的前提是受益人交单相符。信用证项下要求受益人提交的单据种类越多,内容越复杂,受益人因单据不符而被拒付的风险越大。因此,在不影响进口商顺利收货和办理进口报关手续的前提下,为了降低被开证行拒付的风险,并节省当事银行审单的时间和精力,提高信用证结算的效率,出口商应争取在信用证外邮寄部分非关键单据,如检验证书、船公司证明、受益人证明和装运通知等。

(五)近洋运输条件下,进口商应争取由出口商径寄一份正本运输单据给进口商

近洋运输时,如果进出口双方以信用证或托收方式结算,单据需要在当事银行,比如议付行、保兑行、寄单行、付款行、承兑行和开证行或托收行和代收行等之间流转,各银行审单均需耗费时间,经常出现单据比货物晚到的情况。如果进口商能够取得出口商的信任,应争取要求出口商在信用证或托收外径寄一份正本运输单据。这样不仅有利于舒缓货物积压港口的压力,提高物流效率,加快资金周转速度,还能在付款时占据主动地位。

(六)进口商对出口商的要求应转化为单据条件

信用证处理的是单据,不涉及进出口双方交易的货物。如果开证行或开证申请人对受益人有特别的要求,应转化为对单据的要求,借单据对受益人进行约束。例如,CFR 和 FOB 条件下,开证申请人需要凭受益人的装运通知投保,这时开证申请人或开证行就可以要求受益人在信用证项下提交发送装运通知的传真证明以约束受益人在装船后限定时间内发送装运通知,而不应该仅仅在信用证里要求受益人应在限定时间内发送装运通知,或仅要求受益人提交装运通知。又如,如果开证申请人要求装载货物的船只的船龄不得高于 15 年,就应该要求受益人在信用证项下提交相应的船龄证明,而不应仅仅在信用证里要求受益人不能租用超过 15 年的船只。这种要求在汇付和托收情况下同样可以适用。进口商对出口商的特别要求转化为单据要求后,再凭单据付款。

三、合同中的商业单据条款

(一)发票条款

发票条款通常包含正副本份数、是否需要签署、如何签署、发票内容的特别约定等。由于发票通常由出口方缮制,所以无须说明由谁出具。一般情况下,出口商均需提供已签署的发票。

(1)手签商业发票一式三份，注明信用证号码和销售确认书号码。

Manually signed commercial invoice in 3 copies indicating L/C No. and S/C No.

(2)已签署的商业发票一式三份，注明货物原产自中国。

Signed commercial invoice in triplicate indicating merchandise to be of Chinese origin.

(3)加拿大海关发票一式两份。

Canada customs invoice in duplicate.

(二)包装单据条款

包装单据条款通常包括单据名称、正副本份数、单据内容的特别约定等。包装单据通常由实际供货方缮制，一般是出口方，即使是第三方，也属于信用证惯例允许的范围，所以无须说明由谁出具。一般情况下，包装单据无须签署。

(1)装箱单一式四份。

Packing List in four copies.

(2)重量单一式三份，显示每个包装的数量、毛重和净重。

Weight Memo in triplicate showing quantity/gross and net weight of each package .

(三)运输单据

常见的运输单据主要是海运提单、航空运单和多式联运运单。其中，占绝大多数的是海运提单，如果是包含海运的多式联运，其多式联运运单格式和海运提单的相似。运输单据均由承运人或其代理人签发，双方不特别约定，一般无须声明运输单据的出单人。

海运提单条款通常包含正副本份数、是否全套、提单抬头、如何背书、运费支付情况、被通知方的规定等。

(1)正副本份数。一般情况下，海运提单要求交全套正本，正本的份数不限。副本的数量可根据情况来决定，也没有固定的标准。

(2)提单抬头和背书方式。海运提单多为指示提单，并以空白抬头提单最为常见。或者要求收货人做成“凭托运人指示”“凭开证行指示”或“凭×××公司指示”。由于国际贸易中货物经常会被多次转让，极少使用记名背书，而以空白背书居多。

(3)运费支付情况。运费支付情况根据贸易术语来决定，FOB 贸易术语情况下，选择在提单上注明“运费到付”，CIF 和 CFR 贸易术语情况下，选择在提单上注明“运费已付”。

(4)被通知方。被通知方一般是合同的买方。如果买方办公地点或工厂不在目的港，货物到港后通常由目的港的货代代为办理提货事宜，则被通知方可填买方的货代。如果买方是中间商，被通知方也可填货物的中间商。

1. 全套清洁已装船海运提单，做成空白抬头，空白背书，注明“运费到付”，通知买方。

Full set of clean on board ocean Bill of Lading made out to order, blank endorsed, showing “Freight Collect” and notifying the Buyer.

2. 3/3 清洁已装船海运提单，收货人凭开证行指示，空白背书，注明“运费已付”，通知 ABC 公司。

3/3 clean on board ocean Bill of Lading made out to order of issuing bank, blank endorsed, showing “Freight Prepaid” and notifying ABC company.

航空运单条款通常包括运费支付情况和收货人名称。一般情况下，不需要说明航空运单的正副本份数，也不能要求把航空运单做成指示抬头。

航空运单，注明“运费已付”，指定中国银行上海分行为收货人。

Air Waybills showing “Freight Prepaid”, and consigned to Bank of China Shanghai Branch.

（四）保险单据

完整的保险单条款的内容除了包括保险金额确定方式、投保加成率、投保险别、保险条款依据外，一般还包括保险单据的名称、正/副本份数、背书方式等。保险单据由保险公司出具，进出口双方一般不约定由哪个公司承保，也就无须说明保险单据的出单人。

实务中，虽然保险凭证和保险单的法律效力相同，但绝大部分的企业选择使用保险单。根据《UCP600》的规定：“暂保单将不被接受”。另外，根据《UCP600》的规定：“如果保险单据表明其以多份正本出具，所有正本均须提交。”可见，如果合同或信用证中未规定保险单据应出具多少份正本，卖方将无法明示保险公司所出具保险单据的正本份数。而当保险公司出具的正本保险单据超过两份，在保险单据表面却未显示其正本的份数时，卖方所交单据将难以满足信用证的要求。在实际业务中，保险单大多采用空白背书进行转让。

保险单或保险凭证一式两份，空白背书，以发票金额的 110%投保一切险和战争险，标明赔付地点在日本。

Insurance Policy or Certificate in 2 copies, blank endorsed, covering All Risks and War Risks for 110% of invoice value showing claims payable in Japan.

（五）检验证书

检验证书条款通常应包含证书的名称、正副本份数和检验机构名称。根据《UCP600》的规定，出口方提交的单据应满足其功能需要。所以，只要检验证书的名称明确，其内容就必须满足该单据的功能需要，这时一般不需要在检验证书条款里特别约定证书的内容。另外，检验证书的出具机构直接关系到该检验结果的公正性、客观性和可信度，因此，检验证书条款需规定明确的出单机构。

(1)由公证检验机构签发的质量证明书一式三份。

Certificate of Quality in 3 copies issued by public recognized surveyor.

(2)由有关授权机构签发并认证的普惠制原产地证书一式三份。

Certificate of Origin Form A in 3 copies issued and legalized by competent authority.

(3)由国家出入境检验检疫局签发的原产地证一式两份。

Certificate of Origin in duplicate issued by CIQ.

课后任务

1. 磋商小组根据所学专业知识对初步磋商的单据条款进行修改，把修改后的单据条款填在“合同磋商备忘录”里。

2. 上网查找开证申请书的范本，阅读范本中单据条款的相关内容。

3. 预习下一个任务：货款收付条款。

7.4 货款收付条款

任务描述

磋商合同的货款收付条款

1. 根据小组选定的收付工具、收付方式和商业单据完善收付条款。

2. 用中英文起草完整的货款收付条款。

3. 磋商结果由记录员记录在磋商记录表里,观察员如实填写观察汇报表。

4. 展示员准备好展示小组磋商成果。

5. 时间:10 分钟。

【任务分析】

国际货款的收付涉及收付依据、收付方式和收付时间的约定问题。在前几个任务里,各个磋商小组均已对收付工具、商业单据和收付方式做出选择。但是,在不同收付方式下,收付条款应包含的内容各不相同。例如,以信用证结算时,不仅要涉及基本的关于汇票和所需单据的规定,还要包含关于开证行、信用证的兑用方式、有效期和到期地点等其他内容。

在本次磋商任务中,各个磋商小组需要根据已商定的收付工具、商业单据和收付方式,结合合同中的装运时间磋商货款收付时间,并把这五个方面巧妙地结合在一起。此外,还要分析在不同收付方式下,完整的收付条款还应包含哪些内容?为什么?

相关知识

收付条款直接关系到双方的切身利益,它是贸易合同的主要条件之一,其内容主要包括付款时间、地点、金额、方法和条件。不同的结算方式,双方承担的风险和涉及的信用也不同,具体的收付条款的描述也有所不同。

一、汇付条款

进出口商选用汇付方式结算时,买卖合同中的收付条款应明确规定汇付的时间、金额、汇付方式和卖方需要提供的单据等内容。

(1)汇付的时间和金额。由于单纯的前 T/T 或后 T/T 对于进口商或出口商风险都太大,实务中经常将两者结合使用,比较通行的做法是,由买方在合同生效后若干天内,卖方发货前支付一部分预付款,待卖方发货,并将关于货物的全套单据传真至买方后若干天内,买方支付余款。卖方确认买方已付清货款后将全套正本单据邮寄给买方。

(2)汇付方式。即在合同中明确规定选择电汇、信汇或票汇来支付货款。

(3)所需单据。采用前T/T结算时,买方大多数情况下是在收到卖方提交的单据副本或正本后付清货款,或者买方通过要求"凭单付现"以减低风险。实务中,很多合同不列明卖方应提交的单据名称,或仅简单列明卖方需要提供的单据名称,而对单据的内容和份数等不进行详尽约定。但是,为了避免买卖双方在卖方发货后,仍就单据问题进行反复的商讨,应尽量在合同中详细约定对单据的具体要求。

范例

(1)全额前T/T:买方应在2019年9月15日前将100%的货款以电汇方式预付给卖方。卖方在装运后2天内把装运通知传真给买方,并在装运后7天内把全套正本提单、商业发票和装箱单用DHL快递给买方。

The Buyer shall pay 100% of the sales proceeds by telegraphic transfer in advance by T/T to reach the Seller not later than Sep. 15, 2019. The Seller shall fax the shipping advice to the Buyer within 2 days after the shipment date, and send the full set of original B/L, Commercial Invoice and Packing List to the Buyer by DHL within 7 days after the shipment date.

(2)部分前T/T:买方应于3月20日前将30%货款电汇至卖方,其余货款收到正本提单传真后3日内支付。

The Buyer shall pay 30% of the sales proceeds by telegraphic transfer in advance by T/T to reach the Seller not late than Mar. 20. The remaining part will be paid to the Seller within 3 days after receipt of the fax concerning original B/L by the Buyer.

(3)后T/T:买方收到以下所列单据后3天内电汇全部货款给卖方:

①签署的商业发票一式三份。

②签署的装箱单一式三份。

③全套清洁已装船海运提单,做成空白抬头,空白背书,注明"运费到付",通知买方。

④由国家出入境检验检疫局签发的原产地证明一式两份。

The Buyer shall pay the total sales proceeds by telegraphic transfer to the Seller by T/T within 3 days after receipt of the documents listed as follow:

①Signed commercial invoice in 3 copies.

②Signed packing list in 3 copies.

③Full set of clean on board ocean B/L made out to order, blank endorsed, marked "freight collect" and notifying the Buyer.

④Certificate of Origin in 2 copies issued by CIQ.

二、托收条款

进出口商选用托收方式结算时,买卖合同中的收付条款一般应先列明由卖方装运货物后,开立汇票连同其他商业单据办理托收,再明确规定交单条件、买方付款和/或承兑责任以及付款期限等内容,即在合同中对所选的托收方式进行详尽的文字描述。如前所述,具体的托收方式主要包括即期付款交单、远期付款交单和承兑交单。在托收结算方式下,势必有交单问题,因此合同中应明示卖方所需提交单据的具体种类和要求。

范例

(1)即期付款交单：买方应凭卖方开具的即期跟单汇票，于第一次见票时立即付款，付款后交以下所列单据：

①手签商业发票一式四份。

②签署的重量单一式四份。

③全套清洁已装船海运提单，做成空白抬头，空白背书，注明“运费已付”，通知买方。

④由公证检验机构签发的重量/数量检验证书一式两份。

Upon first presentation the Buyer shall pay against documentary draft drawn by the Seller at sight. The documents listed herein are to be delivered against payment only:

①Manually signed commercial invoice in 4 folds.

②Signed weight memo in 4 folds.

③Full set of clean on board ocean B/L made out to order, blank endorsed, marked "freight prepaid" and notifying the Buyer.

④Certificate of Weight/Quantity in 2 folds issued by public recognized surveyor.

(2)远期付款交单：买方对卖方出具的见票后30天付款的跟单汇票于第一次提示时即予承兑，并在汇票到期日即予付款，付款后交以下单据：

①手签商业发票一式三份。

②签署的装箱单一式三份。

③全套清洁已装船海运提单，做成空白抬头，空白背书，注明“运费已付”，通知买方。

④由权威机构签发的原产地证明书一式四份。

⑤保险单一式两份，空白背书，根据1981年1月1日制定的《中国保险条款》以发票金额的110%投保一切险。

The Buyer shall duly accept the documentary draft drawn by the Seller at 30 days sight upon first presentation and make payment on its maturity. The documents listed as follow are to be delivered against payment only:

①Manually signed commercial invoice in triplicate.

②Signed packing list in triplicate.

③Full set of clean on board ocean B/L made out to order, blank endorsed, marked "freight prepaid" and notifying the Buyer.

④Certificate of Origin in quadruplicate issued by competent authority.

⑤Insurance Policy in 2 folds for 110% of invoice value, blank endorsed, covering All Risks as per CIC dated 1/1/1981.

(3)承兑交单：买方对卖方开具的见票后60天付款的跟单汇票于第一次提示时即应承兑，并于汇票到期日付款，承兑后交单。所需单据：

①手签商业发票一式四份。

②签署的装箱单一式四份。

③全套清洁已装船海运提单，做成空白抬头，空白背书，注明“运费已付”，通知买方。

④由公证检验机构签发的重量检验证书一式两份。

The Buyer shall duly accept the documentary draft drawn by the Seller at 60 days sight upon first presentation and make payment on its maturity. The documents required listed in this contract are to be delivered against acceptance. Documents required:

①Manually signed commercial invoice in 4 copies.

②Signed packing list in 4 copies.

③Full set of clean on board ocean B/L made out to order, blank endorsed, marked "freight prepaid" and notifying the Buyer.

④Certificate of Weight in 2 copies issued by public recognized surveyor.

三、信用证条款

进出口商选用信用证方式结算时，买卖合同中的收付条款应明确规定开证行、开证时间、信用证付款期限、信用证有效期和到期地点、兑用方式、所需单据、开证申请书经卖方确认、费用负担、信用证适用惯例等内容。

（1）开证行。由于开证行的信用和实力直接关系到卖方发货后是否能凭单顺利收汇，合同中通常约定买方所选择的开证行应获得卖方的认可，即买方应选择卖方能接受的开证行开证。

课堂讨论

①为什么卖方应争取收到信用证后再备货？

②为什么卖方不宜接受到期地点在国外的信用证？

（2）开证时间。即信用证开立的时间。信用证结算时，卖方应争取收到信用证后再备货，至少要在收到信用证后才发货。可见，如果在合同中没有明确规定买方通过银行开立信用证的期限，卖方将无法确定是否该备货，何时该租船订舱，何时装运。另外，为了避免信用证传递过程中的延误，应在合同中约定信用证开到卖方所在地的时间，而不是信用证的开立时间。

（3）信用证付款期限。信用证的付款期限决定了买方付款的时间。即期的信用证下，买方应见单后立即付款。远期的信用证下，买方将在见单后将来某个时间付款。付款期限的不同，决定了利息的承担者不同。显然，卖方希望以即期信用证结算，而买方希望以远期信用证结算，双方都希望选择假远期信用证。如果信用证要求出具汇票，汇票的期限就是信用证的付款期限。

（4）信用证有效期。即卖方发货后交单的最晚时间。实务中，通常约定为提单日后 15 天。如果双方不约定，则按照《UCP600》的要求，为提单日后 21 天。卖方不宜接受有效期太短的信用证。

（5）信用证到期地点。即信用证有效时间到期的地点。根据《UCP600》的规定："可在其处兑用信用证的银行所在地即为交单地点"。卖方应争取到期地点在其所在国，而尽量不接受到期地点在国外的信用证。

（6）兑用方式。信用证的兑用方式决定了开证行支付款项的方式。信用证共有付款、承兑和议付三种兑用方式。一般情况下，卖方倾向于选择自由议付信用证。

（7）所需单据。如前所述，信用证结算时，开证行凭单据付款，卖方凭单据收款。如果双方在合同中没有明确规定卖方应提交何种单据和单据的具体要求，买方在填写开证申请书中的"所需单据"时将没有依据，要么单方面决定，要么和卖方就"所需单据"问题进行反复磋商。这将影响信用证的开证速度以及履约效率。

（8）开证申请书经卖方确认。开证申请书经卖方确认后再提交给开证行开证，可以避免卖方收到信用证后反复修改信用证的问题，这样不仅可以节省修改信用证的时间，还可以节省修改信用证的费用。

（9）费用负担。根据《UCP600》的规定："为了执行申请人的指示，银行利用其他银行的服务，其费用和风险由申请人承担。"即开证申请人应负担从开立信用证开始直至信用证结算完毕整个过程中发生的所有银行费用。但是，实务中，为了节省费用，买方通常在合同和信用证中约定：开证行所在国以外的银行费用由受益人承担。

（10）信用证适用惯例。合同中应约定拟开立信用证应适用的信用证惯例，以避免在执行信用证过程中产生纠纷。如果开证申请人在开证申请书中不特别声明，采用 SWIFT 格式开立信用证时，信用证内将直接声明当时应适用的信用证惯例。

范例

即期议付信用证：买方应通过卖方所接受的银行于装运月份前30天开出并送达卖方即期议付信用证，于装运日后15天内在中国凭第一次提交以下所需的相符单据自由议付有效。该信用证适用《UCP600》。开证申请书需经卖方最后确认。开证行以外的银行费用由卖方承担。所需单据：

①手签商业发票一式三份，注明信用证号码和合同号码。

②装箱单一式四份，标明每个纸箱所装货物的数量、毛重和净重。

③全套清洁已装船海运提单，做成空白抬头空白背书，注明运费已付，通知买方。

④由国家出入境检验检疫局签发的重量检验证书一式三份。

⑤由国家出入境检验检疫局签发的品质检验证书一式三份。

⑥保险单一式两份，空白背书，根据1981年1月1日制定的《中国保险条款》以发票金额的110%投保一切险、战争险和罢工险。

The Buyer shall open through a bank acceptable to the Seller a sight Letter of Credit, subject to UCP 2007 revision ICC publication No. 600, to reach the Seller 30 days before the month of shipment, valid for freely negotiation in China until the 15th day after the date of shipment upon the first complying presentation of the following documents required. Application for L/C shall be subject to the final confirmation of the Seller. The banking charges outside the issuing bank are for the account of the Seller.

Documents required:

①Manually signed commercial invoice in 3 copies indicating L/C No. and S/C No.

②Packing List in 4 copies showing the quantity, gross weight and net weight of each carton.

③Full set of clean on board ocean B/L made out to order, blank endorsed, marked "freight prepaid" and notifying the Buyer.

④Certificate of Weight in 3 copies issued by CIQ.

⑤Certificate of Quality in 3 copies issued by CIQ.

⑥Insurance Policy in 2 copies for 110% of invoice value, blank endorsed , covering All Risks, War Risks and Strike Risks as per CIC dated 1/1/1981.

四、跟单托收和信用证结合的条款

跟单托收和信用证结合时，开证行通常也是代收行。如买方未能及时付清货款后赎单，单据由开证行掌握，凭卖方指示处理。

范例

买方应通过卖方所接受的银行于装运日期前30天开立不可撤销的即期信用证，规定50%的发票金额凭即期光票支付，其余50%的金额用即期跟单托收方式付款交单。全套货运单据附于托收项下，在买方付清发票的全部金额后交单。如买方不能付清全部发票金额，则货运单据须由开证行掌握，凭卖方指示处理。

The Buyer shall open through a bank acceptable to the Seller an irrevocable sight letter of credit to reach the Seller 30 days before the month of shipment, stipulating that 50% of the invoice value available against clean draft at sight while the remaining 50% on documents against payment at sight on collection basis. The full set of shipping documents shall accompany the collection draft and shall only be released after full payment of the full invoice value, the shipping documents shall be held by the issuing bank at the Seller's disposal.

课后任务

1. 磋商小组根据所学专业知识对初步磋商的收付条款进行修改，把修改后的收付条款填在“合同磋商备忘录”里。

2. 上网查找中、农、建、工四家银行信用证业务的收费标准。

3. 预习下一个任务：商品检验条款。

知识测试

一、单选题

1. 在其他条件相同的前提下，(　　)的远期汇票对受款人最为有利。

A. 出票后 30 天付款　　B. 提单签发日后 30 天付款

C. 见票后 30 天付款　　D. 货到目的港后 30 天付款

2. 信用证经保兑后，保兑行(　　)。

A. 只有在开证行没有能力付款时，才承担保证付款的责任

B. 和开证行一样，承担第一性付款责任

C. 需和开证行商议决定双方各自的责任

D. 只有在买方没有能力付款时，才承担保证付款的责任

3. 出口商开立的汇票，如遭付款人拒付时(　　)。

A. 开证行有权行使追索权　　B. 保兑行有权行使追索权

C. 议付行有权行使追索权　　D. 付款行有权行使追索权

4. 根据《UCP600》的解释，信用证的第一付款人是(　　)。

A. 进口商　　B. 开证行　　C. 议付行　　D. 通知行

5. 承兑是(　　)对远期汇票表示承担到期付款责任的行为。

A. 付款人　　B. 收款人　　C. 出口商　　D. 议付银行

6. 在汇付方式中，被广泛采用的是(　　)。

A. 信汇　　B. 电汇　　C. 票汇　　D. 远期汇款

7. L/C 与托收相结合的收付方式，其全套货运单据应(　　)。

A. 随信用证项下的汇票

B. 随托收项下的汇票

C. 50%随信用证项下，50%随托收项下

D. 单据与票据分列在信用证和托收汇票项下

8. 托收和信用证两种收付方式使用的汇票都是商业汇票，都是通过银行收款，所以(　　)。

A. 两者都属于商业信用

B. 两者都属于银行信用

C. 托收属于商业信用；信用证属于银行信用

D. 信用证属于商业信用；托收属于银行信用

9. 在下列托收业务中，进口商可凭信托收据向银行借单提货的是(　　)。

A. D/P at sight　　B. D/P 30 days after sight

C. D/A at sight　　D. D/A 30 days after sight

10. 注明(　　)的汇票是法律上的无效汇票。

A. 提单日后 90 天付　　B. 见票后 3 个月付

C. 仅付给伦敦西敏寺银行指定人　　D. 船只到达大连口岸时付

二、多选题

1. 对于信用证与合同关系的表述正确的是(　　)。

A. 信用证的开立以买卖合同为依据

B. 信用证的履行不受买卖合同的约束

C. 有关银行只根据信用证的规定办理信用证业务

D. 合同是审核信用证的依据

2. 以下对可转让信用证表述正确的是(　　)。

A. 可转让信用证只能转让一次

B. 可转让信用证可转让无数次

C. 第二受益人可将信用证转回给第一受益人

D. 信用证经转让后，买卖合同中卖方仍应履行其应履行的义务

3. 汇付的方式包括(　　)。

A. 电汇　　B. 顺汇　　C. 票汇　　D. 信汇

4. 下列各项中，有关托收方式中的承兑交单叙述正确的有(　　)。

A. 可表示为 D/A　　B. 进口人承兑汇票后即取得货运单据

C. 适用于远期汇票的托收　　D. 收款保障依赖托收信用

5. 在国际贸易中，常用的收付方式有(　　)。

A. 预付　　B. 汇付　　C. 托收　　D. 信用证

6. 下列各项中，属汇票行为的有(　　)。

A. 拒付　　B. 提示　　C. 承兑　　D. 交单

7. 信用证收付方式的特点是(　　)。

A. 信用证是一种银行信用　　B. 信用证是一种商业信用

C. 信用证是一种自足文件　　D. 信用证是一种单据的买卖

8. 备用信用证与一般跟单信用证的区别主要是（　　）。

A. 备用信用证属于商业信用，而跟单信用证属于银行信用

B. 银行付款的条件不同

C. 适用的范围不同

D. 受款人要求银行付款时所需提供的单据不同

9. 关于顺汇描述正确的是（　　）。

A. 债务人主动向债权人付款　　B. 资金流向与结算工具的传递方向相同

C. 包括汇款和托收两种形式　　D. 不仅有商业信用也有银行信用

10. 本票与汇票的区别在于（　　）。

A. 前者是无条件的支付承诺，后者是无条件的支付命令

B. 前者的票面当事人为两个，后者则有三个

C. 前者在使用过程中有承兑，后者则无须承兑

D. 前者的主债务人不会变化，后者则因承兑而变化

三、判断题

1. 在采用票汇付款的情况下，由买方购买银行汇票径寄卖方，故这种付款方式属于银行信用。（　　）

2. 保兑信用证中的保兑行对保兑信用证负第一性的付款责任。（　　）

3. 若错过了信用证有效期到银行议付，受益人只要征得开证申请人的同意，即可要求银行付款。（　　）

4. 商业汇票和银行汇票的主要区别在于前者的付款人是商业企业，后者的付款人是银行。（　　）

5. 汇付是付款人主动通过银行或其他途径将款项交收款人的一种收付方式，所以属于商业信用，而托收通常称为银行托收，因而它属于银行信用。（　　）

6. 信用证如果未规定最迟装运期，则该信用证无效。（　　）

7. 出口商采用 D/A30 天比采用 D/P30 天承担的风险要大。（　　）

8. 信用证是一种银行开立的无条件承诺付款的书面文件。（　　）

9. 光票信用证是指开证行不需凭任何单据就履行付款责任的信用证。（　　）

10. 汇票经背书后，使汇票的收款权利转让给被背书人，被背书人若日后遭到拒付可向前手行使追索权。（　　）

情景再现

1. 我方某食品进出口公司向大洋洲某国出口鲜活品一批，双方规定以即期信用证为付款方式。买方在合同规定的开证时间内开来信用证，证中规定："一旦开证人收到单证相符的单据并承兑后，我行立即付款。"我方银行在审核信用证时，把问题提出来，要求受益人注意该条款。但该食品进出口公司的业务员认为该客户为老客户，应该问题不大，遂根据信用证的规定装运出口。当结汇单据交到付款行时，付款行以开证行认为开证人不愿承兑为由拒付。

问：(1)银行拒绝付款有无道理？(2)我方的失误在哪里？

2. 我方某贸易有限公司以 CIF 大阪向日本出口一批货物，4 月 20 日由日本东京银行开来一份即期信用证。信用证金额为 50000 美元，装船期为 5 月份，证中还规定付款行为纽约花旗银行。我中国银行收到信用证后，于 4 月 22 日通知出口公司，4 月底该公司获悉进口方因资金问题濒临倒闭。

问：在此情况下我方应如何处理？

3. 我方某贸易有限公司向国外某客商出口货物一批，合同规定的装运期为 2001 年 6 月，D/P60天付款。合同订立后，我方及时装运出口，并收集好一整套结汇单据及开立以买方为付款人的 60 天远期汇票委托银行托收货款。单证寄抵代收行后、付款人办理承兑手续时，货物已到达目的港，且行情看好，但付款期限未到。为及时提货销售取得资金周转，买方经代收行同意，向代收银行出具信托收据借取货运单据提前提货。不巧，在销售的过程中，因保管不善导致货物被火焚毁，付款人又遇其他债务关系倒闭，无力付款。

问：在这种情况下，责任应由谁承担？我方于汇票到期日还能收回货款吗？

4. 某笔进出口业务，约定分两批装运，收付方式为即期信用证。第一批货物发送后，买方办理了付款赎单手续，但收到货物后，发现货物品质与合同严重不符，便要求开证行通知议付行对第二批信用证项下的货运单据不要议付，银行不予理睬。后来议付行对第二批信用证项下的货运单据仍予议付。议付行议付后，付款行通知买方付款赎单，遭到买方的拒绝。

问：(1)开证行处理方法是否合适？(2)买方应如何处理此事为宜？

5. 我方某轻工业进出口公司向国外客户出口某商品一批，合同中规定以即期信用证为付款方式，信用证的到期地点规定在我国。为保证款项的收回，应议付行的要求，我方商请香港某银行对中东地区某行(开证行)开立的信用证加以保兑。在合同规定的开证时间内，我方收到通知银行(即议付行)转来的一张即期保兑信用证。我方出口公司在货物装运后，将有关单据交议付银行议付。不久接保兑行通知："由于开证行已破产，我行将不承担该信用证的付款责任。"

问：保兑行的做法是否正确？为什么？

职场体验

1. 专业术语翻译

(1)汇票　(2)票汇　(3)即期信用证　(4)付款交单　(5)跟单托收

(6)Telegraphic Transfer　(7)Back to Back Credit　(8)COD　(9)D/A

2. 试翻译以下货款收付条款

(1)买方应于合同签署后 5 天内，以电汇方式预付合同总值的 20%给卖方。买方在收到卖方的提单传真复印件后 5 个工作日内将剩余货款以电汇方式支付给卖方。

(2)买方应凭卖方开立的即期跟单汇票，于第一次见票时付款，付款后由代收行代理出口商交付以下单据：

①手签商业发票一式三份。

②签署的装箱单一式三份。

③全套清洁已装船海运提单，做成空白抬头，空白背书，注明“运费到付”，通知买方。

(3)The Buyer shall open through a bank acceptable to the Seller a 60days after sight Letter of Credit, to reach the Seller before May 10,2019,valid for negotiation in China until the 15th day after the date of shipment upon the first complying presentation of the following documents required. Application for L/C shall be subject to the final confirmation of the Seller. The banking charges outside the issuing bank are for the account of the Seller. Documents required:

①Signed commercial invoice in 3 copies showing L/C No., Proforma Invoice Date and No.

②Packing List in 3 copies showing package No.,quantity, gross weight and net weight.

③Full set of clean on board ocean B/L made out to order of issuing bank, blank endorsed, showing “Freight Prepaid” and notifying the Buyer.

④Certificate of Origin in 3 copies issued by public recognized surveyor at the loading port.

⑤Insurance Policy in 2 copies for 110% of invoice value, blank endorsed , covering All Risks and War Risks.

3. 试计算以下信用证的到期日和汇票到期日

(1)某公司收到国外开来的即期信用证，部分内容为：

Expiry Date:101116;

Latest Date of Shipment : 101101;

Presentation Period:Documents to be presented within 15 days after the date of shipment but within the validity of the credit。

该公司的实际装船日为 101020，请问最晚交单期是哪一天？如果该信用证没有规定交单期时，最晚交单期是哪一天？

(2)某汇票的受票人是中国银行,汇票的付款期限为“60 days after B/L date”,提单日为2018年5月14日(周一),请问汇票的到期日是哪一天?如果提单为2018年6月5日(周二),该银行应在哪一天付款?

4. 试判断以下货款收付条款有无不妥之处,如有,请更改并说明理由

(1)中国某公司拟出口10000条浴巾到匈牙利,货物将于2018年7月和8月分两批等量装运。该出口合同的货款收付条款为:买方应在签署合同后尽快支付2000美元给卖方,余款在收到货物后3天内支付。

(2)中国某公司拟出口300套沙发到阿根廷,单价是340美元/套FOB宁波,合同总值102000美元。该出口合同的货款收付条款为:D/P30天。

(3)中国某公司拟出口3000台电视机到墨西哥,信用证结算。该出口合同的货款收付条款为:The Buyer shall open a Letter of Credit before shipment date, valid for negotiation in the Buyer's country until the 7 days after the B/L date

学习情境8
争议的预防和处理条款的磋商

学习目标

【能力目标】

1. 能根据不同的贸易背景选择适当的检验时间和地点、检验机构和检验证书
2. 能根据不同的贸易背景选择适当的索赔条款规定方式
3. 能正确界定不可抗力事件的范围
4. 能正确选择仲裁地点和仲裁机构
5. 能正确订立完整的商品检验条款、索赔条款、不可抗力条款和仲裁条款
6. 能对给定的商品检验条款、索赔条款、不可抗力条款和仲裁条款进行分析,并提出修改意见

【知识目标】

1. 了解商品检验的作用
2. 了解仲裁的形式、机构和程序
3. 熟悉检验证书的种类和作用
4. 理解仲裁协议的作用和形式
5. 掌握商品检验、索赔、理赔、不可抗力和仲裁的含义
6. 掌握完整商品检验条款、索赔条款、不可抗力条款和仲裁条款的内容

8.1 商品检验条款

任务描述

磋商合同的商品检验条款

1. 根据小组贸易背景确定商品的检验时间和地点、检验机构、买方是否有检验权。
2. 用中英文起草完整的商品检验条款。
3. 磋商结果由记录员记录在磋商记录表里，观察员如实填写观察汇报表。
4. 展示员准备好展示小组磋商成果。
5. 时间：15 分钟。

【任务分析】

进出口商品检验是买卖双方交接货物过程中必不可少的业务环节。实务中，通常由有权威的、公正的、独立于买卖双方的专业检验机构负责检验或鉴定进出口商品，并出具商品检验证明。进出口合同中，买方检验权、检验的时间和地点、检验机构、检验证书的种类、检验标准和检验方法等内容的确定直接关系到货物的交接和交易是否能顺利进行，以及发生争议时的解决方式。

在本次磋商任务中，进出口双方需要考虑的问题是：买方有没有权利检验？交易商品是否需要检验？由谁来检验？什么时候检验？如何检验？需要取得哪些检验证书？

相关知识

商品检验(Commodity Inspection)是指在国际货物买卖中，由商品检验检疫机构对进出口商品的品质、数量和包装进行检验和鉴定，以确定合同标的是否符合合同规定；或对装运技术条件或在进出口商品发生残损、短缺时进行检验或鉴定，以确定事故起因和责任归属；商品的检验还包括根据一国的法律或行政法规对某些进出口商品实施强制性检验或检疫。

一、买方检验权

国际货物买卖双方在交接货物的过程中，通常要经过交付、检验或查看、接受或拒收三个环节。按照一般的法律规则，"接受"是指买方认为他所购买的货物在品质、数量和包装等方面均符合买卖合同的规定，因而同意接受卖方所交付的货物。买方"收到"货物不等于买方已经"接受"货物。买方对货物是接受还是拒收，取决于他对货物的检验或察看的结果。对此，各国法律和有关国际公约均有明确规定。例如，《公约》第 38 条规定：(1)买方必须在实际情况可行的最短时间内检验货物或由他人检验货物。(2)如果合同涉及货物运输，检验可推迟到货物到达目的地后进行。(3)如果货物在运输途中改运或买方须再发运货物，没有合理的机会加以检验，而卖方在订立合同时已知道或理应知道这种改运或再发运的可能性，检验可推迟到货物到达新目的地后进行。

即问即答： 买方未经检验便接受了货物，事后发现货物有严重质量问题，可否再行使拒收权利？

可见，除非买卖双方另有约定，买方在接受货物之前应享有对所购买的货物进行检验的权利。但需要注意的是，买方对货物的检验权并不是强制性的，它不是买方接受货物的前提条件。也就是说，如果买方没有利用合理的机会检验货物，那么他就自动放弃了检验货物的权利，即使事后发现货物有问题，也不能再行使拒收的权利。另外，如果合同中的检验条款规定以卖方的检验为准，此时就排除了买方对货物的检验权。

案例分析

我方 A 公司与美国 B 公司以 CIF 纽约的条件出口一批农产品，订约时，我方 A 公司已知该批货物要转销加拿大。该货物到纽约后，立即转运加拿大。货到加拿大后，B 公司获知货物检验不合格，遂即凭加拿大商检机构签发的在加拿大检验的证书，向我方提出索赔。问：我方 A 公司应不应该接受此索赔？

二、检验的时间和地点

在国际货物买卖合同中，根据国际上的习惯做法和我国的业务实践，关于检验时间和地点的规定，一般有以下几种做法：

（一）在出口国检验

1. 在产地检验

货物离开生产地点（如工厂、农场或矿山）之前，由卖方或其委托的检验机构人员或买方的验收人员对货物进行检验或验收，并由买卖合同中规定的检验机构出具检验证书，将其作为卖方所交货物的品质、数量等内容的最后依据。在进口重要的商品和大型成套设备时，收货人一般按合同约定，在装运前进行预检验、监造或监装，主管部门应当加强监督，商检机构根据需要可以派出检验人员参加。

课堂讨论

我方某公司从国外进口一批货物，检验条款约定，由装运港检验局出具的有关证书证明的品质和数量是最后依据。货到目的港后，我国海关检验发现部分货物霉变，且交货数量与合同不符。该公司经当地检验机构出具检验证书向卖方提出索赔。但卖方以检验条款的规定为由拒赔。请问卖方是否有权拒赔？

2. 在装运港检验

在装运港检验，即以离岸品质、重量（或数量）（Shipping Quality，Weight or Quantity as Final）为准，指货物在装运港装运前或装运时，由双方约定的装运港的检验机构对货物进行检验，该机构出具的检验证书作为决定交货品质、重量（或数量）的最后依据。按此做法，货物运抵目的港后，买方如自行委托检验机构对货物进行检验时，即使发现有问题，也已无权向卖方表示拒收或提出异议和索赔。这种规定实质上否定了买方的复验权，除非买方能证明他所收到的与合同规定不符的货物是由卖方的违约或货物的固有瑕疵所造成的。因此，这种规定下卖方对交货后运输途中货物所发生的变化不需承担责任，但对买方极为不利。装运时检验，是指用传送带或机械操作的办法进行装船的散装货，在装船的过程中进行抽样检验或衡量。

（二）在进口国检验

1. 在目的港检验

在目的港检验，即以到岸品质、重量（或数量）（Landing Quality, Weight or Quantity as Final）为准，指在货物运抵目的港卸货后的一定时间内，由双方约定的目的港的检验机构进行检验，该机构出具的检验证书作为决定交货品质、重量（或数量）的最后依据。

2. 在买方营业处所或最终用户所在地检验

对一些需要安装调试进行检验的成套设备、机电仪表产品以及在卸货口岸开件检验后难以恢复原包装、使用前不便拆开包装的货物，如密封包装货物、精密仪器等，双方可约定将检验时间和地点延伸或推迟至货物运抵买方营业所或最终用户所在地后的一定时间内进行，并以该地约定的检验机构所出具的检验证书作为决定交货品质、重量（或数量）的最后依据。

采取上述两种做法时，卖方实际上须承担到货品质、重量（或数量）的责任。如果货物在品质、重量（或数量）等方面存在的不符点属于卖方责任范围，买方则有权凭货物在目的港、目的地、买方营业所或最终用户所在地经检验机构检验后出具的检验证书，向卖方提出索赔，卖方不得拒绝。同时，不同国家对商品品质等要求的差异、检测设备及方法的不同都可能会增加商检的难度，因而对卖方不利，对买方有利。

课堂讨论

检验时间和地点的规定与买方复验权的行使有什么关系？

（三）在出口国检验、进口国复验

具体做法是：卖方在出口国装运货物时，由装运港的检验机构进行检验后出具的检验证书作为卖方收取货款的依据，货物运抵目的港后由双方约定的检验机构进行复验，并出具证明。如发现货物不符合合同规定，并证明这种不符情况属卖方责任，买方有权在规定的时间内凭复验证书向卖方提出异议和索赔。这种做法对买卖双方来说，比较公平合理，它既承认卖方所提供的检验证书是有效的文件，并作为双方交接货物和结算货款的依据之一，给予买方复验权。因而这种做法成为国际货物买卖中最常见的一种规定检验时间和地点的方法，我国进出口贸易业务中一般都采用这一做法。

（四）装运港检验重量（或数量）、目的港检验品质

即货物重量（或数量）以装运港检验机构出具的证书为准，品质则以目的港检验机构出具的证书为准。它被习惯称为“离岸重量（或数量），到岸品质”。如果货物与合同规定的品质和重量（或数量）不符，而且该不符点是由卖方责任所致，买方可凭品质检验证书向卖方进行索赔，但买方无权对货物的重量（或数量）提出异议。这种做法多用于大宗商品交易的检验，以调和买卖双方在检验问题上的矛盾。

三、检验机构

（一）国际检验机构

国际贸易中的商品检验工作一般由专业性的检验部门或检验机构办理。就其机构组织的性质而言，大致可分为官方、半官方和非官方（民间）三种。

1. 官方检验机构

官方检验机构是指由国家或地方政府投资设立，按照国家颁布的有关法律法令对出入境

商品实施强制性检验、检疫和监督管理的机构。如美国食品药品监督管理局、美国农业部粮谷检验署、法国国家实验室检测中心、日本通商产业检查所等。

2. 半官方检验机构

半官方检验机构是指一些有一定权威的、由国家政府授权、代表政府行使某项商品检验或某一方面检验管理工作的民间检验机构。如美国保险人实验室。

3. 非官方检验机构

非官方检验机构主要是指由私人创办的，具有专业检验、鉴定技术能力的公证行或检验公司，如英国劳氏公证行、瑞士通用公证行等。

此外，还有工矿企业、科研单位、大专院校、用货单位等设立的化验室、试验室和检验室等，也可以进行检验和鉴定。

（二）我国的商品检验机构

国家商检部门及其设在各地的检验机构的职责主要有下述三项：

知识链接：我国商品检验机构的演变

1. 实施法定检验

法定检验是指商检机构或者国家商检部门、商检机构指定的检验机构，根据国家的法律、行政法规，对规定的进出口商品和有关的检验检疫项目实施强制性检验或检疫。凡属法定检验范围内的进出口商品，未经检验或经检验不合格的商品，一律不准进出口。凡属法定检验的商品和合同或信用证规定的由商检机构检验出证的出口商品，在货物备妥、报关装运前，必须向国家出入境检验检疫机构办理申请检验或法定检验。对于法定检验以外的进出口商品，商检机构可以抽查检验。此外，商检机构还对对外贸易合同约定或者进出口商品的收货人、发货人申请商检机构签发检验证书的进出口商品实施检验。

即问即答：是不是所有的进出口商品都要经过检验才能准予进出口？

2. 办理进出口商品检验鉴定业务

进出口商品检验鉴定业务是指商检机构和国家商检部门、商检机构指定的检验机构以及经国家商检部门批准的其他检验机构接受对外贸易关系人（通常指出口商、进口商、承运人、保险人以及出口商品的生产、供货部门和进口商品的收货用货部门、代理接运部门等）以及国内外有关单位的委托，办理规定范围内的进出口商品鉴定业务。其他检验机构非经批准不得办理进出口商品检验鉴定业务。

3. 对进出口商品的品质和检验工作实施监督管理

监督管理是指国家商检部门、商检机构对进出口商品的收货人、发货人及生产、经营、储运单位以及国家商检部门、商检机构指定或认可的检验机构和认可的检验人员的检验工作实施监督管理，以推动和组织有关部门对进出口商品按规定要求进行检验。

四、检验证书

检验证书（Inspection Certificate）是商检机构对进出口商品实施检验或鉴定后出具的证明文件。在进出口贸易中，经双方约定由生产单位或使用单位出具的检验证书也可起到检验证书的作用。

（一）商品检验证书的作用

1. 买卖双方交接货物的依据

在国际货物买卖中，交付与合同规定相符的货物是卖方的基本义务之一。卖方有义务保证所提供货物的品质、重量(或数量)、包装等与合同规定相符。因此，合同往往规定卖方交货时须提交商检机构出具的检验证书，以证明所交货物与合同规定一致，卖方履行了合同义务。如检验证书中所列结果与合同规定不符，买方有权追究卖方的违约责任 。

2. 卖方办理货款结算的依据

当合同或信用证中规定在出口国检验，或在出口国检验、进口国复验时，一般合同中都规定，卖方须提交规定的检验证书。此种情况下，卖方在向银行办理货款结算时，在所提交的单据中，必须包括检验证书，并对检验证书名称、内容等做出明确规定。当卖方向银行交单，要求付款、承兑或议付货款时，必须提交符合信用证要求的检验证书。

3. 海关计征关税的凭证

检验机构出具的重量或数量检验证书，是大多数国家计征从量税的有效凭证；而产地和价值检验证书，则是进口国海关对不同国家进口商品实行差别待遇，减、免税及计征关税的凭证；另外，进口商品的残损检验证书还可以作为进口国海关退货的依据。

4. 办理索赔和理赔的依据

合同中规定在进口国检验或规定买方有复验权的，若经检验货物与合同规定不符，买方可在合同规定的索赔有效期内，凭指定检验机构出具的检验证书，作为明确责任归属的依据，向卖方、运输方或相关责任方提出异议和索赔。有关责任方也须根据商检机构出具的检验证书办理理赔。

5. 计收货物运输费用的依据

检验机构出具的重量或数量检验证书和货载衡量证书均可作为承运人向托运人收取运费的有效依据。另外，还可据此作为港口计算装卸费、仓租费的依据。

（二）检验证书的种类

国际货物买卖中的检验证书，种类繁多。在实际业务中，主要的检验证书及用途见表 8-1。

表 8-1　我国检验检疫机构签发的主要检验证书

名　称	用　途	备　注
品质检验证书 (Inspection Certificate of Quality)	证明进出口商品品质、规格、等级等实际情况是否符合买卖合同或有关方面的规定	是出口商品交货结汇和进口商品结算索赔的有效凭证；法定检验商品的证书，是进出口商品报关、输出输入的合法凭证
数量检验证书 (Inspection Certificate of Quantity)	根据不同的计量单位，证明商品的数量	
重量检验证书 (Inspection Certificate of Weight)	根据不同的计重方式，证明商品的重量。对包装商品的容器计重，一般证明毛重、净重。其内容为货物经何种计重方法或计量单位得出的实际重量	是国外报关征税和计算运费和装卸费用的凭证
包装检验证书 (Inspection Certificate of Packing)	证明进出口商品的包装及标志情况	一般列入品质检验证书或重量、数量检验证书中证明

（续表）

名　称	用　途	备　注
价值检验证书 (Inspection Certificate of Value)	证明出口商品价值的证书，通常用于证明发货人发票所载的商品价值正确、属实	
产地检验证书 (Inspection Certificate of Origin)	证明出口商品原生产地的证书，通常包括一般产地证、普惠制产地证、野生动物产地证等，供进口国作为实行关税差别待遇的依据	对出口商品证明中国生产或中国加工制造。国外客户如需要证明具体产地的，经核实后也可予以证明
卫生检验证书 (Sanitary Inspection Certificate)	证明出口供食用的动物产品、食品未受传染疫病感染，在出口前已经过卫生检验可供食用，主要适用于肠衣、罐头食品、蛋品、乳制品、冻鱼、冻虾等	
兽医检验证书 (Veterinary Inspection Certificate)	证明出口动物产品在出口前经过兽医检验，符合检疫要求，主要适用于冻畜肉、冻禽、冻兔、皮张、毛类、绒类、猪鬃和肠衣等产品	凡有卫生检验内容的，称为兽医卫生检验证书
消毒检验证书 (Disinfection Inspection Certificate)	证明动物产品在出口前已经过消毒处理、符合安全及卫生要求的证书，主要适用于猪鬃、马尾、皮张、羽毛、山羊毛、人发等产品	也可在品质检验证书中附带证明
熏蒸证书 (Inspection Certificate of Fumigation)	证明出口粮谷、油籽、豆类、皮张等商品，以及包装用木材与植物性填充物等，已经过熏蒸灭虫。主要内容包括使用的药物、熏蒸的时间等情况	如国外客户不要求单独出证，可将其内容列入品质检验证书
残损检验证书 (Inspection Certificate on Damaged Cargo)	证明商品残损情况、残损程度、残损原因，主要供进口商品发生残、短、渍、损毁时，办理索赔、理赔之用	
植物检验证书 (Plant Quarantine Certificate)	证明植物或植物产品经过检验未发现有害的病虫害	
温度检验证书 (Certificate of Temperature)	证明出口冷冻商品温度	如国外客户仅需证明货物温度，不需要单独的温度证书，可将测温结果列入品质检验证书
船舱检验证书 (Inspection Certificate on Tank/Hold)	证明承运出口商品的船舱清洁、密固、冷藏效果及其他技术条件是否符合保护承载商品的品质和重量（或数量）完整与安全的要求	可作为承运人履行租船契约适载义务，对外贸易关系方进行货物交接和处理货损事故的依据
货载衡量检验证书 (Inspection Certificate on Cargo Weight & Measurement)	证明进出口商品的重量、体积、吨位	可作为计算运费和制订配载计划的依据

五、检验标准

检验标准是指对进出口商品实施检验所依据的标准，如对商品品质、规格、包装等项目的具体规定和要求；抽样、制样或检验方法及对检验仪器的具体规定和要求等。即使是同一种商品，对其实施检验所依据的标准和方法不同，检验结果往往会有所差异，易引起买卖双方的争议。因此，交易双方在签订买卖合同时，除了规定检验时间和地点、检验机构及检验证书之外，往往还应根据需要明确检验标准。检验标准的具体内容，视商品的种类、特性及进出口国家有关法律或行政法规的规定而定。

六、检验方法

检验方法是指对进出口商品的品质、质量(或数量)和包装等进行检验的具体检验做法,包括抽样的数量及方法。在检验中一般采用以下方法:感官检验、化学检验、物理检验、微生物学检验等。对有些商品用不同的检验方法进行检验,可以得出完全不同的结果,容易导致争议的发生。在我国,检验方法由国家商检机构制定。我国出口商品的抽样、检验方法,一般应按我国有关标准规定和商检部门统一规定的方法办理。

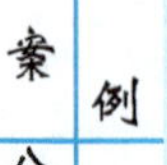

我方某公司以FOB广东广州出口2000公吨油籽,合同规定油籽含油量最低28%,杂质最高3%,但未规定检验方法。该公司装运前取得我方商检部门的以干态、乙醚浸出物的检验方法得到检验结果品质检验证书,证明货物含油量29.3%。货到目的港后,买方以湿态、乙醚浸出物的检验方法进行检验的复验结果是含油量只有27.2%,买方要求索赔。试分析此案例。

七、合同中的商品检验条款

(一)合同中商品检验条款的内容

国际货物买卖合同中的商品检验条款,一般包括下列内容:

1. 检验或复验的时间和地点

通常情况下,商品的检验工作应在货物交接时进行,即卖方向买方交付货物时,买方随即对货物进行检验。货物经检验合格后,买方即受领货物,卖方在货物风险转移之后,不再承担货物发生品质、重量(或数量)等变化的责任。这一做法特别适用于实际交货的贸易术语达成的交易。但如果按装运港交货的FOB、FCA、CFR、CPT、CIF和CIP贸易术语成交时,情况则大不相同。由于在采用上述象征性交货类术语成交的情况下,卖方只要按合同规定在装运港将货物装上船舶或交给指定的承运人,并提交符合合同规定的单据,就算完成了交货义务。但此时买方却并没收到货物,自然更无机会检验货物。因此,按装运港交货的贸易术语达成的买卖合同,在规定的检验时间和地点,采用“出口国检验、进口国复验”最为适宜。

买方有复验权时,复验期限实际上就是索赔期限,买方必须在规定的期限内行使其权利,索赔才有效。复验的时间一般不宜过短,否则会使买方无法在合同规定的时间内进行复验而丧失对外索赔的权利进而影响索赔办理;过长又不利于卖方。在确定进口商品的复验时间时,应充分考虑复验地点、商品特点、港口的装卸、调拨、疏运等情况及口岸的检验力量等因素。

2. 检验机构

以往我国的出口货物基本上由我国的检验机构检验。但近年来,随着市场越来越开放,许多国外的买家纷纷要求更换检验机构,由国际性的公证行等检验机构检验,以保证所订购的货物品质和交货期。国际贸易领域的各类商品检验、鉴定机构有1000多家,不同检验机构的检验方法、服务态度、工作作风和质量、收费标准差异很大,在挑选时应尽量体现“以我方为主”的原则。如果外商提出我方不熟悉的检验机构,应要求外商提供该机构的详细介绍和联系方式,详细询问有关的检验方法、费用等事项。检验机构的选择首先要确保公正性、权威性;其次要看检验机构检验物品的技术水平和其他方面的硬件实力。

3. 检验证书

商品不同,检验要求及所提供的检验证书也不同。一般需要卖方提交的检验证书包括原产地证明(一般原产地证明、普惠制原产地证明)、品质检验证书、重量(或数量)检验证书。如轻纺产品只需提供品质、数量(或重量)检验证书即可;有些农副土特产品除需出具品质、重量(或数量)检验证书外,还需出具卫生检验证书、兽医检验证书或植物检验证书。因此,在签约时应根据商品的特性,对所需的商检证书做出明确的规定。

在我国,法定检验商品的检验证书由国家出入境检验检疫局及其设在各地的分支机构签发;法定检验以外的商品,如果合同或信用证中无相反的规定,也可由中国对外贸易促进委员会或中国进出口商品检验总公司或生产企业出具。

4. 检验标准

对于既有我国标准又有国际标准或国外标准的商品,一般情况下应采用我国标准进行买卖。对于已被国际上广泛采用的标准,或有助于扩大产品在国际市场销路的标准,交易时应尽量采用该种标准。

我国的出口商品应严格按照外贸合同或信用证规定的检验标准检验;合同无规定或规定不明确的,按国家标准检验,无国家标准的按行业标准,无行业标准的按企业标准进行检验;对尚无标准的出口商品,一般按工贸协议或参照同类商品的标准,或由国内生产部门与商检机构共同研究确定的标准进行检验。凭样品成交的,依照小样检验。如国外买方要求按对方或第三国的标准实施检验时,亦须与有关部门研究后再定。

在合同的检验条款中,应对商品的检验标准做出明确规定,对一些规格复杂的商品,应根据不同的特点,规定详细的检验标准。但应注意,合同规定的检验标准不能与国家有关法律、行政法规及国际惯例相抵触,也不得违反进口国有关安全、卫生、检疫等方面的法令规定,否则该项合同内容无效。

5. 检验方法

检验方法通常由检验机构来制定。选择了检验机构,即选定了该商品的检验方法。因此,如果合同中已经明确约定检验机构,则不再对商品的检验方法进行特别说明。但是,为了避免事后发生争议,必要时在合同中也可对具体的检验方法做明确的规定。

(二)订立商品检验条款应注意的事项

(1)检验条款与品质条款的规定要相一致。若合同以商品产地、品牌、商标表示品质时,卖方要有具体的品质指标作为检验的依据;凡按样品成交的商品,交货品质应与样品相同,并应向检验机构提供样品;样品与文字说明并用的,应明确以何者为检验标准。

(2)检验条款应与收付条款有关单据的内容相一致,以免造成不必要的麻烦。例如,在采用信用证支付方式时,检验条款中有关检验机构、检验证书等的规定必须与收付条款中有关议付单据的规定相一致,以避免我方提交的检验证书与信用证的规定不符而遭银行拒付。

(3)当双方检验标准和方法不一致时,检验条款应明确具体检验标准和方法。我国出口商品的检验标准,一般应按中国有关标准规定和商检部门统一规定的方法办理。但当双方检验标准和方法不一致时,应先征得检验部门同意再对外签约,同时在合同中具体订明以哪种检验标准和方法为准。

示例:合同中的检验条款

(4)对于一些规格复杂的商品和机器设备等的进口合同,应根据不同特点,在条款中加列一些特殊性规定,如详细的检验标准、考核及测试方法、产品所使用的材料及其品质标准、样品及技术说明卡等,以便货到后对照检验与验收。凡按样品成交的进口货物合同,应加订复验权条款。

课后任务

1. 磋商小组根据所学专业知识对初步磋商的商品检验条款进行修订，把修订后的商品检验条款填在“合同磋商备忘录”里。

2. 上网查找《出入境检验检疫机构实施检验检疫的进出境商品目录》《中华人民共和国进出口商品检验法实施条例》，阅读相关内容。

3. 预习下一个任务：索赔条款。

8.2 索赔条款

任务描述

磋商合同中的索赔条款

1. 根据小组贸易背景选择合适的索赔条款规定方式。
2. 用中英文起草完整的索赔条款。
3. 磋商结果由记录员记录在磋商记录表里，观察员如实填写观察汇报表。
4. 展示员准备好展示小组磋商成果。
5. 时间：15 分钟。

【任务分析】

在国际货物买卖合同履约过程中，可能由于市场情况出现对合同当事人不利的变化，或者合同当事人因信用不良而故意违约，致使合同不能正常履行，并使另一方当事人的合同权利因此遭受损害，从而产生争议，引发索赔和理赔问题。在交易双方签订的贸易合同中，通常有争议和索赔条款，以便发生违约争议时，能按照合同约定的违约事实和情节，实施索赔和理赔，维护双方当事人的利益。在实践中，根据不同的需要，合同中的索赔条款往往有“异议和索赔条款”及“罚金条款”两种。

在本次磋商任务中，进出口双方需要考虑的问题是：对方可能会出现什么违约行为？如果对方违约，应如何索赔？在什么期限内索赔？索赔时应提供哪些证据？能否在合同中约定违约金或罚金？违约金或罚金数额为多少合适？

相关知识

一、违约与争议

（一）违约

违约(Breach of Contract)是指由于合同当事人一方或双方的过错造成不能履行或不能完全履行合同的行为。根据违约性质的不同，违约主要可分为两种：一种是买卖双方当事人中的一方的故意行为导致的违约；另一种是因买卖双方当事人中的一方疏忽、过失而导致的违约。

根据各国法律规定，违约行为的性质不同，所引起的法律后果及应承担的责任也有所不同，对于违约行为的性质划分及据此可以采取的补救办法差异也较大。

即问即答：只要卖方违约，买方便可以要求拒收货物、解除合同？

1.《公约》的规定

《公约》将违约区分为根本性违约和非根本性违约两类。

所谓根本性违约，是指一方当事人违反合同的结果，如使另一方当事人蒙受损失，以致实际上剥夺了他根据合同规定有权期待得到的东西，即为根本违反合同。除非违反合同的一方并不预知而且同样一个通情达理的人处于相同情况中也没有理由预知会发生这种结果。而不构成根本性违约的情况，均视为非根本性违约。从法律结果看，《公约》规定，如果一方当事人根本性违约，另一方当事人可以宣布合同无效，并要求损害赔偿。如果是非根本性违约，则不能解除合同，而只能要求损害赔偿。

2. 英国法的规定

英国相关法律把违约分为违反要件和违反担保两种。

违反要件是指当事人一方违反合同中带实质性的主要条款，如卖方交货的重量(或数量)、品质不符合同的规定，或不按合同规定的期限交货等，受损方有权解除合同，并要求损害赔偿；违反担保又称违反随附条件，是指当事人一方违反合同的次要条款，受损方则只能要求损害赔偿，而不能解除合同，仍须继续履行他所应承担的合同义务。英国对于违约情况的划分，是以违约所涉及的合同条款本身的性质而确定的，或者说是从双方当事人的意思所推定的。

3. 美国法的规定

美国法按违约的性质和带来的结果，将违约划分为重大违约和轻微违约。

重大违约是指由于债务人没有履约或履约有缺陷，致使债权人不能得到该项交易的主要利益，受损方可解除合同，同时还可要求损害赔偿。轻微违约是指债务人尽管在履约中有些缺陷，但债权人已从履约中得到了该交易的主要利益，如交付的货物品质和重量(或数量)与合同略有出入等，受损方可要求损害赔偿，但不能拒绝履行合同义务或解除合同。

4. 大陆法的规定

大陆法一般将违约分为不履行合同和延迟履行合同两种情况。

不履行合同又称给付不能，指债务人因种种原因不可能履行其合同义务。延迟履行合同又称给付延迟，指债务人履行期已届满，且是可能履行的，但其没按期履行其合同义务。违约方是否要承担违约责任，要看其是否有归责于他的过失。违约方若有过失才承担违约责任，但当事人不履约时，只要能证明自己无过错，就可不承担任何责任。

5. 我国法律的规定

《中华人民共和国民法典》第五百六十三条规定，有下列情形之一的，当事人可以解除合同：

(1)因不可抗力致使不能实现合同目的；

(2)在履行期限届满前，当事人一方明确表示或者以自己的行为表明不履行主要债务；

(3)当事人一方延迟履行主要债务，经催告后在合理期限内仍未履行；

(4)当事人一方延迟履行债务或者有其他违约行为致使不能实现合同目的；

(5)法律规定的其他情形。

在合同解除后，尚未履行的，终止履行；已经履行的，根据履行情况和合同性质，当事人可以要求恢复原状、采取其他补救措施,并有权要求损害赔偿。如果当事人双方都违反合同的,则应各自承担相应的责任。

综上所述,由于各国法律和国际公约对于违约行为的区分有所不同,对于不同的违约行为应承担的责任及受损方可以采取的补救措施也各有差异。因此,为维护我方的利益,根据我国法律和国际上相关法律和惯例的规定,认真订立国际货物买卖合同中的索赔条款,并在合同履行中加以正确应用至关重要。

课堂讨论 有一份CIF合同,出售100公吨大米,单价为每公吨500美元,总值50000美元,事后卖方只交货5公吨,在此情况下,买方可主张何种权利?如果卖方交货90公吨,买方可主张何种权利?为什么?

(二)争议

争议(Disputes)又称异议,是指交易一方认为另一方未能全部或部分履行合同的责任而引起的纠纷。

1.争议产生的原因

交易双方产生争议进而引发索赔的原因很多,大致可以归纳为以下几种情况:

(1)交易双方国家和国际惯例解释不一的情况下双方各执己见。

(2)合同条款规定不明确或同一合同的不同条款之间相互矛盾,双方对此理解不一致,或从自身利益出发各执一词。

(3)卖方违约,不履行或不完全履行合同义务。

(4)买方违约,不履行或不完全履行合同义务。

2.解决争议的方式

(1)协商。协商(Consultation)即友好协商,是指在争议发生后,当事人双方本着友好协作的精神,在互谅互让的基础上,直接进行磋商解决争议。

(2)调解。调解(Conciliation)又称第三方调解,是指买卖双方争议发生后,在自愿的基础上请第三方从中进行调停,以消除分歧、解决争议。

(3)诉讼。诉讼(Litigation)是指当事人任何一方要求有管辖权的法院依据一定的法律程序,对双方的争议进行依法审理,做出公正判决。

(4)仲裁。仲裁(Arbitration)是买卖双方争议发生之前或发生之后,签订书面协议,自愿将争议提交双方同意的第三者予以裁决,以解决争议的一种方式。

外贸企业发生争议采用何种解决方式至关重要。解决方式不同,不仅影响结果,还会导致成本费用的不同。其中,诉讼耗时长、成本高、手续繁杂,企业往往最终放弃诉讼,导致坏账发生。而仲裁方式由于其灵活、保密、程序简便、费用低廉、裁决终局性等优势成为解决国际贸易争议的常用方式。

二、索赔与理赔

索赔(Claim)是指合同中遭受损害的一方在争议发生后向违约的一方要求赔偿的行为,而理赔(Settlement of Claim)则是违约方对受损方而言所提出的赔偿要求进行处理。由此可见,索赔与理赔是一个问题的两个方面,即对受损方是索赔,对违约方而言则是理赔。

在进出口贸易中,提出损害赔偿是最重要的,也是最常用的违约补救措施,特别是在市场剧烈动荡和价格瞬息万变的时候,更是频繁出现。按照法律一般规则,受损方在采取其他违约补救措施时,如要求交付替代货物、修理、降价、规定额外时间让对方履行合同义务或宣告合同无效等，都不影响当事人向违约方提出损害赔偿的权利。

国际货物买卖中所涉及的索赔除了上述常见的贸易索赔外，还有由于运输过程中承运人的责任造成的损失而向运输承运人提出的运输索赔及属于保险合同承保责任范围内的货物损失而向保险公司提出的保险索赔。

三、买卖合同中的索赔条款

为了便于在索赔和理赔工作中有所依据，买卖双方在合同中，一般都应订立索赔条款。索赔条款根据不同的需要通常有两种规定方式：一种是异议和索赔条款；另一种是罚金条款。在一般货物买卖合同中，多数只订立异议和索赔条款。而在大宗商品和机械设备合同中，除了订明异议和索赔条款外，往往还需再另行订立罚金条款。

（一）异议和索赔条款

异议和索赔条款（Discrepancy and Claim Clause）一般是针对卖方交货的品质、重量（或数量）、包装不符合合同规定等违约行为而订立的。当然也有卖方因买方违约不按期接运货物或无理拒收货物而提出索赔的情况。该条款的主要内容包括索赔权、索赔依据、索赔期限、索赔办法和索赔金额等。

示例：异议和索赔条款

1. 索赔权

在合同中明确规定，交易一方如违反合同中的有关规定，另一方有权提出索赔。

2. 索赔依据

根据各国法律规定，任何当事人提出索赔必须要有充分的依据。索赔依据包括索赔必须具备的法律证据、事实证据和出证机构，三者缺一不可。法律依据是指受损方对违约事实提出索赔的事项要符合贸易合同和国家有关法律的规定。事实依据是指违约的事实真相、情节及书面证明，以证实违约的真实性。如果证据不全、不清、出证机构不符合要求，都可能遭到对方拒赔。规定索赔依据时，要与检验条款规定的内容相一致，不可互相矛盾。

我方 A 公司从意大利 B 公司进口机器一台，合同规定索赔期限为货到目的港后 30 天。货到目的港卸船后，因 A 公司厂房未建好，机器无法安装试机。半年后厂房完工试机发现不能正常运转。经检验部门检验证明该机器为旧货。于是，A 公司向 B 公司提出索赔，但遭到拒绝，A 公司遭受重大经济损失。试分析此案例。

3. 索赔期限

索赔期限又称索赔有效期，是受损方向违约方提出索赔的有效时限。按照相关法律和国际惯例规定，受损方只能在一定的索赔期限内提出索赔，否则将丧失索赔权，违约方不再予以受理。

对索赔期限的规定方法有约定和法定索赔期限两种。约定索赔期限是买卖双方在合同中明确规定的索赔期限。法定索赔期限是指根据有关法律或国际公约受损方有权向违约方要求损害赔偿的期限。约定索赔期限的长短，需视货物的种类、性质、港口条件、运输、检验的繁简等情况而定。法定索赔期限相对较长，根据《公约》的规定，自买方实际收到货物之日起两年之内。

合同约定索赔期限的方法通常有以下几种：

(1)从货物到达目的港后××天索赔。这种规定对买方不利，因为如果货物抵达目的港后，港口拥挤不能及时靠岸卸货，等待泊位的时间将计入索赔期限内，无形缩短了买方的索赔期限。

(2)从货物到达目的港卸离海轮后××天索赔。这种方法对买方比较有利，可以充分利用索赔期限行使索赔权。

(3)货物到达买方营业处所或用户所在地后××天索赔。这种方法一般当货物目的地不在港口城市时规定。

(4)货到目的港经检验后××天内索赔。这种方法在索赔与检验条款相结合时运用。买方的索赔期限实际上也就是买方行使对货物复验权利的有效期限，有些合同将检验条款与索赔条款结合起来订立，称为“检验与索赔条款”。

4. 索赔办法

由于违约情况复杂，原因很多，除个别情况外，通常在合同中只做一般笼统规定而不做具体规定。鉴于索赔是一项复杂而又重要的工作，故处理索赔时，应弄清事实，分清责任，并区别不同情况，事后本着实事求是的原则酌情处理，有理有据地提出索赔。

5. 索赔金额

索赔金额通常在合同中只做笼统规定。当事人在订约时很难预计违约及损失的具体情况。最终索赔金额将依据货损、货差等实际情况来确定。在合同中可以规定约定的赔偿金额和损害赔偿的计算方法。如果未做约定，可根据相关法律和国际贸易实践，确定损害赔偿金额。关于违约赔偿金额的确定应遵循以下基本原则：

(1)一方当事人违约，赔偿额应与另一方当事人因此而受到的包括利润在内的损失额相等。

(2)赔偿金额应以违约方在订立合同时可预料到的合理损失为限。

(3)由于受损方未采取合理措施使有可能减轻而未减轻的损失，应在赔偿金额中扣除。

异议和索赔条款，不仅约束卖方，同时也可约束买方。例如，在该条款中规定，当买方不履行合同义务时，卖方有权按照买方违约的情节，终止执行全部或部分合同，或者延期装运，或者停止交付在途货物。

(二)罚金条款

示例：罚金条款

罚金条款(Penalty Clause)亦称违约金条款，主要规定一方未按合同规定履行其义务时，应向对方支付一定数额的约定罚金，以补偿对方的损失。罚金条款一般适用于卖方延期交货或买方延期接运货物、拖延开立信用证、拖欠货款等场合。在买卖合同中规定罚金或违约金条款，是促使合同当事人履行合同义务的重要措施，能起到避免和减少违约行为发生的预防作用，在发生违约行为的情况下，能对违约方起到一定的惩罚作用，对受损方的损失起到补偿性作用。

罚金条款的主要内容是规定罚金计算方法与罚金的起算日期。

即问即答：罚金金额是否制定得越高越好？

1. 罚金计算方法

罚金或违约金与赔偿损失有相似之处，但仍存有差异。罚金不需以造成损失为前提条件，即使违约的结果并未发生任何实际损害，也不影响对违约方追究罚金的责任。罚金数额与实际损失的存在及损失的大小没有关系，法庭或仲裁庭也不要求请求人就损失举证，故其在追索程序上比后者简便很多。

买卖双方应在合同中共同约定一个罚金的百分率或罚金金额，罚金的百分率或金额大小视延误的时间长短而定，并同时规定罚款的最高百分率或最高的罚款金额。

2. 罚金的起算日期

罚金的起算日期应在合同中明确订明。通常有两种规定方法：一种是以合同规定的交货期，或信用证开证期终止后立即起算；另一种是规定一个优惠期，即在合同规定的交货期或开证期限终止之后，再宽限一定期限即优惠期，在此期限内免于罚款，待优惠期满后才开始计算罚金。

四、合同中订立索赔条款时应注意的事项

1. 规定索赔期应当慎重，尽可能合理、适当

合同中的索赔期限，既不能规定得过长，以免一方负担过重；也不可规定得太短，致使另一方无法行使索赔权。对于易腐易变质的食品、农副产品等，索赔期限宜规定得短些；机电仪器产品的索赔期限可订得长些，一般为货到目的地后 60 天或 90 天，一般不超过 180 天；对订有品质保证期限的机器设备的索赔期限可长达一年或一年以上；对于一般货物的索赔期限，通常限定为货到目的地后 30 天或 45 天。

2. 各国法律对买卖合同中的罚金条款有着不同的解释和规定

大陆法系的国家如法国、德国承认并保护合同中的罚金条款，但英美法系国家如英国、澳大利亚、新西兰、美国等国都有不同的解释。例如，英国的法律把合同中的固定赔偿金额条款按性质分为两类：一类是预定的损害赔偿金额，即买卖双方在订约时，就可能发生的违约行为及其可能造成的损失估定一个赔偿金额，并在合同中订明；另一种是惩罚性的罚款，即买卖双方为保证合同履行，对违约一方收取的罚金，不论实际损失大小，法院均按合同规定的赔偿金额如数判给对方；如属罚款性质，则不予承认，而是根据受害方提供的损失证明依法重新确定损害赔偿金额。因此，在与英、美等国商人订立贸易合同时，如需规定固定赔偿金额的条款，在条文措辞和意思的表示上，应加以认真考虑和仔细斟酌。

即问即答：合同中的罚金或违约金制定得高于或低于实际损失，应该如何处理？

3. 违约金数额不宜定得过高，防止产生有些国家法律不承认的风险

违约金数额一般不超过合同总金额的 5%。在确定违约金数额时，双方当事人应预先估计因违约可能发生的损害赔偿确定一个合适的违约金比率，即把合同中的违约金视为违反合同的损失赔偿。在此需要着重指出的是，在约定违约金的情况下，即使一方违约未给对方造成损失，违约方也应支付约定的违约金。为了体现公平合理的原则，如一方违约给对方造成的损失大于约定的违约金，受损方可以请求法院或仲裁庭予以增加；反之，如约定的违约金过分高于实际造成的损失，当事人也可请求法院或仲裁庭予以适当减少。但如约定的违约金不是过分高于实际损失，则不能请求减少，这样做既体现了违约金的补偿性，在一定程度上也体现了它的惩罚性。即使当违约方支付约定的违约金后，也不能免除其履行债务的义务。

课后任务

1. 磋商小组根据所学专业知识对初步磋商的索赔条款进行修改，把修改后的索赔条款填在"合同磋商备忘录"里。

2. 上网查找《联合国国际货物销售合同公约》及《中华人民共和国民法典》，阅读相关内容。

3. 预习下一个任务：不可抗力条款。

8.3 不可抗力条款

任务描述

磋商合同中的不可抗力条款

1. 根据小组贸易背景确定不可抗力事件的范围。
2. 用中英文起草不可抗力条款。
3. 磋商结果由记录员记录在磋商记录表里，观察员如实填写观察汇报表。
4. 展示员准备好展示小组磋商成果。
5. 时间：10 分钟。

【任务分析】

国际货物买卖合同成立后，有时因客观情况发生使当事人无法顺利履行合同。在这种情况下，当事人未履行合同或未完全履行合同，不能被视为违约，更不能追究其责任，否则对当事人是极不公平的。这时，可以通过订立不可抗力条款来防止不必要的纠纷，并免除当事人的责任。因此，不可抗力条款实质上是一项免责条款。在贸易实践中，经常发生因不可抗力条款订立不科学而导致违约方滥用条款免责，或遭遇不可抗力事件的一方当事人得不到免责的情况。

在本次磋商任务中，进出口双方需要考虑的问题是：针对各小组贸易背景，有哪些贸易中容易发生的不可抗力事件？选择哪一种不可抗力条款规定方法有利于本方？援引不可抗力条款时应注意哪些问题？

相关知识

一、不可抗力的含义

不可抗力(Force Majeure)又称人力不可抗拒，是指买卖合同签订后，不是由于合同当事人的过失或疏忽，而是由于发生了合同当事人无法预见、无法预防、无法避免和无法控制的意外事件，以致不能履行或不能如期履行合同，发生意外事件的一方可以免除履行合同的责任或推迟履行合同。因此，不可抗力是一项免责条款。这种免责是指遭遇意外事件的一方当事人免除损害赔偿的责任，而另一方当事人仍然拥有除要求损害赔偿之外的其他任何权利，包括履约、减价和宣告合同无效等。

即问即答：不可抗力免责是否意味着只要遭遇不可抗力便可以不履行自己的合同义务？

知识拓展：各国法律规定中的"不可抗力"

二、不可抗力的认定

不可抗力事件的不可预见性和偶然性决定了人们不可能列举出它的全部外延，不能穷尽人类和自然界可能发生的种种偶然事件。所以，尽管世界各国都承认不可抗力可以免责，但是没有一个国家能够确切地规定不可抗力的范围，而且由于习惯和法律意识不同，各国对不可抗力的范围理解也不同。

课堂讨论 商业风险和不可抗力事件有什么区别？

（一）不可抗力事件的范围

根据我国实践、国际惯例和多数国家有关法律的解释，不可抗力事件的范围主要由两部分构成：

（1）自然力量引起的事件，如水灾、旱灾、冰灾、雪灾、雷电、火灾、暴风雨、地震、海啸等。

（2）政治或社会原因引起的事件，如政府颁布禁令、调整政策制度、罢工、暴动、骚乱、战争等。

（二）不可抗力事件的条件

对不可抗力事件的认定，国际上一般要求不可抗力事件必须同时具备下列三个条件：

（1）事件必须是在有关贸易合同签订之后发生的。如果签约时事件就已存在，当事人签约时就应考虑到该事件对合同的影响。这种事件就不具备偶然性和突发性，因而不属于不可抗力事件。

课堂讨论 某年 5 月我国南方一企业与日方签订一份大米出口合同，交货期为当年 10 月～11 月。夏季南方发生特大洪水灾害，我方以不可抗力为由，要求免除交货责任。但对方回电拒绝，称大米市场价格已上涨，因我方未交货已造成其损失，要求我方赔偿。双方因此产生争议。试分析此案例。

（2）事件不是任何一方当事人的疏忽或故意行为造成的。也就是说当事人对意外事故的发生并无任何责任。

（3）事件的发生及其造成的后果是当事人无法预见、无法控制、无法避免和不能克服的。即在订立合同时不可预见的事件，它在合同订立后的发生纯属偶然。

三、买卖合同中的不可抗力条款

在国际贸易中，买卖双方洽商交易时，对成交后由于自然力量或社会原因而可能引起的不可抗力事件是无法预见、无法控制的。另外，由于国际上对不可抗力事件及其引起的法律后果并无统一的解释，为避免因发生不可抗力事件而引起不必要的纠纷，防止当事人任意扩大或缩小不可抗力事件的范围，推卸应承担的责任或节外生枝，买卖双方在订约时，就应对不可抗力条款做出明确具体的规定,以利于合同的履行。

(一)不可抗力条款的内容

1. 不可抗力事件的范围

一般来说,把自然现象及战争、严重的动乱看成不可抗力事件的做法各国是一致的,而对上述事件以外的人为障碍,如政府干预、不颁发许可证、罢工、政府禁令、禁运及政府行为等归入不可抗力事件常引起争议。为此,买卖双方应在合同中合理规定不可抗力事件的范围。事实上,各国都允许当事人在签订合同时自行约定不可抗力事件的范围。由于不可抗力条款是一项免责条款,买卖双方尤其是卖方都可以援引它来解释自身所承担的合同义务,这种援引在大多数情况下是扩大不可抗力条款的范围,以减少自己的合同责任。有的卖方除了将各种自然灾害列入外,还把生产制作过程中的意外事故、战争预兆、罢工、怠工、原材料匮乏、能源危机、原配件供应不及时等事件,以及航运机构未按已预订日期出航等,统统纳入不可抗力事件的范围。因而在交易中应认真分析,区别不同情况,做出不同处理,防止盲目接受。

即问即答:哪一种不可抗力事件规定方法较为理想?

示例:概括式规定

我国对外贸易合同的不可抗力条款主要有三种规定方法:

(1)概括式规定

即在合同中不具体规定哪些事件属于不可抗力事件,而只是笼统地规定。这类规定包括的范围广,但是缺乏确切的含义,过于笼统,解释伸缩性大,容易被违约方利用而引起争议,在实际业务中一般不宜采用。

示例:列举式规定

(2)列举式规定

即在合同中对不可抗力事件一一详细列明。这种方法对不可抗力事件的规定明确具体,不易引发争议,有利于不可抗力条款的执行。但由于条款很难将可能出现的不可抗力事件全部一一列举出来,容易出现遗漏情况,一旦发生未被列举的意外事件,受损方就会丧失援引不可抗力条款以免除责任的权利,故在实际业务中应尽量避免采用。

示例:综合式规定

(3)综合式规定

即将概括式和列举式两种规定方法综合起来,先列举出双方当事人达成共识的一些常见的不可抗力事件,然后再加上"其他不可抗力事件",并由双方当事人共同磋商确定是否作为不可抗力事件。这种综合式规定使合同对不可抗力事件范围的规定既明确具体,又具有一定的灵活性,是一种可取的方法,在国际上被广为采用。在我国进出口业务中,也大多采用这一种规定方式。

课堂讨论 我方某企业与外商按国际市场通用规格进口某化工原料。订约后不久,市价明显上涨。交货期届满前,该商生产该化工原料的两家工厂之一失火被毁,该商以火灾为不可抗力为由要求解除其交货义务。对此,我方如何处理?为什么?

2. 不可抗力事件所造成的法律后果

按照有关的法律原则和国际惯例,不可抗力事件所造成的法律后果一般有两种:一种是解除合同;另一种是变更合同。所谓变更合同是指由一方当事人提出并经另一方当事人同意,对合同内容做适当修改，包括延期履行、分期履行、替代履行和减少履行等，其中延期履行是较常见的一种变更合同方式。

究竟在什么情况下可以解除合同，什么情况下不能解除合同而只能变更合同，则要视所发生事件的原因、性质、规模和对履行合同所造成的实际影响程度而定，或由买卖双方在合同中做出具体规定。如果合同没有明确的规定，一般的解释是，如果不可抗力事件的发生使合同履行成为不可能，致使无法实现合同目的。例如，特定标的物的灭失，或事件影响严重，短期内无法复原，则可以解除合同；如果不可抗力事件只是暂时阻碍或在一定时期内阻碍合同的履行，则可延期履行合同，待事件影响消除后，继续履行合同。因此，在不可抗力条款中，应规定在哪些情况下可免除不履约的责任；在哪些情况下，只能延迟履行。

能力提升：合同标的物的种类

3. 发生事件后通知对方的期限和方式

不可抗力事件发生后如影响合同履行时，不能履约的一方当事人，应按约定的通知期限和通知方式及时把不可抗力事件及事件对履约造成的影响通知另一方。对方接到通知后应及时答复，如有异议也应及时提出。

4. 出具事件证明文件的机构

不可抗力事件发生后，事件发生当事人不仅要及时通知对方，还应按约定办法出具证明文件，作为发生不可抗力事件的证据。在国外，这种证明文件一般由当地的商会或法定公证机构出具。在我国，由中国国际贸易促进委员会或其设在各地的贸促会分会出具。

即问即答：发生不可抗力事件后未及时通知对方当事人，可以免责吗？

（二）援引不可抗力条款应注意的事项

（1）规定不可抗力事件的范围时，应尽量做到明确具体，同时有一定的灵活性。不要把国家政策不允许的内容列入不可抗力事件的范围；要防止国外商人（特别是卖方）一旦发生对其履约不利的情况时，尽量扩大范围推卸责任的情况，不要把责任不清的词句写入不可抗力条款。例如，“参照习惯的不可抗力条款”“一般公认的不可抗力原因”等笼统含糊的词句，容易被对方曲解利用而带来不必要的麻烦，应当避免使用。

（2）任何一方发生不可抗力事件后，应按约定期限和方式立即将事件情况通知对方。同时需在通知中提出处理意见。如果因未及时通知而使另一方受到损害，则应负赔偿责任。另外必须有合同规定的出证机构出具证明。

（3）一方接到另一方不可抗力事件的通知和证明文件后，应按规定及时研究做出意见答复对方，不能拖延或不予处理。

（4）按照合同规定严格审查对方的免责要求，以确定其所援引的内容是否属于不可抗力条款的规定范围，防止对方援引时任意扩大或缩小不可抗力的范围。凡不属于不可抗力范围，又无“双方同意的其他人力不可抗拒事件”规定时，不能按不可抗力事件处理。即使有此规定，也应由双方协商，一方不同意时，不能视为不可抗力事件。

示例：不可抗力条款

（5）不可抗力事件成立后，实事求是地确定不可抗力的后果。本着实事求是的精神弄清情况，确定影响履约的程度，以此来判断是解除合同还是变更合同。

课后任务

1. 磋商小组根据所学专业知识对初步磋商的不可抗力条款进行修订，把修订后的不可抗力条款填在“合同磋商备忘录”里。

2. 上网查找《联合国国际货物销售合同公约》及《中华人民共和国民法典》，阅读相关内容，查阅不可抗力相关案例。

3. 预习下一个任务：仲裁条款。

8.4 仲裁条款

任务描述

磋商合同中的仲裁条款

1. 根据小组贸易背景选择仲裁地点及仲裁机构。
2. 用中英文起草完整的仲裁条款。
3. 磋商结果由记录员记录在磋商记录表里，观察员如实填写观察汇报表。
4. 展示员准备好展示小组磋商成果。
5. 时间：15 分钟。

【任务分析】

仲裁在解决争议时，具有自愿性、专业性、灵活性、终局性、经济性等诸多特点，在很多方面优于法院诉讼。中国一向提倡并鼓励以仲裁的方式解决国际商事争议，已成为当今世界上主要的国际商事仲裁中心之一。在中国进出口合同中一般都订有仲裁条款，以便在发生争议时，通过仲裁方式解决争端。

在本次磋商任务中，进出口双方需要考虑的问题是：怎样避免将争议提交法院解决？是否需要签订仲裁协议？为维护我方利益应当选择在什么地点、向什么仲裁机构提请仲裁？仲裁裁决是终局性的吗？

相关知识

一、仲裁的含义和特点

（一）仲裁的含义

仲裁（Arbitration）是指买卖双方在争议发生之前或发生之后，签订书面协议，自愿将争议提交双方所同意的第三者予以裁决，以解决争议的一种方式，裁决具有终局性，对双方都有约束力，双方必须遵照执行。经过长期实践，包括我国在内的不少国家已通过立法，规定仲裁为解决争议途径之一的制度。

(二)仲裁的特点

1. 自愿性

仲裁以双方当事人的自愿为前提,即当事人之间的纠纷是否提交仲裁,交与谁仲裁,仲裁庭如何组成,由谁组成,以及仲裁的审理方式及开庭形式等都是在当事人自愿的基础上,由双方当事人协商确定的。当事人的自愿性是仲裁最突出的特点,因而仲裁是最能充分体现当事人意思自治原则的争议解决方式。

2. 专业性

商事纠纷往往涉及特殊的知识领域,会遇到许多复杂的法律、经济贸易和有关的技术性问题。因此,由具有一定专业水平和能力的专家担任仲裁员对当事人之间的纠纷进行裁决是仲裁公正性的重要保障,更能体现专业权威性。根据《中华人民共和国仲裁法》(以下简称《仲裁法》)的规定,仲裁机构都备有分专业的、由专家组成的仲裁员名册供当事人进行选择,专家仲裁由此成为商事仲裁的重要特点之一。

3. 灵活性

由于仲裁充分体现当事人的意思自治,仲裁中的诸多具体程序都是由当事人协商确定与选择的。因此,与诉讼相比,仲裁程序更加灵活,更具有弹性。

4. 保密性

仲裁通常不公开审理。有关的仲裁法律和仲裁规则也规定了仲裁员及仲裁秘书人员的保密义务。因此当事人的商业秘密和贸易活动不会因仲裁活动而泄露,仲裁表现出极强的保密性。

5. 终局性

仲裁一般实行一裁终局制,仲裁裁决一经仲裁庭做出即发生法律效力,对双方当事人均有约束力,当事人双方必须执行裁决,使当事人之间的纠纷得以迅速解决。

即问即答:为什么国际贸易中买卖双方更倾向于选择仲裁方式解决争议?

6. 经济性

快速解决纠纷使得仲裁所需费用相对减少。仲裁无须多审级收费,使得仲裁费往往低于诉讼费。仲裁的自愿性、保密性使当事人之间通常没有激烈的对抗,且商业秘密不必公之于世,对当事人之间今后的商业机会影响较小。

7. 独立性

仲裁机构独立于行政机构,仲裁机构之间也无隶属关系,是属于社会性民间团体所设立的组织。在仲裁过程中,仲裁庭独立进行仲裁,不受任何机关、社会团体和个人的干涉,显示出最大的独立性,所做出的裁决公正性强。

二、仲裁的形式

从世界范围内来看,临时仲裁和机构仲裁是仲裁的两种基本形式,两者相辅相成,在纠纷的解决中各自发挥着作用。仲裁在产生初期是以临时仲裁的形式出现的,并且以后相当长一段时间内都只有临时仲裁而无机构仲裁。临时仲裁是仲裁的初始形态,在当今世界各国都普遍设置常设仲裁机构的情况下,不仅没有被消灭,反而发展得更为迅速,在国际仲裁制度中占有十分重要的地位。当今世界各国普遍承认临时仲裁方式,并在有关国际仲裁公约中做出明确规定。

(一)临时仲裁

临时仲裁又称特别仲裁或随意仲裁,是相对机构仲裁而言的仲裁形式。当事人自己依协议组建仲裁庭或使常设仲裁机构介入，仲裁机构也不进行程序上的管理，而是由当事人依协议约定临时程序或参考某一特定的仲裁规则或授权仲裁庭自选程序，这种形式的仲裁即为临时仲裁。一般临时仲裁专门为审理某一争议案件，由双方当事人指定的仲裁员临时组成仲裁庭，待案件审理完毕，仲裁庭即自动解散。在仲裁地点无常设仲裁机构，或当事人双方为解决特定争议而愿意指定仲裁员专审案件时，常选择临时仲裁进行仲裁。采用临时仲裁时，双方当事人应在仲裁协议中就选定仲裁员的办法、人数、是否需要首席仲裁员以及采用的仲裁规则等问题做出明确规定。凡是与仲裁审理有关的事项都可以完全由当事人约定。

临时仲裁不依赖于常设仲裁机构，仲裁庭的成员由当事人协商选定，争议解决以后仲裁庭即告解散。因此在解决纠纷方面显得更自由、更方便、更灵活，而且费用相对低廉。目前，奥地利、比利时、德国、美国、丹麦、芬兰、法国、英国、意大利、荷兰、挪威、瑞典、中国香港等多个国家和地区的仲裁制度中都规定了临时仲裁。但在我国内地确立临时仲裁的时机还很不成熟。

(二)机构仲裁

机构仲裁亦称常设仲裁，是指由常设仲裁机构所进行的仲裁，有自己的组织章程、仲裁规则、办事机构管理制度及供选用的仲裁员名册。机构仲裁需要向双方当事人约定的常设仲裁机构提出申请，并按照这个仲裁机构的仲裁规则或双方选定的仲裁规则进行仲裁。机构仲裁的仲裁机构是常设的，具有仲裁规则严密、实用、仲裁人员可信和专业广泛以及仲裁费用明确等特点，能为仲裁工作提供必要的服务与便利，是当今世界最主要的仲裁形式。

三、仲裁协议的作用和形式

仲裁协议(Arbitration Agreement)是指当事人在合同中订明的仲裁条款或者以其他方式达成的提交仲裁的书面协议。我国《仲裁法》规定，当事人采用仲裁方式解决纠纷，应当双方自愿达成仲裁协议。没有仲裁协议，一方申请仲裁的，仲裁机构不予受理。因而发生争议的任何一方申请仲裁时必须提交双方当事人达成的仲裁协议。

仲裁机构怎样才能取得对有关争议案件的仲裁管辖权？

(一)仲裁协议的作用

(1)约束双方当事人只能以仲裁方式解决争议，不得向法院起诉。由于已签有仲裁协议，当事人之间一旦发生争议，就只能以仲裁方式来解决。向仲裁机构提出仲裁申请，既不得任意改变仲裁机构和仲裁地点，更不能单方面要求撤销仲裁协议。

(2)排除法院对有关案件的管辖权。如果双方当事人一方违背仲裁协议，自行向法院起诉，另一方可根据仲裁协议做出抗辩，要求法院不予受理，并将争议案件退交仲裁机构予以裁决。

(3)使仲裁机构取得对有关争议案件的管辖权。如一方当事人将争议案件提交仲裁，而另一方在规定的时限内未出庭应诉，则仲裁机构有权进行缺席审理和做出缺席裁决。

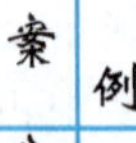

我方某出口公司向外商出口货物一批，合同规定凡发生争议，双方应通过友好协商解决；如协商不成，将争议提交中国国际经济贸易仲裁委员会在北京仲裁。后来在履约中双方就货物品质发生争议，对方在其所在地法院起诉我方，法院也发了传票传我方公司出庭应诉。对此，我方应如何处理？

(二)仲裁协议的形式

仲裁协议主要有三种不同形式，但法律效力相同。

(1)合同中的仲裁条款。当事人双方在争议发生之前在合同中订立仲裁条款,这是国际贸易中较常采用的一种仲裁协议形式。

(2)仲裁协议。当事人双方在争议发生后订立仲裁协议,表示同意把已经发生的争议提交仲裁机构审理。这种协议必须是双方以书面形式订立的,包括通过往来函件、数据电文(包括电报、电传、传真、电子数据交换和电子邮件)等方式达成的协议。

(3)由双方当事人在争议发生之前或之后通过援引方式签订的仲裁协议,双方只是同意有关争议按照某公约、条约或标准合同中仲裁条款所述的内容进行仲裁。

这三种仲裁协议虽形式不同,但法律效力是相同的。

即问即答:是否只有在合同中订立仲裁条款才能申请仲裁?

四、仲裁程序

仲裁程序(Arbitration Procedure)是指双方当事人将所发生的争议根据仲裁协议的规定提交仲裁时应办理的各项手续。下面以《中国国际经济贸易仲裁委员会仲裁规则》(以下简称《仲裁规则》)的有关规定为主,介绍仲裁的基本程序。

(一)提出仲裁申请

这是仲裁程序开始的首要环节。合同一方当事人依据双方达成的仲裁协议(含合同中的仲裁条款),向约定的仲裁委员会提交仲裁申请书。当事人提出仲裁申请,是仲裁程序的第一个法定环节,也是仲裁机构立案受理的前提。仲裁申请书,可以由当事人自己写,也可以由当事人委托他人代写。

申请人向仲裁委员提交仲裁申请书时,应提交相关的证明文件,并指定一名仲裁员,预交一定数额的仲裁费。仲裁委员会对仲裁申请书及其附件进行审查后,认为手续完备的,即予立案,并立即向被申请人发出仲裁通知。仲裁程序自发出仲裁通知之日起开始。

(二)组织仲裁庭

仲裁委员会受理当事人仲裁申请后,应依法组成仲裁庭来处理案件,这也是仲裁争议案件的必经程序。这里所说的仲裁庭,不是指仲裁委员会内部常设的组织机构,而是指由仲裁委员会成员(仲裁员)依据当事人约定或者仲裁委员会指定组成的仲裁某一具体争议的临时机构。仲裁庭虽然是一个临时性组织,处理某一争议后就不存在,但是由于它具体裁决当事人提交的争议,所以其组成的意义重大。仲裁庭的组成方式有两种:一是由三名仲裁员组成合议仲裁庭。二是由一名仲裁员组成独任仲裁庭。

(三)审理案件

仲裁庭审理案件的形式有两种:

(1)书面审理,即不开庭审理,这种审理一般是经当事人申请,或由仲裁庭征得双方当事人同意,只依据书面文件进行审理并做出裁决,通常海事仲裁采用书面审理。

(2)开庭审理,这种审理按照仲裁规则的规定,采取不公开审理。如果双方当事人要求公开审理时,由仲裁庭做出决定。我国《仲裁规则》规定,除非双方当事人申请或征得双方当事人的同意,仲裁庭应当开庭审理。

(四)做出裁决

裁决是仲裁程序的最后一个环节。裁决做出后,审理案件的程序即告终结,因而这种裁决被称为最终裁决。根据我国《仲裁规则》,除最终裁决外,仲裁庭认为有必要或接受当事人之提议,在仲裁过程中,可就案件的任何问题做出中间裁决或者部分裁决。中间裁决是指仲裁庭对审理清楚的争议所做的暂时性裁决，以利于对案件的进一步审理；部分裁决是指仲裁庭对整个争议中的一些问题已经审理清楚，而先行做出的部分终局性裁决。这种裁决是构成最终裁决的组成部分。

仲裁庭应当在组庭之日起6个月内做出裁决书。根据各国仲裁法和仲裁规则的规定，仲裁裁决必须采取书面形式。仲裁裁决书做出的日期便是仲裁裁决生效的日期。

五、买卖合同中的仲裁条款

示例：仲裁条款

仲裁条款的规定应当明确合理，不能过于简单。国际货物买卖合同中的仲裁条款的内容通常包括仲裁地点、仲裁机构、仲裁规则、仲裁效力和仲裁费用等。

（一）仲裁地点

按照有关国家法律的解释，在哪个国家仲裁，就往往适用于哪个国家的仲裁法规。可见，仲裁地点不同，适用的法律可能不同，对买卖双方的权利、义务的解释就会有差别，其结果也会不同。因此，交易双方力争在自己比较了解、信任的地方，尤其是在本国仲裁。在交易磋商和订约时，就在合同的仲裁条款中予以确定仲裁地点，当然也可以在发生争议后协议选定。

在我国进出口合同中，关于仲裁地点的选择有下列三种规定办法：①规定在中国仲裁；②规定在被申请人所在国仲裁；③规定在双方同意的第三国仲裁。

贸易合同中仲裁地点的选择，应视贸易对象和情况的不同而定。首先应力争在我国仲裁为好，因当事人对本国仲裁机构和有关程序比较了解、熟悉，没有语言障碍，又可节省费用。如果对方不同意在我国仲裁，也可选在被申请人所在国，或是双方同意的第三国进行仲裁。选用第三种办法时，应选择允许受理双方当事人都不是本国公民的争议案的仲裁机构，而且该机构应具备一定的业务能力且态度公正。

（二）仲裁机构

仲裁机构是指受理仲裁案件并做出裁决的机构。一般应在合同中明确规定由哪个仲裁机构仲裁，但也可在发生争议后双方协议商定。根据仲裁机构的设置情况，国际上进行仲裁的机构有三种：一是常设仲裁机构；二是临时仲裁机构；三是附设在特定行业内的专业性仲裁机构，主要有伦敦羊毛协会、伦敦黄麻协会、伦敦油籽协会、伦敦谷物商业协会等。

知识拓展：中国国际经济贸易仲裁委员会

目前，世界上有许多国家和一些国际组织都设有专门从事处理商事纠纷的常设仲裁机构。我国常设涉外经济贸易仲裁机构是中国国际经济贸易仲裁委员会，又称中国国际商会仲裁院，隶属于中国国际贸易促进委员会。我国《仲裁法》自1995年9月1日实施以来，不少城市成立了地方仲裁委员会。在订立贸易合同的仲裁条款时，如双方同意在我国仲裁，则可规定由中国国际经济贸易仲裁委员会仲裁，或由地方仲裁委员会仲裁。

（三）仲裁规则

仲裁机构一般都有自己的仲裁规则。在仲裁条款中，一般都规定采用哪个仲裁机构的仲裁规则。按照国际仲裁的一般做法，原则上采用仲裁所在地的仲裁规则，但也允许当事人自由选用其他仲裁规则。

（四）仲裁效力

我国《仲裁规则》明确规定，仲裁裁决是终局性的，对双方当事人均具有约束力。当事人双方必须遵照执行，一方当事人不执行的，另一方可向有关法院申请执行，任何一方都不得向法院起诉要求变更。但也有少数国家的法律允许不服裁决的当事人向法院上诉，但法院一般只审查程序，不查实体，即只审查仲裁裁决在法律手续上是否完备，而不审查裁决正确与否。为了明确仲裁裁决的效力，当事人订约时，应在仲裁条款中明确规定，仲裁裁决是终局性的，对双方当事人都有约束力。

即问即答：在仲裁机构做出裁决后，如对裁决不服，可否向上一级仲裁机构提请仲裁？可否上诉法院要求重新裁决？

（五）仲裁费用

通常应在仲裁条款中对仲裁费用的负担做出明确规定。一般都规定由败诉方承担仲裁费用，但也有的规定由仲裁庭酌情决定。

课后任务

1. 磋商小组根据所学专业知识对初步磋商的仲裁条款进行修订，把修订后的仲裁条款填在“合同磋商备忘录”里。

2. 上网查找《中华人民共和国仲裁法》《中国国际经济贸易仲裁委员会仲裁规则》，阅读相关内容。

3. 预习下一个任务：合同的起草。

知识测试

一、单选题

1. 在下列规定商品检验时间和地点的方法中，较为公平合理的是（　　）。

A. 在装运港检验　　B. 在目的港检验
C. 在出口国检验、进口国复验　　D. 在产地检验

2. 出口罐头食品须向检验机构申请检验，出具的证书是（　　）。

A. 兽医检验证书　　B. 卫生检验证书　　C. 熏蒸证书　　D. 残损检验证书

3. 双方当事人在合同中明确规定“货物运抵目的港后 30 天内索赔”，这种索赔期限是（　　）。

A. 法定索赔期限　　B. 约定索赔期限　　C. 固定索赔期限　D. 变动索赔期限

4. 在合同中对卖方较为有利的索赔期限可规定为（　　）。

A. 货物运抵目的港后××天内
B. 货物运抵目的港卸离海轮后××天
C. 货物运抵最终目的地后××天内
D. 货到目的港经检验后××天内索赔

5.《公约》规定的索赔期限为买方实际收到货物后(　　)。

A. 半年内　B. 1年内　C. 1年半内　D. 2年内

6. 我国法律规定，合同中的违约金过高或过低时(　　)。

A. 可酌情调高　B. 可酌情调低　C. 可酌情调整　D. 视为无效

7. 不可抗力免除了遭受意外事故的一方当事人(　　)。

A. 履行合同的责任　B. 损害赔偿的责任

C. 交付货物的责任　D 支付货款的责任

8. 仲裁协议是仲裁机构受理争议案件的必要依据，仲裁协议(　　)。

A. 必须在争议发生之前达成

B. 必须在争议发生之后达成

C. 既可以在争议发生之前，也可以在争议发生之后达成

D. 可以不用订立

9. 对于仲裁地点的选择对我方最有利的是(　　)。

A. 在被申请人所在国仲裁　B. 在双方同意的第三国仲裁

C. 在我国仲裁　D. 在对方国仲裁

10. 以仲裁方式解决交易双方争议的必要条件是(　　)。

A. 交易双方当事人订有仲裁协议　B. 交易双方当事人订有合同

C. 交易双方当事人订有意向书　D. 交易双方当事人订有交易协议

二、多选题

1. 国家商检部门及其设在各地的检验机构的职责主要有(　　)。

A. 实施法定检验　B. 办理进出口商品检验鉴定业务

C. 实施监督管理　D. 处理买卖纠纷

2. 商品检验证书的作用主要有(　　)。

A. 买卖双方交接货物的依据　B. 办理索赔和理赔的依据

C. 海关验关放行的凭证　D. 卖方办理货款结算的依据

3. 出口商品检验应严格按外贸合同或信用证规定的检验标准检验，以下标准(　　)是正确的。

A. 合同无规定或规定不明确的，按国家标准进行检验

B. 无国家标准的按行业标准进行检验

C. 无行业标准的按企业标准进行检验

D. 对尚无标准的出口商品，一般按工贸协议或参照同类商品的标准进行检验

4.《公约》规定，如果一方当事人非根本性违约，另一方当事人可以(　　)。

A. 宣布合同无效　B. 要求损害赔偿

C. 要求继续履行合同　D. 要求对货物进行修理

5. 索赔的法律依据包括(　　)。

A. 贸易合同　B. 国家有关法律规定

C. 违约的事实真相、情节要求　D. 违约的书面证明

6. 不可抗力事件发生后，可采取(　　)解决。

A. 延期履行　B. 减少履行　C. 解除合同　D. 要求赔偿

7. 下列属于不可抗力事件范围的有(　　)。

A. 火灾、水灾、大雪　　B. 战争、罢工

C. 价格上涨、竞争激烈　　D. 暴风、地震

8. 我国对外贸易合同的不可抗力条款主要的规定方法有(　　)。

A. 概括式规定　　B. 列举式规定　　C. 综合式规定　　D. 不做规定

9. 合同中的仲裁条款有以下(　　)作用。

A. 作为仲裁协议

B. 约束双方当事人只能以仲裁方式解决争议,不得向法院起诉

C. 排除法院对有关案件的管辖权

D. 使仲裁机构取得对有关争议案件的管辖权

10. 争议案件发生时,可选择的仲裁机构有(　　)。

A. 常设仲裁机构　　B. 高级人民法院　　C. 临时仲裁机构　　D. 中级人民法院

三、判断题

1. 在国际贸易中,当事人发生争议,一般通过当事人双方自行协商解决。若协商不成,则可以由第三者出面调解;若调解不成,可以通过诉讼;若诉讼不成,才可以申请仲裁裁决。(　　)

2. 若买卖双方规定装运前或装运时在装运港检验,以离岸品质、重量(或数量)为准,则货物运抵目的港后,买方再对货物进行复验时,即使发现问题,除非能证明他所收到的货物与合同规定的货物不符是由于卖方的违约或货物的固有瑕疵所造成的,否则买方无权再表示拒收或提出异议和索赔。(　　)

3.《公约》规定,买方对收到的货物可以进行检验,也可以不进行检验。若买方没有利用合理的机会对货物进行检验,就是放弃了检验权,但是买方还有机会对货物提出拒收。(　　)

4. 逾期提出索赔无效。(　　)

5. 在国际货物买卖中,采用最广泛的不可抗力条款规定方法是概括式规定。(　　)

6. 供货方如果生产机器发生故障,可援引不可抗力条款要求延期交货。(　　)

7. 一旦在合同订立后出现不可抗力事件,遭受损害的一方当事人即可解除合同。(　　)

8. 如果采用概括式规定方法说明不可抗力事件的范围,易因双方当事人意见不一致而影响合同效力。(　　)

9. 无仲裁裁决书的裁决无效。(　　)

10. 我国对外贸易合同仲裁条款规定,允许双方在仲裁裁决后向上一级仲裁庭和法院上诉。(　　)

情景再现

1. 我方从某国进口粮食一批,合同规定9月交货,恰逢该国当年7、8月产地干旱,粮食歉收,外商以不可抗力要求免责,我方应如何处理?

2. 我方A公司与日本B公司以CFR横滨的价格条件出口一批陶瓷餐具。订约时,我方A公司被明确告知该批货物要转销新加坡。该货物到大阪后,立即转运新加坡。货到新加坡

后，B公司获知货物检验不合格，遂即凭新加坡商检机构签发的检验证书，向我方提出退货。

问：我方A公司应如何处理？

3. 我方出口公司向外商出口某商品5000箱，价格条件CIF大阪，合同规定允许有5%溢短装幅度，我方实装5000箱，提单亦载明5000箱。货抵目的港后，买方即来电反映只收到4800箱，并取得船公司短少证明，向我方索赔。

问我方应如何处理？

4. 我方公司以CFR价格条件对德国出口一批小五金工具。合同规定货到目的港后30天内检验，买方有权凭检验结果提出索赔。我方公司按期发货，德国客户也按期凭单支付了货款。可半年后，我方公司收到德国客户的索赔文件，文件称上述小五金工具有70%已锈损，并附有德国某内地一检验机构出具的检验证书。

对德国客户的索赔要求，我方公司应如何处理？

5. 某年6月大连A公司与英国B公司成交小麦2000公吨，每公吨300英镑CIF伦敦，交货期为当年的9月。签约后，东北发生水灾，小麦价格上涨，于是大连A公司以不可抗力为由，要求免除交货责任。但英国B公司回电拒绝，并称因价格上涨，A公司未交货致其损失20000英镑，要求赔偿损失。双方因此就引起争议，提交仲裁机构解决。

试问如果你是仲裁员，你将如何裁决？大连A公司要求以不可抗力免除交货的理由是否充足？为什么？英国B公司要求的赔偿金额是否合理？为什么？

职场体验

1. 专业术语翻译

(1)离岸品质、重量(或数量)

(2)到岸品质、重量(或数量)

(3)品质检验证书、数量检验证书、产地检验证书、卫生检验证书

(4)Fundamental Breach, Non-Fundamental Breach

(5)Discrepancy and Claim Clause, Penalty Clause

2. 翻译以下条款

(1)以装运港签发的品质、重量、数量检验证书作为有关信用证项下议付所提交单据的一部分，买方对于装运货物的任何索赔，须于货物到达目的港20天内提出，并须提供经卖方同意的公证机构出具的检验证书。

(2)由于不可抗力事件致使延期交货或不能交货，卖方概不负责。卖方在不可抗力事件发生后，应立即通知买方并在事发14天内，将事件发生所在地当局签发的证书航空邮寄给买方以作证据。即使在此情况下，卖方仍有责任采取必要的措施，尽快交货。

(3)Any dispute arising from or in connection with this contract shall be submitted to China International Economic and Trade Arbitration Commission for arbitration which shall be conduced in accordance with its arbitration rules effective. The arbitral award is final and binding upon both parties.

3. 试根据具体情况选择适当的检验证书

(1)出口冷冻虾仁一批,以 CIF 术语成交,自青岛运往加拿大的温哥华。

(2)出口山羊毛大衣一批,以 FOB 术语成交,自大连运往德国的汉堡。

4. 试分析下列出口贸易合同条款,指出其中错误或不合理的地方

(1)品质异议须于货到目的港口岸之日起 30 天内提出,数量异议须于货到目的港口岸之日起 15 天内提出,买方仅需提供当地检验机构的检验证明。卖方将根据具体情况解决异议。由自然原因或船方、保险商责任造成的损失,卖方将不予考虑任何索赔。信用证未在合同指定日期到达卖方,在 FOB 条件下,买方未按时派船到指定港口,或信用证与合同条款不符,买方未在接到卖方通知所规定的期限内电改有关条款时,卖方有权提出索赔,但无权撤销合同或延迟交货。

(2)卖方如不能按合同规定如期交货,并同意支付罚金,买方可同意延期交货,付款银行相应减少议定的支付金额,但罚款不得超过迟交货物总额的 150%。卖方如逾期 10 个星期仍不能交货,买方有权撤销本合同。尽管合同已撤销,但卖方仍应如期支付上述罚金。

(3)If the shipment of the contracted goods is prevented or delayed in whole or in part by reasons of Force Majeure such as war, earthquake, fire, flood or heavy snow, the Seller shall not be liable for non-shipment or late shipment of the goods of this contract. The Seller should furnish the letter immediately by registered airmail with a certificate attesting such event or events.

(4)All disputes arising from the execution or in connection with this contract, shall be settled amicably through friendly negotiation. In case no settlement can be reached through negotiation, the case shall then be submitted for arbitration. The arbitral award is not final. The arbitration fee shall be borne by the losing party unless otherwise awarded by the arbitration court.

学习情境 9
合同的起草和签订

学习目标

【能力目标】

1. 能选择适当的合同形式
2. 能根据磋商结果起草完整的国际货物买卖合同
3. 能确认签字方的身份
4. 能正确地签订合同

【知识目标】

1. 熟悉书面合同的形式
2. 掌握完整合同的内容
3. 理解签订书面合同的意义
4. 了解合同有效成立的条件

9.1 合同的起草

任务描述

起草完整的进出口货物买卖合同

1. 选择适当的合同形式。
2. 根据小组以往的磋商结果用中英文起草完整的合同。
3. 磋商结果由记录员记录在磋商记录表里，观察员如实填写观察汇报表。
4. 展示员做好准备展示小组的合同。
5. 时间：20 分钟。

【任务分析】

买卖双方就合同的条款达成一致意见后，首先应选择一种适当的合同形式，并由约定的起草方按照磋商结果起草正式合约，才能进入合同签订环节。国际货物买卖合同的形式多样，在我国的外贸实践中，广泛使用的是进出口合同或确认书。我方出口时，应尽量争取出口合同或销售确认书的起草权。

在本次任务中，进出口双方需要考虑的问题是：合同由哪一方起草？合同形式与起草方的身份是否有关系？一份完整的合同应包含哪些内容？

相关知识

一、书面合同的形式

对于书面合同的形式，国际上并无特定的限制，通常有合同、确认书、协议书、备忘录和订单等。

（一）合同(Contract)

合同的内容比较全面，对双方的权利、义务以及发生争议后如何处理，均有比较详细的规定。大宗、贵重商品或成交金额较大、交易条件较为复杂、履约时间较长的交易，宜采用这种合同形式。合同有销货合同(Sales Contract)和购货合同(Purchase Contract)两种。前者指卖方起草的合同；后者指买方起草的合同。我国很多外贸企业一般都有固定的合同格式，交易达成后，由业务员按双方谈定的交易条件逐项填写即可。合同使用的文字是第三人称的语气。

（二）确认书(Letter of Confirmation)

确认书亦称简式合同，是合同的简化形式，分为销货确认书(Sales Confirmation ，S/C)和购货确认书(Purchase Confirmation ，P/C)。前者是卖方起草后出具的确认书，后者是买方起草后出具的确认书。确认书和合同的法律效力相同，但是两者格式、条款项目略有不同，确认书比较简单，主要适用于金额不大、批数较多的土特产品和轻工产品，或已订有代理、包销长期协议的交易。确认书的文字使用第一人称。

(三)协议书(Agreement)

协议书也称协定,是国际条约中的一种,是关于某一问题经过谈判后取得一致意见而签署的文书。协议书的种类很多,如合作开发协议书、销售代理协议书、专利转让协议书等。国际上对协议和合同有不同的理解和解释。如果当事人双方对具体条款已协商一致,实质上合同已成立,即使使用"协议"字样,在法律上仍具有合同性质。若使用"协议"名称,但不具有合同性质,则应在协议中加注"初步协议"或"以正式合同为准",以明确该协议不属于正式有效的合同性质,防止引起误解。

(四)备忘录(Memorandum)

备忘录是指用来提醒或引起别人对某事注意的文件。换言之,备忘录就是把谈判双方讨论的问题和达成的协议记录下来,若双方对交易条件做了明确具体规定,经双方签字,则其性质与合同无异。若洽谈后只是对某些事项达成一定程度的理解,并将其用备忘录的形式记录下来,作为今后交易或合作的依据,或作为初步协议为将来进一步洽谈做参考,则它在法律上不具有约束力。备忘录的篇幅没有严格的限制,格式也较灵活随便。但一定要体现其纪实性的特征。其格式一般与会议记录相同,备忘录虽然可作为书面合同的形式之一,但在我国外贸业务中很少使用。

(五)订单(Order)

订单又称购货订单(Purchase Order),是指由进口商或实际买方拟制的货物订购单。经过磋商成交后的订单,实际上相当于购货合同或购货确认书,但格式和内容较为简单,有时仅列明主要的交易条件。在我国的外贸实践中,进口商往往会在未进行磋商的情况下,径自寄送订单,要求我方回签。此时,我方应根据其具体内容区别其为发盘还是发盘邀请,并决定是否与之交易,并及时答复对方。

二、合同的内容

(一)约首(Head)

约首是合同的首部,包括合同的名称、编号、订约的日期与地点,订约双方当事人的名称、地址、双方的法律关系及序言等。

1. 合同的名称

合同的名称即合同的形式,一般位于合同的首行正中位置。

2. 编号

我国很多外贸公司内部都规定了合同的编号规则,如"公司名称首位字母一年份(四位)一业务类型首两位字母一号码(四位)"。业务员起草合同时应按公司的编号规则自行编号,或向合同管理的相关人员申请。合同编号一般位于合同的右上角。

3. 订约日期

合同签订的日期非常重要,原因是:其一,订约日期通常是合同生效的日期,是确认双方责任起始时间的重要因素。其二,订约日期直接影响到解决合同纠纷时适用的法律,这在当前社会高速发展、法律法规制定和修订层出不穷的形势下,有着十分关键的意义。买卖双方当面签约时,订约日期通常位于合同的右上角。如果买卖双方身处异地,合同通过邮寄形式先后签订时，订约日期通常位于合同尾部双方签章处，由各自代表签字时分别填写。

4. 订约地点

订约地点即合同成立的地点，指完成合同订立程序的地点。《中华人民共和国民法典》第四百九十三条规定："当事人采用合同书形式订立合同的，最后签名、盖章或者按指印的地点为合同成立的地点，但是当事人另有约定的除外。"合同成立的地点关系到案件的管辖，在合同中非常关键。

5. 订约双方当事人的名称、地址和双方的法律关系

国际货物买卖合同的约首部分须订明签约双方的法律关系，即"卖方"和"买方"，并分别订明买卖双方的公司全称、地址和联系方式。公司全称应和公司的签章相同。公司地址须为详细的通信地址，通常包括城市、区、街、路、门牌号、写字楼、楼层或房间号等。电话和传真号码须注明国际区号和地方区号。

6. 序言

序言即订立合同的目的、原因及执行合同的保证。合同的序言虽无法律明文要求，但可以对合同进行有效的解释，帮助理解合同的其他条款。

（二）文本（Body）

文本是合同的主体。这是双方通过协商达成一致意见的各项交易条件，包括合同标的物条款、货物交付条款、价格和货款收付条款、争议的预防和处理条款等，这部分体现的是双方权利和义务的主要内容。其中，合同标的物条款包括货物描述（商品的品名和品质）、包装、数量/重量；货物交付条款包括货物运输和货物运输保险；价格和货款收付条款包括单价、佣金与折扣等。争议的预防和处理条款包括商检、索赔、仲裁及不可抗力等。

（三）约尾（Tail）

约尾是合同的结尾部分。包括法律适用、文字的效力、合同的份数和生效时间、双方签字等。

1. 法律适用

国际货物买卖合同的当事人往往分属于两个或者两个以上的国家或地区，而合同当事人所属国家或地区的法律及合同所涉及的国家或地区的法律往往有所不同，因此应在合同中声明适用我国法律还是适用他国法律，以及适用哪个国际条约或者国际惯例。

国际通行的做法是，国际货物买卖合同除了适用订立地点所在国、发生争议所在国和被诉方所在国的法律外，还受《公约》的约束。此外，由于贸易术语的解释直接关系到买卖双方当事人的义务、风险和费用问题，因此需在合同中订明受哪个国际贸易术语解释通则约束。

2. 文字的效力

在实际业务中，我国大部分外贸企业都采用中英文对照的合同，并规定两者具有同等效力。但是，为了避免对两种文字词句的理解不同，引发合同纠纷，通常在合同中加注最终以中文解释为准。

3. 合同的份数和生效时间

合同正本的份数，主要根据当事人的数量决定，至少能够保证每个当事人一份。国际货物买卖合同通常有买方和卖方两个当事人，因此至少一式两份，双方各执一份。涉及合同审批或因内部合同管理需要的，还要订立多份正本。

如果合同约首或约尾已经订明订约时间的，一般还会在声明合同份数的同时声明合同自双方签章时生效。

4. 双方签字

《中华人民共和国民法典》第四百九十条规定："当事人采用合同书形式订立合同的，自当事人均签名、盖章或者按指印时合同成立。"国际货物买卖合同的当事人通常都是法人单位或法律认可的其他组织，双方可以选择法定代表人或授权代表人都采用签字的方式使合同生效，也可以选择双方都盖章的方式使合同成立，还可以选择双方都由法定代表或授权代表人签字并加盖法人单位公章或专用合同章的形式使合同成立。

(1)买方代表(签字)。

Representative of the Buyer(Authorized signature).

(2)卖方代表(签字)。

Representative of the Seller(Authorized signature).

三、起草合同应注意的问题

(一)争取合同起草权

谈判双方就交易的主要条款达成一致意见后，通常还要约定由哪一方当事人起草合同，才能进入合同签约阶段。一般来讲，文本由谁起草，谁就掌握主动权。因为起草方在起草合同时可以根据双方协商的内容，认真考虑写入合同中的每一个条款乃至每一个用词。而未起草的一方审核合同时一般不会逐字推敲合同的每一个用词，即使认真审议了合同中的各项条款，但由于文化上的差异，对词意的理解也会不同，难以发现对己不利之处。所以，应重视合同文本的起草，尽量争取起草合同文本，如果做不到这一点，也要与对方共同起草合同文本。

(二)尽量采用标准格式

长期从事进出口业务的外贸公司，应聘请专业律师根据公司的业务特点、产品特点起草适用于公司业务的标准合同条款和格式。采用具有公司标准条款和格式的合同，不仅不会因为一时的疏忽而遗漏重要事项，还能节省很多重复商榷的时间。每次起草合同时只需要在空白的标准合同中填具新的内容即可。例如，很多外贸公司都会印就含有商品检验、索赔、不可抗力、仲裁、适用法律、文字效力、合同份数等完整内容的标准合同或确认书。再如，在长期采用租船运输的货物买卖合同里，还会事先印就货物装卸时间、装卸率、滞期费和速遣费等装卸条件条款。

(三)使用专业、准确的用语

合同的用语宜选用常用的专业词语，准确地进行表述和组织句子，不致引人误会，有利于减少因对合同理解不一而引发的纠纷。合同词句要准确、严谨，切忌模棱两可或含糊不清。如"大约""可能"等词不要使用。

（四）注意合同条款间的内在联系

合同是一个有机整体，各条款间应相互呼应衔接，不可出现彼此矛盾的内容，如单价与总价的货币名称要一致，贸易术语与装运港或目的港要一致，贸易术语与保险条款要一致，金额的增减幅度要和数量或重量的溢短装幅度一致，租船运输时要对 FOB、CFR 和 CIF 这三个贸易术语进行变形以决定装货费用或卸货费用的承担问题等。

课后任务

1. 磋商小组根据所学专业知识，修订初步起草的合同，并排版打印。

2. 上网查询不同版本的国际货物进出口合同范本，并相互比较。

3. 预习下一个任务：合同的签订。

9.2 合同的签订

任务描述

正式签订合同

1. 小组磋商合同签字仪式的程序。
2. 磋商小组举行正式的合同签字仪式，由双方组长以公司法人代表的身份或组长授权组员在排好版的合同上正式签字。
3. 组长授权组员签字的，须出具法人代表授权书。
4. 展示员做好准备展示小组正式成立的合同。
6. 时间：10 分钟。

【任务分析】

合同的成立取决于一方的发盘和另一方对发盘的接受程序。买卖双方为达成交易所交换的函电可以构成有效的书面合同。成交后，另行签署一份合同并不是合同有效成立的必备条件。但是，在国际贸易实践中，买卖双方经协商达成一致意见后，一般均另行签订书面合同，以进一步明确双方的权利和义务，同时便于双方履行各自的义务。

签订合同是交易达成的最终体现。合同签订后，交易双方均需根据合同条款履约。因此，正式签约前，双方均应认真做好合同的审核工作，确认签字方的身份和合法资格，选择适当的签章方式签字盖章。

在本次任务中，进出口双方需要考虑的问题是：签订合同时需要注意什么问题？如何举行一场正式的合同签字仪式？如果是邮寄合同先后会签，签字顺序如何确定？

相关知识

在交易磋商中，一方的有效发盘被另一方有效接受，交易即告成立，买卖双方即构成合同关系。双方在交易磋商中的往来函电就是合同的书面证明。但根据国际贸易习惯和我国法律规定，双方还应签订具有一定格式的书面合同，以进一步明确双方的权利和义务，同时便于双方履行各自的义务。

一、签订书面合同的意义

(一)合同成立的证据

按照法律要求，凡是合同必须能得到证明，包括人证和物证。用函电磋商时，双方来往的信件、电传和电报等均可以成为书面证明。通过口头磋商达成合同，除非有录音录像，否则举证就难以做到。所以口头磋商达成的合同，若不用一定的书面形式加以确定，就会因为不能被证明而得不到法律保障，使之在法律上成为无效合同。如果签订书面合同，就可以用合同的书面形式证明合同的存在。双方当事人如对合同内容产生争执，可以查看合同的具体规定，并得到法律的保护。

(二)合同生效的条件

《公约》和多数国家的法律规定，只要接受生效，合同即告成立。但如果交易磋商中有一方曾声明"以签订书面合同为准"，或法律规定必须签订书面合同时，书面合同则是合同成立的必备条件。根据我国法律规定，当事人采用合同书包括确认书形式订立合同的，自双方当事人签字或盖章时合同成立。签字或盖章不在同一时间的，最后签字或者盖章时合同成立。此外，需经一方或双方所在国政府审核批准的合同，必须签订具有一定格式的书面合同。

(三)合同履约的依据

合同的履行涉及买卖双方的内部和外部的诸多部门和人员，如果是口头合同，将对很多部门和人员的履约造成极大困难和不便。即使通过信件、电报或电传等方式达成的交易，如果不把分散在所有往来函电中协商而成的条件归纳成一份统一的书面合同，也将极难履行。因此，无论是口头或书面形式磋商达成的交易，书面合同对履约是绝对必要的。

二、合同有效成立的条件

买卖双方就各项交易条件达成协议后，并不意味着合同一定有效。根据各国合同法规定，一项有法律约束力的合同，除买卖双方就交易条件通过发盘和接受达成协议外，还须具备下列有效条件：

(一)当事人必须具有签订合同的行为能力

各国的法律都规定，具有行为能力的自然人和法人都有签订合同的行为能力。按照一般的法律规定，具有行为能力的自然人是指神智正常的成年人。但是，各国对于成年人的年龄规定各不相同。日本和瑞士规定年满 20 岁的为成年人；墨西哥规定年满 23 岁的为成年人。法人行为能力的行使必须由其法定代表或授权代表进行。法人必须通过其代理人，在法人的经营范围内签订合同，越权的合同不能发生法律效力。

（二）合同必须有对价或约因

对价(Consideration)是指当事人为了取得合同利益所付出的代价，即相对给付，是英美法系的合同术语。约因(Cause)是指当事人为了签订合同所追求的直接目标，是大陆法系中合同的成立要件。按照一般的法律规定，合同只有在有对价或约因时，才是法律上有效的合同，无对价或无约因的合同，是得不到法律保护的。

（三）合同的内容必须合法

合同的内容必须合法，包括不得违反法律，不得违反公共秩序或公共政策以及不得违反善良风俗或道德三个方面。贸易合同必须合法，原因是：其一，从理论上讲，签订贸易合同是一种法律行为，必须合法。任何违反有关国家法律和社会公共利益的行为，都是法律所禁止的，是非法行为。其二，当事人签订贸易合同是要达到预期的经济目的。这种经济目的必须和有关进出口国的经济利益一致，否则就不能受到国家法律的保护，也是难以履行的。

（四）合同必须符合法律规定的形式

世界大多数国家的法律对贸易合同的形式并无特殊的要求，即无论以口头方式、书面方式或以行动来表示均无不可，听凭贸易当事人自愿，即"不要式原则"，如《公约》。但是，《公约》同时允许缔约国(如中国)对此条款提出声明以予保留。此外，有些国家的法律规定超过一定金额的贸易合同必须采取书面的方式订立。例如，《美国统一商法典》规定，凡超过 500 美元的贸易合同，除另有规定外，均须采取书面形式。

（五）合同当事人的意思表示必须真实

各国合同法都认为贸易合同当事人的意思表示必须是真实且无瑕疵的。凡在他人欺诈或胁迫下做出的意思表示是虚假的、不真实的，因而在这种情况下签订的贸易合同是无效的。欺诈是指以使他人发生错误为目的的一种故意行为。各国法律都认为，凡因欺诈而订立合同的，受欺骗的一方可以撤销合同，主张合同无效，要求赔偿损失。胁迫是指以使他人发生恐惧为目的的一种故意行为。例如，一方当事人利用其雄厚的财力、物力以及所拥有的先进技术和管理经验，对另一方当事人进行精神上的威胁或要挟，迫使对方接受不公平的交易条件。

三、签订合同时应注意的事项

（一）争取在我方所在地签字

重要或金额较大的交易达成后，需举行正式的合同签字仪式的，应争取在本方所在地签字。因为签约地点往往决定解决合同纠纷时所适用的法律。根据国际法的一般原则，如果合同对出现纠纷采用哪国法律未做具体规定，一旦发生争执，法院或仲裁庭就可以根据合同缔结国家的法律做出判决或仲裁。如果不举行当面签字仪式，而是通过邮寄先后会签的合同，也应在合同中订明签约地点在本方所在地，或规定合同适用本国法律。

知识拓展：合同签字仪式流程

（二）选择适当的签字方式

在我国的外贸实践中，大多数的合同难以做到双方会面签，而是通过邮寄的方式由双方先后会签生效。为了避免对方在我方已签字的合同上进行篡改，我方应争取最后签字权，无论是我方还是对方起草的合同，均应要求对方先签字，待我方签字后寄回。

如果对方坚持我方先签字的，我方则应在合同预留的位置上签字的同时，在合同的每一页加盖骑缝章或小签。待对方签回合同后，我方仍应及时认真地审核，确保合同内容未经任何更改或附加。如果有改动，应立即通知对方不能接受其对合同的修改，或者依据存档之副本向对方提出异议。

课堂讨论 某合同约定："合同生效后30天内，乙方应向甲方交纳3万美元的履约保证金。超过两个月如未能交纳，合同自动失效。"此约定是否合适？为什么？

(三)签字前认真审核

合同正式签字前应认真从三个方面予以审核：一是审核合同文本条款和已达成的交易条件是否一致；二是审核合同各个条款之间是否协调一致；三是确认各种批件(项目批文、许可证等)是否完备，合同内容与批件内容是否一致。合同的审核务必对照往来的函电原稿和磋商记录，切不可凭记忆做"阅读式"审核。

(四)确认签字方的身份和合法资格

样例：法人授权委托书

外贸合同由企业法人或其授权的代表签字后方能生效。为确保签订外贸合同的代表具有合法资格，应要求签字的法人代表出示其身份证明书。由法人授权代表签字的，不仅要出示身份证明书，还应出示法人授权委托书，确认其是否为合法代理人，是否超越了他的代理权限。

课后任务

1. 磋商小组根据所学专业知识，按照签约仪式的程序，正式签约。
2. 上网查询合同签字的礼仪，阅读相关内容。

知识测试

一、单选题

1. 内容比较全面，对双方的权利、义务以及发生争议后如何处理，均有比较详细规定的合同形式是(　　)。

A. 合同　B. 销售确认书　C. 备忘录　D. 订单

2. 格式和内容较为简单，有时仅列明主要交易条件的简式购货确认书是指(　　)。

A. 合同　B. 协议　C. 备忘录　D. 订单

3. 以下形式的合同中，我国使用最少的是(　　)。

A. 合同　B. 确认书　C. 备忘录　D. 订单

4. 具有纪实性特征的合同形式是(　　)。

A. 合同　B. 协议　C. 备忘录　D. 订单

5. 下列(　　)不属于合同文本的内容。

A. 合同标的物条款　B. 合同适用法律

C. 货物的价格条款　D. 货物交付条款

6. 关于合同的内容，下列说法错误的是(　　)。

A. 订约日期直接影响到解决合同纠纷时适用的法律

B. 合同编号一般位于合同的约首

C. 订约日期通常是合同生效的日期

D. 序言是合同的必备内容

7. 中国成年人年龄的法律规定是(　　)。

A. 16 岁　　B. 18 岁　　C. 20 岁　　D. 23 岁

8. 在交易磋商中，(　　)交易即告达成。

A. 最后一个当事人在合同上签字时

B. 第一个当事人在合同上签字时

C. 合同起草完毕时

D. 一方的有效发盘被另一方有效接受

9.《美国统一商法典》规定，凡超过(　　)的贸易合同，除另有规定外，均须采取书面形式。

A. 500 美元　　B. 1000 美元　　C. 2000 美元　　D. 5000 美元

10. 关于合同成立的条件，下列说法中正确的是(　　)。

A. 只要合同能反映当事人的真实意愿，合同就有效成立

B. 日本法律规定 18 岁时方为成年人

C. 法人必须通过其代理人，在法人的经营范围内签订合同

D. 合同有约因是英美法系中合同的成立要件

二、多选题

1. 书面合同的形式，除了正式合同外，还包括(　　)。

A. 协议　　B. 销售确认书　　C. 备忘录　　D. 订单

2. 确认书的特点包括(　　)。

A. 内容比合同简单　　B. 包括销售确认书和购货确认书

C. 使用第三人称语气　　D. 与合同具有同等法律效力

3. 合同约首的内容一般包括(　　)。

A. 序言　　B. 合同编号　　C. 合同名称　　D. 当事人名称和法律关系

4. 合同约尾的内容一般包括(　　)。

A. 法律适用　　B. 合同份数　　C. 生效时间　　D. 双方签字

5. 签订合同的意义有(　　)。

A. 合同成立的证据　　B. 合同生效的必备条件

C. 合同履约的依据　　D. 进一步明确双方权利、义务

6. 合同有效成立的条件有(　　)。

A. 当事人必须具有签订合同的行为能力

B. 合同必须有对价或约因

C. 合同的内容和形式必须符合法律规定

D. 合同当事人的意思表示必须真实

7. 关于签订合同，下列说法中正确的是(　　)。

A. 解决合同纠纷适用法律必须是签约地点适用法律

B. 签订合同时加盖骑缝章或小签有利于保证当事人的利益

C. 尽量争取最后的签字权

D. 对外签约时，必须确认对方签字者的身份和合法资格

8. 下列(　　)情况下,签订书面合同是合同成立的必备条件。

A. 双方约定以书面合同为准　　B. 法律规定必须签订书面合同

C. 其中一方当事人是中国的企业　　D. 口头磋商达成的交易

9. 用函电磋商时,可以成为书面证明的是双方来往的(　　)。

A. 信件　　B. 电传　　C. 电报　　D. 传真

10. 签订合同之前的审核内容包括(　　)。

A. 审核合同文本条款和已达成的交易条件是否一致

B. 确认各种批件(项目批文、许可证等)是否完备

C. 审核合同各个条款之间是否协调一致

D. 合同内容与批件内容是否一致

三、判断题

1. 备忘录是合同的形式之一,具有法律约束力。(　　)

2. 大宗、贵重商品或成交金额较大、交易条件较为复杂、履约时间较长的交易,宜采用订单形式订约。(　　)

3. 国际货物买卖合同除了适用订立地点所在国、发生争议所在国和被诉方所在国的法律外,还受《公约》的约束。(　　)

4. 订约日期通常是合同生效的日期,是确认双方责任起始时间的重要因素。(　　)

5. 合同内容是当事人双方约定的,为减少工作量,应尽量由对方起草合同。(　　)

6. 根据《公约》的规定,国际货物买卖合同可以采用书面以外的形式订立、更改或终止。(　　)

7. 合同必须经当事人法人代表签字方可生效。(　　)

8. 对价是指当事人为了取得合同利益所付出的代价,即相对给付,是大陆法的术语。(　　)

9. 根据国际法的一般原则,如果合同对出现纠纷采用哪国法律未做具体规定的,一旦发生争执,法院或仲裁庭就可以根据合同缔结地国家的法律做出判决或仲裁。(　　)

10. 合同多为双方签字时生效,先签后签都没有影响。(　　)

情景再现

1. 我方某公司赴美国洽购设备,双方在纽约已就设备规格、单价、数量等主要条款达成口头协议。我方离美时向对方表示,回国后缮制合同,由双方签字后生效。我方回国后,用户撤回委托,合同无法签署,信用证也未开出。美方敦促我方履约,否则将在美起诉我方。

问:我方应如何处理?

2. 甲、乙双方订有长期贸易协定,协议规定,卖方必须在收到买方订单后 15 天内答复,若未答复,则视为已接受订单。11 月 1 日卖方收到买方订购 2000 件服装的订单,但直到 12 月 25 日卖方才通知买方不能供应 2000 件服装,买方认为合同已成立,要求供货。

问:双方合同是否成立?为什么?

职场体验

1. 专业术语翻译

(1)合同　(2)订单　(3)约首　(4)备忘录

(5)Sales Confirmation　(6)Law Application　(7)Signed in

2. 试翻译以下条款

(1)本合同用中英文两种文字写成,两种文字具有同等效力。本合同共四份,自双方代表签字(盖章)之日起生效。

(2)本合同使用的贸易术语系根据国际商会《2010 年通则》。

(3)The Seller and the Buyer agree to conclude this Contract subject to the terms and conditions stated below.

(4) Additional clause: Conflicts between Contract clause hereabove and this additional clause, if any, it is subject to this additional clause.

3. 根据下列往来函电,将出口合同填制完整

Incoming MAY 5,2019

INTERESTED YOUR ART. NO. 305, PLEASE QUOTE LOWEST PRICE CIFC2 LONDON.

Outgoing MAY 7,2019

YOURS FIFTH 305 PRICE US $ 1. 85/YARD CIFC2 LONDON, PACKED IN CLOTH BALES OF 10PCS. OF 100YDS EACH. INSURANCE COVERED AGAINST ALL RISKS AND WAR RISKS FOR 110% OF CIF INVOICE VALUE. SHIPMENT SEPTEMBER. PAYMENT BY SIGHT L/C.

Incoming MAY 16 ,2019

PAKISTAN AND MALAYSIA OFFERING SAME QUALITY US $ 1. 7/YARD PROMPT SHIPMENT D/P PAYMENT.

Outgoing May 18,2019

305 1. 85 AUGUST SHIPMENT SIGHT L/C ACCEPTABLE ONLY PLEASE CABLE QUANTITY REQUIRED.

Incoming MAY 22,2019

YOURS MAY 18 305 BIDDING 1. 73 SEVEN MILLION YARDS SEPT/OCT EQUAL MONTHLY SIGHT L/C ACCEPTABLE REPLY HERE TWENTY SIXTH.

Outgoing MAY 25,2019

AFTER HARD CALCULATION WE NOW QUOTE BEST 1. 80. WE HOPE YOU WILL APPRECIATE OUR REAL EFFORT PLEASE CONFIRM.

Incoming MAY 28,2019

COMFIRMED YOURS MAY 25 305, ADD FURTHER MILLION STILL EQUAL SHIPMENT OTHERS UNCHANGED PLEASE CONFIRM IMMEDIATELY.

Outgoing MAY 30,2019

YOURS MAY 28 305 EIGHT MILLION YARDS SEPT/OCT EQUAL MONTHLY SHIPMENT CONFIRMED S/C NO. 02QTIE05

销售确认书
SALES CONFIRMATION

卖方 **QIQIANG TEXTILES IMP & EXP CO.,LTD.** 编号 NO.: (1)
SELLER: ADD:105 CHANGJIANG ROAD HEFEI, 日期 DATE: June 2,2019
ANHUI PROVINCE, CHINA 地点 SIGNED IN: Hefei,China

买方 **TIVOLI PRODUCTS PLC**
BUYER: 1002 CAMBRIDGE STREET, LONDON, U.K.

买卖双方同意就以下条款达成交易:
This contract is made by and agreed between the Buyer and Seller, in accordance with the terms and conditions stipulated below.

1.品名及规格 Commodity & Specification	2.数量 Quantity	3.单价及价格条款 Unit Price & Price Terms	4.金额 Amount
COTTON GREY SHIRTING, ARTICLE NO. (2)	(3)	(4)	(5)
Total:			

允许 溢短装,由卖方决定
With More or less of shipment is allowed at the Seller's option

5.总值
Total Value (6)

6.包装
Packing (7)

7.唛头
Shipping Mark (8)

8.装运期及运输方式
Time of Shipment & Means of Transportation (9)

9.装运港及目的地
Port of Loading & Destination (10)

10.保险 Insurance to be effected by the Seller for 110% of the CIF invoice value against
Insurance (11) as per CIC dated 01/01/1981.

11.付款方式
Terms of Payment (12)

12.备注
Remarks

The Buyer (Signature)

The Seller (Signature)

参考文献

1. 张艳. 国际货物运输与保险. 4 版. 大连:大连理工大学出版社,2018
2. 冷柏军,段秀芳. 国际贸易实务. 3 版. 北京:北京大学出版社,2017
3. 于国庆,田南生,国际商务谈判. 3 版. 大连:大连理工大学出版社,2014
4. 覃常员,彭娟. 市场调查与预测. 4 版. 大连:大连理工大学出版社,2014
5. 刘秀玲. 国际贸易实务与案例. 2 版. 北京:清华大学出版社,2014
6. 王珍. 进出口业务实训. 3 版. 大连:大连理工大学出版社,2014
7. 毕甫清. 国际贸易实务与案例. 2 版. 北京:清华大学出版社,2012
8. 陈岩. 最新国际贸易术语适用与案例解析. 北京:清华大学出版社,2012
9. 博斌,袁晓娜. 国际贸易实务与案例. 北京:清华大学出版社,2007
10. 吴百福,徐小薇. 进出口贸易实务教程. 5 版. 上海:上海人民出版社,2007
11. 任洪润. 市场信息的收集与处理. 北京:电子工业出版社,2006
12. 王晓明,孙韶华. 国际贸易实务. 北京:中国人民大学出版社,2006
13. 薛刚,王杉. 进口业务基础实务. 广州:广东经济出版社,2006
14. 薛刚,袁源. 出口业务基础实务. 广州:广东经济出版社,2006
15. 姚立. 新编商务谈判. 北京:中央编译出版社,2006
16. 张炳达,王晓静. 国际贸易实务与案例. 上海:立信会计出版社,2006
17. 尚玉芳,阎寒梅. 新编国际贸易实务习题与解答. 大连:东北财经大学出版社,2005